U0896278

2014

福建国税年鉴

福建省国家税务局　编

CTP 中国税务出版社

图书在版编目（CIP）数据

福建国税年鉴 . 2014 / 福建省国家税务局编 .
-- 北京 : 中国税务出版社，2015.9
ISBN 978-7-5678-0305-3

Ⅰ . ①福… Ⅱ . ①福… Ⅲ . ①国家税收—税收管理—福建省 -2014- 年鉴 Ⅳ . ① F812.757.042-54

中国版本图书馆 CIP 数据核字（2015）第 204120 号

书　　名：福建国税年鉴（2014）
作　　者：福建省国家税务局　编
责任编辑：陈金艳　王　玥
责任校对：于　玲
技术设计：刘冬珂
出版发行：中国税务出版社
北京市丰台区广安路 9 号国投财富广场 1 号楼 11 层
邮政编码：100055
http: //www.taxation.cn
E-mail: swcb@taxation.cn
发行中心电话：(010) 83362093/86/89
传真：(010) 83362046/47/48/49
经　　销：各地新华书店
印　　刷：北京联兴盛业印刷股份有限公司
规　　格：889 毫米 ×1194 毫米　1/16
印　　张：21.75
字　　数：513000 字
版　　次：2015 年 9 月第 1 版　2015 年 9 月第 1 次印刷
书　　号：ISBN 978-7-5678-0305-3
定　　价：280.00 元

《福建国税年鉴（2014）》编纂委员会

主　　任：臧耀民

副 主 任：刘孟全　邱大南　曾光辉　雷致青　陈慕斌　林茂椿　林国镜

委　　员（按姓氏笔画排序）：

王合作　王良辉　王敏奇　方新加　包逸生　安　辉　朱文翀
阮诗雄　李　晖　李新发　李增源　吴纯寿　吴桀云　沈家骏
张梦桂　张森强　张道金　陈　荣　陈　霖　陈义端　陈文雄
林　娟　林　滇　林太桂　林知国　林孟奇　林锡明　周元福
郑元芳　姜闽兴　顾志珊　翁　浩　黄亮明　黄培强　魏润水

《福建国税年鉴（2014）》编辑部

主　　编：包逸生

副 主 编：顾志珊　黄　翎

编　　辑：兰延灼　杨美珍　戴俐萍

供稿人员（按姓氏笔画排序）：

马　旻　王丽华　兰延灼　刘伟杰　刘　琨　江俊强　李叶华
严安琪　张云江　张明焕　陈　佳　陈　泓　陈文裕　陈世明
陈丽萍　陈佳佳　林　琳　林　歆　林小鸫　林宗绥　林建立
林佳睿　李香美　杨美珍　杨赞辉　周　芸　郑晶亮　郑少玲
郭金荣　郭金萍　黄小丽　黄德兴　程晓君　温笑露　傅林清
谢小雄　谢正伟　廖海敢　蔡青青　蔡燕青　薛东晖　魏文忠

编 辑 说 明

一、《福建国税年鉴（2014）》由福建省国家税务局组织编纂，全面系统地记载了2013年度福建国税系统的基本情况，所载资料翔实、准确，是国内外各界人士了解福建国税情况的权威性工具书。

二、本卷年鉴采用分类编辑法，共设六个类目：图辑、大事记、专文、全省国税工作概要、设区市国税工作概要和统计资料。类目下设子目、条目，并根据正文需要穿插相应的图表或照片。

三、本卷年鉴稿件由福建省国税局机关各单位、各设区市国税局提供，并经各单位负责人和《福建国税年鉴（2014）》编纂委员会审定。

四、《福建国税年鉴（2014）》编辑部坚持以“存史资政、服务社会”为办鉴宗旨，以全面展现福建国税系统基本工作为办鉴目标，以规范年鉴写作、提高年鉴质量为要求，努力做到篇目设计科学、文体文字规范、排版设计美观，以增强年鉴的可读性。

五、本卷年鉴的编辑、出版承蒙各有关部门、单位的大力支持和帮助，在此表示诚挚谢意。疏漏与不足之处，请读者批评指正。

编 者

2015年5月

目　　录

全省国税工作概要 ……（75）

图
辑
2014
福建国税年鉴

领导关怀与鞭策

▲2013年1月9日，2013年全省国税工作会议在左海大厦召开，福建省副省长王蒙徽到会并讲话。

（杨美珍摄）

▲2013年8月14日，福建省副省长陈冬（中）到福建省国家税务局视察，听取福建省国家税务局工作情况汇报并视察12366呼叫中心。

（刘伟太摄）

党的群众路线教育实践活动

◀2013年7月25日，福建省国家税务局党组书记、局长臧耀民（右三）在闽侯县国税局现场调研。

（闽侯县国税局提供）

▲福建省国家税务局在开展党的群众路线教育实践活动中广泛征求意见。图为2013年8月，福建省国家税务局党组成员、副局长连开光主持座谈会，向全省部分人大代表、政协委员征求意见。

（刘伟太摄）

▲2013年8月，福建省国家税务局党组成员、副局长刘孟全主持党的群众路线教育实践活动座谈会，向福建省国税局机关离退休老干部征求意见。

（刘伟太摄）

▲2013年8月2日，福建省国家税务局党组成员、副局长刘孟全（内排中）一行在宁德市国税局开展党的群众路线教育实践活动调研，与市县国税局及税源管理局各级税务干部进行座谈，广泛征求省国税局机关在“四风”方面存在的突出问题以及“三个服务”方面的意见和建议。

（宁德市国税局提供）

▲2013年7月31日，福建省国家税务局党组成员、纪检组长曾光辉（右二）到宁德市古田县国税局开展党的群众路线教育实践活动专题调研，与基层税务人员座谈，并向地方政府和基层国税部门征求意见。

（宁德市国税局提供）

▲2013年8月，福建省国家税务局党组成员、副局长雷致青主持党的群众路线教育实践活动座谈会，向全省各地部分税务系统特邀行风政风评议代表征求意见。

（刘伟太摄）

▲2013年7月25日，福建省国家税务局党组成员、副局长雷致青（左二）一行到漳州市国税局开展党的群众路线教育实践活动专题调研，考察该局中心城区办税服务厅。

（漳州市国税局提供）

▲2013年8月1日，福建省国家税务局党组成员、总会计师陈慕斌（右三）带领省国税局纳税服务处、征管科技处一行到晋江市国税局调研。

（泉州市国税局提供）

▲2013年11月2日，福建省国家税务局召开党组专题民主生活会情况通报会。福建省国税局党组六位成员全部参加会议，国家税务总局第三督导组全体同志到会指导，福建省纪委、省直机关工委等相关部门领导应邀参加会议。

（叶生成摄）

纳税服务

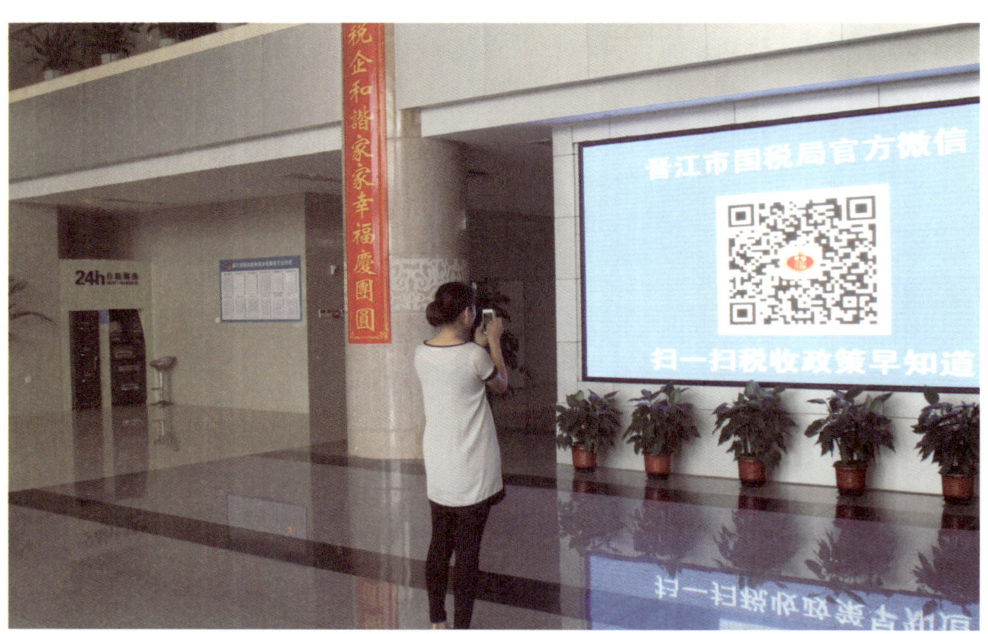

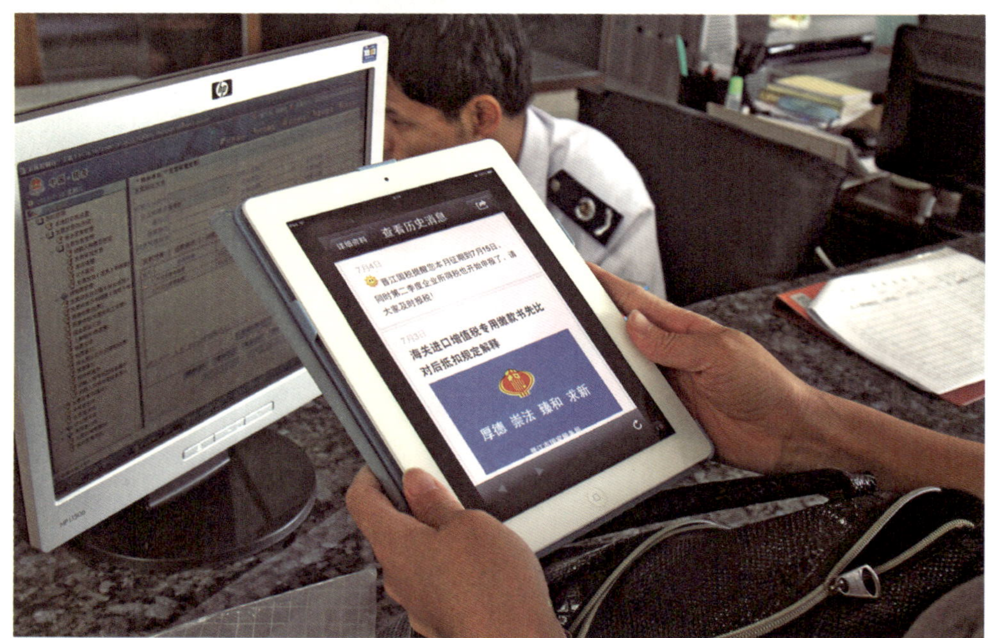

▲晋江市国家税务局推出官方微信平台和二维码扫描服务。纳税人可在办税服务厅自行取阅宣传材料，通过手机扫描宣传材料上的二维码登录网站。也可在等候办理业务时扫描二维码进入官方微信，了解近期新出台的政策、纳税人学校的开课通知、对纳税人的温馨提醒等通知通告。

（王雅莉摄）

▲在永春县国家税务局纳税服务窗口，税务人员在为纳税人提供热情服务。该局在践行“马上就办、办就办好”中，着力打造标准化、高效化、阳光化服务窗口，广泛收集纳税服务需求，开辟延时服务、预约服务、特色服务等绿色服务通道，提高“马上就办，办就办好”的质量和效率。

（辜一军摄）

◀2013年12月4日，东山县国家税务局积极参加“12·4”法制宣传日活动，现场设置税收业务咨询台，接受纳税咨询20余次，帮助群众了解办税流程及最新税收优惠政策，解决群众疑点难点问题。现场分发了公共办税指南、网上办税指南、一般纳税人认定、普通发票领购、“营改增”试点政策解读、企业所得税税收优惠、纳税人权利与义务等宣传材料200余份。

（李镇勇摄）

爱心活动

▲2013年儿童节前夕，福建省国家税务局党组成员、副局长、机关党委书记连开光（右一）带领机关工、青、妇组织负责人和青年志愿服务队，走访慰问福州市儿童福利院，为孤残儿童送去节日的问候和诚挚的祝福。

（陈佳摄）

◀2013年3月7日，南靖县国家税务局局长黄江峰（右）带领20名志愿者到南靖县福利院开展“雷锋在身边、亲情暖南靖”志愿者服务活动，为福利院捐资人民币2000元，帮忙清理福利院院落，向福利院孤寡老人送去生活用品，并与他们聊天谈心，使老人们感受到浓浓真情。

（林韶斐摄）

▶福清市国家税务局举行“春风助学”活动。来自融音社区的魏芳等三位贫困学生每人获得该局3000元的资助。

（郑光耀摄）

◀平和县国家税务局组织志愿服务队到该县开智学校开展“欢乐中秋　温暖助残”爱心志愿服务活动，为开智学校学生送上中秋月饼、学习文具等，关心和帮助这些特殊学生的学习和生活，与他们一起欢度中秋佳节，共同感受节日的幸福与快乐。

（黄江明摄）

▶洛江区国家税务局开展“我也当回纳税人”小学生办税体验日活动，图为同学们参观国税局、地税局规范化办税服务厅，试用排队叫号机、自助办税机等纳税服务设施。

（连文摄）

税务文化

►2013年2月26日，明溪县国家税务局举办2013年“道德讲堂”第二期活动，积极引导广大干部职工“积小善为大善，积小德为大德”，共同构建平安和谐的明溪国税。

（谷利峰摄）

◄长泰县国家税务局组队参加县妇联组织的“舞动人生”庆“三八”广场舞展示活动。图为长泰县国税局女干部表演节目踢踏舞《童话般的初恋》并赢得观众热烈掌声。

（史艳晓摄）

►三明市国家税务局举办“青年心·三明国税梦”主题辩论赛，围绕“增加房产交易个人所得税能否抑制房价”“中国税收痛苦指数高不高”等4个辩题展开精彩而激烈的辩论。

（三明市国税局提供）

▲2013年10月9日，福建国税之歌汇演在福州市举办，省国税局及八个设区市国税局代表队参加汇演。图为三明市国税局代表队演出。

（范永秋摄）

▲参加福建国税之歌汇演的省国税局代表队演出场景。

（范永秋摄）

▲参加福建国税之歌汇演的南平市国税局代表队在演出前抓紧排练。

（郑敏莉摄）

▲“为民　务实　清廉”主题演讲比赛一等奖获得者——省国税局干部严安琪在演讲中。

（福建省国税局监察室提供）

◀2013年10月16日，福建省国家税务局举办“为民　务实　清廉”主题演讲比赛，全省国税系统10名选手以及特邀的福建省检察院2名选手，共12人参加比赛。图为全体参赛选手与评委及局领导在赛后合影。

（福建省国税局监察室提供）

国税年轻人寻梦之路

2013年4月，福建省国家税务局与福州市国家税务局两级机关团委联合开展“青春国税 · 寻梦之旅”活动，鼓励年轻人体味历史，追寻梦想。

① 青年国税干部在福州乌山道山亭活动，追忆程师孟“政绩名列东南之冠”的历史。

② 青年国税干部参观福州马尾船政博物馆。

③ 青年国税干部参观戚继光纪念馆，讨论鸳鸯阵的分工管理理念。

④ 青年国税干部在朱熹曾经的起居讲学之所——濂江书院体会古人读书的时光。

①	②
③	④

① 青年国税干部在海峡会展中心了解福州市未来的城市规划。

② 青年国税干部展示寻梦结果——梦想书签。

③ 青年国税干部开展户外拓展活动——梦想折纸。

④ 青年国税干部开展户外拓展活动——风火轮。

大事记

2014

福建国税年鉴

1月

1月1日

贯彻执行《财政部 国家发展改革委关于公布取消和免征部分行政事业性收费的通知》（财综〔2012〕97号）规定，制定下发《福建省国家税务局关于清理发票工本费有关问题的通知》，自2013年1月1日起取消税务发票工本费，财政部、中国人民银行将删除科目编码103040801“税务发票工本费”。

1月6日

福建省省长苏树林在福建省国家税务局报送的《关于全国税务工作会议精神及我局贯彻意见的报告》上作出批示：“2012年，省国税系统做了大量卓有成效的工作，改革创新、优化服务，支持企业发展和平潭开放开发，为福建经济社会发展作出了重要贡献，感谢全省国税系统同志的不懈努力。”同日，中国人民政治协商会议第十届福建省委员会常务委员会第23次会议协商通过，福建省国税局局长臧耀民为中国人民政治协商会议第十一届福建省委员会委员。

1月9日—10日

全省国税工作会议在福州市召开。福建省副省长王蒙徽、省政府副秘书长黄新銮出席会议并看望会议代表，王蒙徽首先传达了省长苏树林的批示，并代表省委、省政府作重要讲话，对福建国税系统2012年的工作给予了充分肯定，对2013年的各项国税工作提出了明确要求和希望。省局局长臧耀民代表省国税局党组作了题为《深入学习贯彻党的十八大精神，努力谱写我省国税事业科学发展新篇章》的工作报告，传达党的十八大、省委九届六次全会和全国税务工作会议精神，总结2012年福建省国税工作情况，部署2013年国税工作任务。

1月11日

福建省检察院与福建省国家税务局预防职务犯罪联席会议在宁德市召开。福建省检察院副检察长吴超英、省国税局纪检组长曾光辉、副巡视员郑新光以及省检察院、省国税局相关处室人员和宁德市检察院、宁德市国税局有关同志参加会议，会议由曾光辉主持。检税双方相互通报了有关预防职务犯罪工作开展情况，研究部署2013年进一步加强检税合作，共同开展预防职务犯罪的意见和措施。

1月15日

福建省省委书记尤权在省、市领导杨岳、叶双瑜、洪捷序、杨益民等陪同下，莅临福州市国家税务局驻福州市行政服务中心窗口视察。

2月

2月1日

福建省国家税务局机关春节团拜会在左海大厦举行，福建省国税局局长臧耀民作新春致辞，代表省国税局党组向全体国税干部职工、离退休老同志以及干部职工家属送去节日问候和美好祝愿。

3月

3月5日

《福建国税之歌》在福建国税系统公布。福建省国家税务局要求全系统深刻领会《福建国税之歌》的丰富内涵，以各种形式大力宣扬传唱，努力使《福建国税之歌》成为全省国税系统凝聚力量、构建文明、促进和谐的强大精神动力。

3月11日

全省国税系统党风廉政建设工作会议在福州市召开。福建省国家税务局纪检组长曾光辉作全省国税系统党风廉政建设工作报告，福建省国家税务局党组书记、局长臧耀民作重要讲话。福建省监察厅副厅长孙阳、省纪委三室主任侯勇应邀出席。会上，臧耀民与省国税局班子成员、各设区市国税局局长签订2013年党风廉政建设责任状。

3月16日—18日

全省国税系统公务员招录面试工作在左海大厦进行。

3月19日

福建省国家税务局成立基建工作领导小组，正式启动省税务干部学校建设项目。

4月

4月1日

福建省国家税务局和福建省地方税务局联合召开2012年度福建纳税百强企业发布会，发布会由福建省国税局党组书记、局长臧耀民主持，省政府副省长王蒙徽到会作重要讲话，省政府副秘书长、省财政厅和省国税局、省地税局领导为纳税百强企业代表授匾，兴业银行行长李仁杰代表纳税百强企业作大会发言。同日，“内控促廉管理信息系统” 在全省国税系统正式启用，为保证系统正确使用，明确管理责任，提高利用效率，省国税局制定《福建省国家税务局内控促廉政管理信息系统操作规程（试行）》，并把系统运行情况列入2013年度目标管理考核指标，适时通报系统运行情况。

4月19日

福建省国家税务局机关副处级领导岗位和漳州市国税局、三明市国税局稽查局长竞争上岗笔试在福建省国税局举行，共59名干部参加考试。26日，37名通过考试的干部参加了面试。

5月

5月

福建省国家税务局风控中心专职人员到位，正式开始风险管理职能运作。

5月2日—12日

福建省国家税务局举办的全省国税系统处级干部领导力提升研修班（第三期）在中国人民大学开班。

5月16日

福建省国家税务局局长臧耀民主持召开座谈会，欢送福建省国家税务局巡视员陈滨和副巡视员郑新光、刘少波光荣退休，代表党组对几位领导为福建国税事业发展所作出的贡献表示感谢和敬意。其他省国税局领导、省国税局各单位负责人一同参会。

5月24日

福建省纪委、监察厅到福建省国家税务局开展机关效能建设专题调研，省国税局领导和办公室等11个处室主要负责人参加调研座谈会。

6月

6月19日

福建省国家税务局局长臧耀民主持国家税务总局来闽巡视组见面会，欢迎国家税务总局巡视组一行对福建国税开展为期一个月的巡视、执法监察、专项审计工作。

6月26日

福建省国家税务局局长臧耀民主持召开国家税务总局巡视动员大会，并代表党组作党组工作报告。党组成员分别作履职情况报告。

6月27日

全国税收科研所所长会议在福建省福州市召开。

7月

7月1日

国家税务总局发布关于《委托代征管理办法》的公告。该办法由总则、委托代征的范围和条件、委托代征协议的生效和终止、委托代征管理职责、法律责任和附则组成，共6章30条。

7月16日

福建省省长苏树林在福建省国家税务局报送的《关于2013年上半年组织收入情况的报告》上批示："省国税局工作务实高效，有力地支持了我省经济社会发展。望更多地理解当前企业面临的困难，支持企业渡过难关。"

7月17日

福建省国家税务局局长臧耀民主持座谈会，欢送福建省国家税务局副巡视员苏祖华退休。

7月31日

福建省国家税务局局长臧耀民在第十一届福建省委员第二次会议上被增补为提案委员会委员。

8月

8月1日

福建省"营改增"试点扩大至广播影视服务业，全省共有5万余户企业经确认纳入"营改增"试点范围。

8月6日

福建省税务学会在福州左海大厦召开第七届会员代表大会，150余人出席会议。大会审议通过《福建省税务学会第六届理事会工作报告》和修改后的《福建省税务学会章程》。选举产生第七届理事会理事145名。大会期间召开第七届理事会第一次全体会议，选举产生第七届常务理事24名和新一届学会领导成员，福建省国家税务局局长臧耀民当选会长，陈青文、陈滨、王永礼、肖翔、黄端、雷根强和杜红兵7位同志当选为副会长，杜红兵兼秘书长，聘请包逸生、董兆明、顾志珊和赖勤学4位任副秘书长。

8月14日

福建省政府副省长陈冬到福建省国家税务局调研，听取福建省国税局局长臧耀民作工作汇报。

9月

9月4日

福建省省长苏树林签发福建省人民政府令第125号："《福建省税收保障办法》已经2013年8月30日省人民政府第9次常务会议通过，现予公布，自2013年11月1日起施行。"该办法共7章30条，由总则、税收管理、税收协助、税收服务、税收监督、法律责任、附则组成。该办法的出台，为全省各级税务机关获取第三方涉税信息提供法律支撑。

9月13日

福建省省长苏树林在福建省国家税务局报送的《关于落实中小微企业税收优惠政策情况的报告》上批示："省国税局积极落实中小微企业税收优惠政策，减轻了企业负担，支持了企业发展。报告所提建议很好，请志南同志安排研究。”

9月30日

国家税务总局《税务简报》（第六十五期）刊登《福建省国税局创新提高“三个服务”水平》，介绍福建省国税局“三个服务”具体举措。

10月

10月9日

全省国税系统“福建国税之歌汇演”在武警总队新剧院举行，全省国税系统9个合唱代表队参加汇演。经过专家评委现场评分，南平市国税局合唱队获得一等奖，宁德市国税局合唱队、泉州市国税局合唱队获得二等奖，三明市国税局合唱队、莆田市国税局合唱队、龙岩市国税局合唱队获得三等奖，福州市国税局合唱队、漳州市国税局合唱队、福建省国税局机关合唱队获得优秀奖。

10月15日

全省综合纳税服务平台网上办税二期拓展项目“税企互动系统”顺利上线。

10月16日

福建省国家税务局举办“为民　务实　清廉”主题演讲比赛，全省国税系统10名选手以及福建省检察院2名选手共12人参加比赛。参赛选手围绕“为民　务实　清廉”主题，紧扣“弘扬清风正气、防范廉政风险”的中心，与本职工作相结合，以多样的体裁、丰富的内容，或慷慨激扬，或娓娓道来，声情并茂，赛出水平，赛出风格，为大家献上一场精神文化大餐，展现福建省国税干部的风采。本次演讲比赛得到各参赛单位的高度重视和省纪委、省检察院等单位的大力支持，驻国家税务总局纪检组监察局、省纪委、省检察院、省地税局和省国税局领导班子成员全程观看演讲，并为获奖选手颁奖。

10月17日

福建省国家税务局上线运行“网络廉政文化教育平台”。福建省国税局局长臧耀民、驻国家税务总局纪检组、监察局办公室主任（副司长级）徐新式观看平台在线演示，给予充分肯定。作为全国第一家省级国税廉政文化教育平台，试运行一个月内点击2.5万人次。

10月21日

根据《2013年平潭综合实验区国税局和南平市国税局副处级领导干部竞争上岗选拔工作方案》，福建省国家税务局组织参加副处级领导干部竞岗人员笔试；28日，省国税局组织参加副处级领导干部竞岗人员面试。

11月

11月2日

福建省国家税务局召开全体干部大会，福建省国税局局长臧耀民受国家税务总局人事

司委托，宣布任命：邱大南任福建省国税局党组成员、副局长；雷致青任福建省国税局党组成员、副局长；包逸生任福建省国税局副巡视员。

11月6日

第一届海峡两岸国际税收交流研讨会在福建省国家税务局召开，福建省国税局局长臧耀民出席会议并致欢迎辞。

11月12日

福建省注册税务师协会第三届会员代表大会在福州市左海大厦召开，共有近200名理事、所长参会，会议审议通过第二届理事会提请的工作报告、财务收支报告、章程修正案，选举产生新一届理事会常务理事47名、理事122名、顾问1名及协会领导7名（含会长、副会长及秘书长），并召开第三届一次常务理事会，聘请2位副秘书长。

11月20日

全省国税系统2013年新录用公务员、具有行政职能的事业编制人员和2012年执法资格考试未通过的人员共135人参加2013年全省国税系统执法资格考试。

11月29日—12月4日

福建省国家税务局举办2013年度全省国税系统政工大讲坛。讲坛以人文关怀和心理疏导为主题，邀请清华大学、南京财经大学的教授、福建省国家级心理咨询师就阳光心态、心理调适、美学与人生等专题举行讲座。政工大讲坛分三场进行，主会场设在省国税局，向全省国税系统进行同步直播。

12月

12月16日

福建省晋江市国家税务局组织税收收入100.02亿元，创历史新高，成为全省国税系统首个年税收收入超百亿的县（区、市）国税局征收单位。

12月19日

福建省国税系统共组织国税收入1610.9亿元，同比增收179亿元，增长12.5%，完成年度收入计划任务的100.05%，提前12天完成全年税收收入任务。其中，国内增值税入库812.9亿元，国内消费税入库192.4亿元，企业所得税入库527.5亿元，车辆购置税入库77.9亿元。

12月25日

平潭综合实验区国家税务局举行揭牌仪式。福建省国税局局长臧耀民、副局长刘孟全、平潭综合实验区管委会主任李德金参加活动。李德金、臧耀民共同为平潭综合实验区国税局揭牌。

12月30日

福建省国际税收研究会召开第三届会员代表大会，国家税务总局原副局长、中国国际税收研究会会长王力、福建省人大常务委员会副主任邓力平、福建省国税局、福建省地税局等部门领导亲临大会祝贺。会议选举连开光为第三届福建省国际税收研究会会长，杨章辉、严奉泽、雷根强、林建文为副会长，林建文兼任秘书长。福建省人大常务委员会副主任邓力平、省人民政府副省长郑晓松为本届研究会名誉会长；福建省国税局党组书记、局长臧耀民，福建省地税局党组书记、局长陈青文，厦门大学副校长杨斌，福建省国际税收研究会第二届会长陈挺成，福建省地税局党组成员、副局长施维雄为顾问。

（供稿：廖海敢／核稿：陈文雄）

专文

2014

福建国税年鉴

在全省国税工作会议上的讲话

福建省副省长　王蒙徽

（2013年1月9日）

同志们：

受苏树林省长的委托，我今天来参加一年一度的全省国税工作会议。省政府对国税系统的工作充分肯定，会前，苏省长专门作出批示："2012年，省国税系统做了大量卓有成效的工作，改革创新、优化服务，支持企业发展和平潭开放开发，为福建经济社会发展作出了重要贡献，感谢全省国税系统同志的不懈努力。"在此，我谨代表省政府向在座的同志们，并通过你们向全省国税系统的广大干部职工致以亲切的问候，对大家一年的辛勤工作表示衷心的感谢！同时，希望同志们再接再厉，把今年工作做得更好。

去年以来，全省国税系统紧紧围绕国家税务总局和省委、省政府的工作部署，主动融入福建发展和海西建设，认真做好各项税收工作，取得了显著成效。

一是税收收入实现平稳较快增长。2012年全省国税系统组织税收收入1477亿元，超过年度计划，比上年增长14.3%，比全国高4.4个百分点，增幅在31个省市中列第九位，华东地区列第一位，税收收入规模从2011年第15位上升到第12位。在去年的形势下能取得这样的成绩是非常不容易的。

二是认真落实结构性减税政策。精心组织开展"营改增"试点，11月1日顺利开出首批发票，12月1日顺利完成首日申报，达到了"试点当月顺利开票、试点次月顺利申报"的预期目标，试点改革全面平稳实施。优化出口退税服务，建立出口重点企业"一对一"帮扶工作机制，及时解决涉税问题，共办理出口退（免）税662亿元，增长22%，比出口增幅高17个百分点。支持小微企业和个体工商户发展，落实上调增值税起征点优惠政策，惠及全省21万户纳税人；落实企业所得税减半征税优惠，近6200户纳税人减征企业所得税3000多万元。落实促进资源综合利用、高新技术产业发展等各类税收优惠政策，共办理减免税623亿元。

三是大力营造和谐的税收环境。推进纳税服务平台建设，实现"一区一县一办税服务厅"，拓展网上办税大厅功能，12366纳税服务热线及短信平台覆盖全省。简化业务流程，逐步实行"一窗式""一站式"办理，推行纳税人免填单服务管理系统，实现国地税联合办理税务登记、联合核定征收、联合组织税务检查。组织开展税收宣传月活动和纳税百强企业评选，进一步提升纳税遵从度和荣誉感，社会反响很好。

2013年是全面贯彻落实党的十八大精神的开局之年，也是实施"十二五"规划承前启后的关键一年。今年我省地方公共财政收入预期目标是增长12%，略高于我省GDP预期增长目标（11%），也高于国家税务总局安排我省国税系统的计划（9%），这是按照省委九届六次全会提出的稳中求进、好中求快的要求，综合考虑全国、全省情况提出的。希望全省国税系统紧紧围绕主题主线，准确把握经济和税收形势，坚持“为国聚财、为民收税”的工作宗旨，充分发挥税收职能，切实为福建科学发展、跨越发展提供服务和保障。关于今年的工作，臧耀民局长将作具体部署。这里，我讲四点意见。

一、认真落实税收政策

一是落实组织收入原则。坚持以组织收入为中心，贯彻“依法征税、应收尽收、坚决不收过头税、坚决防止和制止越权减免税、坚决落实各项税收优惠政策”的组织收入原则，做好税收分析预测，强化征管，推动收入稳定增长。收入总量和速度都要实实在在，既要坚决制止有税不收和人为调节收入进度，也要坚决杜绝“寅吃卯粮”、收过头税的现象。二是落实结构性减税政策。国家实施结构性减税政策，体现了加快转变经济发展方式的要求，体现了国家差别化的产业政策和区域政策，体现了税收的宏观调控职能，我们要将好政策切实落实到每个企业、每个纳税人。三是落实先行先试政策。国务院批复的“三规划两方案”，赋予我省先行先试的政策。先行先试就是要遵循事物发展的客观规律，结合福建实际，对于苗头性、趋势性、制约性的问题，要解放思想，认真研究分析，准确把握，因势利导，创造性地解决，争取为下一步改革创新和政策制定积累经验，提供依据。尤书记强调要好好梳理政策，要了解中央赋予我们哪些政策，哪些用了，哪些还没用，哪些用好了，哪些还用得不够。具体到税务部门，就是要更好地领会中央对福建发展的要求和支持，真正在先行先试方面提供示范、帮助和指导。

二、稳妥推进“营改增”试点

李克强副总理在扩大“营改增”试点工作座谈会上指出，“‘营改增’将来在全国范围内推开是必然的”“全国应该实行统一的税制”，改革的目标之一是“让企业受惠、地方得益、国家税制得到完善，各方都得到好处，形成共赢的局面”。因此，这项工作要周密布置，继续稳妥推进。下一步重点抓好两方面工作：一是调研分析，跟踪评估试点中遇到的新情况，以及改革对企业运营和财政收入的影响，对“营改增”试点效应认真分析，总结经验，并根据我省实际提出意见建议。二是做好扩围准备，密切关注“营改增”扩围动态，提前做好调研测算，加大政策宣传辅导力度，开展前期征管准备，确保有序推进。改革的目的是促进经济发展和转型升级，希望国税系统要按照“营改增”试点的要求，为结构调整和企业发展做好服务。

三、持续优化纳税服务

一是进一步加强信息化建设。充分发挥12366服务热线和网站的平台作用，让纳税人足不出户就能通过热线和网络得到更多的帮助，解决更多的问题。二是进一步简化流程。对于确实需要到现场办理的，加强现场引导，归并窗口，简化审批，争取在办税服务厅一站完成。三是主动上门服务。上门不是为了查问题，而是要帮助解决问题，宣传税收政策和财经政策，形成良好互动。此外，要充分发挥会计师事务所和税务师事务所等中介组织的作用，在纳税人和税务机关之间构建专业沟通的渠道。总之，就是要构建和谐的税收征纳关系，让纳税人更方便、更轻松纳税。

四、切实加强队伍建设

一是坚持依法行政。国税部门作为经济执法部门，必须坚持依法行政，依法治税，按法定权限和程序办事，严格执行各项税收法律法规和政策。二是推进效能建设。要强化效能督查，严格实行问责，认真贯彻中央和省委关于改进工作作风、密切联系群众的各项规定，认真落实省政府《关于提高行政机关办事效率的十条意见》，大力治庸治懒。要深化政务公开，落实党风廉政建设责任制，确保审批和执法更加透明、规范。三是加强思想教育。制度约束很重要，但制度最终要靠人来执行。所以要始终加强政治理论学习，牢固树立宗旨意识、责任意识，努力打造一支政治坚定、能力过硬、作风优良、奋发有为的国税干部队伍。

深入学习贯彻党的十八大精神
努力谱写我省国税事业科学发展新篇章

——在全省国税工作会议上的讲话

福建省国家税务局局长　臧耀民

（2013年1月9日）

同志们：

今天我们在这里召开全省国税工作会议。这次会议的主要任务是，学习贯彻党的十八大精神，全面落实全国税务工作会议和省委九届六次全会的各项部署，总结2012年国税工作，部署2013年工作任务。刚才，王蒙徽副省长、黄新銮副秘书长出席会议并看望会议代表，蒙徽副省长代表省委、省政府作了重要讲话，并传达了苏树林省长的批示：“2012年，省国税系统做了大量卓有成效的工作，改革创新、优化服务，支持企业发展和平潭开放开发，为福建经济社会发展作出了重要贡献，感谢全省国税系统同志的不懈努力。”蒙徽副省长在讲话中对福建国税系统2012年的工作给予了充分肯定，对今年的各项国税工作提出了明确要求和希望。各级国税机关要认真学习贯彻，及时向当地党委、政府汇报，切实加以落实。下面，我讲三点意见。

一、深入学习，全面贯彻，以党的十八大精神统领全省国税工作

党的十八大是在我国进入全面建成小康社会决定性阶段召开的一次十分重要的会议。大会回顾和总结了过去五年的工作和党的十六大以来的奋斗历程及取得的历史性成就，确立了科学发展观的历史地位，提出了夺取中国特色社会主义新胜利的基本要求，确定了全面建成小康社会和全面深化改革开放的目标，对新形势下推进中国特色社会主义事业作了全面部署。全省国税系统要认真学习、宣传、贯彻党的十八大精神，把十八大精神落实到税收工作的各个方面。

一要按照科学发展的要求，努力在推动建成小康社会和服务海西建设中作出新贡献。党

的十八大为税收事业发展带来了新的机遇。我们要以党的十八大精神为指导，以科学发展观统领税收工作全局，把科学发展观贯穿于税收事业发展全过程，坚持以人为本的核心立场，牢记为国聚财、为民收税的神圣使命，更好地体现服务科学发展、共建和谐税收的工作主题。要站在全局和战略的高度，围绕全面落实五位一体总体布局，把税收工作融入福建经济发展和海西建设大局，把学习贯彻党的十八大精神和落实省第九次党代会的部署结合起来，充分发挥税收筹集财力、调控经济和调节分配的职能作用，在促进经济发展方式转变、推进经济结构调整和提供财力保障中有更大作为，为全面建成小康社会和建设更加优美、更加和谐、更加幸福的福建作出新的更大贡献。

二要按照民主法治的要求，努力在推动依法行政上实现新进展。全面落实依法治国基本方略，坚持把依法行政作为税收工作的生命线，以法治理念统领税收各项工作，牢固树立“法律至上”和“征纳双方法律地位平等”的理念，在思想上从税务机关权力本位向纳税人权利本位转变，使税收管理全面走向依法治税轨道。将规范、制约权力作为推进税务机关依法行政的主线，大力推行政务公开和办税公开，不断完善裁量权指引，让权力在阳光下运行，加强税收“两权”监督，压缩权力寻租空间，规范权力运行，营造良好的税收法治环境。

三要按照改革创新的要求，努力在税收重要领域和关键环节改革上迈出新步伐。改革创新是税收工作的强大动力。要创新税收发展理念，以理念创新带动各方面创新，不断深化税收领域的各项改革。要适应形势发展要求，按照党的十八大报告中提出的“加快改革财税体制，健全中央和地方财力与事权相匹配的体制，完善促进基本公共服务均等化和主体功能区建设的公共财政体系，构建地方税体系，形成有利于结构优化、社会公平的税收制度”的财税改革思路，大力开展调查研究，为税制改革提供有价值的决策参考，努力构建系统完备、科学规范、运行有效的税收体制机制。按照“积极推进，大胆探索”的要求，在推进“营改增”试点工作、税收征管改革、创新纳税服务、健全国际税收管理体系、优化人力资源配置等关键环节积极探索，推动福建国税改革发展和先行先试。

四要按照改善民生的要求，努力在优化税收政策服务上取得新成效。按照创新社会管理的新要求，进一步加强和创新税收管理，服务和促进改善民生，努力构建和谐社会。进一步落实好结构性减税政策，让纳税人切实享受到税收优惠。全面、及时地落实支持高新技术企业发展、文化产业发展和促进生态文明建设等一系列税收政策，最大限度地发挥税收引导作用。加大出口退（免）税政策的执行力度，增强企业发展后劲。将社会管理创新中的先进理念引入税收管理中，积极向服务型机关转变，建立完善规范的纳税服务体系，促进依法诚信纳税与文明征税，构建和谐的税收征纳关系，营造公平公正、文明和谐的税收环境。

五要按照党建科学的要求，努力在干部人才队伍建设上展现新气象。要认真把握、全面贯彻党的十八大报告和新党章对推进党的建设新的伟大工程的新要求，牢牢把握加强党的执政能力建设、先进性和纯洁性建设这条主线，贯彻“为民务实清廉”的要求，进一步加强和改进机关党的建设，提高机关党建科学化水平。着力实施人才强税战略，加快推进人才工作体制机制创新，努力造就一支素质优良、门类齐全、结构合理的人才队伍。要围绕提高能力素质和激发活力动力，加强教育培训和实践锻炼，完善制度机制和激励手段，充分调动税务干部的积极性、主动性和创造性。要围绕干部清正、政府清廉、政治清明，构建以内控机制为主体的大预防工作格局，健全制度形成反腐倡廉大监督工作体系，促进税务干部廉洁从税。

认真学习贯彻党的十八大精神，是当前和今后一个时期全省国税系统的首要政治任务。各级国税机关要以高度的政治责任感和历史使命感，按照中央、省委和总局部署，切实加强领导，精心组织实施，持续兴起学习宣传贯彻十八大精神的热潮。要切实抓好学习培训，认真研读党的十八大报告和新修改的党章，学习习近平同志在党的十八届一中全会上的重要讲话精神，全面准确把握十八大提出的重大理论观点、重大战略思想和重大工作部署，着重把握“七个深刻领会”，力求学深学透、入脑入心、融会贯通。要紧密联系当前改革开放和福建发展实际，紧密联系福建国税工作实际，紧密联系广大干部群众思想实际，坚持学以致用、用以促学，真正用十八大精神武装头脑、指导实践，不断推进福建国税事业科学发展。

二、开拓创新，勇于争先，2012年全省国税工作取得新成效

一年来，全省国税系统坚持以科学发展观为统领，牢固树立以人为本、执政为民的理念，紧紧围绕国家税务总局和省委、省政府的工作部署和总体要求，凝心聚力，开拓创新，圆满完成了各项税收工作任务。

税收收入任务圆满完成。面对世界经济复苏明显放缓和国内经济下行压力加大的严峻形势，全省国税系统紧紧围绕组织收入中心工作，严格遵循组织收入原则，切实加强税收征管，税收收入质量显著提高。2012年全省国税总收入累计完成1919.5亿元，增收242.6亿元，增长14.5%；国税部门组织的收入完成1477亿元，完成年度计划的104.2 %，增收184.3亿元，增长14.3%，比全国平均增幅高4.4个百分点，增幅在31个省市中列第9位，在华东地区国税部门排第1位，税收收入规模从2011年的第15位上升到第12位。

依法行政工作扎实开展。全省国税系统将依法行政作为税收工作的生命线，不断提升依法行政工作水平。进一步健全规章制度，与省地税局联合出台了《福建省税务系统行政处罚自由裁量权基准》，为推进依法行政提供制度保障。加强监督检查，认真开展税收执法督察、执法监察、经济责任审计和巡视监督，加大责任追究，不断规范和纠正税收执法行为。积极开展行政争议化解工作，有效解决了福州四家出口企业的重大涉税行政诉讼事务。认真落实税收协定优惠政策，严厉打击滥用税收协定的避税行为，全年反避税共入库税款2.6亿元。大力整顿和规范税收经济秩序，组织为期48天的全省性税收交叉检查，集中力量查处大要案，严厉打击发票违法犯罪活动。全省累计查补各项收入15.1亿元，占直接收入1.1%。强化税法宣传，召开全省纳税百强新闻发布会等税收宣传活动，不断提高纳税人的税法遵从度。

税收征管改革深入推进。加快推进税源专业化、信息化管理，积极稳妥，大胆实践，税收征管改革迈出较大步伐。在总结泉州市局税源专业化管理试点改革经验的基础上，将改革试点拓展至莆田、宁德、漳州三个设区市局，初步建立起以风险管理为导向、以税源分级分类管理为基础、“省市局集中分析、市县局分类应对”以及税收风险识别应对统一归口管理的税源专业化管理模式。采用理论培训和实战演练相结合的方式，实施“纳税评估千人培训”计划。充分运用各类管理系统开展税收风险识别和排序，全省共评估应对入库税款19.4亿元，占直接收入的1.9%。网络发票全省推广，“一户式税收征管档案系统”全省基本推行到位，认真做好第三方信息的采集和处理，完成省级税收保障立法前期工作。深化税务稽

查改革，在推行市局集中稽查的基础上，部分县局试点推行稽查选案、审理上移市局管理。

“营改增”试点顺利启动。全省国税系统以敢于担当、勇于奉献的精神，按照“试点当月顺利开票、试点次月顺利申报、试点第三月开展分析评估”的目标要求，从7月25日开始扎实推进“营改增”试点工作。各级国税机关密切与地税联系，健全工作机制，科学制定方案，责任落实到人，分步实施培训，持续加大宣传，强化征管措施，整合技术平台，完善征管系统，建立应急机制，确保了“营改增”试点工作在我省顺利实施。全省共确认“营改增”试点纳税人29443户，其中一般纳税人4084户，小规模纳税人25359户。10月22日开始出售普通发票，11月1日成功启动“营改增”试点，12月1日共有518户企业顺利完成首日窗口申报和网络申报，截至12月31日共缴纳税款1.72亿元，顺利实现了“营改增”税制转换。税务总局和省政府多位领导对我省“营改增”试点工作给予了高度评价。

纳税服务体系日趋完善。按照“示范引导、以点带面、逐步推进”的工作思路，全力推进办税服务厅规范化建设，实现了服务能力、服务品质、服务效率和精神风貌的“四个提升”。积极改进和完善省局门户网站功能，稳步推进二期功能拓展，全省网上办税纳税人 21.19万户，网上申报缴纳税款723.67亿元，网上认证增值税专用发票1065.24万份。持续提升12366服务热线服务质量，开通运行以来，12366热线服务总量逾27.88万个，接通率88.78%，满意率99.35%。依托信息化创新服务手段，全面推行涉税业务“全市通办”和纳税人免填单系统，福州、莆田、漳州和泉州市局均实现“全市通办”。全省有14个办税服务厅先后被授予全国“巾帼文明岗”，4个办税服务厅被授予全国“青年文明号”。苏树林省长、王蒙徽副省长对晋江市国税局纳税服务工作给以高度评价。

服务海西建设卓有成效。认真实践“服务海西发展，共建和谐税收”的工作主题，充分发挥税收的职能作用，全力推进我省经济社会健康发展。大力宣传新出台的出口退税政策，简化和优化出口退税流程，及时办理出口退（免）税，与外经贸、口岸通关、外汇管理、检疫检验等部门建立联系机制，对240家企业实行出口退税“一对一”帮扶。全省全年累计出口退（免）税661.7亿元，同比增退118.6亿元，增长21.8%，其中直接出口退税519.2亿元，同比增长14.3%，为我省外向型经济发展作出了重要贡献。认真落实结构性减税政策，办理各类税收优惠减免63亿元；支持小型微利企业和个体工商户发展，共为21万户纳税人上调增值税起征点，并落实企业所得税减半征税优惠3000多万元；全年固定资产机器设备实际抵扣87.2亿元，同比增长24.9%。做好废弃电器电子产品基金开征工作，第四季度共征收基金1081万元。努力争取先行先试的税收政策，参与研究制订的《平潭综合实验区鼓励发展产业所得税优惠目录》和《平潭企业之间货物交易免征增值税和消费税操作办法》相继上报国务院和税务总局。

干部队伍建设全面加强。紧紧围绕提高能力素质和激发活力动力，创新人事工作机制，下大力抓好干部队伍建设。积极推进学习型领导班子建设，在上海浦东干部学院举办一期省局党组中心组（扩大）学习培训班。通过竞争上岗、考察任用等方式选拔了18名副处级以上领导干部，提高了选人用人的公信度。落实干部交流和岗位轮换制度，去年对省局机关人事、监察、财务、稽查等重要部门、关键岗位的主要负责人进行了调整和交流，选拔任用了三明、南平市局的主要负责人，调整交流了福州、龙岩市局的主要负责人，配齐了福州、龙岩和三明市局的纪检组长。全省（不含厦门）

共招录公务员156人，是历年来招录人数最多的一年。平潭综合实验区国税局机构设置方案获批。落实“千人工程”和“十万人工程”规划，全年举办纳税服务、纳税评估、出口退（免）税管理、国际税收和反避税等专业化人才培训班28期，累计培训1900余人次。加强国税文化建设，组织开展福建国税文化核心价值观大讨论和福建国税之歌征集评选活动，举办福建国税文化大讲坛系列讲座，推选出16名“我身边的好税官”。大力提升机关党建工作科学化水平，开展“为民服务创先争优”“基层组织建设年”和“下基层、解民忧、办实事、促发展” 创先争优三大主题活动，全省有5个单位被省委授予“2010—2012年全省创先争优先进基层党组织”荣誉称号。

党风廉政建设扎实推进。严格执行党风廉政建设责任制，认真落实党组主要领导是第一责任人、领导班子其他成员认真履行“一岗双责”的制度，抓好反腐倡廉工作任务的责任分解与落实。持续推进惩防体系建设，深化内控机制建设，加强廉政风险防控。深入学习宣传贯彻《税收违法违纪行为处分规定》，在全省国税系统开展预防职务犯罪专题教育活动，建立健全检税联席会议制度，出台领导干部廉政谈话提醒制度和国税人员作风纪律建设八条措施，确保干部队伍平安。重视和加强廉政文化建设，开展廉政文化建设作品征集评选等系列活动。深化纠风行评和效能建设，在各级党委政府组织的政风行风评议中我省各级国税部门均名列前茅。

同志们，成绩来之不易，这是国家税务总局和省委、省政府正确领导的结果，是各级党委政府、有关部门、社会各界和广大纳税人理解支持的结果，是全省广大国税干部职工团结拼搏的结果。在此，我代表省局党组，向付出辛勤劳动的全省广大国税干部职工表示崇高的敬意！向关心支持税收工作的各级领导、各界朋友和广大纳税人表示衷心的感谢！

在肯定成绩的同时，我们还必须清醒地看到改革与发展中存在的问题：组织收入的质量有待提高，结构还需要进一步优化，一些地方政府收入要求与税收收入实现目标之间的矛盾日益突出；税收征管改革有待进一步深化，风险识别、分析、应对的深度和广度有待进一步拓展；防范偷逃税特别是出口骗税面临的形势更加严峻，现代税收征管急需的高层次专业化人才还比较缺乏；第三方信息采集的手段和渠道保障不够有力、数据质量不高，风险防控平台建设有待进一步加强；干部队伍活力和动力有待进一步激发，各层级干部的成长空间和干事创业的平台亟待进一步拓展和优化；纳税评估过程中的税收执法风险不容忽视；全系统违纪违法案件还时有发生，党风廉政建设依然任重道远。对这些问题，我们要以对国税事业、对干部职工高度负责的态度，勇于正视、认真分析、着力解决，努力把各项工作提高到一个新水平。

三、乘势而上，重点突破，推动全省国税事业实现新发展

2013年是全面落实党的十八大战略部署的开局之年，做好今年国税工作意义十分重大。前不久召开的中央经济工作会议深入分析了当前形势，提出今年要坚持稳中求进的工作总基调，实施积极的财政政策和稳健的货币政策。中央经济工作会议提出要充分发挥税收的职能作用，突出抓好两方面系统性工作：一是结合税制改革完善结构性减税政策；二是按照更加注重经济增长质量和效益的要求，着力提高税收收入增长的质量。肖捷局长在全国税务工作会议上号召全国税务系统要深入学习贯彻党的十八大精神，坚持学以致用，努力将学习贯彻党的十八大精神的丰硕成果转化为推进税收事业科学发展的实际成效。会议总结了十七大以

来税收工作的主要成就，研究部署了今年税收工作的七项任务。省委九届六次全会确定今年我省经济社会发展的主要预期目标是：全省生产总值增长11%左右，地方公共财政收入增长12%，全社会固定资产投资增长20%，外贸出口增长5%，社会消费品零售总额增长15%。各级国税部门必须深入学习领会，迅速贯彻落实。

根据当前经济税收形势和税务总局、省委、省政府的工作部署，结合福建国税工作实际，省局确定2013年全省国税工作的总体要求是：深入学习和全面贯彻落实党的十八大精神，以科学发展观为指导，牢记为国聚财、为民收税的神圣使命，坚持服务科学发展、共建和谐税收的工作主题，以落实结构性减税政策和提高税收收入增长质量为重点，推进依法行政，深化征管改革，实施风险防控，优化纳税服务，加强干部队伍和党风廉政建设，为全面建成小康社会和海峡西岸经济区建设作出新的更大贡献。

根据以上工作要求，2013年主要工作任务是：

（一）以提高税收收入质量为重点，依法依规组织税收收入

2013年税务总局安排我省国税收入增长预期目标为9%，收入增幅虽然不高，但也面临着不少困难。从经济形势上看，国际经济形势依然错综复杂、充满变数；国内发展仍面临不少风险和挑战，不平衡、不协调、不可持续的问题依然突出。从有利条件看，中央采取了一系列经济调控政策，国内经济特别是实体经济将企稳回升，海西经济区建设乘势而上，为税收增长打下坚实的税源基础。各级国税部门要认真分析和准确把握经济税收发展趋势，坚决贯彻组织收入原则，努力实现税收收入稳定均衡增长。

一是着力提升税收收入质量。牢固树立质量管理理念，努力实现税收收入从计划管理向质量管理的转变。根据年度预算科学测算、分解税收计划，依据组织收入完成情况合理安排免抵调库总量和进度。继续实行税收分析例会制度，健全横向、纵向税收分析工作机制。积极探索总体税收和增值税流失估算方法，从宏观、微观层面揭示税收风险规模及方向。抓好税收政策对经济、税收影响的定量分析，特别是做好“营改增”试点的效应分析评价。做好税负预警测算，强化风险分析识别，发挥分析识别在税源专业化管理中的导向作用。

二是加强重点税源监控管理。密切关注经济发展和重点地区、行业、企业的税源变化情况，提高组织收入的预见性。继续开展对重点企业的走访调研活动，拓宽税企沟通的渠道。完善新增重点项目跟踪分析制度，开展重点税源行业以及上市公司、重点建设项目等税收分析调研，努力查找新的税源和新的增长点。继续开展国税、地税联合发布福建省纳税百强活动，提高发布活动的社会影响力和导向作用。稳步扩大重点税源监控范围，提高重点税源数据质量，强化重点税源数据的分析应用。根据税务总局的统一部署，积极研究，稳妥推进省局设立大企业税收管理局的相关事项。

（二）以规范执法完善监督为重点，大力推进依法行政

按照建设法治政府和服务型政府的要求，进一步确定法治理念，规范税收行政行为，强化权力监督制约，大力推进依法行政，切实做到严格规范公正文明执法。

一是全面推进依法行政。认真研究税务总局制订下达的依法行政考核评价指标体系，积极推进依法行政示范单位创建工作。本着“重点突破，稳步推进”的原则，省局决定今年在福州、泉州各选择3个县级局，其他6个设区市各选择2个县级局，共18个单位作为首批依法行政示范单位创建试点。今年省局制订的年度工作目标管理考核办法与税务总局下达的依法行政综合绩效考核指标体系将尽量靠近，为今后全面实施依法行政综合绩效考核打好基础，各单位要认真对照要求推进依法行政各项工作。修订全省国税系统重大税务案件审理办法，完善重大税务案件审理制度。

二是强化税收执法监督。深入推进税收执法责任制，加强和改进税收执法督察和执法监察工作，依托执法管理信息系统，加大税收执法过错责任追究力度，不断规范税收执法行为。积极适应征管改革的需要，探索建立起日常化的税收执法风险防范机制。认真落实《福建省税务系统行政处罚自由裁量权基准》，明确裁量权的行使机构，顺畅行政处罚裁量权的程序，使简单的处罚行为在办税大厅即可一次性办结。

三是大力整顿税收秩序。加强与海关、公安、商检、工商等部门的合作，深入开展打击发票违法犯罪活动，重点查处骗取出口退税和虚开增值税专用发票大案要案。组织开展税收专项检查和区域税收专项整治工作，认真查找征管薄弱环节和风险隐患。进一步整合稽查资源，落实好省局关于提高稽查人员比例的规定，继续推行稽查绩效考核机制，集中骨干力量突破大案要案，逐步提升案件查处水平。

（三）以创新服务手段为重点，推进纳税服务体系建设

一是推进纳税服务平台建设。总结推广晋江市局创新纳税服务先进经验，积极开展星级办税服务厅和“纳税服务之星”评选活动，巩固办税服务厅建设成果。稳步推进网上办税服务平台建设。加强岗位培训，突出抓好12366热线人员业务培训，提升纳税服务水平。

二是优化纳税服务举措。加强税法宣传、政策解读和咨询工作，建立健全税法宣传和纳税咨询的良性互动机制。规范文书受理和内部流转的操作流程，简化审批，压缩承诺时限，提高办税效率。继续推进“全市通办”和“免填单”服务。探索拓宽国税、地税协作办税的方式和内容，促进国税、地税信息交换制度化、常态化。认真落实两个“减负”，免收发票工本费。进一步完善纳税信用等级评定管理，推进信用体系建设。

三是着力提升纳税人满意度。建立纳税人需求响应机制，规范全省纳税服务投诉事项的受理和办理程序，及时处理和反馈纳税人各项投诉。支持发展涉税中介服务，加强与相关部门及行业协会的合作，为纳税人提供更加便捷高效的服务。高度重视税务总局委托第三方进行的纳税人满意度调查通报结果，认真向兄弟省市学习，采取有力措施，切实提升我省各级国税部门纳税人满意度。

（四）以强化风险管理为重点，全面推进税收征管改革

认真贯彻税务总局、省局去年相继召开的深化税收征管改革工作会议精神，围绕“两提高、两降低”的目标，切实加强税收征管，进一步提升征管质效。

一是全面推进税收征管改革进程。全省国税系统要进一步把思想与行动统一到省局工作部署上来，泉州市局要以风险管理和信息管税为核心继续探索新路，率先推进现代化税收征管体系建设尝试；宁德、漳州、莆田市国税局要加快新旧征管方式的磨合与平稳转换，建立税收征管新秩序；福州、三明、南平、龙岩4个设区市局要认真落实《深化税收征管改革意见》，以泉州市局改革经验为重要参考，科学做好专业化管理中税源的分类分级，合理确定县级局税源基础类管理事项和风险管理类事项的管理方式，推动基础类事项前移至办税服务厅和分解到相关管理部门实施集约化管理，在年内将税收征管改革方案推进到位。省局将在第四季度组织开展征管改革情况调研，研究解决深化改革中的问题，总结提升全省税收征管改革工作。

二是加快推进税收风险分析识别工程建设。省局在去年底成立了税收风险分析监控中心，各设区市局在改革中也要逐步设立。省市两级税收风险分析监控中心要加快人员、职能、履职到位，统一开展税收风险信息采集、风险分析识别、等级排序、任务推送和考核评价，形成税收风险管理的闭环系统。目前风险管理的首要任务是搭建税收风险管理信息系统平台，整合各类系统信息，分层次推出税收风险应对对象、编写应对指引和推送应对工作任务，增强税收风险分析识别能力。加快税收风险应对制度和机制建设，探索制定税收风险工作流程，落实“分类应对”工作机制，切实提高应对的质量与效率。在省市局两级平台尚未建立完善之前，县级局要依托税源管理一体化运行机制，积极开展本级税收风险识别，确保税收风险应对有的放矢。

三是认真做好税收征管基础工作。今年要重点研究加强网络发票的使用管理，完善配套制度，建立发票开具信息比对机制，利用全省发票数据库信息，向社会提供便捷的发票真伪查询，为杜绝和打击假发票发挥重要作用。在加快推进省级税收保障立法的基础上，深化福建省涉税信息交换平台等第三方信息的获取、加工、处理和应用能力，做好税收信息情报收集，探索建立电子商务税收征管制度。落实户籍巡查制度，清理漏征漏管户，避免基础信息失真。加强纳税申报管理，在纳税申报环节尝试逐步取消纸质资料报送。强化电子税务管理，坚持科技引领、务实创新，加强各系统运行的日常运维监控。

四是完善大企业税收管理机制。大企业税收专业化管理是税收征管改革的重要突破口。从泉州局大企业税收管理局成立一年来的运行情况看，改革取得了初步成效。各地要积极探索创新，推进以风险管理为核心、按户集中服务和风险应对的大企业税收专业化管理。按照税务总局的统一部署，进一步明确省、市、县三级大企业税收管理与服务职责分工，理顺工作关系。健全大企业税收风险管理体系，深入开展大企业风险评估、税务审计、反避税调查等工作。

（五）以提高质量效率为重点，推进各税种和重点领域税收管理

一是加强货物和劳务税管理。认真做好交通运输业和现代服务业“营改增”试点改革后续工作，跟踪试点纳税人税负变化情况，探索“营改增”税收风险管理机制，配合财政部门做好配套过渡性财政扶持政策资金审核工作。积极做好“营改增”扩围准备工作。认真组织开展增值税专项评估工作，重点开展商业增值税专项评估。继续对固定资产进项抵扣管理进行全面核查。持续做好部分行业农产品增值税进项税额核定扣除。加强消费税和车购税系统管理工作。

二是加强企业所得税管理。认真做好2012年度企业所得税汇算清缴。完善网上申报系统，确保2013年度全省企业所得税网上申报的顺利进行。探索新的管理方式，建立所得税电子台账。进一步完善企业所得税风险预警信息管理系统，继续加强汇总纳税管理信息系统运用，做好跨地区税源的监控，努力提高企业所得税占全省国税收入的比重。

三是加强国际税收管理。推进国际税收体系建设，强化法律制度保障、信息保障和人才保障机制，同时做好“引进来”和“走出去”企业的国际税收管理服务，解决国际税收工作“碎片化”的问题。完善国际税收信息平台，依托平台对跨境税源进行实时监控分析和应对。综合运用反避税、非居民管理、税收协定执行及税收情报交换等手段，提升国际税收整体水平和效率。大胆探索和创新反避税调整方法，每年由省局直接组织查办1~2户规模和影响力都较大的避税企业或非居民股权转让企业。

四是加强出口退税管理。认真落实出口退（免）税新政策，进一步规范出口退（免）税管理，强化出口货物退（免）税管理制度性、规范化建设，兑现限时办税服务承诺制，继续落实出口退税“一对一”帮扶工作机制。加大防范和打击出口骗税力度，组织对近3年来的出口货物退（免）税的政策执行和管理情况进行专项检查。开发完善出口退（免）税管理与风险预警监控系统，有效防范出口骗税的发生。

（六）以激发活力提升素质为重点，进一步深化干部队伍建设

抓好队伍建设是做好税收工作的根本保证，要围绕抓班子、激活力、强素质，不断提高国税干部队伍建设水平。

一是加强领导班子建设。认真贯彻落实税务总局《关于加强市、县国家税务局领导班子建设的指导意见》，提高领导班子的领导水平和执政能力，努力把领导班子建设成为坚强领导集体。配强市局、县（市、区）局领导班子，配齐平潭综合实验区国税局领导班子。认真执行市局、县（市、区）局主要领导干部职务任期制度、异地交流制度等。着力优化领导班子结构，形成班子成员老中青相结合的梯次配备。积极选拔优秀年轻干部，研究落实“十二五”期间设区市局领导班子配备一名40周岁以下班子成员、县（市、区）局班子配备一名35周岁左右干部的工作部署。

二是深化干部人事制度改革。认真落实省局2011年研究制订的创新人事工作机制的意见，健全竞争上岗、差额推荐、考察任用等多种方式并举的竞争性选人用人机制，保持干部选拔任用机制的相对稳定和干部选拔任用工作的制度化、规范化和常态化。配合税收征管改革和税源专业化管理、税务稽查和大企业税收管理等各项改革试点，认真研究论证基层税务机构设置、职能调整和人力资源配置等问题。做好平潭综合实验区国税局筹建工作，做到机构编制设置完成，人员配备基本到位。加大干部交流力度，落实处级领导干部岗位转任制度，及时补充配备处级领导岗位。认真做好离退休干部工作。

三是加强党建和思想政治工作。建立创先争优工作长效机制，深入开展“下基层、解民忧、办实事、促发展”活动，在基层党组织中广泛开展纯洁性和先进性教育，适时召开基层组织建设年活动总结表彰会，扎实开展机关党建三级联创活动。做好新修改的《党章》《条例》等规章制度的学习贯彻落实。持续推动国税文化建设，在全省国税系统开展践行“福建国税精神”十大人物评选表彰活动，举办“福建国税之歌”演唱会，办好福建国税文化大讲坛。各级领导干部要关注干部职工身心健康，注重人文关怀和心理疏导，特别要关心关怀生活特别困难的干部职工家庭。深入开展精神文明创建，做好向“身边好税官”学习宣传活动。加强文明行业三级联创机制和基层窗口单位创建工作。

四是加大教育培训力度。抓好领导干部教育培训，以全面提升领导干部社会管理创新和税收征管改革、突发事件处置、媒体沟通能力为切入点，提高领导干部理论素养和工作水平。加强基层干部教育培训，落实“千人工程”和“十万人工程”规划，继续办好税收政策法规、电子税务、反避税、稽查、出口退税管理、纳税评估等各级各类培训班，切实提高培训效果，以实战实训演练提升技能。在全系统开展考核评定纳税评估能手、税务稽查能手等活动。

（七）以完善机制、强化监督为重点，切实强化党风廉政建设

健全党风廉政建设领导体制和工作机制，围绕干部清正、政府清廉、政治清明，构建以内控机制为主体的大预防工作格局，健全制度形成反腐倡廉大监督工作体系，促进干部廉洁从税。

一是深入开展反腐倡廉教育。继续抓好《处分规定》的学习贯彻，认真落实领导干部廉政谈话提醒制度，规范廉政谈话提醒程序。开设福建国税廉政文化建设专栏，加强廉政宣传教育。在全省国税系统开展“十佳勤廉标兵单位”“十佳勤廉标兵个人”和“十佳家庭助廉标兵”评选表彰活动，营造尊廉、崇廉、守廉的良好氛围。

二是持续推进惩防体系建设。认真总结国税系统贯彻落实惩防体系2008—2012年工作规划的成效和经验，制定落实2013—2017年工作规划的实施办法，坚持党风廉政分析会制度，全面推进惩防体系建设各项工作。按照“制度+科技”的预防腐败要求，将反腐倡廉工作与税收征管改革、信息化建设等紧密结合，深入推进内控机制信息化建设。针对税收征管改革和“营改增”后税收风险在各职能部门转移的情况，加强对新的执法风险点的分析、监控，不断完善防控措施，降低税收执法风险。

三是强化“两权”监督制约。树立“制度、责任、阳光”的监督工作理念，整合执法监察、执法督察、巡视检查、内部审计等监督资源，统一制订计划、统一部署实施、统一成果应用，提高监督效能。做好信访核实和案件查办工作，严肃查处在税收执法中徇私舞弊、滥用职权、以税谋私、损害纳税人利益的案件，违反政治纪律和组织人事纪律等案件，发挥查办案件的治本功能和综合效应。抓好作风纪律建设，加强对税务总局“五条禁令”、省局加强作风纪律八条措施及机关效能建设等贯彻执行情况的监督检查，扎实推进政风行风建设，树立良好的国税形象。

（八）全面落实中央八项规定，切实改进工作作风

最近，中央政治局印发了改进工作作风、密切联系群众的八项规定及实施细则，税务总局和省委也相继出台了具体的实施办法，省局也将制订下发相关规定。八项规定及实施细则充分体现中央坚持求真务实、狠抓作风转变的坚定决心。国税部门的作风状况，直接关系到党和政府的形象。各级国税机关要充分认识改进工作作风、密切联系群众的极端重要性和紧迫性，认真执行相关要求，切实改进工作作风，以作风大转变推动税收事业大发展。

一是改进调查研究。开展调研要明确主题，深入基层国税部门、深入税收工作一线，多向纳税人了解情况，多与基层国税干部交流讨论，多解剖典型，切忌走过场，搞形式主义。省局领导下基层调研，由省局办公室统筹安排，不同时到同一市、县（区）调研。重要调研后应向省局党组写出调研报告，提出意见和建议。对基层和纳税人反映的问题要在规定时间内答复，并纳入督办范围。省局领导下基层调研，遵循六不原则：不搞层层陪同，不到辖区边界迎来送往，不张贴悬挂标语横幅，不组织干部职工列队迎送，不在会场特意摆放花草，不组织专场文艺表演。

二是改进文风会风。精简文件简报，没有实质内容、可发可不发的文件简报，一律不发。充分运用税务综合办公信息系统，能用网络、公文处理等电子化方式报送的简报，不再发送纸质简报。省局制定税收政策性文件，要加强统筹协调，综合办理，避免重复，控制份数，切实减少发文总量。税收规范性文件签发后，应及时在省局门户网站等媒介上发布，并同步进行解读。减少会议数量，规范会议审批程序，控制会议规模和时间，能不开的会坚决不开，可以合并的会坚决合并。切实改进文风会风，提倡开短会、讲短话、讲管用的话，力戒长、空、假，提倡短、实、新。

三是厉行勤俭节约。坚持依法理财，规范财务管理，加强基本建设管理，做好政府采购工作，提高工作效率。严格控制“三公”经费支出。进一步加强巡视检查工作，着力整治庸懒散奢等不良风气，努力建设节约型政府机关。严格控制一般性出国考察，严格控制出访团组人数和在外时间。不准超编、超标购置公务用车，不准为公务用车增加高档配置或豪华内饰。领导干部要带头严格执行住房等生活待遇规定，不得搞特殊化。严格执行接待标准，不准以任何名义赠送礼品、纪念品、土特产，不安排宴请，不上高档菜肴，不安排高档烟酒。严禁组织高档消费娱乐、健身活动。

同志们，目标令人振奋，使命催人奋进，让我们继续高举中国特色社会主义伟大旗帜，以强烈的事业心和高度的责任感，凝心聚力、扎实工作，攻坚克难、开拓进取，全力推进福建国税事业科学发展，为夺取全面建成小康社会新胜利、开创中国特色社会主义事业新局面作出新的更大的贡献！

在全省国税系统党风廉政建设工作会议上的讲话

福建省国家税务局局长 臧耀民

（2013年3月11日）

同志们：

曾光辉纪检组长代表省局党组作了党风廉政建设工作报告，我完全同意。这次会议我们还邀请了省监察厅孙阳副厅长、省纪委三室侯勇主任等三位同志到会指导。孙阳副厅长刚才作了重要讲话，既对近两年福建国税系统的党风廉政建设工作给予充分肯定，也对做好下一步工作提出了重要的意见，对我们做好今年的党风廉政建设工作有重要的指导意义。下面，我就加强全省国税系统党风廉政建设工作再强调几点。

一、统一思想，更加清醒地认识当前我省国税系统反腐倡廉新形势

党的十八大对全面提高党的建设科学化水平提出了明确要求，强调坚持党要管党、从严治党，建设廉洁政治，做到干部清正、政府清廉、政治清明。十八届一中全会以来，习近平总书记多次对反腐倡廉工作作出指示，告诫全党“必须警醒起来”，深刻指出“腐败问题越演越烈，最终必然会亡党亡国”。在中央纪委二次全会上，习近平总书记对当前党风廉政建设和反腐败斗争的形势和极端重要性作了深刻阐述，从实现“两个一百年”目标、实现“中国梦”的伟大进程，从巩固党的执政地位、完成党的历史使命的战略高度，对严明纪律、改进作风、反对腐败提出了明确要求，强调一切工作要以人民满意为根本准则，为政清廉才能取信于民，秉公用权才能赢得人心，务必保持与人民的血肉联系，认真解决群众反映强烈的

突出问题。讲话体现了强烈的忧患意识，表明了中央坚决反对腐败的决心和信心。肖捷局长在全国税务系统党风廉政建设工作会议上指出，税收是国家财政收入的主要来源，税务部门是国家行政执法部门，在经济社会发展中承担着重要职责。发挥税收职能作用，履行为国聚财、为民收税的神圣使命，必须要有一支政治坚定、业务精湛、作风优良、勤政廉洁、团结和谐的高素质专业化税务干部队伍。各级国税机关要切实加强纪律建设、作风建设、反腐倡廉建设，深入推进税务系统党风廉政建设和反腐败工作。冯惠敏纪检组长代表税务总局党组在会上部署了今年税务系统反腐倡廉七项工作。我们要认真学习领会中纪委二次全会、省纪委九届四次全会和全国税务系统党风廉政建设工作会议精神，坚决贯彻，狠抓落实。

当前我省国税系统反腐倡廉形势，总的看是好的。一年来，各级党组重视，纪检监察部门做了很多富有成效的工作，制度建设扎实推进，内控机制更加完善，廉政文化建设丰富多彩，税检联合预防职务犯罪取得成效，信访件和发案率都呈下降的趋势，党风廉政建设总体情况向好，国税部门在全省16个行政执法司法单位政风行风民主评议中综合评议位列第二名，较2011年前进了7位。这些成绩来之不易，凝聚着全省国税系统干部职工和纪检监察干部的心血和汗水。成绩固然可喜，但问题也不容轻视，尤其是对当前我省国税系统党风廉政建设面临的新形势，需要大家有更清醒的认识。首先，法治型政府和服务型政府建设对税务部门依法行政提出了更高的要求，潜在的税收执法风险不容忽视。随着民主法治精神的不断深入，纳税人的税收维权意识将越来越强，社会舆论对税务部门依法行政的关注度也将越来越高，同时有一些地方对财政收入增长的要求也越来越高，矛盾突出，能否正确处理好组织收入和依法行政的关系，坚持组织收入原则，是一个新的挑战。我们一些同志尤其是一些基层的领导干部法治意识、风险防范意识淡薄，依法行政水平不高，可能由此引发的税收执法风险，值得警惕。其次，税务系统职务犯罪多发易发的态势还没有从体制机制上得到根本遏制。受社会转型期价值多元、思想多变的影响，整个社会环境越来越复杂，给干部的价值观、人生观带来了很大冲击，国税干部思想活动的独立性、多变性和差异性明显增强，尤其是基层税务干部长期直接与纳税人打交道，税收工作的特性决定了税务干部面临腐蚀与反腐蚀的考验，在当前税务系统激励机制相对不足、激励手段不多的情况下，一些干部心理失衡，容易走上歪门邪路，以税谋私、以权谋私等违纪违法现象时有发生。各级国税机关纪检监察部门对预防职务犯罪问题一定要有充分的认识，为此，去年全省国税系统开展了4个月的专题教育，但对此风险仍不可低估，必须时刻警醒。第三，新媒体的迅速崛起改变了传统的舆论环境，网络监督对国家公务人员提出了新的考验。在“人人都有麦克风，人人都是新闻记者”的网络时代，以手机、微博为代表的新媒体形态将所有党政部门和公务人员推向了舆论监督的前台。作为公众关注的重点领域，税务部门的每个人每件事都可能置于网络监督的镜头之下，成为舆论焦点的概率大大提高。在当前社会转型期和矛盾凸显期，税收处在利益分配矛盾的焦点，极易成为公众情绪的宣泄口，税务干部的职务行为和言论稍有不慎就可能被推上舆论的风口浪尖。如今年1月上旬福州鼓楼区国税局的两位干部违反税务人员廉洁从政规定，接受纳税人红包的问题，就是经由网络炒作造成很大影响，教训很深刻。网络舆情事件屡屡发生绝不是偶然现象，网络监督今后也将会形成常态。从积极的角度讲，加强监督也是一件好事，大家要头脑清醒，增强忧患意识，洁身自好，谨言慎行，一定要有这个危机感。

二、扎实推进，确保反腐倡廉重点工作落到实处

党风廉政建设和反腐败工作任务繁重，今年的具体工作曾光辉组长已经作了全面布置，我着重强调三点。

第一，严明政治纪律。在中央纪委二次全会上，习近平总书记提出："党面临的形势越复杂、肩负的任务越艰巨，就越要加强纪律建设，越要维护党的团结统一，确保全党统一意志、统一行动、步调一致前进。"铁的纪律是维护党内团结统一的根本保证，也是我们做好税收工作的重要保障。我们国税系统承担着执行国家税收法律法规的重要职责，队伍大、层级多、分布广，如果没有统一、严明的政治纪律加以规范约束，就难以形成强大的凝聚力和战斗力，就难以保证税收职能作用的充分发挥。因此，全省国税系统要把加强党的纪律建设特别是政治纪律建设作为党风廉政建设的长期任务，作为提升领导能力和执政能力的重要举措，作为推动我省国税事业科学发展的有效手段，切切实实抓紧抓好。严明政治纪律，就是要时刻保持头脑清醒、立场坚定，切实做到"五个不允许"，即不允许散布违背党的理论和路线方针政策的意见，不允许散布违背中央决定的言论，不允许泄露党和国家秘密，不允许参与各种非法组织和非法活动，不允许制造、传播政治谣言及丑化党和国家形象的言论。严明政治纪律，就是要自觉维护中央权威，始终与党中央保持高度一致，坚决贯彻中央的决策部署，自觉坚持下级服从上级，局部利益服从全局利益，确保政令畅通、令行禁止。严明政治纪律，就是要切实遵守和维护党章，自觉用党章规范自己的一言一行，履行好党员的八项义务，加强党性修养和党性锻炼，增强党员意识，做合格党员。各级国税机关纪检监察部门要将维护党的纪律摆在首位，加强对党的政治纪律执行情况的监督检查和追究问责。

第二，切实改进作风。习近平总书记指出，工作作风问题绝对不是小事，如果不坚决纠正不良风气，任其发展下去，就会像一座无形的墙把党和人民群众隔开，党就会失去根基、失去血脉、失去力量。中央八项规定和反对奢侈浪费，是中央改进作风的切入点和动员令。中央和省里已经三令五申，并展开了明察暗访，近期已经不断有人被媒体和网络曝光，受到了党纪政纪处分，但是我们国税系统有些同志缺乏政治敏感性，没有引起足够的重视，依然熟视无睹，我行我素，这样下去很容易出问题。要清醒地看到，改进作风，厉行勤俭节约，反对奢侈浪费，已经不是简单的吃请问题，而是一个严肃的政治问题，千万不要认为八项规定执行起来是一阵风，是说说而已。希望大家一定要绷紧这根弦，做明白人，不要稀里糊涂地撞在枪口上。作风建设是一项长期的任务，各级国税机关要以贯彻中央八项规定和反对奢侈浪费为契机，把改进作风作为当前一件大事来抓，与税收工作同步安排、同步推进。要坚持把作风建设与执政为民、优化服务结合起来，继续开展"下基层、解民忧、办实事、促发展"活动，坚持求真务实的作风，帮助纳税人解决实际困难，落实好税收优惠政策，让纳税人得到更多实惠。要坚持把作风建设与干部选拔任用机制建设结合起来，树立正确用人导向。要坚持把作风建设与创先争优结合起来，大力整治"庸懒散奢"问题，确保各项规定要求落到实处，不断提高机关工作效率。要坚持把贯彻落实中央八项规定与促进政风行风建设结合起来，主动接受纳税人和社会各界的监督，巩固行风评议成果，保持干部队伍纪律严明、昂扬向上的精神风貌。各级纪检监察部门要把监督中央八项规定贯彻落实作为

一项经常性、长期性工作，强化日常监管，认真受理群众举报，凡是违反中央八项规定的，要严肃追究领导责任。

第三，坚决惩治腐败。坚定不移惩治腐败，是我们党有力量的表现，也是全党同志和广大群众的共同愿望。十八大之后始终保持的惩治腐败高压态势，充分表明了中央从严治党的坚强决心和鲜明态度。从严治党，惩治这一手决不能放松。惩治有力，才能增强教育的说服力、制度的约束力和监督的威慑力。实践表明，“惩前毖后，治病救人”，惩治一个可以教育和警醒一片。我们的一些同志对查办案件的重要性认识不足，习惯于充当消防队员，“核实问题蜻蜓点水，查处干部隔靴搔痒”，结果小病不治，终致久疾难医。我们身边发生的不少案例，都有着这样深刻的教训，去年省局机关召开的廉政风险防控动员会上通报了省纪委查处的省直某部门发生的受贿案件，其中有一人从60家企业收了100多万元现金、20多万元购物卡，就是积少成多受贿的典型。如果能够早一天发现，早一点纠正，不至于会滑入深渊。“千里之堤，毁于蚁穴”，一旦有了不良苗头要及时提醒诫勉，抓早抓小，防微杜渐，才能防止小问题酿成大错误。古人云，“溃痈虽痛，胜于养毒”，说的就是这个道理。纪检监察部门要转变思维，树立“严查是爱、袒护是害”的观念，不能做“老好人”，在查处案件中不护短敢碰硬，坚持实事求是，坚持有案必查，绝不姑息，绝不手软。对诬告、陷害他人以图私利的，一经发现，也要坚决处理，查办案件与保护干部并重。各级国税纪检监察部门要按照税务总局的要求，加大查办案件力度。要全面推进惩防体系建设，我过去多次讲过，抓好教育、抓好预防，确保福建国税干部队伍平安，是纪检监察部门的重要职责，是工作业绩的重要体现。今天我们大会上还要分别签订廉政责任书，这绝不是一个简单的形式，而是加强预防、加强责任的重要举措。

三、加强领导，努力取得党风廉政建设和反腐败工作新成效

党风廉政建设和反腐败工作事关全局，全省各级国税机关要进一步完善党风廉政建设领导体制和工作机制，把反腐倡廉建设摆在更加突出的位置，始终抓紧抓好，抓出成效。

第一，要充分发挥体制机制在党风廉政建设中的保障作用。科学有效地防治腐败，要有一套系统完善的制度体系。习近平总书记强调，要“形成不敢腐的惩戒机制、不能腐的防范机制、不易腐的保障机制”。目前，税收工作一些领域制度和体制机制还不完善，特别是涉及人、财、物的管理制度还存在不足和漏洞，一些已有的制度执行不坚决、落实不到位。制度不落实，权力不受监督，也是引发腐败的重要原因。要坚持用制度管人、管权、管事，牢牢把握权力制衡这个核心和防范风险这个目标，把内控机制建设贯穿于税制和征管改革的全过程，把制度固化为不可逾越的操作流程，实现执法风险和廉政风险的信息化防控，努力消除制度上的盲区，把权力关进制度的笼子里，从源头上铲除腐败和职务犯罪滋生的温床和土壤。同时还要逐步探索一些针对日常税收工作新问题的应对预防机制，对征管改革实践中出现的可能产生腐败现象的苗头性、倾向性问题和环节，要提高预警能力，及时研究新对策，建立新制度，切实把反腐倡廉的制度建设贯穿于改革、建设、管理的各个环节。

第二，要充分发挥党员领导干部在党风廉政建设中的示范作用。领导干部的行为，历来是社会行为的“风向标”。古语曰：“己身正，不令则行；己身不正，虽令不行”，领导干部的一言一行对广大干部职工有着重要的示范意义。各级领导干部尤其是省局党组成员

要自觉在廉洁从政上作好表率。习近平总书记在福建工作时，就时常告诫党员干部“当干部就不要想发财”，要牢记“政府前面有人民二字”。各级国税机关“一把手”要自觉履行反腐倡廉建设带头人责任，以身作则、率先垂范，带头执行廉洁自律各项规定，自觉接受组织和群众监督，切实做到行动先于群众、标准高于群众、要求严于群众。同时，还要对配偶、子女和下属严格要求、严格管理。要敢于担责、敢于批评，守好责任田。各级领导干部要牢固树立宗旨意识，正确行使手中的权力，自觉坚持讲党性、重品行、作表率，努力做到稳得住心神、抗得住诱惑、经得起考验，永葆共产党人的政治本色。

第三，要充分发挥纪检监察部门在党风廉政建设中的职能作用。纪检监察工作具有一定的特殊性，难度大、压力大、责任大。各级党组要高度重视纪检监察工作，旗帜鲜明地支持纪检监察部门履行工作职责，鼓励他们大胆工作，并在机构设置、人员配备、经费安排等方面为他们开展工作创造良好条件。要加强对纪检监察干部的培养、交流，对实绩突出、有发展潜力的，要依照有关规定大胆使用。各级纪检监察部门要切实发挥好监督检查作用，增强工作主动性，执好纪、把好关，对于违反党纪政纪的，要敢于顶住压力，排除干扰，坚决依纪依法查处。“打铁还需自身硬”，当前党风廉政建设和反腐败工作面临的任务非常繁重，纪检监察干部身处反腐倡廉的第一线，肩负的责任更为重大，面临的诱惑和考验也更多。因此，广大纪检监察干部要牢固树立“正人先正己”的观念，切实加强自身建设，努力提高履职能力和水平，把“自身过硬”作为纪检监察干部的“金字招牌”，立“正气、正派、正直”作为纪检监察干部的职业品质，恪尽职守，坚持原则，秉公执纪，不辱使命。

同志们，新形势下全省国税系统反腐倡廉建设任务艰巨、责任重大。我们一定要牢记为国聚财、为民收税的神圣使命，学习中央领导同志“夙夜在公、殚精竭虑、求真务实、埋头苦干”的工作精神，扎实工作，狠抓落实，不断取得党风廉政建设和反腐败工作新成效，奋力开创税收事业科学发展新局面。

在全省一季度收入形势分析会上的讲话

福建省国家税务局局长　臧耀民

（2013年4月12日）

同志们：

前天省委、省政府在晋江市召开了全省一季度经济形势分析座谈会，说明了省委、省政府对当前经济形势的高度关注。今天我们召开2013年第一季度全省国税系统税收收入形势分析会，主要是分析我省一季度税收收入完成情况和当前经济税收形势，预测上半年税收收入趋势，部署下一阶段重点工作。上午听了各设区市局的汇报，下午有关处室也作了发言，总体感觉大家准备的还比较充分，分析也比较透彻，充分估量了当前的形势，对工作中存在的问题和困难也作了客观的分析判断，提出的工作措施有的比较实，比较切实可行，但有的还要进一步具体化。你们回去后要根据这次会议精神和本地区实际，结合省局各个处室提出的工作要求和目标设想，把组织收入工作措施具体化、可操作，做出成效。下面，我讲三点意见：

一、一季度全省宏观经济运行和国税收入情况

（一）一季度全省经济运行情况

今年以来，我省各级各部门认真贯彻中央和省委的部署，全面实施“三规划两方案”，经济运行稳中有进，开局良好。一季度全省地区生产总值初步核算增长11.4%，增幅比上年同期高0.5个百分点，连续9个月保持在11.4%以上。

工业经济稳健增长。一季度全省规模以上工业完成增加值2055.3亿元，同比增长13.5%，列全国第7位，比去年同期前移8位；累计实现工业总产值7652.9亿元，同比增长14.6%。一季度全省工业用电量同比增长4.98%，增速高于去年同期3.61个百分点。

“三驾马车”平稳运行。一季度全省社会消费品零售总额1984.4亿元，同比增长13.5%；居民消费价格同比上涨2.1%。全省实现固定资产投资（不含农户）2651亿元，增长28.5%。全省实现进出口总值395.2亿美元，增长18.8%，其中出口242.5亿美元，增长21.2%。财政总收入834.1亿元，增长14.6%，其中地方级财政收入514.2亿元，增长21.1%。

总的看来，一季度我省经济运行开局良好，稳中有升，多项经济指标均好于全国平均水平。

（二）一季度全省国税税收收入情况

一季度全省国税总收入共完成495.1亿元，同比增收11.6亿元，增长2.4%。扣除海关代征后国税部门组织的税收收入完成391.5亿元，同比增收28.6亿元，增长7.9%（厦门入库100.5亿元，增收8.2亿元，增长8.9%；八市入库291.1亿元，增收20.4亿元，增长7.5%），完成年度计划目标的24.3%，短于序时进度0.7个百分点。分级次看，中央级入库294.8亿元，同比增长6.8%；地方级入库96.7亿元（其中“营改增”入库7.9亿元），增长11.2%，快于中央级增幅4.4个百分点。

一季度全省办理出口退（免）税172.3亿元，同比增退16亿元，增长10.3%，其中直接出口退税134.9亿元，同比增退11.5亿元，增长9.3%。全省共办理各类税收减免（含征前减免）16.5亿元，办理固定资产机器设备实际抵扣44.5亿元。同时，我省各级国税机关优化纳税服务，加强税收征管，促进税收增长。一季度全省非居民企业税收入库5.32亿元，增长11.4%；纳税评估入库3.08亿元，稽查查补（含企业自查）入库4.55亿元，反避税入库0.56亿元。四项收入合计入库13.5亿元。

一季度我省国税税收收入运行主要有以下特点：

一是税收增幅为4年来最低，但仍高于全国平均水平。一季度我省国税税收收入同比增长7.9%，分别比2010年、2011年、2012年三年的一季度税收增幅低15.6、20.5和3.7个百分点，增幅为4年来最低。从全国来看，一季度全国税收收入同比增长3.0%，其中国税系统组织的税收收入（不含海关代征）增长5.1%。我省国税税收收入增幅比全国高2.8个百分点，在全国31个省市中列第11位（比上年同期提高2位），在华东地区位列第2，这与我省各项经济指标、运行质量好于全国是一致的。

二是税种收入增幅差异较大，“两税”增

收贡献突出。国内增值税、国内消费税、企业所得税、车辆购置税分别入库202.5亿元、53.8亿元、116.3亿元、19亿元，同比增长9.4%、15.6%、2.3%、8.5%。其中，“两税”合计入库256.3亿元，占税收收入比重为65.4%，比上年同期提高1.5个百分点；同比增收24.6亿元，贡献率达85.8%，拉动税收收入增长6.7个百分点；增长10.6%，比全省平均增幅高2.7个百分点。

三是税收产业结构更加优化，第三产业增收作用显著。第二产业税收收入完成244.9亿元，同比增长4.9%。第三产业税收收入完成146.3亿元，占税收收入比重为37.4%，比上年同期提高1.9个百分点；同比增长13.4%，增幅高于第二产业8.5个百分点；增收17.2亿元，增收贡献率达60.1%。金融业和房地产业成为三产最大增收力量，分别入库34亿元、14.7亿元，增长20.5%、45.1%，合计增收10.4亿元。

总的来看，在全省经济运行开局良好的基础上，一季度我们较好地完成年初预定的工作目标，经济决定税收，同时也与我们全省国税系统干部职工的辛苦努力，抓早、抓紧、抓好组织收入工作是密不可分的。我们从年初开始，就要绷紧组织收入这根弦，不能有松懈思想。

二、当前经济税收中值得关注的问题

今年是我省全面实施“三规划两方案”的关键一年，也是发展机遇与挑战并存、风险与困难较多的一年。从目前情况看，我国经济正处于企稳回升态势，制造业PMI连续5个月运行于50%以上。我省一些先行指标回升向好，全年经济增长目标定为“3个11%”，比全国目标高出3个多百分点。总体上看，我省经济有望保持稳中趋升的态势，这将为税收增长奠定坚实的税源基础。

在看到积极因素的同时，我们也要清醒地意识到，当前国际国内的宏观经济环境不稳定、不确定因素仍然较多，经济下行压力还没有完全缓解，保增长的任务仍然艰巨。尤权书记在全省经济形势分析座谈会上也指出，我们要充分认识经济形势的严峻性和复杂性，密切关注经济运行走势。经济税收运行仍将面临着一些问题和困难，要引起我们的高度重视。

（一）经济方面

消费引擎驱动力减弱。1—2月，全省社会消费品零售总额同比增长13.4%，增速同比回落1.5个百分点，为“十一五”以来历年同期的最低增长水平。出口回升基础不牢固。虽然当前我省出口增速明显回升，但主要是建立在上年同期低速增长的基础上，回升的整体基础并不牢固。2月出口值仅有62.47亿美元，是上年3月以来的单月最低值，明显低于2012年80亿美元左右的月均出口值。大型企业项目发展相对较慢。1—2月，全省规模以上大中型工业企业完成增加值同比增长6.7%，低于规模以上工业14.4%的平均增长水平，大中型企业对规模以上工业增加值的增长贡献率为29.3%，同比回落8.6个百分点，比前年同期回落17.9个百分点。其中大型企业增加值仅增长2.5%，增幅同比回落8.7个百分点。

（二）税收方面

一是税收收入未达序时进度。从完成进度看，一季度全省国税税收收入完成年度计划目标的24.3%，自2009年后再次出现首季度未完成序时进度。除莆田、三明分别完成年度计划的31.3%、25.8%外，其余七个设区市均未达到序时进度。从税收经济相关性看，税收增长落后于相关经济指标。一季度我省国税税收收入弹性系数为0.69，工、商业增值税弹性系数均为0.66，企业所得税同比仅增长2.3%（其中预缴收入下降0.5%），低于相应的征期利润增长。

此次会议印发了《关于2012年宏观税负与

税收弹性情况的通报》，数据表明，近3年我省国税宏观税负微幅上升，从2010年的9.45%上升到2012年的9.74%，但宏观税负与全国平均值相比差距还不小，可比税负水平居全国中下游，显示我省税收征管质量仍有待提高。

二是制造业税收增长乏力，税收发展后劲不足。制造业是实体经济的重要力量。一季度我省制造业税收入库216.8亿元，占全部税收的比重为55.4%，比上年同期低0.9个百分点；同比增长6.1%，低于全省税收收入增幅1.8个百分点，如扣掉成品油，制造业税收仅增长1.4%。从行业大类看，化学原料和化学制品制造业、黑色金属冶炼和压延加工业、皮革毛皮羽毛及其制品和制鞋业、纺织服装服饰业、非金属矿物制品业减收均过亿元，分别下降41.1%、33.4%、12.1%、8.8%、8.3%，合计减收8.6亿元。制造业税收增长乏力，将影响整体税收增长和发展后劲。

三是免抵调库资源数下降，影响税收均衡稳定增长。2012年福建外贸出口增势减弱，增长5.4%，增幅比2011年回落24.5个百分点。2013年省政府确定的外贸出口预期增长目标为5%。截至3月末，我省累计审核通过的免抵税额（含以前年度结转）为89.6亿元，同比下降6.8%，其中八市59.8亿元，下降14.9%。从当期资源数看，一季度我省审核通过的调库资源数为38.2亿元，同比增长12.6%，其中八市19.2亿元，下降4.8%。免抵调库资源不足，将会对税收收入均衡稳定增长造成一定影响。

四是重点税源企业税收低幅增长，支撑力度减弱。全省1634户重点税源监控企业一季度合计入库税收222.3亿元，占全省税收收入比重为56.8%，同比仅增长1.2%，比全省税收收入增幅低6.7个百分点；增收2.6亿元，贡献率仅为9.1%，比上年同期低30.5个百分点。

（三）上半年税收收入情况预测

根据各设区市局上报的上半年收入预测汇总，第二季度全省国税收入预计完成440亿元，同比增收29亿元，增长7.1%（八市预计完成332亿元，同比增长9.1%，其中免抵调库指标需求约31 亿元）。上半年预计完成830.5亿元，完成年度计划目标的51.6%，同比增收58亿元，增长7.5%（其中八市完成622.5亿元，增长8.3%，完成年度计划的52%）。税务总局局长王军在国家税务总局党组扩大会议上谈到税收收入时指出“去年税收收入趋势是前高中低后高，今年将会呈前低中高后低态势。从进度看，也基本正常。”我省税收形势亦是如此。考虑到政府换届的财政压力，各设区市第二季度的预测相对保守。省局预测，上半年全省可以实现9%以上的增长，达到或超过税务总局下达的全年增长预期目标。

三、下一步各项工作要求

当前经济运行中突出的问题仍然是市场需求不足，国际经济形势无明显好转，出口形势不乐观、国内需求回升动力依然不足。全省各级国税部门要认清形势，千方百计提高收入质量意识，努力采取措施完成全年税收收入任务。

（一）努力提高收入质量，确保税收收入平稳增长。 一是坚持组织收入原则，提高税收收入质量。各级国税机关务必认真贯彻“依法征税、应收尽收、坚决不收过头税、坚决防止和制止越权减免税、坚决落实各项税收优惠政策”的组织收入原则，牢固树立质量管理理念，努力实现税收收入从计划管理向质量管理的转变。与有关部门要加强沟通协调，争取地方党政领导的理解和支持，真正做到依法依规组织收入。二是加强税收分析预测，掌握组织收入主动权。在依法征税的基础上，各级国税机关要加强收入分析和预测，密切关注经济发展态势和重点行业、企业的税源变化情况，从宏观和微观两个层面及时了解经济运行新动态，根据本地区经济税源实际、政策、征管以及财政需求等因素变化，进一步提高收入预测准确度，保持收入在地区间、月度间均衡、合理增长，防止收入出现大起大落。三是全面加强免抵调库管理，促进税收均衡稳定增长。要密切关注企业生产和出口形势，加强免抵调库资源监控，及时做好对生产企业自营出口情况和免、抵、退税的审核、统计和分析工作，保证免抵调库及时准确落实到位。四是围绕重点抓收入，继续开展走访调研活动。省局领导将分头带队开展对部分重点企业的走访调研，拓宽税企沟通的渠道，了解企业的实际问题，进一步提升对重点税源企业的税收服务和管理水平。市县两级领导班子也要建立重点税源企业定点联系制度，开展对当地重点企业（项目）的走访调研，为促进重点税源行业、企业的管理与服务出谋献策，及时对相关政策进行宣传解读。

（二）统一思想认识，推进征管改革。去年以来，我省的征管改革工作取得了预期的成效。继续深入推进以税收风险管理为导向的征管改革，依然是我们今年的重要工作之一。征管改革先期试点的泉州、宁德、漳州、莆田市国税局要进一步做好深化和提升工作；今年改革的单位福州、龙岩、三明、南平市国税局要有计划、有步骤扎实推进征管改革工作，目前首要的还是要进一步统一思想认识，特别是对县级局扁平化、实体化和精减机构、人力资源合理配置问题，从市局、县局班子到中层干部都要把认识统一到税务总局、省局的工作布置上来，这是确保全省年内税收征管改革目标到位的重要基础；福州、三明、南平、龙岩4个设区市局可以到先期改革的泉州和宁德这两个沿海和山区单位学习借鉴，科学做好专业化管理中税源的分类分级，合理确定县级局税源基础类管理事项和风险管理类事项的管理方式，推动基础类事项前移至办税服务厅和分解到相关管理部门实施集约化管理。他山之石，可以攻玉。最近，我们在省局主页上相继刊发了《赴江苏省国税、地税局考察学习情况的报告》和《永春县国税局推进税收征管改革经验和做法》两份材料，大家要好好学习。江苏省国税、地税部门的税收征管改革、税收风险管理相关平台建设和网络发票推行等工作经验很值得我们学习借鉴；永春县国税局在征管改革过程中对税源科学分级分类、优化人力资源配置，将队伍风险管理融入改革全过程的做法也值得山区县局学习参考。学习讨论的过程就是统一认识的过程，希望各地经过充分的学习讨论后再确定上报改革方案，这样才能确保改革的顺利推进。

（三）突出重点，进一步推进税收风险管理。推行税源专业化管理，促进纳税人遵从，就必须大力实施以风险管理为导向的税收管理流程，认真做好风险分析识别、风险等级排序、风险应对、过程监控和绩效考核等工作。当前要重点做好以下几项工作：一要加快推进省市两级风控中心建设。省局在去年年底成立了税收风险分析监控中心，当前要尽快落实人员到位；已改革的设区市局要在上半年完成风控管理机构、人员、职责的到位，其他改革单位的风控管理与改革要同步进行。二要大力推进税收风险识别和派送工作。各单位要依托各类风险管理平台和第三方信息，有效开展风险分析识别、等级排序、应对任务推送和考核评价工作。省局已将2012年纳税人申报信息与开票数据比对所发现的风险疑点作为2013年第一期风险应对任务进行下发，各地要认真抓好发票使用情况核查等风险应对相关工作。三要加强风险应对工作。在纳税评估方面，近期主要是对固定资产进项税额抵扣企业和增值税汇总纳税申报企业开展专项评估，对2012年59家免抵退税金额大、免抵比重低、模拟税负低以及部分进料加工比重大的生产企业部署开展评估工作，基层市、县局要认真研究，把省局下达的风险应对任务抓实、抓早、抓到位，抓出效果，不允许简单的应付。同时要加强“营改增”试点工作的风险管理，目前省局已将“营改增”试点中代开货运专票、执行差额征税政策等风险点引入“营改增”效应分析系统进行统一风险排序，各地要及时关注排查风险点，加强跟踪管理，堵塞漏洞。在税收稽查方面，要认真开展税收专项检查和区域税收专项整治工作，严厉打击发票违法犯罪行为，按时完成税务总局确定的17户重点税源企业税收检查任务，确保全省国税稽查工作考核指标达到1.1%全国平均水平。各地要根据八部委《关于开展药品、医疗器械生产经营单位和医疗机构发票使用情况专项整治工作的通知》等文件精神认真开展自查，对经比对、核查后有问题的发票，对开票单位近两年的税务情况进行全面税收检查。省局将抽选18家重点企业（其中：福州4家，其余地市各2家）开展督导检查。四是重视税收征管基础工作。各地要针对2012年欠税数量有所增加和滞纳金加收率不足的态势，加强调研，采用欠税公告和风险提醒等有效措施，促进纳税人遵从；认真落实取消停歇业审批管理规定，完善户籍管理，加强巡查，清查漏征漏管户，夯实征管基础信息。

（四）努力提高质量效率，推进主体税种管理水平。要加大商业增值税管征，规范商业零售发票管理，加大对大型零售商场、超市及大卖场，特别是汇总申报商业企业的数据分析应用。继续深化去年第四季度省局布置的大型商业企业税收专项评估工作，提升评估成果转化水平。这项工作福州局已取得明显效果，希望其他单位奋起直追。要抓紧对部分行业试行农产品增值税进项税额核定扣除政策执行情况以及核定扣除标准开展重新评估测算工作，力求真实反映企业实际税负水平。夯实消费税基础，对卷烟、白酒和汽车等消费税应税产品最低价格进行全面复核，对低于实际销售价格的坚决予以调整。加大企业所得税预缴申报的监督管理力度，加强对重点税源企业的分析监控，积极引导企业所得税预缴率明显偏低的企业如实申报，对增幅低地区加强督导。加强企业所得税汇算清缴的组织、培训、受理、审核及评估等后续管理，认真做好2012年度所得税汇算清缴工作。进一步完善网上申报系统，拓展企业所得税风险预警管理平台，逐步推行电子台账管理和房地产税收风险管理等信息系统，落实税务总局汇总纳税管理信息系统，深化拓展信息化在所得税管理中的应用。

（五）加强进出口税收、国际税收管理，提升特定税收业务管理水平。今年2月初，我局向省里报送了《我省部分外贸企业出口异常动向调查》专报件，引起了省领导的高度重视，苏树林省长作了“要解决好套取补贴的问题”的重要批示。为此，各单位要密切关注外贸出口动态，特别要高度重视部分外贸企业出口异常及省外货源比重上升现象，加强征、退税部门配合，按照有关规定免、征税。加强省外货源、货物口岸流向等分析，着重出口异常增长的商品和企业剖析，加强控管，坚决防止出口骗税行为发生。同时，要加强对《关于出口货物劳务增值税和消费税管理办法》的学习和宣传，注意收集执行中存在的问题和情况，提出意见和建议，并及时汇总反馈上报省局研究解决，确保新政策执行到位。

近日，国家税务总局对2012年年度全国反避税工作情况进行了通报，我局的多项反避税工作得到了税务总局表扬，反避税工作取得了明显成效。第二季度，省局将统一部署在全省开展国际税收管理交叉检查，检查内容包括反避税检查、非居民企业税收政策法规执行情况检查、税收协定执行情况检查等。同时做好福州住电装有限公司转让定价、福建三丰鞋业有限公司特别纳税调整和诺尔起重设备（中国）有限公司特别纳税调整的结案等工作，防止国家税款流失。税务总局安排2013年年中会议专题研究部署国际税收工作，请国际处加强与税务总局相关司局的沟通协调，认真做好会前调研工作和我局会议相关材料准备工作。

（六）认真落实中央八项规定，切实改进工作作风。最近，税务总局对甘肃省陇南市武都区国税局干部违规驾驶公车发生交通事故和湖北省赤壁市地税局违反中央八项规定的问题向全国税务系统进行了通报，其中赤壁市地税局还被中央纪委通报，影响十分恶劣。大家务必高度重视，举一反三，引以为戒。省局党组已制定印发了“改进工作作风、密切联系群众”的具体措施。各单位要以高度的政治敏锐性和自觉性，结合本局实际，认真研究制定贯彻落实的具体措施和办法，修订完善、建立健全相关制度规定，形成改进作风的长效机制。要把建设节约型机关作为改进作风、提升执行力的重要工作来抓，坚持从小处着眼，从细处着手，认真执行中央和税务总局有关“三公”经费管理规定，严格按规定进行公务接待，严肃整治公款大吃大喝。要制定有效措施，把税务总局关于今年公务接待费比上年明显下降的要求落到实处。要严格落实省政府关于加强公务用车使用管理的通知及省局的有关规定，规范公车使用，严禁违规使用公务车。

同志们，今年是全面贯彻落实十八大精神的开局之年，完成好组织收入和各项税收工作任务意义重大。一年之计在于春，虽然现在已经过去一个季度，省局党组还是要求大家要精心谋划、仔细安排、狠抓落实，一心一意促发展，不折不扣抓收入，群策群力图改革，为全年各项工作目标的顺利实现打牢坚实的基础。

在国家税务总局巡视检查组见面会上的讲话

福建省国家税务局局长　臧耀民

（2013年6月19日）

尊敬的税务总局巡视组王兰组长，各位领导，同志们：

在全省国税系统深入学习贯彻党的十八大精神之际，国家税务总局巡视组莅临我局开展巡视、检查、审计工作，充分体现了税务总局党组对福建国税工作的重视和支持，对我们来说是一次极好的学习和改进的机会。我代表省局党组对税务总局巡视组一行表示热烈的欢迎。

刚才，税务总局巡视组、执法监察组和专

项审计组三位组长分别介绍了有关情况，明确了对我局开展巡视检查的主要任务和工作安排，对我们做好有关工作提出了要求。税务总局党组的通知，明确了巡视的主要内容：包括（一）贯彻执行党的路线方针政策和决议、决定情况，贯彻落实上级工作部署情况；（二）开展作风建设的情况，特别是贯彻落实中央八项规定的情况；（三）执行民主集中制情况；（四）执行廉洁自律规定和党风廉政建设责任制情况；（五）干部选拔任用情况以及党组要求了解的其他事项。我们一定要认真领会税务总局党组和巡视组的工作要求，吃透精神，积极配合税务总局各个工作组开展工作。下面，我汇报一下我局的前期准备工作情况。

接到国家税务总局党组对我局开展巡视工作的通知后，省局党组高度重视，态度鲜明，认真对待。一是召集相关处室，认真学习税务总局党组的通知，明确提出要按照《中共国家税务总局党组关于对福建省国家税务局开展巡视工作的通知》要求，加强与税务总局三个工作组的联系和沟通，有的放矢地做好相关事项准备工作。二是认真部署，积极推进准备工作落实。5月2日召开局务会议，要求省局机关高度重视此次巡视工作，加强部门配合，认真做好各项准备工作。为确保巡视工作顺利开展，我们成立了材料组、后勤保障组和联络组三个工作组，材料组由办公室牵头，后勤保障组由服务中心牵头，联络组由巡视办负责，三个小组有条不紊地做好巡视组入驻前的各项准备工作。5月20日又召开专题会议，进一步明确了迎接巡视检查工作的相关单位的工作任务、完成时间和相关责任，并要求每个处室指定一名副处长以上人员为联络员。三是做好巡视组到达前的相关工作。6月6日在内部办公网和省局机关枢纽张贴巡视预告，并将《局党组工作报告》、领导班子成员近年来《履行职责情况报告》和《领导班子民主测评表》等表样在系统内部网上公布，接受广大干部职工对局领导班子及其成员的评议。按照巡视工作的要求，安排好巡视组办公场所、谈话地点及必要的办公设备、物品，并明确了三个工作组的联系人，准备了投票箱、意见箱、服务指南、电话簿等，尽力提供良好的工作、生活保障。

为确保税务总局巡视检查工作顺利开展，在这里我代表省局党组表个态：

一是要高度重视，深刻认识税务总局巡视检查工作的重要意义。党的十八大和十八届中央纪委第二次全会明确提出了要“更好发挥巡视制度监督作用”，这次税务总局巡视组来闽开展巡视工作，是巡视工作制度化、规范化、巩固巡视成果、增强监督实效、推动和改进工作的重要举措，对帮助我们进一步发现和解决发展中存在的问题，提高工作水平，在新起点上推动福建国税科学发展、跨越发展具有十分重要的意义。我们要以这次巡视工作为契机，通过巡视检查组的监督和指导帮助，总结成绩、发现问题、明确任务、狠抓落实，促进履职水平和行政能力的提高。

二是要积极主动配合税务总局巡视组开展工作。巡视工作是一项政治性、政策性和纪律性很强的工作。我们一定要按照中央和税务总局有关巡视检查工作纪律的要求，以对党和人民事业高度负责的态度，积极支持巡视检查工作，实事求是地反映情况和问题，客观公正地提出意见和看法，让巡视组全面、真实、客观地了解新党组组建3年来福建国税各方面工作情况。要诚恳接受巡视组的监督检查，对取得的成绩不拔高、不夸大；对工作中存在的问题不避实就虚，不文过饰非。省局领导班子成员要根据巡视组的工作任务和安排，结合工作分工主动配合。要围绕这次巡视工作的重点，对班子和个人的工作进行认真总结和反思。省局党组要求省局机关和系统的同志尤其是各级领导干部认真负责地向巡视组反映情况，做到实事求是、客观公正。省局各部门要按照巡视组的工作计划和要求，积极主动，认真准备，密切配合，做好汇报座谈、列席会议、个别谈话、走访调研等工作，及时提供有关材料。办公室、巡视办、督查内审处、监察室等部门要积极畅通巡视组与地方组织、纪检等部门和基层干部群众的联系渠道，切实做好服务保障。

三是以这次巡视工作为动力，扎实推进我省国税各项工作的顺利开展。这次税务总局巡视组来我局开展巡视检查工作，是对我省国税工作的推动和促进，也是对全省国税系统领导干部的一次党性检验，特别是在中央和税务总局即将部署下半年开展党的群众路线教育实践活动的关键时刻，必将帮助我们总结过去、发现问题、分析得失、推动工作，成为我们加快推进福建国税科学发展的强大动力。我们恳切希望巡视组在对我局领导班子和成员开展巡视检查时，对我局各方面的工作多提宝贵意见和建议，帮助我们改进工作。我们将按照税务总局党组的要求，对此次巡视中发现的问题，认真研究制定整改措施，明确整改责任，切实狠抓落实。我们要以这次巡视为契机，进一步转变思想观念和工作作风，不断改进工作方式和方法，不断提高执政能力和工作水平，营造更加积极向上、干事创业的氛围，开创更加美好的工作局面，从而保证我们的各项决策更加科学、更加民主、更加符合福建经济实际，各项工作取得新的更大成绩。

在2013年上半年省局党风廉政建设形势分析会上的讲话

福建省国家税务局局长　臧耀民

（2013年7月10日）

同志们：

今天我们召开省局党风廉政建设领导小组会议，一起学习了税务总局党组出台的《〈税务系统领导班子和领导干部监督管理办法〉实施细则》。曾光辉纪检组长作了上半年党风廉政建设工作的情况汇报，回顾上半年工作，分析廉政形势，提出下半年工作要求。办公室、所得税处、进出口处就本处室党风廉政建设及内控机制建设情况作了汇报发言。大家学习认真细致，解剖分析到位，发言准备充分，对于光辉同志的汇报分析我完全同意，请大家结合实际认真加以贯彻落实。下面，我讲三点意见：

一、认真抓好监督管理办法实施细则的贯彻落实，增强做好反腐倡廉工作的保障力

信任不能代替监督，没有监督的权力必然走向腐败。我们要以用制度管权管事管人为重点，做到制度面前人人平等、制度面前没有特

权、制度约束没有例外。一要狠抓制度落实，锤炼领导干部清廉品质。“欲影正者端其表，欲下廉者先已身”。税务总局王军局长指出：“要想收好税，首先要带好队。要想带好队，首先要加强班子建设。要想加强班子建设，首先要抓好班长。《实施细则》的出台，最主要的是规范班长的从政行为，让权力在阳光下运行，给权力涂上‘防腐剂’”。我们要认真领会税务总局领导讲话精神，把《监督管理办法》和《实施细则》的贯彻、落实、执行情况作为惩防体系检查、党风廉政建设责任制检查、领导班子和领导干部考核的内容，形成领导班子和领导干部监督管理的长效机制，增强制度执行的有效性。今天会后，各支部都要组织开展对监督管理办法实施细则的学习讨论，用学习取得的新成效积累反腐倡廉工作的正能量。二要规范权力运行，推进内控机制建设。以改革创新精神，科学有效反腐。强化流程控制，以制度约束权力，抓住权力行使事前、事中、事后等关键环节，结合税收征管改革的需求和税源专业化管理的需要，把源头预防腐败的责任细化到部门的具体岗位和人员，最大限度地减少腐败滋生蔓延的土壤和条件；实施动态监控，用科技防控权力，以具有福建特色、与征管改革相匹配的“内控促廉管理信息系统”上线运行为契机，实现计算机化的廉政风险事项预警、监控、评估、核查功能，把制度固化为不可逾越的操作流程，实现事前告知风险、事中过程监控、事后评估核查的全方位、全过程控制。三要整合监督资源，形成监督整体合力。充分利用12366热线、明察暗访、服务评价、群众评议、媒体报道、网络舆情等途径及时掌握发现问题；科学有效发挥人事、法规、监察、督察内审、巡视等部门的监督职能，明晰权责，协调配合；充分发挥廉政监督员、行评代表的监督作用，民主评议行风的推动作用；把纪检监察工作融入税收中心工作，服务税收中心工作，为税收事业发展提供坚强的政治和纪律保证。

二、注重责任落实，增强做好反腐倡廉工作的执行力

党风廉政建设责任制是形成反腐倡廉整体合力的制度保证。深入推进党风廉政建设，关键在领导班子和领导干部。年初，层层签订了党风廉政责任书，各项任务也作了分解落实。现在需要做的是一级抓一级，一级带一级，确保“一岗双责”真正落到实处。各单位、各部门主要负责人要认真履行第一责任人的职责，对党风廉政建设要亲自抓、亲自过问、亲自协调，并对班子其他成员落实情况进行督促检查；班子其他成员也要根据分工，抓好职责范围内的反腐倡廉工作。各部门要各司其职、各负其责。要坚持和完善“党组统一领导，党政齐抓共管，纪检组织协调，部门各负其责，群众支持和参与”的反腐败领导体制和工作机制，形成齐抓共管的合力。要做到把反腐倡廉工作与业务工作一起部署、一起检查、一起落实。纪检监察部门要牢记使命，恪尽职守，坚持原则，敢于碰硬，既要服务于全局工作，又要保障队伍平安。各部门要支持纪检监察部门履行职责、开展工作。广大干部职工要满腔热情，积极参与，做到人人履行监督、人人接受监督，共同构建廉洁兴税的良好环境。

三、注重整改提高，增强做好反腐倡廉工作的推动力

党风廉政建设取得的成绩大家都看到了，但在看到成绩的同时，我们要更清醒地认识到，当前党风廉政建设仍然存在着一些不容忽视的问题：少数干部廉洁自律意识不强；依法行政水平不高；吃、拿、卡、要、报等损害纳税人利益的行为时有发生；形式主义、官僚主义、享乐主义和奢靡之风的问题在税务干部队

伍中不同程度存在，直接影响到为纳税人服务和为基层服务的水平。全系统党风廉政建设任务仍然繁重，形势依然严峻。在这次税务总局巡视检查中，初步交换意见，也指出了我们在队伍建设和工作作风上存在的一些薄弱环节，对于巡视检查组反馈的问题和建议，我们要虚心接受、认真分析、切实整改。下半年，我们要把党风廉政建设工作与深入开展党的群众路线教育实践活动紧密结合起来，按照“照镜子、正衣冠、洗洗澡、治治病”的总要求，领导干部要认真查找和整改“四风”问题在我们国税部门的突出表现；基层税务机关落实党的群众路线，就要从群众和纳税人最不满意的地方改起，从群众和纳税人最期盼的事情做起，认真对待群众和纳税人的每一个诉求，坚决纠正和认真解决损害群众和纳税人利益以及群众和纳税人反映强烈的突出问题，坚决纠正有法不依、有章不循，简单粗暴、盲目蛮干的行为，坚决纠正作风散漫、虚岗脱岗、推诿扯皮、办事不力、效率低下的问题，正确行使权力，提升纳税人的满意度。

同志们，下半年我们面临的工作任务将更为繁重，在当前经济形势下，组织收入、优化服务、规范执法等工作面临新的压力；税源专业化管理改革需要进一步深化；“营改增”进一步扩围工作也要做好各项准备。工作重任考验的不仅仅是我们处理具体业务的能力和水平，更是对我们福建国税队伍精神状态的全面考验。面对上级部门转变职能、改变作风、加强群众路线教育的新要求，面对当前党风廉政建设的新形势、新问题，我们要以更坚定的信心、更坚决的态度、更有力的措施，以踏石留印、抓铁有痕的精神，进一步加强党风廉政建设等各项工作，为福建国税事业的健康发展提供坚强保证。

统一思想　增强信心
确保全年各项工作目标实现

——在全省上半年收入形势分析会上的讲话

福建省国家税务局局长　臧耀民

（2013年7月16日）

同志们：

今天，我们在省局召开2013年上半年全省国税系统税收形势分析会。上午各设区市局认真分析预测了本地区收入形势，对下半年组织收入工作提出了有针对性的措施。应该说，在当前比较复杂的经济形势下，上半年我省国税税收收入能够保持较快增长、超过序时进度，增幅在全国、华东都居前列，这是全省税务系统坚持组织收入原则，加大税务稽查、纳税评估和反避税工作力度，进一步提高税收征管质

效的结果，成绩来之不易。总体上看，下半年组织收入工作既有增长动力，也有下行压力。为此，各级国税部门要认清形势，统一思想，增强信心，采取措施，为圆满完成各项税收工作任务做更多努力。下面我讲三点意见。

一、上半年全省经济运行和国税收入情况

（一）上半年全省经济运行情况

今年以来，我省经济社会全面发展，体现在主要经济指标继续处于较高增长区间，好于年初预期目标，部分指标增速在全国的位次有所前移，呈现结构调整不断优化、转型升级稳步推进、总体发展稳中求进的态势。上半年全省地区生产总值（GDP）预计增长11.3%，与一季度持平，增速总体平稳。规模以上工业增加值4298.35亿元，增长13.2%，增幅居全国第6位，比1—5月前移1位；工业用电有所回升，增长6.3%，比一季度提高1.3个百分点。固定资产投资增长较快，全社会固定资产投资7068.72亿元，增长25.3%。市场消费增长平稳，社会消费品零售总额3849.68亿元，增长13.6%，增幅同比回落2.2个百分点，比一季度提高0.1个百分点；居民消费价格指数同比上涨2.0%，涨幅比去年同期缩小0.9个百分点。外贸出口继续增长，进出口总额827亿美元，增长17.3%，增幅比去年同期提高5.1个百分点；出口515.8亿美元，增长18.5%；进口311.2亿美元，增长15.3%。财政收入实现“双过半”，财政总收入1788.75亿元，完成年度预算的53.1%，增长15.8%，；地方财政收入1101.10亿元，增长22.1%；财政支出1239.94亿元，增长15.2%。

（二）上半年全省国税税收收入情况

上半年全省国税总收入共完成1078.2亿元，同比增收79.8亿元，增长8.0%。扣除海关代征后国税部门组织税收收入863.8亿元，完成年度计划的53.7%，同比增收91亿元，增长11.8%（扣除厦门，八市入库647.2亿元，同比增收72.7亿元，增长12.7%）。同时，全省办理出口退（免）税340.5亿元，同比增退19.2亿元，增长6.0%，其中直接出口退税257.9亿元，增退14.6亿元，增长6.0%。

上半年全省国税税收收入实现较快增长，但各设区市税收发展不平衡，设区市间税收收入增幅差高达41.5个百分点。福州、莆田、漳州税收收入增幅达两位数，同比分别增长31.4%、12.0%、11.6%；三明国税税收收入零增长；龙岩国税税收收入则下降10.1%。从进度看，7个设区市局达到和超过序时进度，其中福州、莆田均超序时一个月以上，龙岩、泉州则未能实现“双过半”。

全国税收总收入上半年增长5.7%，其中国税系统组织的税收收入增长6.1%。我省国税税收收入增幅比全国高5.7个百分点，增幅在31个省市中列第7位，在华东地区居第1位（上海9.6%、浙江9.0%、江苏5.5%、山东3.4%、江西3.0%、安徽-0.5%）。

（三）税收收入增长的主要原因

一是经济的稳定增长提供了良好的税源基础。上半年全省地区生产总值（GDP）增长11.3%，比全国高3.7个百分点，主要经济指标增速好于全国。相应的上半年福建国税税收收入增长11.8%，比全国高5.7个百分点。税收经济弹性系数为1.03，保持了与经济相一致的增长态势。若剔除兴业银行汇算清缴一次性因素，税收收入增长略慢于经济。各税种均实现平稳增长，国内增值税、国内消费税、企业所得税、车辆购置税分别入库407.9亿元、97.5亿元、319.5亿元、38.9亿元，增长9.0%、6.0%、17.2%、15.1%。

二是“营改增”效应显现。上半年全省试点行业入库增值税16.9亿元，拉动税收收入增长2.2个百分点。“营改增”试点工作于2012

年11月在我省正式启动以来，试点工作总体平稳有序运行，减税效应日益凸显，初步测算上半年减轻试点纳税人负担约7.3亿元，非试点一般纳税人新增抵扣9.9亿元，达到了预期效果。

三是加强征管促进税收增长。全省国税系统不断规范税收执法行为，以专项整治活动和查处大要案为重点，充分发挥以查促收、以查促管的职能作用。今年以来，各级国税机关加快推进税收风险分析识别工程建设以及税收风险应对制度和机制建设，不断提升征管质效，上半年纳税评估入库16亿元，同比增加6.8亿元，增长73.8%。各级稽查部门突出重点，以分级分类检查为突破口，依法查处偷逃骗税案件，上半年稽查查补（含企业自查）入库10.4亿元，同比增加3.7亿元，增长55.2%。各地涉外税收管理部门积极探索和创新反避税调整方法，防止国家税款流失，切实维护国家税收权益，1—6月非居民企业税收和反避税分别入库10.2亿元、0.9亿元。

二、对当前经济税收形势的研判

当前经济税收形势有利因素与不利因素并存。从有利因素看，一是经济结构调整稳中有进，转型稳中提质。外部环境逐渐转好，新的内需增长点显现，改革预期激发增长活力，将为税收增长奠定税源基础。二是扩大“营改增”试点工作稳步推进将继续增加国税税收收入。三是去年税收收入格局是前高、中低、后高，相应地今年7月、8月、9月、10月4个月收入增幅可能会相对较高。这是有利因素。同时，我们必须冷静清醒地认识到，当前经济运行形势依然错综复杂，下半年组织收入工作形势严峻，面临较大的困难和挑战：

（一）宏观经济下行压力仍然较大

今年以来，外需依然疲弱，人民币汇率升值不可避免地加大了出口竞争压力，前5个月工业品出口交货值增幅同比回落2个百分点。我国经济运行中一些深层次问题逐步显露：一是内生增长动力有所减弱。前5个月民间固定资产投资和制造业投资增幅同比分别放缓2.9和6.7个百分点，反映出民间资本对未来实体经济投资回报的预期下降，内生增长动力在减弱。二是产能过剩现象非常严峻。据统计，我国许多制造业产能利用率不足75%，处于严重过剩状态。然而这些行业的投资仍在增长，而且大部分为低水平的重复投资，新的中低端产能继续积累，导致产能过剩程度进一步加剧。三是企业成本上升压力较大。劳动力成本、用地成本、融资成本上升导致企业特别是工业企业效益下滑，5月规模以上工业企业主营活动利润增长8.8%，环比回落2.8个百分点。四是消费缺乏新的热点。消费者信心不足，高房价、股市融资和炒股挤出了部分居民其他消费开支，前5个月社会消费品零售总额增长12.6%，同比回落1.9个百分点。

对经济具有较强预测预警作用的制造业PMI 6月为50.1%，比上月回落0.7个百分点，已经处在50%荣枯线的边缘；其中小型企业PMI指数为48.9%，显示小企业经营状况继续恶化。

综合来看，宏观经济下行压力仍然较大，存在减速的风险。截至5月反映未来经济走势的先行指数已经连续3个月回落。价格水平特别是PPI对税收的拉动作用可能进一步减弱，这些都将给今年国税收入增长带来很大的不确定性。

（二）我省国税税收运行需要关注的问题

一是税收增收集中度高，对某些行业、企业依赖度较强。从设区市看，上半年福州国税收入同比增收54.3亿元，增收贡献率达74.7%；从重点税源行业看，金融业和成品油加工业分别入库100.2亿元、35.3亿元，增长73.1%、28.8%，合计增收50.2亿元，增收贡献率超过2/3。税收过于集中，一旦税收政策调整或者企业经营效益变化，则会造成税收宽幅波动。

二是免抵调库资源减少较多。2013年上半年可调库资源为80亿元（含以前年度结转），同比减少10.6亿元，下降11.7%。尽管上半年实际办理免抵调库同比下降了6.4%，但截至6月底全省调库资源仍比年初减少了9.3亿元。作为国税收入均衡增长的稳定器，免抵调库资源的减少将给下一阶段的组织收入工作带来一定的影响。

三是留抵税金和多缴税金增长较快。6月末全省增值税留抵税金余额196.5亿元，同比增长27.9%；多缴税金26亿元，同比增长14.9%，比年初增加5.5亿元。留抵税金和多缴税金过快增长，一方面虚增了当前收入，另一方面也增加了今后组织收入压力。

四是重点税源企业税收减收面过半。1050户重点税源监控企业直接收入合计入库360.5亿元，占全省直接税收收入比重为60.2%，比上年同期下降1.5个百分点；同比增长11.6%，增收38亿元（扣除兴业银行总部，1049户重点企业入库289.4亿元，与上年同期基本持平）。重点税源监控企业中减收578户，减收面达55%，比上年同期扩大 9.1个百分点。重点企业税源的弱势发展将不利于整体税收收入的增长。

根据各设区市局汇报的预测数汇总，下半年全省国税收入预计完成754亿元，同比增收50亿元，增长7.1 %（计划单列市厦门增长9%，八市增长6.5%左右）。2013年全省国税收入预计完成1618亿元左右，增长9.6%（厦门增长9%，八市增长9.8%）。考虑到地方政府财政收入增长的需求和压力传导，上述预测可能有点保守。省局采用近几年上下半年收入比重、今年上半年正常收入规模、线性回归数学模型等方法综合测算，考虑经济、政策、征管、非即期收入等诸方面因素，预计2013年全省国税税收收入增长10%左右，能够超过税务总局下达的增长预期目标。

三、下一阶段各项工作要求

时至年中，正处在承上启下的关键节点上，下半年的各项税收工作任务艰巨，时间紧迫，责任重大。除了圆满完成全年组织收入工作外，根据税务总局统一部署，必须扎实开展好党的群众路线教育实践活动，将征管改革全面推广到位，认真做好“营改增”试点扩围准备等。在这里，我再强调以下几点：

（一）扎实开展党的群众路线教育实践活动。目前，税务总局和省委相继召开了部署党的群众路线教育实践活动的动员大会。省局也成立了领导小组和办事机构，省局机关将于7月19日召开动员大会，部署开展为期3个月的党的群众路线教育实践活动。第一批党的群众路线教育实践活动在税务总局和省局机关全体党员干部中开展，重点抓好省局领导班子和处以上领导干部。我们必须把这项工作作为当前一项重要政治任务来抓，围绕“服务广大纳税人、服务基层税务人、服务经济社会发展大局”的目标，以“为民　务实　清廉”为主要内容，以“四下基层”为主要载体，牢牢把握“照镜子、正衣冠、洗洗澡、治治病”的总体要求，认真完成好三个环节的规定要求，力求党的群众路线教育实践活动取得实实在在的成效。同时，要把开展党的群众路线教育实践活动同做好各项税收工作紧密结合起来，把活动成效体现到转变职能、更好地为广大纳税人和基层税务人服务、圆满完成税收收入任务、推进税收征管改革和增强税务干部综合素质上来，促使省局机关各部门、各单位做到政治、素质、工作、能力、服务、作风“六个过硬”。

（二）认真落实税务总局王军局长批示

精神，强化收入质量管理。6月28日，国家税务总局党组书记、局长王军在《国务院办公厅关于做好经济形势分析有关工作的通知》上作出批示，要求组织开展调研活动，及时、全面分析上半年税收收入情况，深入查找问题，仔细剖析原因，准确掌握潜力所在，稳妥推出重点措施，不动声色地依靠打击违法增收、堵塞漏洞增收、科技管理增收，坚决不收过头税，确保完成全年税收任务。省局已经将王军局长的批示精神迅速传达到各市、县（区）国税局。

这次收入形势分析会上，我们又学习传达了王军局长在税务总局第七次局长办公会议上的讲话，各级国税机关要切实按照王军局长的要求，加深对税收收入分析的定位和认识，明确工作方向和工作切入点。一是要在做好关键时点税收分析的基础上，抓好不定时的专题分析。二是不要简单地就税收论税收，而要从税收看经济、看社会、看发展，注重从税收角度观察经济运行情况，服务好当地经济社会发展大局。三是要在分析透彻的基础上，制定科学统筹的规划，进一步提高收入预测准确度，保持收入在地区间、月度间均衡、合理增长，防止收入出现大起大落，力争把税收分析工作抓出新的更大的成效。

此次税务总局执法监察组发现，部分基层征收单位存在企业所得税预缴管理不规范和提前入库的情况，特别是在季末、年末较多。这种现象必须引起我们高度重视，各级国税部门必须始终坚持“依法征税、应收尽收、坚决不收过头税、坚决防止和制止越权减免税、坚决落实各项税收优惠政策”组织收入原则，既要应收尽收，防止有税不收，又要坚决制止收过头税、税收优惠政策不落实等虚收行为；特别是在税收形势严峻的情况下，更不能“竭泽而渔”；要组织实施收入质量动态监控，开展税收执法监督检查，及时发现和纠正组织收入中存在的问题。要加大调研力度，加强与地方政府及有关部门的沟通，积极争取理解和支持，真正做到依法组织收入，防止违反规定调增、调减应征税款和违反规定提前征收、延缓征收应征税款的行为。

（三）加强税收风险管理，持续深化税收征管改革。上半年，各设区市局积极开展纳税评估工作，全省共评估8626户次，查补税款入库11.42亿元，增长72.3%，纳税评估工作取得初步成效。要再接再厉，依托各类管理平台和第三方信息，积极开展风险分析识别、等级排序、应对任务推送和考核评价，加快建立健全税收风险闭环管理运行机制。省局已经启动了“税收风险管理信息系统”建设项目，省局风控中心、信息中心要加强与开发单位的合作，力争较快上线运行，运行后能实现自我维护。省、市两级风控部门下半年要重点关注税收风险新动向。省局前不久专门部署了防范虚开增值税专用发票和打击骗税专项评估行动，现在各县（市、区）局自己组织评估已经一个多月，下一阶段各设区市局要组织县（市、区）局之间的重点交叉评估。省局分管领导要结合党的群众路线教育实践活动第一个环节落实下基层调研安排，对专项评估第一阶段进行调研，检查落实，要切实取得成效。

今年是我省全面推进税收征管改革试点的关键一年，下半年的任务更加艰巨。目前，福州、龙岩、三明、南平已先后上报了征管改革试点方案，省局已经批复同意了福州市局的征管改革试点方案，其他三个设区市局的批复意见也在研拟之中，7月底之前也将落实。有关设区市局要主动开展工作，不等不靠，提前抓好各项工作的准备。在征管改革过程中，要坚持以风险管理为导向，按照税源类型、规模大小科学分级分类，优化人力资源配置，确保在机构人员调整、岗位职责转换过程中，纳税服务质量不下降、征管水平不降低、执法监督不弱化、信息数据更安全。同时，各设区市局要借鉴税务总局2012年度“百佳”行业纳税评估模型，完成3个以上行业纳税评估精品模型建设和应用，着力提升行业税源管理水平。

（四）加强税收管理，打击虚开增值税专用发票和防范出口骗税。要按照税务总局等三部委工作部署，认真组织好打击虚开增值税专用发票和骗税专项行动，查清“三无企业”虚开增值税专用发票并勾结出口企业疯狂骗取出口退税以及其他涉税违法犯罪行为，建立加强增值税专用发票管理、征退税衔接、防范虚开增值税专用发票的长效机制。特别在“营改增”扩大试点后，加大对“营改增”试点行业虚开增值税专用发票、骗取劳务出口和服务产业出口退税违法犯罪行为的预警分析，发现苗头坚决打击，确保以“营改增”为重点的税制改革顺利推进。

要加强新办贸易公司购买省外货源在省外报关出口申报退税的管理。各级国税部门要时刻保持清醒的头脑，密切关注出口骗税新动向。同时要注意把握工作的力度和节奏，历史的问题要客观地分析，对涉嫌违法犯罪的要坚决打击，对一般性违规的要加强风险管理和政策宣传，促进我省经济平稳较快增长。莆田市局在这方面做得较好，省局有关部门要及时总结调研，以适当方式在全省推广。

（五）扎实做好各税种管理工作。加强货物劳务税管理，精心组织做好海关缴款书“先比对后抵扣”管理办法推行工作，密切部门配合，广泛宣传，加强培训力度，确保各项工作落实到位。8月1日起，“营改增”试点将在全国范围内推开，时间紧，任务重，各设区市局要按照省局制定的工作任务分解计划表，结合本地实际，继承和发扬前期试点的成功经验，扎实做好我省广播影视作品制作、播映、发行的“营改增”试点工作，确保试点纳税人平稳完成税制转换。同时，查找“营改增”管理薄弱环节，有效防控税收风险。目前省局已将50户高风险企业下发评估，各地要加强跟踪检查，堵塞管理漏洞，避免税款流失。税务总局已在全国国税系统开展车辆购置税检查工作。各设区市局要认真开展车购税专项检查，按照税务总局《通知》要求，逐项开展自查和交叉检查，10月省局将组织四个复查组对各地市进行复查。

抓好企业所得税管理工作，加强所得税分析。要规范7月、10月所得税收入预缴，坚决反对所得税提前入库。加大企业所得税预缴申报的监督管理力度，切实提高企业所得税预缴入库比例：一是积极开展重点税源企业的分析和监控；二是对企业所得税预缴率明显偏低的企业列为重点关注对象，积极引导纳税人如实调整、正确申报；三是对增幅低地区加强进行督导。进一步拓展企业所得税风险预警管理平台，逐步推行电子台账管理和房地产税收风险管理等信息系统，加强企业所得税后续管理。

加大反避税工作力度，整合反避税人力资源。要加快经税务总局批准立案的反避税案件的结案进度，确保收入按规定实现入库。下一阶段，省局将统一部署在全省开展国际税收管理交叉检查，检查内容包括反避税检查、非居民企业税收政策法规执行情况检查、税收协定执行情况检查等。

（六）完善制度，加强机关作风建设。前不久，税务总局制定下发了《税务系统贯彻落实中央关于改进工作作风八项规定监督办法》，对贯彻落实中央八项规定精神作出了具体的监督规定。全省国税系统要按监督办法开展自查自纠，每年开展一次集中检查，将执行中央八项规定的监督工作日常化、制度化，形成长效机制。要严格干部队伍管理，特别是领导干部必须要做转变作风的带头和表率，不断提高自身修养和品德。各级领导干部要管好自己的“八小时以外”，洁身自好，择善而交，绝不能知法犯法，做到“倾情带队，严管善待”，树立共产党员、税务干部良好形象。要以税务总局巡视组、执法监察组和专项审计组自6月中旬起对我局开展的巡视工作为契机，高度重视巡视组反映的问题，认真梳理、各负其责，切实做好整改落实的督查工作，进一步转变思想观念和工作作风，不断改进工作方式和方法，不断提高执政能力和工作水平，推动全省国税系统各项工作取得新的更大成绩。要认真贯彻省局制定下发的《福建省国家税务局工作规则》，严格落实严肃政治纪律、精简会议活动、规范文件简报、严控“三公”支出、改进基层调研等规定，进一步促进我省国税各项工作程序化、规范化和制度化运行。各设区市局也要结合实际情况，制定相应的工作规则，以便上下协调一致。

同志们，今年是全面落实党的十八大战略部署的开局之年，是实施“十二五”规划承上启下的重要一年，做好今年的组织收入和各项税收工作任务意义十分重大。希望大家进一步认清形势，统一思想，积极应对，狠抓落实，圆满完成年初确定的各项工作任务，为实现经济健康发展与社会和谐稳定作出国税部门新的更大的贡献。

在省国税局机关
深入开展党的群众路线教育实践活动
动员大会上的讲话

福建省国家税务局局长　臧耀民

（2013年7月19日）

同志们：

根据中央、省委和税务总局的统一部署，省局机关和税务总局一起参加第一批党的群众路线教育实践活动。7月4日，我们参加了税务总局的视频动员大会。今天我们召开省局机关的动员大会，动员全体党员干部积极响应中央号召，主动投入党的群众路线教育实践活动中，切实转变作风，密切与人民群众的血肉联系。参加今天动员大会的有省局机关全体党员干部、省局直属、事业单位副处级以上党员领导干部。税务总局督导组专程莅临会议指导，一会儿，督导组组长徐火财同志将作重要讲话，我们要深刻领会、抓好落实。省局党组一定严格遵照中央和税务总局、省委的要求，高度重视，坚持标准，精心组织，在税务总局督导组的指导帮助下，扎实推进党的群众路线教育实践活动。下面，我代表省局党组讲三点意见。

一、充分认识开展党的群众路线教育实践活动的重大意义

深入开展党的群众路线教育实践活动，是党的十八大作出的重大决策部署。习近平同志强调指出，深入开展以“为民　务实　清廉”为主要内容的党的群众路线教育实践活动，是实现党的十八大确定的奋斗目标的必然要求，是保持党的先进性和纯洁性、巩固党的执政基础和执政地位的必然要求，是解决群众反映强烈的突出问题的必然要求。这“三个必然要求”体现了党中央坚持党要管党、从严治党的坚定决心。作为国家重要的经济职能部门，开展党的群众路线教育实践活动，对于我们进一步加强机关作风建设，保持党员队伍先进性和纯洁性，充分发挥国家税收在社会经济发展中的作用，具有十分重要的现实意义。中央号召，全党同志要积极参与到活动中来，以实际行动密切党群干群关系。这是对全党的基本要求，也是每一个党员都应具有的正确态度。我们要从政治和全局的高度，充分认识开展党的群众路线教育实践活动的重要性和紧迫性，切实把思想和行动统一到习近平总书记重要讲话精神上来，调动全体党员干部的积极性、主动性和创造性，凝心聚力，确保党的群众路线教育实践活动取得实效。

（一）开展党的群众路线教育实践活动，是深入学习贯彻党的十八大精神，加强党员干部思想理论武装工作的重大举措。群众路线是党的生命线，是党的执政根基，也是我们党的根本工作路线。能否坚持群众路线，关系到人心向背，关系到党的生死存亡。人民群众是历史的创造者，党只有始终与人民心连心、同呼吸、共命运，才能不断发展壮大。中国共产党建党92周年来不断发展壮大的历史，无不证明了这一点。随着时代的变迁，近年来我们党的执政环境发生了深刻的变化，社会主体价值观日趋多元化、复杂化，对我们党员干部的理想信念形成了极大的冲击。在当前社会转型期、改革攻坚期和矛盾凸显期，中央部署开展为期一年的党的群众路线教育实践活动，就是要让全党同志深刻认识新形势下保持与人民群众血肉联系的重要性和紧迫性，自觉增强群众意识；就是要使全党同志在社会价值多元的环境里通过教育坚定理想信念，牢记并恪守全心全意为人民服务的根本宗旨；就是要将“为民　务实　清廉”的价值追求深深地植根于全党同志的思想和行动之中，使全党同志自觉遵守共产党员基本规范和行为准则。我们每一个党员干部特别是各级领导干部务必深刻领会中央的精神，凝聚共识，把思想和行动统一到中央的部署中来。

（二）开展党的群众路线教育实践活动，是改进省局机关工作作风，保持党员干部队伍先进性和纯洁性的内在要求。党的作风是党的性质的外在表现，党性决定党风。从干部队伍作风状况看，省局机关党员干部队伍在服务好纳税人、服务好基层方面，很多同志兢兢业业、任劳任怨，表现出很高的政治觉悟，应给予充分肯定。但也要清醒地看到，中央指出的形式主义、官僚主义、享乐主义和奢靡之风的“四风”问题，在省局机关也不同程度存在。比如有的抓工作满足于开开会、发发文，以文件传达文件，以会议贯彻会议，不注重抓落实、出实效；有的责任心不强，干工作拈轻怕重、挑肥拣瘦，不愿负责、不敢担当；有的讲工作报喜不报忧、急功近利；有的服务意识淡薄，对纳税人的诉求熟视无睹，对基层的请示推诿拖拉，等等。这些问题严重影响国税部门的形象，影响了工作效率，干扰税收事业发展，我们必须下决心解决。作风问题无小事，当前我省国税正处在深化改革、加快发展的重要节点，能否抓住机遇、应对挑战，关键就看风气正不正、人心齐不齐，只有解决好省局机关作风方面存在的突出问题，才能为基层树立

良好榜样，形成正确导向，凝聚人心，鼓舞士气，带领全省系统实现国税事业的科学发展。

（三）开展党的群众路线教育实践活动，是切实增强“三个服务”意识，推动福建国税事业科学发展、实现中国梦的迫切需要。税务部门肩负着筹集财政收入和调控经济、调节分配的重要职责，任务艰巨，使命光荣。完成“为国聚财，为民收税”的神圣使命，充分发挥税收职能作用，离不开纳税人的诚信纳税和基层税务人的依法收税，他们是税收事业蓬勃发展的力量源泉和根本保障。王军局长在税务总局的动员大会上强调，开展党的群众路线教育实践活动对于我们更好地服务广大纳税人、服务基层税务人、服务经济社会发展大局，有三个迫切需要：一是服务纳税人、促进征纳和谐的迫切需要，二是服务基层、固本强基的迫切需要，三是服务大局、实现中国梦的迫切需要。纳税人是我们的服务对象，为纳税人提供优质高效的纳税服务，是税务部门坚持群众路线的最生动体现。基层是我们事业的重要基石，切实减轻基层税务干部的工作压力和负担，是我们各级领导的应尽职责，也是落实“倾情带队、严管善待”的具体要求。实现中国梦则是我们工作的根本动力，实现宏伟奋斗目标，实现中国梦，税务部门责无旁贷，我们的一切工作都必须服从服务于大局。我们只有更加自觉地掌握党的群众路线这一重要的方法论，切实增强服务意识，我们才能赢得纳税人的理解与支持，才能充分激发基层税务人的生机和活力，才能充分发挥税收的职能和作用，为实现中国梦聚财汇金、添砖加瓦。

二、扎实推进群众路线教育实践活动的深入开展

中央提出，首批党的群众路线教育实践活动大体安排半年时间，具体到每个单位，集中教育时间一般不少于3个月。根据上述要求，福建省局机关和直属、事业单位集中开展党的群众路线教育实践活动时间从今天开始到10月中旬。根据税务总局和省委《实施意见》的安排，省局已经制定了具体的实施方案，在执行中要不打折、不走样。重点要把握以下几个方面：

（一）深刻领会党的群众路线教育实践活动的指导思想。指导思想是：高举中国特色社会主义伟大旗帜，坚持以马克思列宁主义、毛泽东思想、邓小平理论、“三个代表”重要思想、科学发展观为指导，牢记“为国聚财、为民收税”的神圣使命，紧紧围绕保持党的先进性和纯洁性，以“为民　务实　清廉”为主要内容，以省局机关、省局领导班子和处以上领导干部为重点，以“三个服务”为主要抓手，以“四下基层”为主要载体，切实加强全体党员干部马克思主义群众观点和党的群众路线教育，把贯彻落实中央八项规定作为切入点，坚决反对形式主义、官僚主义、享乐主义和奢靡之风，着力解决机关干部职工、基层税务机关和纳税人反映强烈的突出问题，提高做好新形势下群众工作的能力，发挥党密切联系群众的优势，为实现福建国税事业科学发展提供坚强保证。对此，省局机关全体党员干部、各个党支部要很好地理解把握、全面落实。需要特别强调的是，结合税务总局和省委的要求，在指导思想里，我们把“三个服务”（服务纳税人、服务基层、服务大局）和“四下基层”（接待信访下基层，现场办公下基层，调查研究下基层，宣传党的方针政策下基层）的内容加进去，充分体现了税务特色和海西特色，需要大家深刻领会。

（二）准确理解教育实践活动的总体要求。这次教育实践活动的总体要求是“照镜子、正衣冠、洗洗澡、治治病”，这12字方针形象生动，内涵丰富，实质就是要开展积极健康的思想斗争和作风建设，用好批评与自我

批评这一有力武器，真正实现自我净化、自我完善、自我革新、自我提高。“照镜子”和“正衣冠”这两个环节属于自查范畴。“洗洗澡”和“治治病”属于自我检查和组织帮助相结合的范畴。我们应结合国税工作的实际，准确把握。“照镜子”重在“五个对照”，就是要以党章、法律、民意为镜，对照党章国法，对照中央八项规定，对照廉政准则，对照先进典型，对照群众期盼，勇敢地揭短亮丑，查找自身的缺点与不足，向先进模范学习，向规范要求看齐；“正衣冠”就是要按照“为民　务实　清廉”的要求，整顿税容税貌，严明税风税纪，经常看看自己头上的税徽正不正、肩上的税章端不端、执法的行为当不当，既要正外形，更要正内心，维护良好形象；“洗洗澡”就是要以整风精神自觉进行批评和自我批评，深入分析“四风”存在的根源，对我们在税收执法、纳税服务、内部管理、队伍建设等方面存在的作风之弊、行为之垢，进行大排查、大检修、大扫除；“治治病”就是要坚持惩前毖后、治病救人的方针，找准病根，对症下药，着力解决当前税收工作当中和党员干部身上的“陋习”和“歪风”，提振昂扬向上、奋发有为的精气神。

（三）牢牢把握党的群众路线教育实践活动的目标任务。中央指出，党的群众路线教育实践活动要集中解决形式主义、官僚主义、享乐主义和奢靡之风“四风”问题。中央把靶心对准“四风”问题，找准了穴位，切中了要害。我们要按照中央要求，深入排查“四风”在省局机关党员干部、重点是省局班子和处以上领导干部身上的具体表现，对准焦距摆现象、找问题、查根源。反对形式主义要着重解决工作不实的问题，着力解决摆脱“文山会海”，大力倡导开短会、讲短话、讲实话、讲管用的话，腾出更多的精力用在察实情、出实招和办实事上，把各项工作做扎实；反对官僚主义要着重解决服务纳税人、服务基层不主动、不作为的问题，着重解决办事拖拉、不敢担责的问题，大力倡导雷厉风行的工作作风，深入基层、深入实际、深入群众，切切实实地在“三个服务”上有明显转变；反对享乐主义要着重克服及时行乐思想和特权现象，以自身的“辛苦指数”提升纳税人、基层和人民群众的“满意指数”，从中获得充实、体味幸福；反对奢靡之风要狠刹挥霍浪费和骄奢淫逸的不良风气，教育引导全体党员干部保持艰苦奋斗的优良作风，常思聚财不易，常记勤俭持家。“四风”问题积弊已久，非一日之寒，解决起来也不可能毕其功于一役，必须抓住主要矛盾，寻找切入点，做到什么问题突出就解决什么问题，什么问题群众反映强烈就抓紧解决什么问题，立说立行，边整边改，尽快见效，让干部职工看到我们改进作风、解决问题的决心和态度。

（四）严格执行党的群众路线教育实践活动的方法步骤。这次党的群众路线教育实践活动坚持时间服从效果、进度服从质量，自上而下找问题，上下互动查原因，分级分层抓整改，把学习教育、征求意见、解决问题贯穿始终，着力抓好三个环节工作：一是学习教育，听取意见。这是基础环节，将从7月中旬开始，时间约为4—6周，重点是搞好学习宣传和思想教育，深入开展调查研究，广泛听取干部群众意见。要制订学习教育计划，采取中心组学习、专题辅导、交流讨论、上党课、个人自学等多种形式，组织党员干部认真学习、深入研读党的十八大精神、中国特色社会主义理论体系、党的光辉历史和优良传统、《论群众路线——重要论述摘编》等三本学习材料，开展理想信念、党性党风党纪和道德品行教育。立足税收工作实际，通过学习研讨、座谈交流、撰写体会等方式，开展马克思主义群众观点和党的群众路线专题学习讨论。结合领导干部

“四下基层”，由领导带队进行基层走访，采用交流谈心、问卷调查等多种形式，广泛收集纳税人、基层、政府的意见和建议，找准突出问题，为对照检查、开展批评和解决问题打好基础。二是查摆问题、开展批评。这是关键环节，时间约为4周，重点是围绕“为民务实清廉”要求，通过群众提、自己找、上级点、互相帮，认真查摆“四风”方面的问题，进行党性分析和自我剖析，开展批评和自我批评。省局党组要组织一次高质量的专题民主生活会，进行批评与自我批评，做到问题查摆不全、不准、不清不放过，批评不诚、不真、不实不放过，真正触动灵魂。各级领导干部要切实解决不愿得罪人的老好人思想，敢于批评，敢于担责，动真的、来实的，不遮掩、不绕弯，反对做“老好人”，严禁搞“骑墙式”，真正能“红红脸、出出汗、闹闹心、惊惊魂”。要认真对照检查、自我剖析，认真剖析问题形成的主客观原因特别是主观原因，进行诚恳的批评和自我批评，提出改进的措施。领导干部的对照检查材料必须自己思考、自己动笔，并在一定范围内通报，接受督导组评价和群众评议。同时，各支部也要相应召开专题组织生活会，在查摆问题的基础上开展批评与自我批评，针对存在的问题提出改进措施。三是整改落实、建章立制。这是根本环节，时间约为4周，重点是针对作风方面存在的问题，提出解决对策，制定整改方案，对一些突出问题，进行集中治理。要抓住重点问题，制定整改任务书、时间表，实行“一把手”负责制，并明确责任部门和责任人，在一定范围内公示，让群众知道改什么、怎么改、改得怎么样。凡是能够及早解决的就尽快解决，凡是能够自身解决的就不要上交，即使是一时难以解决的也要抓紧创造条件积极解决，不等待观望、不敷衍塞责，不留尾巴、不踢皮球。要注意听取群众评价，适时组织群众对领导班子和党员领导干部解决问题、改进作风的情况进行民主评议，多数群众不满意的，要及时进行补课、返工，确保党的群众路线教育实践活动取得让群众看得见、让群众真满意的效果。作风问题具有反复性和顽固性，要及时总结经验，巩固成果，抓好整改措施的落实，同时要致力于制度建设，梳理现有的制度构架，坚持群众认可的制度，取消不合时宜的制度，修订存在漏洞的制度，建立长效机制，从制度的源头，杜绝“四风”现象的发生。要严格执行制度，坚持制度面前人人平等、执行制度没有例外，坚决维护制度的严肃性和权威性，使制度真正成为省局机关党员干部服务纳税人、服务基层、服务大局的硬约束，使贯彻党的群众路线真正成为省局机关党员干部的自觉行动、刚性需求，为党的群众路线教育实践活动留下发挥长效作用的制度之“痕”、制度之“印”。

这次党的群众路线教育实践活动不搞转段，推进过程中要把三个环节的要求贯通起来、衔接起来，确保有条不紊。集中教育阶段结束后，要按照中央要求，继续抓好整改措施的落实，巩固扩大活动成果。重点抓好一件事，就是开展党的群众路线教育实践活动“回头看”。要回头看看制定的整改措施落实了没有，没落实的要抓紧落实，落实不到位的要一抓到底；看看中央提出的目标任务实现没有，没实现的要抓紧补课；看看突出问题解决了没有，没解决的要抓紧解决，确保不走过场，取得实效。这次党的群众路线教育实践活动按照中央统一部署，依次推进、压茬进行，以“一级带一级”的方式开展。省局机关要及时总结活动开展的有效做法，为第二批市（地）以下国税机关开展活动积累经验，提供借鉴。

三、切实强化党的群众路线教育实践活动的组织保障

这次党的群众路线教育实践活动时间紧、

任务重、要求高，我们一定要高度重视，周密安排，将活动抓实、抓细、抓好，确保教育实践活动取得实实在在成效。

（一）强化组织领导。王军局长在税务总局的视频动员大会上强调指出，“总局党组和省一级国税局党组是抓好本单位党的群众路线教育实践活动的责任主体，党组主要负责同志是第一责任人，务必认真负起责任，不折不扣落实中央部署要求。要深入一线，靠前指挥，推动形成上级带头、领导示范、上行下效的生动局面。”我们要严格按照税务总局的要求，把责任落实到位。为了加强对教育实践活动的领导，省局成立了党的群众路线教育实践活动领导小组，由我任组长，连开光、刘孟全和曾光辉等同志任副组长，其他党组成员及办公室、纳税服务处、人事处、教育处、监察室、机关党办等部门负责人组成成员。领导小组下设两个办公室，系统的设在教育处，由张道金同志兼任主任，机关的设在党办，由张森强同志兼任主任。领导小组负责全局上下学习党的群众路线教育实践活动的组织领导。要明确分工、落实责任。各支部书记是各部门的具体责任人，要认真落实“一岗双责”，抓好本单位的教育实践活动。领导小组办公室负责日常工作，要抽调精干人员，集中精力做好工作。这里我要强调一下，开展党的群众路线教育实践活动是当前全局首要的政治任务，需要大家密切配合，形成工作合力，这些抽调的同志都是各处室的业务骨干，这段时间要集中精力做好党的群众路线教育实践活动的日常保障工作，各位处长要安排好工作的衔接，大家要有这个政治意识和大局意识。省局的实践活动在总局督导组的指导下进行，进展情况要主动向督导组进行汇报，同时要与地方做好沟通协调，尽可能与地方开展的活动相统筹，增强活动的同一性。

（二）坚持领导带头。这次活动的重点是领导机关、领导班子和领导干部。中央指出，党的群众路线教育实践活动要坚持领导带头，各级领导干部既是活动的组织者、推进者、监督者，更是活动的参与者，要认识高一层、学习深一步、实践先一着、剖析解决突出问题好一筹。落实到国税系统，垂直管理的体制特色，决定了领导政令、领导作风、领导行为的影响都是“一竿子到底”，坚持领导带头，抓住了税务系统推进党的群众路线教育实践活动的“牛鼻子”。省局党组成员和处以上领导干部要带头做好表率，自觉把自己摆进去，带头学习，带头深入实际调查研究，带头查摆问题，带头批评与自我批评，带头落实整改，一级做给一级看，一级带着一级干，推动形成上级带头、领导示范、上行下效的生动局面。我在这里表个态，一定履行第一责任人的职责，自觉把自己摆进去，力争带个好头，做好表率，请同志们对我进行监督。

（三）注重统筹兼顾。我们不是为活动而活动，根本目的是通过活动转变作风，更好地服务税收发展、服务民生。要将党的群众路线教育实践活动融入税收中心工作中，坚持两手抓、两促进，既不能因为搞党的群众路线教育实践活动而荒废税收中心工作，也不能因为工作忙而放松了党的群众路线教育实践活动，要将二者有机结合起来，相辅相成，相互促进，让党的群众路线教育实践活动成为各项税收工作开展的推动力，以各项税收工作的新成果衡量教育实践活动的成效。要以教育实践活动为契机，大力转变机关工作作风，结合当前我省税收工作的几项紧要的具体任务，统一安排，统筹推进，把教育实践活动成效体现到转变职能，更好地为广大纳税人和基层税务人服务上来；体现到依法征税、打击骗税、堵塞漏洞，圆满完成今年税收收入任务上来；体现到“营改增”再扩围试点和其他税制改革顺利推进，不断释放改革红利上来；体现到推进税收征管改革，不断提高税收征管质量和效率上来；体现到税务干部综合素质不断增强，国税形象不断改善上来，实现两不误、两促进、两提高。

（四）突出实践特色。要注重活动的规范性和灵活性相结合，既要认真落实中央的统一部署，坚持党的群众路线教育实践活动的基本环节不能少，不变通，把规定动作做到位，又要结合税收工作特点，创新方式方法和载体，使自选动作更具海西特色、更加丰富多彩。一是在活动抓手上，突出“三个服务”。着力解决机关干部职工、基层税务机关和纳税人反映强烈的突出问题，更多地站在纳税人和基层的角度改进和优化服务，切实减轻纳税人办税负担，积极为基层税务人排忧解难，为发展民生服务。二是在活动方法上，突出“三级联创”。根据国税系统垂直管理的特点，积极探索“系统推动、部门联动、上下互动、典型带动”的工作格局，以党的群众路线教育实践活动领导小组为活动枢纽，省、市、县三级国税局相互对接，做好第一批和第二批之间的衔接，资源共享，信息互通，以点带面，同频共振，扩大活动效果的辐射范围。三是在活动载体上，突出“四下基层”。习近平同志在福建工作时大力倡导的“四下基层”，对转变干部作风、密切党群关系，起到了重要作用，省委已经明确把“四下基层”写进了指导思想，我们要结合国税具体工作，推行“一线工作法”，接待信访下基层，现场办公下基层，调查研究下基层，宣传税收政策下基层，使群众路线教育实践活动更加具体生动，以实际行动取信于民。

（五）加强宣传引导。要坚持正确的舆论导向，精心开展宣传工作，多形式、全方位、多角度、持续性地进行宣传报道，让广大干部职工对这项活动不仅有所了解，更有认同感，使之更加关注其事、参与其中、贡献其力。要充分利用税务网站、《海西税务》、活动简报等作为宣传报道的主渠道，准确体现中央精神，客观报道活动情况，加强正面舆论宣传，为活动的顺利开展营造良好的舆论环境。要及时发现、总结、宣传好经验、好做法，挖掘一批叫得响、立得住、群众公认的先进典型，用身边事教育身边人，充分发挥先进典型的示范带动作用。创新宣传形式，重视发挥新兴媒体作用，增强报道内容的感染力，实现传播效应的最大化，集聚有利于活动开展的正能量。

同志们，深入开展群众路线教育实践活动，既是中央作出的重大部署，也是福建国税发展的内在需要和难得机遇。我们一定要主动靠前，自觉践行，接地气、聚人气、树正气，实现省局机关作风大转变，推动我省国税事业科学发展，同心共筑中华民族伟大复兴的中国梦。

在全省前三季度收入形势分析会上的讲话

福建省国家税务局局长　臧耀民

（2013年10月11日）

同志们：

今天我们召开第三季度全省收入形势分析会议。会议的主要任务是：分析前三季度经济税收运行情况，研究布置第四季度组织收入工作。上午，各设区市局局长汇报分析了组织收入情况，预测了本地区收入形势，对第四季度组织收入工作提出了有针对性的措施。下午，局领导还有相关业务处室也对重点工作以及下一阶段的组织收入工作做了布置，他们的发言都很好，很有针对性，我完全同意，也希望各设区市局回去后抓紧部署，尽快落实。下面，我讲三点意见：

一、前三季度全省宏观经济运行和国税收入情况

（一）全省经济运行情况

今年以来，我省经济运行总体平稳，呈现稳中有进、质量提升、重点突破、民生改善的态势。前三季度全省地区生产总值（GDP）为13887.63亿元，增长11.3%，高于全国平均水平3.6个百分点，第一、二、三产业分别增长4.3%、12.8%、10.3%。规模以上工业实现增加值6515.6亿元，同比增长13.0%，增幅居全国第6位。全社会固定资产投资10828.92亿元，同比增长22.8%。社会消费品零售总额5822.29亿元，同比增长13.8%，增幅比1—8月提高0.2个百分点。居民消费价格指数同比上涨2.2%，涨幅比去年同期缩小0.4个百分点。海关进出口总额1271.13亿美元，同比增长14.3%，其中出口792.92亿美元，增长14.7%。全省公共财政总收入2554.39亿元，同比增长14.7%，其中地方财政收入1574.76亿元，增长20.4%。

（二）全省国税税收收入情况

前三季度全省国税总收入完成1552.8亿元，同比增收125.2亿元，增长8.8%。扣除海关代征后国税部门组织税收收入完成1217.4亿元，完成年度计划的75.6%；同比增收120.6亿元，增长11%（计划单列市厦门入库311.8亿元，增收27亿元，增长9.5%；八市入库905.6亿元，增收93.6亿元，增长11.5%）。分级次看，中央级入库914.6亿元，同比增长9.9%；地方级入库302.8亿元，增长14.6%，增幅快于中央级4.7个百分点（扣除“营改增”后地方级增长4.8%）。

全省办理出口退（免）税498亿元，同比增退10.6亿元，增长2.2%，其中直接出口退税390.8亿元，同比增退4.4亿元，增长1.1%。厦门办理出口退（免）税245.5亿元，同比增退23

亿元，增长10.3%；八市办理出口退（免）税252.5亿元，同比少退12.4亿元，下降4.7%。

税收收入运行呈现以下主要特点：

一是税收发展势头平稳，增幅高于全国平均水平。前三季度我省税收收入总体呈现平缓运行态势，虽然月份间稍有起伏，但累计增幅大体在10%~15%之间小幅波动。前三季度全国税收收入同比增长7.2%，其中国税系统组织的税收收入（不含海关代征）增长8%，我省国税税收收入增幅比全国高3个百分点，在全国31个省市中列第7位，在华东地区居上海（11.1%）之后，高于浙江（10.3%）、江苏（8.1%）、江西（7.9%）、山东（4.9%）、安徽（1.3%）。

二是股份制企业税收收入规模跃居首位。股份制企业税收收入入库439.7亿元，规模超过了涉外企业，占全部税收收入比重36.1%，比上年同期提高3.3个百分点；同比增长22.1%，增幅为税收收入增幅的2倍；增收79.6亿元，贡献率达66%，拉动税收收入增长7.3个百分点。涉外企业税收入库431.2亿元，同比增收19.7亿元，增长4.8%。私营企业税收超过国有企业，入库133.3亿元，同比增收12.1亿元，增长10%。

三是第三产业增收贡献突出，有力拉动税收增长。第三产业税收收入入库484.9亿元，同比增长23.3%，增幅比第二产业快19.2个百分点；增收91.6亿元，贡献率达75.8%，拉动税收增长8.3个百分点。金融业和房地产业企业所得税分别入库131.94亿元、57.68亿元，增长43.6%、32%；“营改增”试点行业入库增值税25.91亿元；三者合计增收79.98亿元，贡献率高达66.8%，成为税收收入的主要增收力量。

二、当前组织收入中值得关注的问题

一是组织收入序时进度各设区市很不平衡。前三季度全省税收收入完成年度考核计划的75.6%，快于序时0.6个百分点，但各设区市税收收入不均衡。从增幅看，福州、漳州、莆田税收收入增幅达两位数，同比分别增长25.2%、17.3%、10.5%，龙岩税收收入则下降5.1%，设区市间税收收入增幅差达30.3个百分点。从进度看，除福州、莆田、厦门、漳州分别完成年度计划的85.7%、82.2%、75.4%、75.2%以外，其余5个设区市局均未达到序时进度，其中龙岩（63.5%）落后序时进度一个月以上。超过一半的设区市局税收收入未达序时进度为2009年后首次出现。

二是工业税收滞后于相关经济数据。前三季度工业增值税、消费税、企业所得税分别入库456.1亿元 、132.1亿元、140.9亿元，同比增长3.7%、5.9%、2.1%，增幅均低于本税种整体增幅。工业税收合计入库729.1亿元，占全部税收收入的比重为59.8%，比上年同期低4.3个百分点；同比增长3.7%，不仅低于全省税收收入增幅7.3个百分点，更是滞后于税款所属期规模以上工业增加值增长（13%）和企业利润增长（19.4%）。实体经济是经济发展的核心，工业是实体经济的重要力量。工业税收增长乏力，将会影响整体国税税收增长和发展后劲。

三是税收数据反映“三驾马车”增长乏力。前三季度全省国内消费税同比增长6%，批发零售业税收增长4.9%，反映消费需求不足。办理出口退税同比增长2.2%，反映国际市场需求增长缓慢；海关代征进口税收仅增长1.4%，也反映出国内企业进口意愿不强。据CTAIS系统查询，全省（不含厦门）增值税一般纳税人申报固定资产进项税额同比下降12.1%（剔除宁德核电、漳州腾龙芳烃后，同比下降4.7%），也反映出企业投资及技术改造动力不强。综合来看，经济运行仍然存在隐忧。

当然，第四季度组织收入工作还是存在不少有利因素的。经济方面，外部环境逐渐好转，下半年以来，我国宏观经济运行出现了明显的企稳回升态势，9月全国制造业PMI指数为51.1%，创2012年5月以来新高。我省8月规模以上工业增加值、发电量增速分别比上月加快了0.8和4.1个百分点；PPI降幅继续收窄，5—8月降幅分别为2.3%、1.9%、1.6%、1.3%，石油、钢铁、有色等部分能源原材料价格出现小幅反弹。税收方面，各级国税部门依靠打击违法增收、堵塞漏洞增收、科技管理增收，税款也将陆续在第四季度组织入库；10月、11月“营改增”继续翘尾增收。

三、全力以赴，扎扎实实做好第四季度各项工作

前不久，国家税务总局下发了关于做好后几个月税收工作安排的通知，全省国税系统要认真学习领会通知精神，鼓足干劲，迎难而上，强化组织收入质量管理，全面推进税收征管改革，保质保量地完成好年初确定的各项工作任务，以实际工作成果展现党的群众路线教育实践活动的成效。在这里，我再强调以下几点：

（一）善始善终开展好党的群众路线教育实践活动。根据《福建省国家税务局党的群众路线教育实践活动实施方案》的工作部署，第四季度党的群众路线教育实践活动将进入召开党组民主生活会和整改落实、建章立制和总结阶段，这两个环节是这次活动的根本，要善始善终、善做善成，持续开展好省局机关党的群众路线教育实践活动。党的群众路线教育实践活动重在找准存在问题和整改、贵在落实。要围绕“四风”的突出表现，坚持边学边查、边查边改，将整改落实贯穿始终。省局机关各处室要针对本单位查找出的主要问题，结合省局收集整理的102条意见建议和查摆出来的问题，按照能够及时整改的、需要时间研究整改的和提供工作参考的三类进行分解排序，及时提出可行方案，落实整改措施，加快整改进度，制定整改任务书、时间表，加强督促检查，发扬“钉钉子”精神，不解决问题不罢手，不达到目标不收兵。同时要按照税务总局党的群众路线教育实践活动要求，制订并及时向全省国税系统下发第二批党的群众路线教育实践活动实施方案，按时启动第二批党的群众路线教育实践活动。

（二）坚决落实组织收入原则，圆满完成全年收入任务。对当前经济税收发展的困难和挑战，各地都作了比较充分的估计。根据各设区市汇报的预测数，第四季度八市预计完成296亿元，同比增长3.6%，增幅较前三季度低7.9个百分点，也低于同期厦门预计7.5%的增长率。按此计算，2013年全年全省税收收入预计入库1615亿元左右，增长9.3%左右。在目前宏观经济延续企稳回升的势头、税收政策没有大的调整的情况下，我们认为上述预测相对保守。省局收入核算处综合经济、政策、征管、财政需求等因素进行研判，八市第四季度增长率应当不会低于厦门，这样全年全省税收收入预计能够完成1626亿元，增幅略超10%。

在下一阶段的税收收入工作中，各地务必要严格执行国家税收法律、法规，切实把依法行政贯穿税收工作始终。要继续坚决贯彻执行“依法征税，应收尽收，坚决不收过头税，坚决防止和制止越权减免税，坚决落实各项税收优惠政策”的组织收入原则，既要强化征管，努力减少税收流失，及时足额组织税收收入；又要坚决防止和制止收过头税，坚决防止和制止虚收空转等违法违规行为，真正做到税务总局局长王军要求的“好时不放人情水，难时不收过头税”。要积极主动向地方党委政府汇报税务总局领导讲话精神和组织税收收入工作等情况，及时在重要时间节点、重要方面向地方党委政府提出建议，争取对依法征税的理解和支持，推动税收工作开展。当地方提出不切实

际的税收收入指标时，要及时向上级税务机关报告。上级税务机关要为基层税务机关依法征税排忧解难，同时要积极实施收入质量动态监控，开展税收执法监督检查，及时发现和纠正组织收入中存在的问题，强化税收收入质量管理。

（三）加大《税收保障办法》宣传力度，全力推进依法行政。8月30日，省人民政府第9次常务会议通过了《福建省税收保障办法》，将于11月1日起施行。各级国税部门要加大该办法的宣传力度，采取各种行之有效的方式向地方党委政府、有关部门宣传，争取全社会的理解和支持；要主动加强与有关部门的联系和协调，尽快在争取税收协助、第三方信息共享等方面取得实质性的成效。要认真落实整改税务总局巡视组、执法监察组和专项审计组发现的问题，举一反三，建章立制，堵塞漏洞，规范执法。要继续完善《福建省国税系统依法行政示范单位创建活动考评标准》，进一步提高依法行政的能力和水平。按照税务总局等三部委工作部署，加大对虚开增值税专用发票案件、骗税案件与“营改增”过程中出现的虚开和骗取劳务退税等案件的查处力度。加强与公安、地税、通信管理局等部门配合，深入开展打击发票违法犯罪活动，建立加强增值税专用发票管理、征退税衔接、防范虚开增值税专用发票的长效机制。认真开展实施“营改增”的交通运输企业、农产品加工企业等区域税收专项整治工作，保障2013年税收专项检查任务的全面完成。

（四）优化纳税服务，促进地方经济发展。9月13日，苏树林省长在省局报送的《关于落实中小微企业税收优惠政策情况的报告》上作出批示：“省国税局积极落实中小微企业税收优惠政策，减轻了企业负担，支持了企业发展。”各级国税机关要切实领会苏省长的批示精神，进一步加强政策研究，提高税收管理和服务效能，为我省经济发展作出更大的贡献。认真贯彻《关于平潭综合实验区有关进口税收政策的通知》精神，相关处室要抓紧研究并提出我局具体贯彻实施意见；加强与税务总局的沟通汇报，协同省有关部门共同做好赋予平潭更加优惠、更加特殊的《企业所得税优惠政策目录清单》，争取平潭列入“中国服务外包示范城市”和参照海南“国际旅游岛”政策的出台工作，以实际行动支持平潭综合实验区的开放开发。各级国税部门要认真落实省局下发的《关于转变职能 改进作风 更好地为广大纳税人服务的实施意见》，继续抓好全省统一的《涉税业务工作规程》组织实施，推进审批事项办税服务厅“集中受理、内部流转、限时办结、窗口出件”的税务行政审批方式。进一步加强办税服务厅管理，推进12366纳税服务热线建设，拓展“同城通办”范围和业务，在全省逐步拓展“免填单”服务，推动实施网络远程办税、自助办税终端等个性化服务，方便纳税人。组织开展纳税人满意度调查，在学习借鉴兄弟省市提高纳税人满意度工作经验的基础上，研究制定提高满意度的具体措施。

（五）全面推进税收征管改革。今年是我省全面推进税收征管改革的关键年，省局近期已下发了以风险管理为导向的深化税收征管改革系列配套制度，如《福建省国家税务局关于税收风险应对任务统一推送的通知》《税收征管档案管理办法》《商品混凝土行业税收风险管理办法》等，各设区市局要认真贯彻执行，抓好税收风险应对和评价、网络发票推广、纳税评估培训等工作，加强行业税源模型建设，加大行业风险指引，规范和完善税收征管档案资料管理，着力解决风险任务统一推送和基层多头应对的问题，使我省税收征管工作迈上一个新台阶。以《福建省税收保障办法》出台为契机，巩固已建立起来的第三方信息来源渠道，着手开展一对一部门间协商，建立涉税信息交换稳定运行机制，加强第三方信息的应用，规范信息采集的质量标准和交换方式以及明确信息的归集、分类、使用的基本程序，最大限度地发挥第三方信息在税收风险管理上的作用。要深入开展税收业务管理创新活动，加强管理创新活动的立项、评审和考核奖励工作，规范管理创新行为。

（六）大力加强各税种管理。加强货物劳务税管理。全省“防虚打骗”共对3111户企业（其中省局下发2960户，地市自选151户）开展专项评估。截至9月25日，各地上报完成评估2930户，占应评估户数的94.2%，补缴税款25287.49万元，并将50户高风险企业移送稽查。稽查部门对评估移交的高风险企业要组织力量彻底查清。各地要认真总结经验，针对发现的问题，深入剖析潜在的风险，研究建立加强增值税专用发票管理、征退税衔接、防范虚开增值税专用发票和出口骗税的长效机制。针对当前以农产品为原料的生产企业出口货物骗取出口退税易发、多发态势，省局将抓紧对水产品生产加工、家具、竹木制品、造纸、食用菌生产加工、皮革、皮毛加工等行业的生产经营情况进行调查摸底、测算，确定我省扩大农产品核定扣除试点行业范围和扣除标准，研究制订详细的试点实施方案。抓好企业所得税管理工作。加强所得税分析，规范10月所得税收入预缴，坚决防止所得税提前入库。税务总局将发布对跨地区经营汇总纳税企业的征收管理办法，各相关部门要及时跟进税务总局的工作部署，做好跨地区税源的监控。要进一步完善网上申报系统，拓展企业所得税风险预警管理平台，加强“行业利润率预警值”管理，逐步推行电子台账管理和房地产税收风险管理等信息系统，加强资产损失等事项的后续管理。加强国际税收管理。要落实好全国税务系统加强国际税收管理工作视频会议精神，抓紧出台《关于进一步加强国际税收管理的意见》及《关于加快培养国际税收管理人才的意见》两个文件。下一阶段，省局将统一部署在全省开展国际税收管理交叉检查，继续推动全省国际税收信息平台的实际运用。加强出口退税管理。认真贯彻落实省政府出台的《促进进出口稳增长调结构政策措施的实施意见》，坚持优化服务与加强管理齐抓共进，切实加快出口退税进度，简化流程、优化服务；同时要规范函调管理，加强预警评估，及时通报近期出口骗税的案例与预警信息，帮助企业防范出口退税风险。

2013年是全面贯彻落实党的十八大精神的开局之年，是实施“十二五”规划承前启后的关键一年。努力做好组织收入工作，圆满完成全年各项税收任务，具有十分重要的意义。后3个月是实现年度既定目标的关键时期，任务繁重、责任重大。全省国税系统务必凝心聚力，坚定信心，集中主要精力，汇集全体智慧，以更加充足的干劲、更加扎实的作风，认真做好当前各项工作，保质保量完成全年目标任务。

全省国税工作概要

2014

福建国税年鉴

概　况

领导批示

2013年1月6日，福建省省长苏树林在福建省国税局报送的《关于全国税务工作会议精神及我局贯彻意见的报告》上批示："2012年，省国税系统做了大量卓有成效的工作，改革创新、优化服务，支持企业发展和平潭开放开发，为福建经济社会发展作出了重要贡献，感谢全省国税系统同志的不懈努力。"2013年7月16日，福建省省长苏树林在省国税局报送的《关于2013年上半年组织收入情况的报告》上批示："省国税局工作务实高效，有力地支持了我省经济社会发展。望更多地理解当前企业面临的困难，支持企业渡过难关。"

9月13日，福建省省长苏树林在福建省国税局报送的《关于落实中小微企业税收优惠政策情况的报告》上批示："省国税局积极落实中小微企业税收优惠政策，减轻了企业负担，支持了企业发展。报告所提建议很好，请志南同志安排研究。"

福建省国税局报送的《关于2013年国税工作情况的报告》分别得到福建省委书记尤权和福建省省长苏树林的批示。尤权批示："感谢国税系统的同志们对福建经济社会发展工作的支持。福建发展面临的困难多，任务艰巨，需要得到各方面特别是中央驻闽机关的支持和帮助。希望大家在新的一年里，继续支持福建，认真贯彻落实中央的总体要求，为实现省委确定的2014年的目标任务作出新的贡献。"苏树林批示："省国税局认真落实税收政策，强化税收管理，扎实推进'营改增'试点，深化税务行政审批制度改革，创新服务，'马上就办'，为福建经济社会发展作出了重要贡献。望再接再厉，再创新业绩。"

（供稿：兰延灼／核稿：陈文雄）

工作概述

【落实优惠政策】 坚持用足用好税收优惠政策，全年全省办理各类税收减免55.4亿元；办理出口退（免）税651.7亿元。围绕福建经济社会发展大局，建言献策，全年共有16条调研信息获省委、省政府领导批示。着力服务平潭综合实验区先行先试，配合有关部门向中央争取《平潭综合实验区鼓励发展产业所得税优惠目录》《平潭区外企业销往平潭综合实验区"二线"不予退税货物清单》的早日发布。落实中小微企业税收优惠政策，对

30578户月销售额不超过2万元的小规模纳税人暂免征收增值税，占小规模纳税人总户数的16.7%，免征增值税2300万元。撰写的《福建省小微企业暂免两税政策落实情况》被国务院办公厅信息刊物采用，并得到国务院领导批示。

【税收管理】 在进一步提升征管改革成效，完善改革试点工作的基础上，全面推进税收征管改革，初步建立了“省市统一分析、任务扎口推送、三级分类应对、绩效评价扎实、执法监督保障”的具有福建国税特色的税收征管模式，构建现代化税收征管体系的探索取得阶段性成果。征管改革进程突出简政放权和风险管理“双轮驱动”，一方面，落实行政审批改革，同步推进涉税事项、业务流程、审批环节的全省统一，归并梳理涉税事项212项；另一方面，县（市、区）国税局按税源专业化管理分工重新构建税务分局，重新界定管理员职责，实行团队管理，县级局实现扁平化、实体化；省市两级成立了税收风险分析监控机构，统一推送税收风险应对任务，依托风险管理平台和第三方信息，开展纳税评估1.2万户次，查补税款20多亿元，评估质效显著提升。

与福建省地税局共同促成省政府以省长令的形式发布《福建省税收保障办法》，推进协税护税工作，得到国家税务总局领导的充分肯定。在全省部署开展为期3个多月的“防虚打骗”专项行动，高风险企业移交稽查立案查处。开展水产品出口行业专项整治工作，对于控制和降低水产品管征和出口退税风险取得阶段性成效。加大打击涉税违法犯罪力度，查处了一批虚开增值税专用发票或骗取出口退税大案要案。全面加强依法行政工作，推进18个依法行政示范单位的创建工作。与省法院建立行政审判与行政执法良性互动机制，得到了国家税务总局领导的肯定。改革增值税一般纳税人进口货物取得海关进口增值税专用缴款书管理办法，实行“先比对后抵扣”，全省申报抵扣专用缴款书4.78万份，申报抵扣进项税金119.9亿元，比对相符率达到98.7%。

开展税收业务管理创新活动，激发各层级业务管理创新活力。结合税收管理工作开发的任务管理与服务回访系统、“营改增”政策效应分析系统、企业所得税电子台账系统、信用等级评定系统等平台运行效果显著，得到纳税人的好评。创新反避税情报交换工作思路和方法，探索大企业税收管理模式，加强大企业风险管理。优化纳税服务，创新服务举措，推进办税服务厅规范化建设；网上办税二期拓展项目通过验收，涵盖了网上涉税审批、网上涉税提醒、公众和纳税人个性化查询、短信平台等系统；创新“12366纳税服务热线”举措，全年热线服务量达29.9万个，比增51.4%，满意率为99.3%；在“营改增”中引进注册税务师，为纳税人提供涉税鉴证服务。

【“营改增”试点】 2013年8月1日起，福建省“营改增”试点顺利扩大至广播影视服务业，全省共有5万余户企业经确认纳入“营改增”试点范围，累计实现“营改增”税收23.1亿元，税负减轻24.8亿元，减税面高达97.04%。加强“营改增”试点跟踪问效，撰写的3篇“营改增”效应分析报告被国务院办公厅《国办专报》采用。

【行政管理】 加强内部行政管理，修改完善目标管理考核办法，发挥了目标管理的“指挥棒”效用，提高工作效能；改进机关后勤保障和安全管理工作，福建省国税局办公大楼被国家住建部评为“全国物业管理示范大厦”。制定下发贯彻落实中央八项规定的具体措施，加强财务管理，规范政府采购工作，建设节约型机关，全年省国税局机关公务接待费下降11.5%，会议费下降49%。在全省系统开展会员卡清退活动，做到“零持有、零报告”。

【党的群众路线教育实践活动】 按照“照镜子、正衣冠、洗洗澡、治治病”的总要求，精心组织开展党的群众路线教育实践活动，落实税务总局“三个三”的36字落地要求，出台“服务纳税人、服务基层、服务海西发展大局”三个《实施意见》43条具体措施。坚持开门整风，领导班子成员坚持“四下基层”，开展集中调研活动。召开民主生活会，认真对照检查，深挖存在问题根源，开展批评和自我批评，达到预期效果，得到国家税务总局督导组高度评价。开展“三清三察三审”活动，针对办公用房、公务用车、吃拿卡要、“门难进、脸难看、事难办”和财务管理等突出问题进行专项整治。建立健全相关工作制度，从文风会风、督查督办、基层调研等具体问题入手，规范工作秩序，工作作风明显转变。

【队伍建设】 加强各级领导班子建设，对任职到期的县（市、区）国税局“一把手”共47人进行交流轮岗；完善选人用人机制，通过竞争上岗、考察任用等方式选拔了处级干部33人，交流任职处级干部18人；完成平潭综合实验区国税局领导班子的组建工作。创新干部选调方式，为破解山区县人才断档问题探索新路。加大专业化人才培养力度，全年累计培训3202人次。组织参加首批全国税务领军人才的选拔工作，全省系统2名干部入选。举办《福建国税之歌》汇演、政工大讲坛、道德讲堂等活动，多渠道推进国税文化建设和精神文明创建，全省系统有3个集体和6名个人获得省部级以上荣誉表彰；在省文明委组织的优质服务指数测评中，8个设区市国税局和平潭综合实验区局在窗口单位实地暗访测评排名中全部位列第一。发挥福建省国税局25楼文化基地、《海西税务》文化品牌和龙岩“共和国税收摇篮”在文化引领中的重要作用。推进“1263”机关党建工作机制建设，各级机关党的建设普遍加强。关心爱护老干部，支持工会、共青团、妇联等发挥桥梁作用，因地制宜开展群众性文体活动，机关凝聚力进一步增强。

【反腐倡廉】 落实党风廉政建设责任制，切实推进反腐倡廉工作。率先在全国全面运行“营改增”后推广版内控促廉管理信息系统，实现税收业务流转与廉政风险防控深度融合，促进依法行政，国家税务总局和福建省纪委予以充分肯定。丰富廉政教育形式，精心打造全国税务系统首家省级廉政文化教育网络平台，成功举办“为民务实清廉”主题演讲比赛，开展破解“熟人经济”专题教育活动；深化检税协作，有效预防职务犯罪。全面实行提拔、转任或异地交流的领导干部任前廉政谈话和基建、稽查等敏感岗位廉政谈话。切实整合纪检监察、督察内审、巡视等部门的监督资源，开展巡视、回访、税收执法监察、执法督察、主要领导离任审计等工作，有针对性地开展了“一案双查”工作。

（供稿：兰延灼／核稿：陈文雄）

税收收入与税源结构

【税收计划执行】 2013年全省国税总收入共完成2106亿元，比上年增收186.5亿元，增长9.7%。扣除海关代征，国税部门组织的税收收入完成1638.2亿元，完成年度计划的101.8%，比上年增收161.2亿元，增长10.9%（计划单列市厦门入库414亿元，增收34.8亿元，增长9.2%；八市入库1224.2亿元，增收126.4亿元，增长11.5%）。与地方财力挂钩的国税收入（不含车辆购置税和中央固定收入）完成1555.4亿元，比上年增收149.3亿元，增长10.6%。

【各设区市国税局税收完成情况】 福

州、莆田、漳州市国税局税收收入（不含海关代征）增幅超过全省平均水平，分别增长21.2%、15.6%、11.8%。泉州、厦门、宁德、南平、三明市国税局税收收入增幅分别为9.4%、9.2%、8.9%、7.7%、6.8%，受主要税源大幅减收影响，龙岩市国税局税收收入下降3.5%。

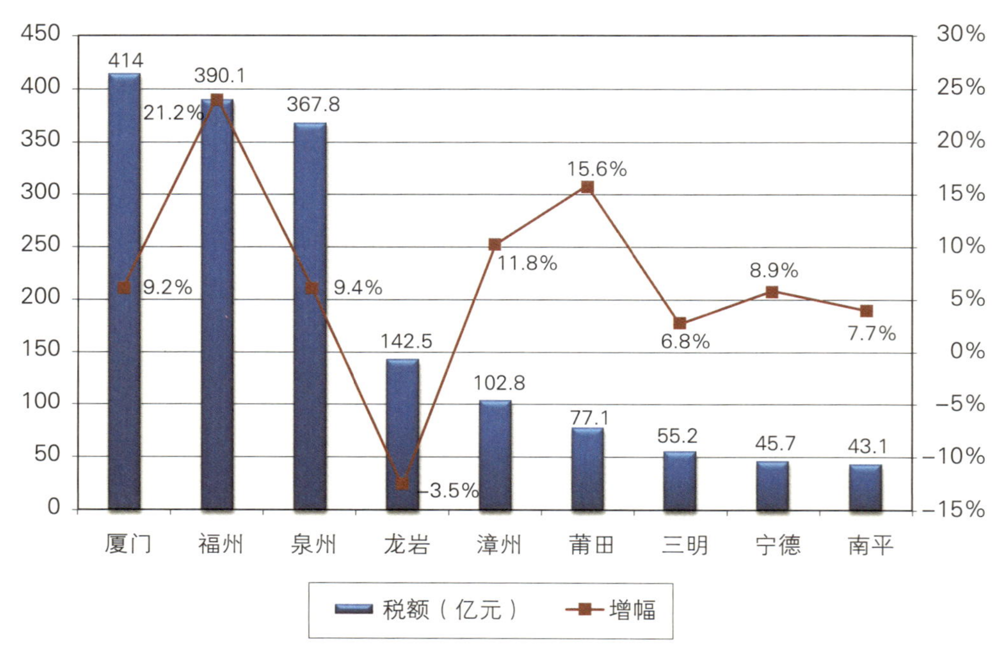

图1　2013年各设区市国税局税收收入情况

【税收弹性系数和宏观税负】　2013年全省实现地区生产总值（GDP）21759.6亿元，增长11%。在经济发展基础上，全省国税收入增长稳定，月累计增幅在10%～13%小幅波动，税收经济弹性系数为0.99，宏观税负为7.53%，税收与经济协调增长。

【税种税收结构】　企业所得税入库532.5亿元，增长15.5%，占税收收入比重为32.5%，比上年提高1.3个百分点；增收71.4亿元，贡献率为44.3%。国内增值税和国内消费税分别入库830.8亿元、192.5亿元，增长9.4%、3.1%，占税收收入比重为50.7%、11.8%。车辆购置税入库82.3亿元，增长17.6%。

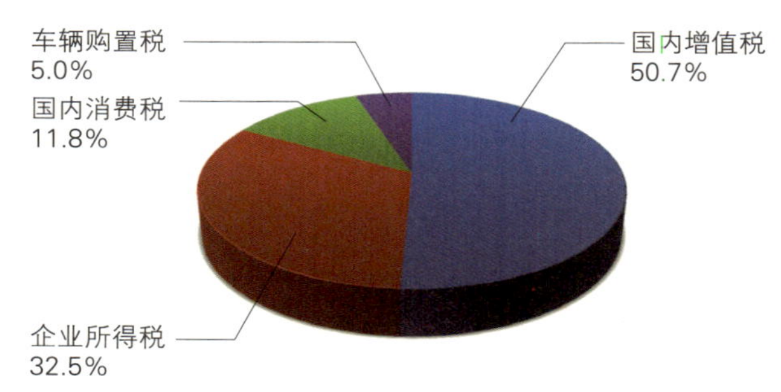

图2　2013年度全省国税收入分税种比重

【行业税收结构】　批发和零售业、电力、机械装备业、房地产业税收收入分别入库233.3亿元、98.6亿元、92.4亿元，增长7%、26%、22.1%、25.9%，合计增收67亿元，占税收收入增收总额的41.6%。金融业增收最多，入库企业所得税162.1亿元，增长39.4%，增收

45.8亿元，贡献率达28.4%。租赁和商务服务业、交通运输、仓储和邮政业增长较快，分别入库9.4亿元、29亿元，增长142.2%、79%。

【“营改增”运行情况】 2013年全省“营改增”试点工作稳步推进，累计入库“营改增”税收37.2亿元，拉动国内增值税增长4.9个百分点，增收贡献率为48.3%。分行业看，现代服务业入库28.8亿元，交通运输业入库8.4亿元；分地区看，厦门、福州占比较大，分别入库14.2亿元、12.5亿元，占比分别为38.2%、33.6%。随着2013年8月1日全国扩围，“营改增”减税效应日益凸显，试点纳税人减税面达98.5%，减少税收负担21.4亿元，非试点一般纳税人新增抵扣28.2亿元。

（供稿：薛东晖／核稿：王合作）

税收业务工作

税收法治

【行政复议】　共收到行政复议申请12件，上期结转0件。其中，依法受理9件，占本年全部申请的75%。12起新收行政复议申请中，被申请人为地（市）级国税部门的5件，占全部申请的41.67%；被申请人为县（区）局国税部门的7件，占全部申请的58.33%。从具体行政行为类型看，行政复议申请事项主要在行政处罚和行政征收两大类，其中行政处罚类3件，占全部申请的25%；行政征收类6件，占全部申请的50%，行政公开1件，占全部申请的8.33%；行政不作为1件，占全部申请的8.33%；其他1件，占全部申请的8.33%。2013年共审结案件7件，占全部受理案件的77.78%；未审结2件，占全部受理案件的22.22%。其中维持初审意见5件，驳回1件，自愿撤回申请1件。

【行政诉讼】　共办理行政应诉案件7件，其中本期受理案件7件，复议后应诉5件，占全部案件的71.43%；未经复议直接应诉2件，占全部案件的28.57%。7起行政应诉案件中，应诉机关为地（市）级国税部门的6件，占全部申请的85.71%；应诉机关为县（区）级国税部门的1件，占全部申请的14.29%。应诉机关为原具体行政行为机关的7件，占全部申请的100%。办理应诉案件审结6件，占全部申请的85.71%；未审结1件，占全部申请的14.29%。审结案件中，驳回起诉4件，驳回诉讼请求1件，确认违法或无效 1件。

【重大税务案件审理】　受理重大税务案件255件，占同期稽查部门查结案件的24.78%，其中维持稽查部门处理意见224件，发回审查16件，改变调查部门拟处理意见15件，没有发生因纳税人提起行政复议而改变决定或行政诉讼败诉的情况。

【行政审判与行政执法互动机制】　继福建省人民政府与省高级人民法院召开良性互动联席会议之后，福建省国家税务局与福建省高级人民法院联合制定了《福建省高级人民法院、福建省国家税务局关于建立行政审判与行政执法良性互动机制的会议纪要》，采取联席会议制度、沟通与共享制度、联合调研制度等六项措施建立互动机制，以期提高行政执法与行政审判的能力和水平，维护社会和谐稳定。

【政策法规人才库】　下发《福建省国家

税务局政策法规人才库2013年入库人员选拔工作方案》，人才库分为复议诉讼应对人员和税收政策应对人员，通过对政策法规专业人才的统一调度和使用，集中力量研究解决政策法规工作中面临的重点课题、难点任务，全面提升政策法规工作的质量和效率，推进依法行政。采取推荐、考核等方式选拔，共选拔出55人作为人才库入库人员，并对入库人员开展了为期5天的培训，针对征管法与刑法修正案、行政处罚法、行政强制法的衔接、重大案件审理、重大税收决策反馈、我国宏观经济运行和财税改革等多方面内容进行知识更新。

【政策调研】 一是根据国家税务总局布置的各项调研任务，针对当前需要深刻剖析的问题展开调查研究，形成三个专题的调研报告汇编。二是围绕福建省委、省政府重大决策部署建言献策，办理地方党政部门有关涉税文件征求意见的回复工作，参与重大涉税政策落实情况的督促检查及各类调研活动。如对福建省中小微企业相关税收优惠政策执行情况展开调查，进行分析，并形成报告报送省政府，得到福建省省长苏树林的高度评价。三是为争取平潭综合实验区税收优惠政策，组织人员就“考察调研海南离岛免税政策的运作、实施、执行和纳税征管”等情况进行调研并形成报告提交福建省政府，为领导做出相关决策提供参考。

【执法资格考试】 福建省国税局成立执法资格考试工作领导小组，福建省国税局党组成员、副局长雷致青任组长，办公室、人事处、法规处、教育处、监察室、税干校等单位负责人为成员。税务人员执法资格考试参考人员共计123人，另外，免试人员12人。本次执法资格考试，福建省国税系统平均分数84.5分，最高分96分，其中，90分以上22人；80~89分80人；70~79分18人；60~69分3人，参考人员及格率达100%。

（供稿：陈　泓／核稿：陈　荣）

征收管理

【税务登记管理】 2013年年末，全省国税系统税务登记总户数581346户。按类型分：企业纳税人275611户，个体纳税人303505户，其他纳税人2230户；按税种分：增值税纳税人563038户，其中增值税一般纳税人102336户；企业所得税纳税人199067户，其中居民企业所得税纳税人198861户；消费税纳税人2530户。总体来看，2013年与2012年同期相比，全省国税系统税务登记总户数以及增值税、企业所得税、消费税这三个主要税种的税务登记总户数均有所增加（分别为11.80%、12.30%、21.96%、9.38%），平均增长幅度为13.86%，高于全国4.97%（分别为5.22%、5.85%、4.85%、3.95%）的平均水平。

按营业状态分：正常营业户数为550637户，非正常户数为29711户，停业户数为998户。

全省国税系统正常营业纳税人户数为550637户。按类型分：企业纳税人260452户，个体纳税人288048户。按税种分：增值税纳税人533868户，其中增值税一般纳税人100789户；企业所得税纳税人187499户，其中居民企业所得税纳税人187301户；消费税纳税人2344户。正常营业户中各种类型纳税人户数均有不同程度增长，其中增值税小规模纳税人中企业纳税人户数同比增长了22.90%，增值税一般纳税人中的个体纳税人户数同比增长了20.38%，企业所得税纳税人同比增长20.32%；另外，非

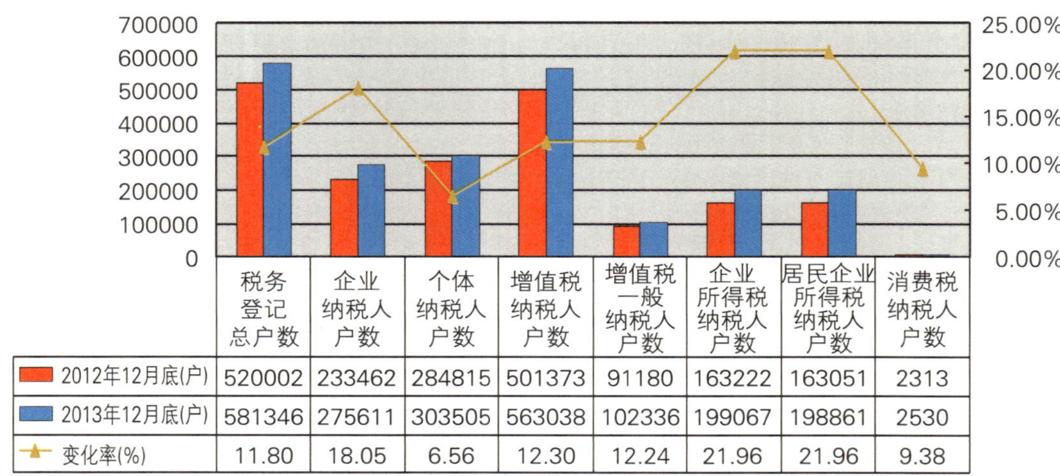

	税务登记总户数	企业纳税人户数	个体纳税人户数	增值税纳税人户数	增值税一般纳税人户数	企业所得税纳税人户数	居民企业所得税纳税人户数	消费税纳税人户数
2012年12月底(户)	520002	233462	284815	501373	91180	163222	163051	2313
2013年12月底(户)	581346	275611	303505	563038	102336	199067	198861	2530
变化率(%)	11.80	18.05	6.56	12.30	12.24	21.96	21.96	9.38

图3　2013年全省国税系统各类型纳税人户数同比变化状况

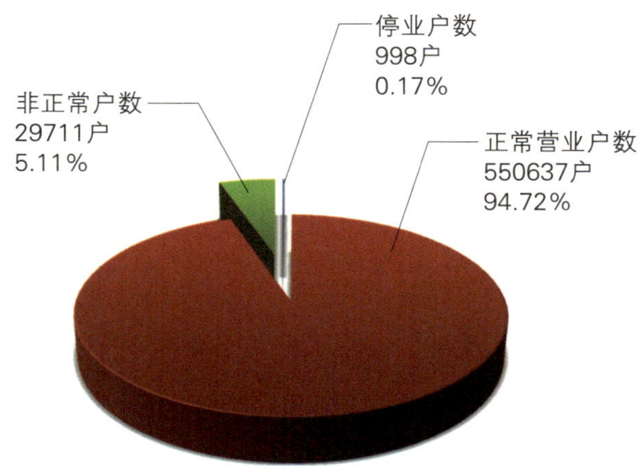

图4　2013年全省国税税务登记按营业状态占比状况

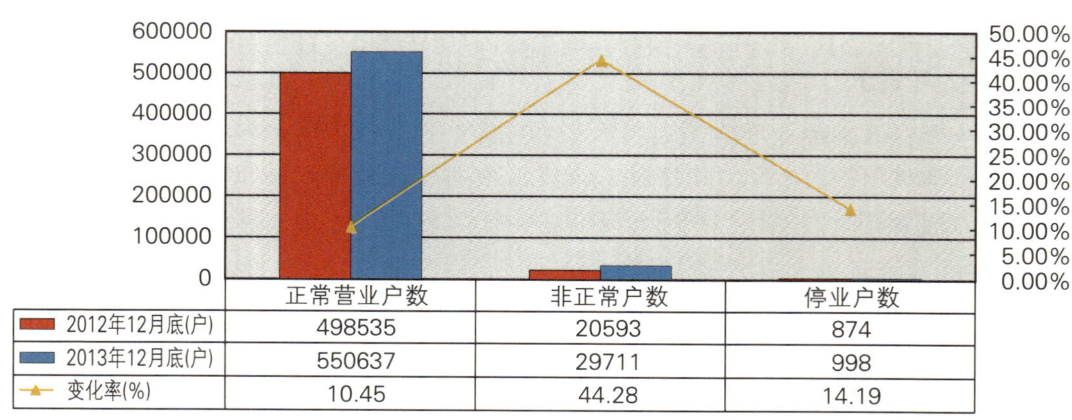

	正常营业户数	非正常户数	停业户数
2012年12月底(户)	498535	20593	874
2013年12月底(户)	550637	29711	998
变化率(%)	10.45	44.28	14.19

图5　2013年全省国税系统纳税人状态同比变化状况

正常户累计户数的增长幅度（44.28%）高于税务登记总户数的增长幅度（11.80%）和正常营业户数增长幅度（10.45%）。

【纳税申报管理】 2013年12月，全省国税系统正常营业的550637户中，应申报306317户，已申报295632户，按户申报率（已申报户数占应申报户数比例，下同）为96.51%。

表1　　2013年全省国税系统正常营业纳税人户数同比变化状况

单位：户

项目	总数	企业纳税人	个体纳税人	增值税纳税人						企业所得税纳税人			消费税纳税人
				总数	一般纳税人			小规模纳税人		总数	居民企业	非居民企业	
					总数	企业	个体	企业	个体				
2012年12月底	498535	223737	273133	481197	90273	87156	3052	120108	269757	155836	155669	167	2182
2013年12月底	550637	260452	288048	533868	100789	97021	3674	147607	283961	187499	187301	198	2344
变化率（%）	10.45	16.41	5.46	10.95	11.65	11.32	20.38	22.90	5.27	20.32	20.32	18.56	7.42

表2　　2013年12月全省国税系统申报状况同比变化

单位：户

项目	应申报户数	已申报户数	按户申报率（%）	已申报占正常营业户数比例（%）
2012年12月	267856	262254	97.91	52.60
2013年12月	306317	295632	96.51	53.69
变化情况	25.10%	24.79%	降低1.4个百分点	提高1.09个百分点

全省国税系统月平均申报户数为357052户，月平均按户申报率为97.64%，同比降低0.58%，也低于2013年全国国税系统月平均按户申报率（99.22%）。但2013年月平均申报户数同比月平均申报户数增加了60028户。

2013年12月，全省国税系统已申报的295632户中，企业纳税人230673户，个体纳税人63433户；增值税纳税人294207户，其中一般纳税人99379户；企业所得税纳税人3193户，其中居民企业所得税纳税人3192户；消费税纳税人2162户。

表3

2013年全省国税系统申报情况

单位：户

项目	正常营业户	应申报户	已申报户	按户申报率（%）	已申报占正常营业户数比例（%）
1月	505428	484973	479860	98.95	94.94
2月	505647	280404	272240	97.09	53.84
3月	512396	281710	271859	96.50	53.06
4月	519943	498090	489673	98.31	94.18
5月	527327	293659	286917	97.70	54.41
6月	533019	290989	284409	97.74	53.36
7月	540437	518548	511905	98.72	94.72
8月	547359	299589	292636	97.68	53.46
9月	554556	304963	296013	97.07	53.38
10月	535164	516351	508836	98.54	95.08
11月	544051	304265	294639	96.84	54.16
12月	550637	306317	295632	96.51	53.69

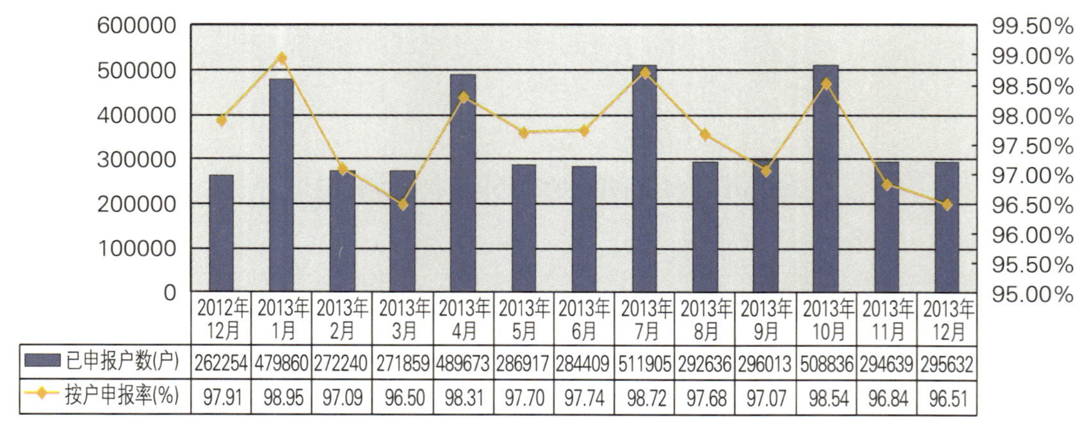

图6 2013年全省国税系统按月按户申报率变化状况

表4

2013年12月全省国税已申报户同比状况

单位：户

项目	总数	企业纳税人	个体纳税人	增值税纳税人						企业所得税纳税人			消费税纳税人
				总数	一般纳税人			小规模纳税人		总数	居民企业	非居民企业	
					总数	企业	个体	企业	个体				
2012年12月	262254	195101	66123	260654	89233	86166	3003	108201	62258	3443	3443	0	2071
2013年12月	295632	230673	63433	294207	99379	95700	3585	134328	59069	3193	3192	1	2162
变化率（%）	12.73	18.23	-4.07	12.87	11.37	11.06	19.38	24.15	-5.12	-7.26	-7.29		4.39

【税款入库管理】 2013年12月，全省国税系统已申报的295632户中，应税款入库111515户，已入库110046户，按户入库率（已入库户数占应入库户数比例，下同）为98.68%，已入库户数占已申报户数比例为37.22%。

全省国税系统月平均税款入库户数为127553户，同比增长1.41%，月平均入库率（按户）为98.63%，同比增长0.13%。

表5　　2013年12月全省国税系统税款入库状况同比变化

单位：户

项目	应入库户数	已入库户数	按户入库率（%）	已入库占已申报户数比（%）
2012年12月	127222	125427	98.59	47.83
2013年12月	111515	110046	98.68	37.22
变化情况	-12.35%	-12.26%	提高0.09个百分点	降低10.61个百分点

表6　　2013年全省国税系统按月按户税款入库情况

单位：户

项目	应入库户数	已入库户数	按户入库率（%）	已入库占已申报户数比（%）
2012年12月	127222	125427	98.59	47.83
2013年1月	152351	150505	98.79	31.36
2013年2月	124617	121689	97.65	44.70
2013年3月	110327	108969	98.77	40.08
2013年4月	143636	141902	98.79	28.98
2013年5月	138982	136966	98.55	47.74
2013年6月	128816	127167	98.72	44.71
2013年7月	149715	147794	98.72	28.87
2013年8月	129723	128306	98.91	43.84
2013年9月	118346	116926	98.80	39.50
2013年10月	135954	133877	98.47	26.31
2013年11月	107851	106486	98.73	36.14
2013年12月	111515	110046	98.68	37.22

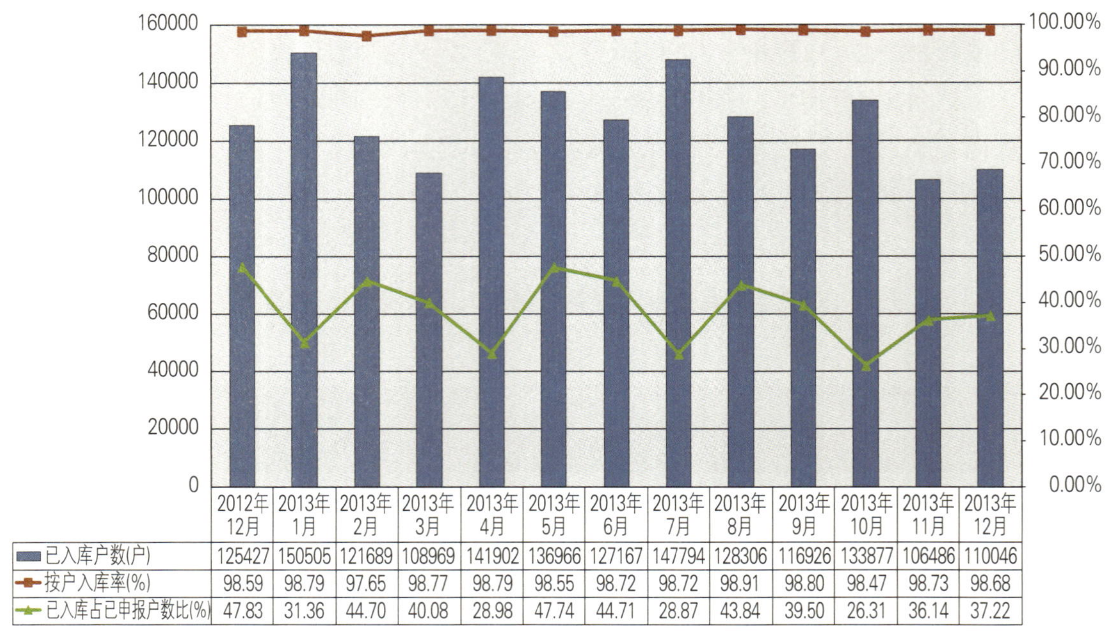

	2012年12月	2013年1月	2013年2月	2013年3月	2013年4月	2013年5月	2013年6月	2013年7月	2013年8月	2013年9月	2013年10月	2013年11月	2013年12月
已入库户数(户)	125427	150505	121689	108969	141902	136966	127167	147794	128306	116926	133877	106486	110046
按户入库率(%)	98.59	98.79	97.65	98.77	98.79	98.55	98.72	98.72	98.91	98.80	98.47	98.73	98.68
已入库占已申报户数比(%)	47.83	31.36	44.70	40.08	28.98	47.74	44.71	28.87	43.84	39.50	26.31	36.14	37.22

图7 2013年全省国税系统各月份已入库户数、按户入库率和已入库户数占已申报户数比例变化状况

2013年12月，全省国税系统已入库的110046户中，企业纳税人71297户，个体纳税人38319户；增值税纳税人107962户，其中一般纳税人50524户；企业所得税纳税人1805户，其中居民企业纳税人1804户；消费税纳税人1481户。2013年同比已申报户数增加12.73%，已入库户数减少12.26%，企业所得税纳税人的已申报户数减少7.26%、已入库户数减少了22.60%；按户申报率降低1.40个百分点，按户入库率提高了0.09个百分点；已申报户数占正常营业户数比例增加了1.09个百分点，已入库户数占已申报户数比例降低10.61个百分点。

【税收集中度】 全省国税系统税收收入（指统计期内已入库税款累加值，不含海关代征、免抵调、出口退税部分，下同）11386768.15万元。与2012年同期税收收入10073767.00万元相比，增加1313001.15万元，变化率13.03%。

表7 2013年12月全省国税已入库户状况

单位：户

项目	总数	企业纳税人	个体纳税人	增值税纳税人						企业所得税纳税人			消费税纳税人
				总数	一般纳税人			小规模纳税人		总数	居民企业	非居民企业	
					总数	企业	个体	企业	个体				
2012年12月	125427	81019	44045	123622	48275	46212	2028	33879	41143	2332	2332	0	1529
2013年12月	110046	71297	38319	107962	50524	48342	2137	21700	35356	1805	1804	1	1481
变化率（%）	-12.26	-12.00	-13.00	-12.67	4.66	4.61	5.37	-35.95	-14.07	-22.60	-22.64		-3.14

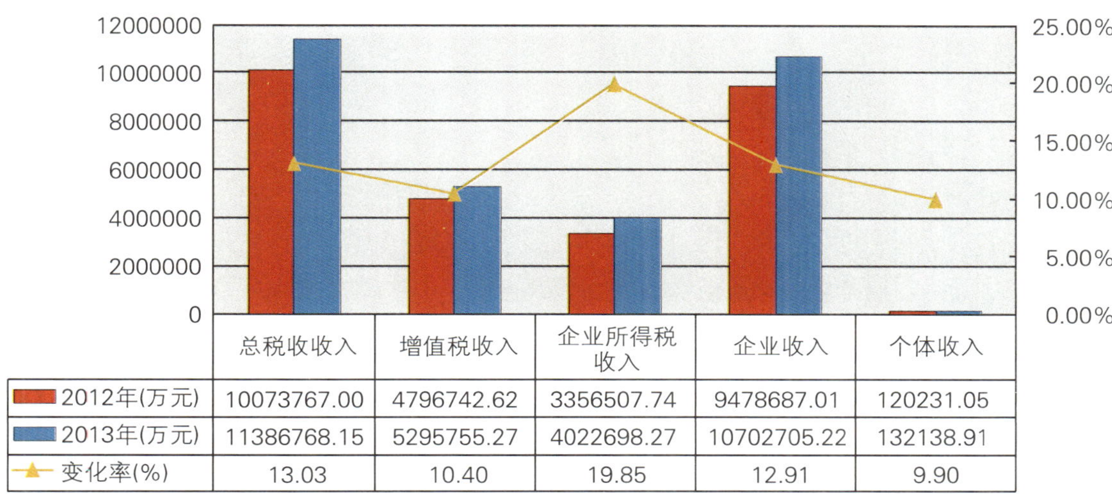

图8　2013年全省国税税收收入同比变化情况

全省国税系统支撑税收收入90%的纳税人总户数为25022户，同比增加1581户，增长6.74%；支撑税收收入50%的纳税人总户数为223户，同比减少4户，降幅1.76%；支撑企业收入50%的纳税人户数为161户，同比减少273户，降幅62.90%；支撑个体收入50%的纳税人户数为9623户，同比减少2365户，降幅19.73%。

支撑增值税税收收入90%的纳税人户数为17792户，同比增加1607户，增长9.93%；支撑企业所得税收入50%的纳税人户数为571户，同比增加84户，增长17.25%。

支撑企业所得税收入90%的纳税人户数为2550户，同比减少319户，降幅11.12%；支撑企业所得税收入50%的纳税人户数为69户，同比减少26户，降幅27.37%。

表8　2013年税收集中度同比情况

指标名称		2012年	2013年
支撑总税收收入90%的纳税人户数（户）		23441	25022
占全省税务登记总户数比例（%）		4.51	4.30
支撑总税收收入50%的纳税人户数（户）		227	223
占全省税务登记总户数比例		0.04	0.04
其中：增值税纳税人	支撑增值税收入90%的纳税人户数（户）	16185	17792
	占增值税纳税人税务登记户数比例（%）	3.23	3.16
	支撑增值税收入50%的纳税人户数（户）	487	571
	占增值税纳税人税务登记户数比例（%）	0.10	0.10

续表

指标名称		2012年	2013年
其中：企业所得税纳税人	支撑企业所得税收入90%的纳税人户数（户）	2869	2550
	占企业所得税纳税人税务登记户数比例（%）	1.76	1.28
	支撑企业所得税收入50%的纳税人户数（户）	95	69
	占企业所得税纳税人税务登记户数比例	0.06	0.03
其中：企业纳税人	支撑企业收入90%的纳税人户数（户）	10221	10932
	占企业纳税人税务登记户数比例（%）	4.38	3.97
	支撑企业收入50%的纳税人户数（户）	434	161
	占企业纳税人税务登记户数比例	0.20	0.06
其中：个体纳税人	支撑个体收入90%的纳税人户数（户）	60930	51075
	占个体纳税人税务登记户数比例（%）	21.42	16.85
	支撑个体收入50%的纳税人户数（户）	11988	9623
	占个体纳税人税务登记户数比例（%）	4.21	3.18

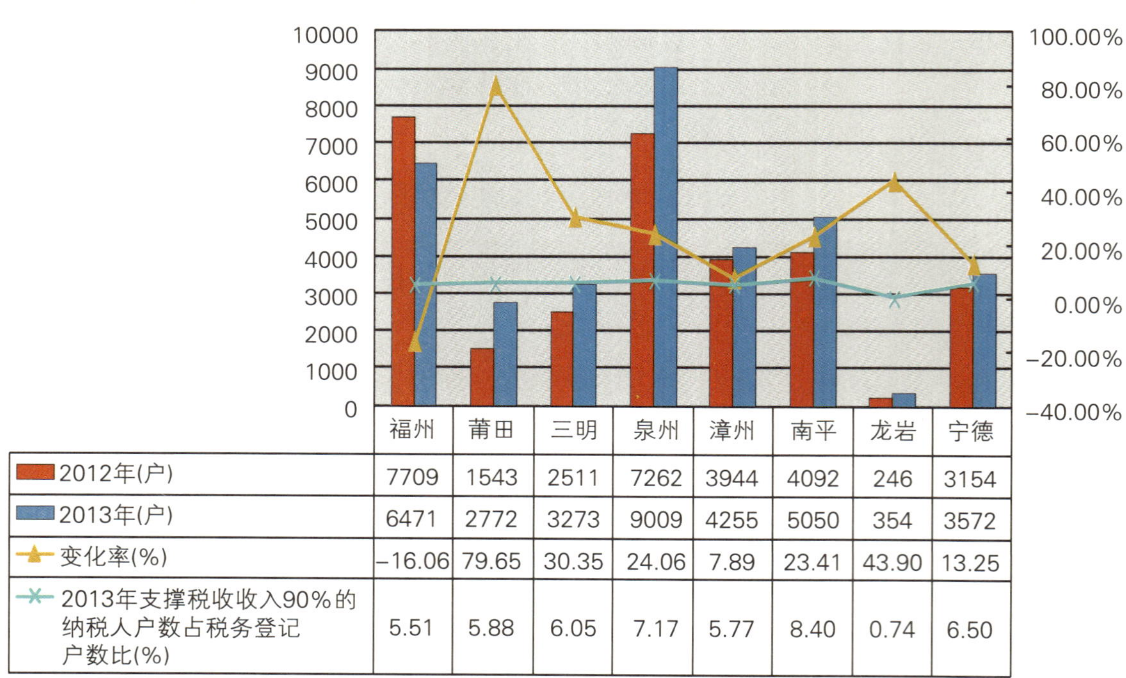

	福州	莆田	三明	泉州	漳州	南平	龙岩	宁德
2012年(户)	7709	1543	2511	7262	3944	4092	246	3154
2013年(户)	6471	2772	3273	9009	4255	5050	354	3572
变化率(%)	−16.06	79.65	30.35	24.06	7.89	23.41	43.90	13.25
2013年支撑税收收入90%的纳税人户数占税务登记户数比(%)	5.51	5.88	6.05	7.17	5.77	8.40	0.74	6.50

图9　2013年各设区市支撑税收收入90%的纳税人户数变化状况

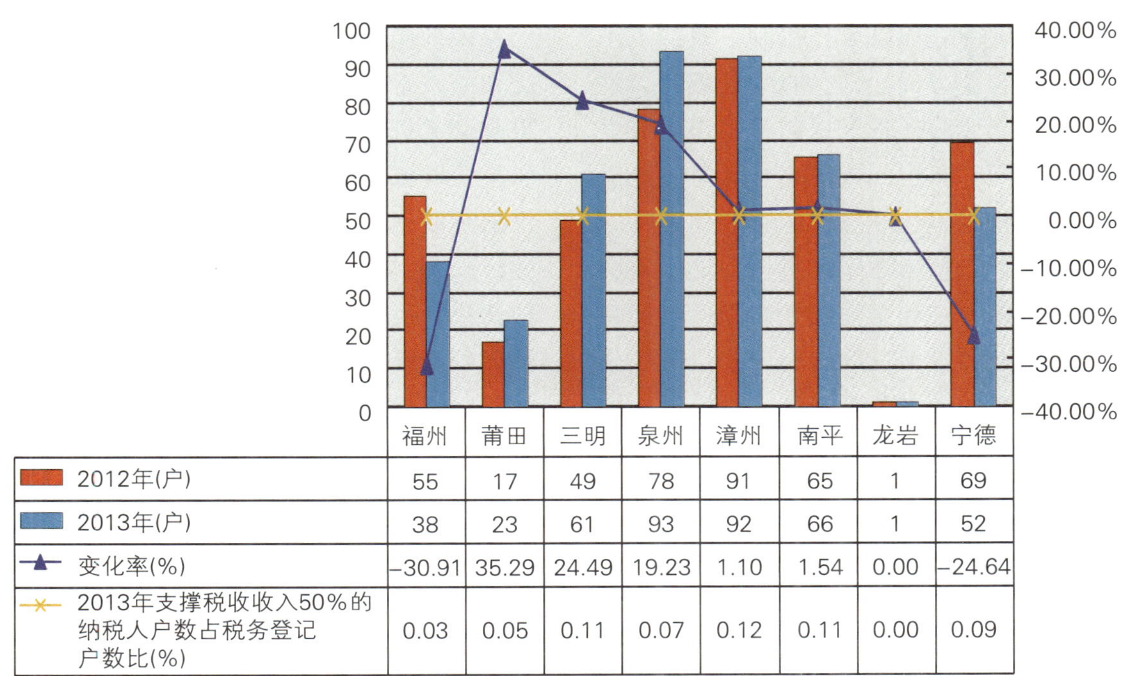

	福州	莆田	三明	泉州	漳州	南平	龙岩	宁德
2012年(户)	55	17	49	78	91	65	1	69
2013年(户)	38	23	61	93	92	66	1	52
变化率(%)	−30.91	35.29	24.49	19.23	1.10	1.54	0.00	−24.64
2013年支撑税收收入50%的纳税人户数占税务登记户数比(%)	0.03	0.05	0.11	0.07	0.12	0.11	0.00	0.09

图10　2013年各设区市支撑税收收入50%的纳税人户数变化状况

（税收集中度的指标口径：统计时期内，入库税款占全部税收收入90%或者50%的纳税人户数，以及纳税人户数占统计期末税务登记户数的比例）

【税收征管改革】　继续深化泉州市国税局征管改革，完善莆田市国税局、宁德市国税局、漳州市国税局征管改革试点，批准福州市国税局、龙岩市国税局、三明市国税局、南平市国税局全面推进税收征管改革工作。截至2013年年末，全省（8个设区市）以税源专业化管理为核心的税收征管改革基本到位，实现福建省国税局分三步走实施税收征管改革战略部署。2013年12月，福建省国税局分3个调研工作组赴8个设区市局和20个县级国税局开展调研表明，福建省国税系统的税收征管改革，总体符合党的十八届三中全会精神和国家财税制度改革精神，基本契合国家税务总局税收征管改革基本方向、改革意图和总体要求，体现海西经济和福建社会发展以及福建省国税系统税收管理与征管资源状况实际，吸收借鉴国外、省外征管改革试点单位的基本理念与做法，深入思考，认真研究，科学筹划，缜密实施，扣紧税收征管的主要矛盾和矛盾的主要方面，积极稳妥地推进和把握全省税收征管改革的进程与节奏，扎实做好纳税人自主申报、优化纳税服务、税源科学分类分级等基础性工作，县（市、区）国税局按税源专业化管理分工重新构建税务分局，重新界定管理员职责，实行团队管理，县级局实现扁平化、实体化，并从多方位、多角度预警、防控税收征管改革后出现或潜在税收风险的新动向、新特点、关键环节和敏感部门的节点，初步建立起“省市统一分析、任务扎口推送、三级分类应对、绩效双向评价、执法全程监控”具有福建国税特色的税收征管改革运行模式。

【风控机构运行】　2013年5月，福建省国税局风控中心专职人员到位，正式开始风险管理职能运作，建立内部工作机制，完善工作制度，设置综合业务岗、信息收集处理岗、风险分析识别岗、风险任务推送岗等工作岗位，实行AB岗分工负责制。内部分工制度，包括信息采集、分析识别、任务推送和对外关系；工作考核制度，包括工作纪律考核、工作质量考核、工作效率考核和工作绩效激励；会议召开制度，包括业务学习、联席会议等，形成分工协作、各司其职、各负其责的工作格局，加快落实省和设区市两级税收风险分析监控中心从业专职人员，明确工作定位、职责分工、工作任务和工作流程，理顺与同级部门和下级机构分工协作关系，做好与税源管理一体化联动工作机制的衔接，全省税收征管逐步转向以风险管理为核心进行运作。

【风控系统建设】 以税收风险分析监控中心为主体，加快现有各类管理平台的整合，在研究各地开发使用风险管理系统的定位、功能、特点和运行情况的基础上，提出福建省国税局建设税收风险管理信息系统的业务需求和基本框架，进行各级和各部门征集意见和征求意见。2013年12月26日下午，福建省国税局党组成员、总会计师、风控中心主任陈慕斌为福建国税局税收风险管理信息系统建设举行启动仪式。省国税局征管科技处长、风控中心常务副主任林国镜、信息中心副主任王烈以及省国税局风控中心、征管科技处、信息中心和系统开发中标单位厦门同步天成软件有限公司等相关人员参加了启动仪式。陈慕斌简要回顾省国税局风控中心成立运行以来的工作情况，肯定了风控中心在风控系统建设过程中做了大量前期调研、征集整理业务需求、提出建设基本方案和做好系统建设招投标等准备工作所付出的辛勤劳动，对风控系统建设提出坚定信心、提升站位、紧接地气三点工作要求，力争2014年一季度末基本建成。

【风险任务推送】 制定下发《福建省国家税务局关于税收风险应对任务统一推送的通知》，着力解决多年来多头下发评估任务和重复交叉打扰纳税人的难题；各级运用现行的风险管理各类平台，完善风险预警指标和行业评估模型，统一开展税收风险信息采集、风险分析识别、等级排序、风险任务应对推送和考核评价，税收风险闭环管理基本形成，福建省国税局和设区市国税局先后实现税收风险任务的归口管理、统一下发，尝试高风险重点税源企业应对，着力解决基层国税局应对高风险水平有限和对基层国税局多头部署应对任务的问题，努力降低对纳税人进行交叉或重复检查的现象。在福建省国税局层面，对全省2012年纳税人申报信息与开票数据比对所发现的风险疑点作为2013年第1期风险应对任务进行下发；在全省统一部署开展为期3个多月的“防虚打骗”专项评估行动；开展单户风险分析，利用其电费数据和互联网上的第三方数据，依托行业模型，采用纵向对比法及电量测算，测算出其匿报销售收入问题；开展纳税人取得的增值税专用发票既用来内销抵扣，同时又用于出口退税“一票两用”问题的核查，排除税收风险。

【风险应对管理】 抓好对上级下发和本级风险识别部门提交的税收风险信息，运用第三方涉税信息以及税收微观分析方法与纳税评估指标等，依托现有的各分析系统和纳税评估v3.0软件等手段，开展税收风险的分类分级应对。全年8个设区市国税局开展纳税评估14569户次，查补税款26.38亿元，加收滞纳金1.23亿元，冲减留抵税金2.33亿元，调整以前年度亏损4.9亿元，评估移送稽查100户。

【税收保障办法】 与政府相关部门协作，通过福建省国税局、福建省地税局的共同努力，《福建省税收保障办法》被列入福建省政府2013年立法工作计划中的规章制定项目之一。福建省政府法制办接到《草案》后，随即开展征求省政府各部门、各设区市人民政府以及平潭综合实验区管委会的意见，并会同省国税局、地税局进行必要的立法调研。在此基础上，根据国家有关法律、法规精神，结合福建省实际情况，借鉴宁夏、江苏、湖北、山东、广东、重庆、湖南等7个省（区）先期立法经验，经反复多次的协调、论证、修改，形成了正式的《福建省税收保障办法（送审稿）》，2013年5月15日，法制办召开福建省国税、地税局相关部门领导会议，为《送审稿》定稿，2013年8月30日，提交福建省人民政府第9次常务会议审定。2013年9月4日，福建省省长苏树林签发福建省人民政府令第125号称："《福建省税收保障办法》已经2013年8月30日省人民政府第9次常务会议通过，现予公布，自2013年11月1日起施行。"该办法共7章30条，由总则、税收管理、税收协助、税收服务、税收监督、法律责任、附则组成。该办法的出台，为全省各级税务机关获取第三方涉税信息提供强有力的支撑。

【业务规程修订】 下发《福建省国家税务局涉税业务工作规程（2013版）》，着力解决进出口税收管理工作规程的变化，税制改革"营改增"部分相关程序要求，对日常运行中反馈的问题进行修正等问题。《新规程》总事项从181项增加到212项，即办事项从93项扩大到103项，审批事项从69项调整至89项，依职权涉税业务从19项调整到20项，杜绝向纳税人要求报送《规程》列举以外的其他资料或不按规定程序审批的行为。

【征管档案管理】 2013年8月，下发《福建省国家税务局税收征管档案管理办法（试行）》，明确在税收征收管理活动中以及在税务行政复议、诉讼活动中形成的与税收征管有关的各种有使用价值和保存价值的，以文字、图表、声像等形式存在的表、证、单、书、账、册、票等各种涉税资料，并经采集、整理、归档后形成的历史记录为征管档案内涵，全面规范全省征管电子档案和纸质档案管理行为，推动征管档案的增值利用。福建省国税局税收征管档案管理办法由总则，税收征管档案资料的分类，税收征管档案资料归档的时限要求，税收征管档案资料的整理、移交，税收征管档案资料的采集、归档，税收征管档案的保管、查（调）阅，税收征管档案的销毁、考核和附则组成，共8章50条。同时废止了《关于印发〈福建省国家税务局税收征管档案资料管理办法〉（试行）的通知》。

【行业风险管理】 制定下发《福建省国家税务局商品混凝土行业税收风险管理办法》，该办法由总则、风险分析识别、风险评定、风险应对、绩效评价和附则组成，共6章28条，着力解决该行业税负公平问题，引领风险管理应对思维和方式的转变，从单个企业评估转向行业评估，延伸至产业链评估，规范和提升商品混凝土行业增值税和企业所得税税收风险管理。

【业务管理创新】 制定下发《福建省国家税务局关于深入开展税收业务管理创新活动的意见》，明确提出全省税收业务管理创新的指导思想、基本原则、基本标准、重点内容和评审管理，规范创新项目确立流程、评审流程和绩效审定。2013年年末，评定税收业务管理创新一类（福建省国税局推广）项目有：任务管理与服务回访系统（福州市国税局）、商品混凝土行业风险管理办法（莆田市国税局）、税收数据管理平台（漳州市国税局）、企业所得税电子台账系统（三明市国税局）、纳税信用等级评定系统（南平市国税局）5个；二类项目（设区市推广）有：行业税收风险管理手册（泉州市国税局）、拓展第三方涉税信息利用（龙岩市国税局）、纳税评估绩效考核办法（宁德市国税局）3个。

【网络发票管理】 贯彻落实《网络发

票管理办法》（国家税务总局令第30号），理顺规范福建省网络发票管理制度，优化网络发票管理软件，改进发票真伪查询功能，增强比对分析和预警监控管理，探索建立以网络发票为基础的发票管控长效机制。全年全省网络发票用户103859户，实际开票户85711户，开票2314万张，开票总金额3440亿元。

【发票工本费清理】 贯彻执行《财政部国家发展改革委关于公布取消和免征部分行政事业性收费的通知》（财综〔2012〕97号）规定，制定下发《福建省国家税务局关于清理发票工本费有关问题的通知》，自2013年1月1日起取消税务发票工本费，财政部、中国人民银行将删除103040801目“税务发票工本费”。要求各地2013年通过该科目办理的发票工本费收入结余部分，能够退还纳税人的，应办理相关退库手续，将收取的发票工本费退还纳税人，退库工作于6月底前完成。同时，落实《国家税务总局、财政部关于冠名发票印制费结算问题的通知》（税总发〔2013〕53号），做好冠名发票印制费用由用票单位与发票印制企业直接结算工作。

【废弃基金征收】 掌握基金缴纳义务人户籍和生产经营信息数据，分析基金征管工作风险，加强风险防控，建立长效管理机制，同时，落实政策性减免，2013年度全省征收基金2500万元。学习国家税务总局关于印发《废弃电器电子产品处理基金征管经费管理暂行规定》的通知，组织经费落实，专款专用，推动基金征管工作规范、基金征管政策的宣传和缴纳辅导、基金申报缴纳服务、业务系统开发改造、基金征管业务培训、基金征管质量管理、基金征管情况调研和专题研究等工作开展。

【“营改增”征管工作】 组织落实《国家税务总局关于做好扩大营业税改征增值税试点有关征管科技工作的通知》（税总函〔2013〕213号），做好征管基础工作，国税局与地税局的协调配合，国税局各部门之间工作职责分工，推进“营改增”工作无缝对接；做好工作预案，制订与有关工作配合的时间表、路线图，逐条落实到工作岗位；明确铁路运输和邮政业纳税人的范围，摸清基础税源，按期完成征管范围调整、管理档案移交和管户交接工作；关注试点范围内纳税人的户籍变动情况，跟踪管理，对户籍变化异常的，及时查找原因，依法依规进行调整；厘清试点纳税人原营业税的发票核定信息与过渡期内的发票使用情况，准确核定其发票种类和用票量，对原使用普通发票采取简并、保留和替换的方式进行衔接，同时做好新票印刷，确保发票及时供应，妥善处理好试点初期代开发票申请可能相对集中的情况，快速应对；关注“营改增”管理工作的事前、事中、事后三个风险环节，针对存在的问题，采取有针对性的征管措施，降低税收风险；做好综合征管系统、税库银横向联网电子缴税系统等相关系统的修改、测试、联调以及升级工作，按时完成“营改增”纳税人电子征管数据接收、核实、补录，确保按时足额申报纳税。

【财税库行联网】 组织落实《国家税务总局办公厅关于财税库银横向联网电子缴税国库端数据清理相关工作的通知》，加强税财税库银（tips）系统运行保障工作，提前做好应急预案。组织落实《国家税务总局办公厅关于财税库银横向联网电子退库、更正、免抵调库业务试点上线工作有关事项的通知》，按照《中国人民银行办公厅、国家税务总局办公厅关于下发国库信息处理系统接口规范V2.4版及税务国库横向联网系统接口规范V2.0版的通知》的要求，完成相应系统的修改完善工作，解决财税库行联网（tips）电子缴税过程中出现的各类问题，确保纳税人申报纳税和税款入库及时、足额、顺畅、高效。

【取消行政审批】 落实《国务院关于第

六批取消和调整行政审批项目的决定》《国务院关于取消和下放一批行政审批项目等事项的决定》的通知和国家税务总局《关于取消“对办理税务登记（开业、变更、验证和换证）的核准”有关事项的通知》，抓好税务行政审批项目（涉及征管部分）的取消和调整落实到位，探索深化税务部门行政审批制度改革，研究审批项目取消后的监管措施，改变管理方式，防范出现管理真空，避免管理脱节。

【CTAIS业务运维】 根据福建省国税局涉税业务工作规程（2013版），组织CTAIS业务专家研讨、测试因规程变化涉及的工作流程与文书调整问题，及时解决福建省国税系统的纳税服务、税款征收、税收管理、税务稽查等部门（岗位）操作中遇到的难题，突出解决了与出口退税、稽查工作的衔接。

【征管业务培训】 2013年9—11月，福建省国税局集中举办3期每期为25天的纳税评估培训班，培训基层纳税评估骨干200多名，继续采用省国税局选行业、市国税局选户，学员培训后回设区市国税局开展评估实战演练的培训方法，增强学以致用的针对性；2013年12月，召集全省的设区市国税局科、处长和县级国税局征管部门负责人及相关人员100多人，开展新征管业务的培训；2013年5—12月，福建省国税局结合风险管理信息系统建设业务需求研讨，按照不同阶段工作要求，多次以会代训，组织相关人员开展税收风险管理培训；各设区市国税局结合实际不同程度地开展各类专项业务培训，如纳税评估（案例）培训、信息化支持培训、发票管理培训、深化税收征管改革培训等等，探索培养税收风险管理人才。

【委托代征管理】 2013年7月1日，贯彻国家税务总局关于发布《委托代征管理办法》的公告，该办法由总则、委托代征的范围和条件、委托代征协议的生效和终止、委托代征管理职责、法律责任和附则组成，共6章30条。要求各级国税干部准确领会委托代征协议书使用说明，正确使用新版的委托代征协议书和委托代征证书以及终止委托代征协议通知书等，切实履行委托代征管理职责，确保委托代征工作合法、有效和方便纳税人。

【规范纳税人识别号】 按照国家税务总局关于发布纳税人识别号代码标准的通知，组织落实税务行业标准，将全省纳税人识别号代码使用标准代码号SW 5-2013规则进行规范，主要涉及：根据《税务登记管理办法》办理税务登记（或扣缴义务人登记）并需发放相应登记证件的纳税人；临时发生纳税义务办理临时登记的纳税人；在办理代扣代缴或代收代缴及自行缴纳时对自然人登记的纳税人。

【数字化标准建设】 落实国家税务总局关于发布《税务系统数字证书格式标准》《税务系统数字证书应用接口规范》的通知，引导业务软件开发使用税务系统行业规范标准，促进业务与技术的有机融合。《税务系统数字证书格式标准》（中华人民共和国税务行业标准SW 6-2013）是规定税务系统数字证书和证书撤销列表的基本格式、数据项内容描述、证书扩展及各类数字证书和证书撤销列表的格式模板。《税务系统数字证书应用接口规范》（中华人民共和国税务行业标准SW 7-2013）是规定税务系统数字证书应用接口，定义税务系统工作人员和纳税人服务的税务信息系统所需要的税务证书应用接口，是税务系统推广数字证书应用的技术开发规范。

【代开发票管理】 2013年，全省国税系统代开发票纳税人192061户，代开发票796636份，开具金额（含税）1999279.58万元。其中：代开增值税专用发票9810户、117206份，代开金额（含税）470440.52万元；代开普通发票183030户、679430份，代开金额1528839.06万元，其中免税代开普通发票55411户、213963份，代开金额135164.61万元。

表9

2013年度全省国税系统代开发票

单份开票金额区间	代开普通发票（征税）笔数	代开普通发票（征税）金额（含税）	代开普通发票（征税）税额
1000万元以上	15	24147.56	703.33
100万—1000万元	1388	305191.51	8899.10
50万—100万元	2881	195642.55	5694.05
10万—50万元	19923	429003.48	12491.66
1万—10万元	108697	342885.36	9986.11

表10

2013年度全省国税系统代开发票

单户开票金额区间	代开普通发票（征税）户数	代开普通发票（征税）份数	代开普通发票（征税）户均开票份数	代开普通发票（征税）金额（含税）	代开普通发票（征税）税额	代开普通发票（免税）户数
1000万元以上	61	756	12.39	94629.72	2756.21	4
100万—1000万元	1952	13761	7.05	478737.12	13953.56	242
50万—100万元	3204	19799	6.18	219482.77	6390.37	281
10万—50万元	17093	112163	6.56	383124.97	11156.93	1671
1万—10万元	54540	208830	3.83	192246.41	5598.48	6280

说明：表9、表10统计中的以上包括本数，以下不包括本数，即1000万元以上包括1000万元；100万—1000万元包括100万元，不包括1000万元；50万—100万元包括50万元，不包括100万元；10万—50万元包括10万元，不包括50万元；1万—10万元包括1万元，不包括10万元。

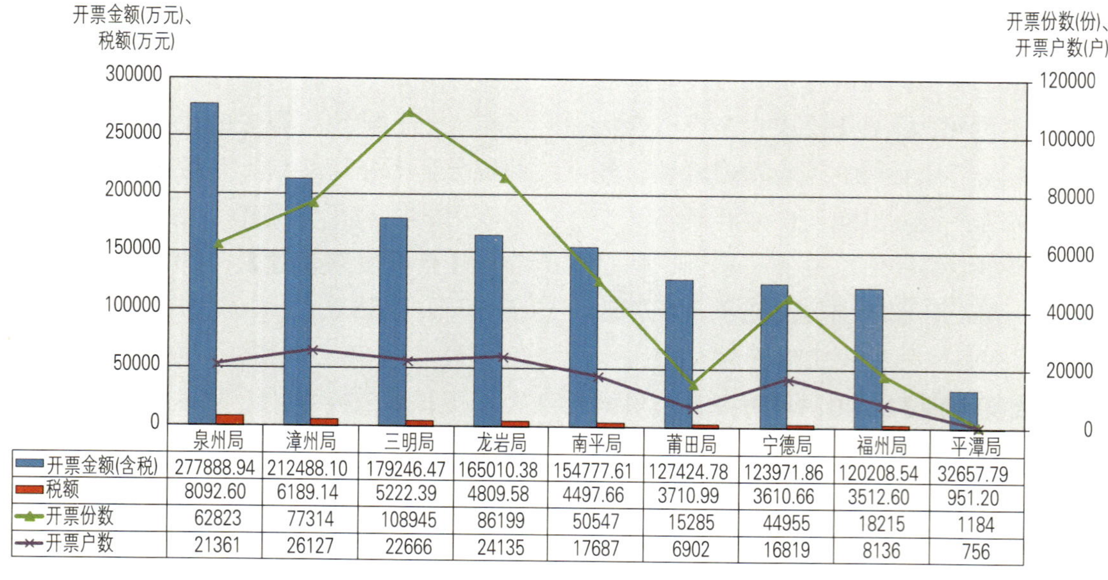

	泉州局	漳州局	三明局	龙岩局	南平局	莆田局	宁德局	福州局	平潭局
开票金额(含税)	277888.94	212488.10	179246.47	165010.38	154777.61	127424.78	123971.86	120208.54	32657.79
税额	8092.60	6189.14	5222.39	4809.58	4497.66	3710.99	3610.66	3512.60	951.20
开票份数	62823	77314	108945	86199	50547	15285	44955	18215	1184
开票户数	21361	26127	22666	24135	17687	6902	16819	8136	756

图11　2013年全省国税系统代开普通发票（征税）按设区市局统计

开票金额分区间分布情况（按份）

单位：份、万元

代开普通发票（免税）笔数	代开普通发票（免税）金额	代开专用发票笔数	代开专用发票金额（含税）	代开专用发票税额
1	1050.00	0	0.00	0.00
121	19339.37	138	14704.69	428.29
139	9384.80	765	54663.66	1592.15
2540	52498.60	10021	165089.97	4808.45
12249	34564.09	61915	218525.84	6364.83

开票金额分区间分布情况（按户）

单位：户、份、万元

代开普通发票（免税）份数	代开普通发票（免税）户均开票份数	代开普通发票（免税）金额	代开专用发票户数	代开专用发票份数	代开专用发票户均开票份数	代开专用发票金额（含税）	代开专用发票税额
148	37.00	5138.08	13	1537	118.23	32320.28	941.37
1579	6.52	46488.15	1011	43151	42.68	236082.23	6876.19
2117	7.53	19602.20	1125	19384	17.23	77603.04	2260.29
15973	9.56	35828.23	4352	42426	9.75	111225.98	3239.60
66681	10.62	22267.32	2753	9875	3.59	12911.55	376.06

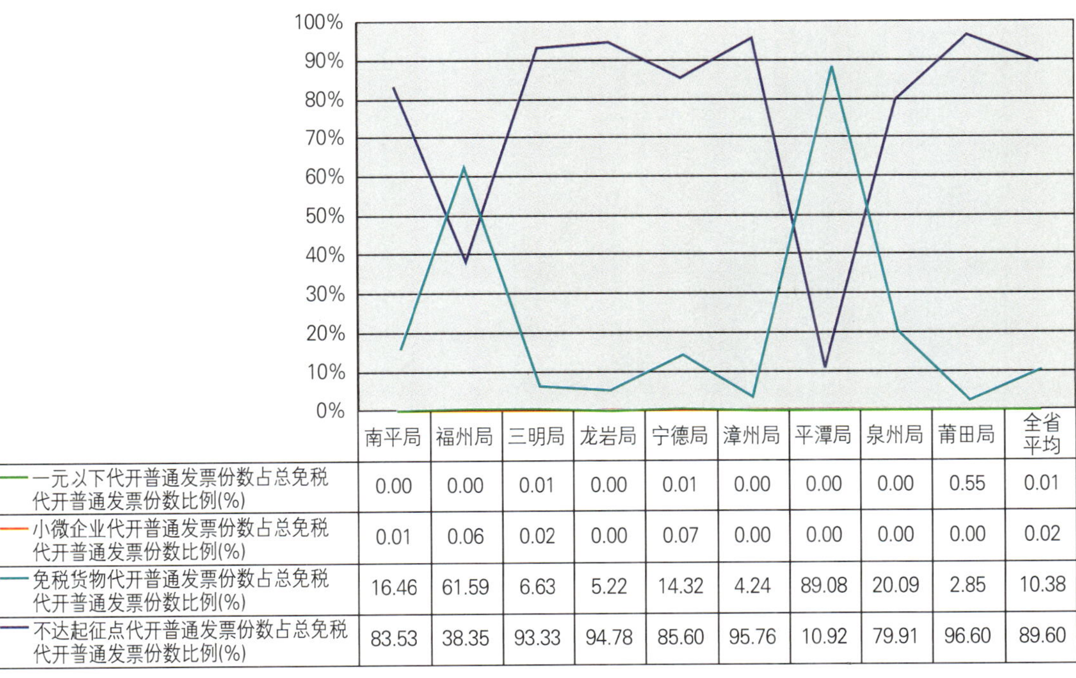

	南平局	福州局	三明局	龙岩局	宁德局	漳州局	平潭局	泉州局	莆田局	全省平均
一元以下代开普通发票份数占总免税代开普通发票份数比例(%)	0.00	0.00	0.01	0.00	0.01	0.00	0.00	0.00	0.55	0.01
小微企业代开普通发票份数占总免税代开普通发票份数比例(%)	0.01	0.06	0.02	0.00	0.07	0.00	0.00	0.00	0.00	0.02
免税货物代开普通发票份数占总免税代开普通发票份数比例(%)	16.46	61.59	6.63	5.22	14.32	4.24	89.08	20.09	2.85	10.38
不达起征点代开普通发票份数占总免税代开普通发票份数比例(%)	83.53	38.35	93.33	94.78	85.60	95.76	10.92	79.91	96.60	89.60

图12　2013年全省各设区市国税局免税代开普通发票类型占比（按代开份数统计）

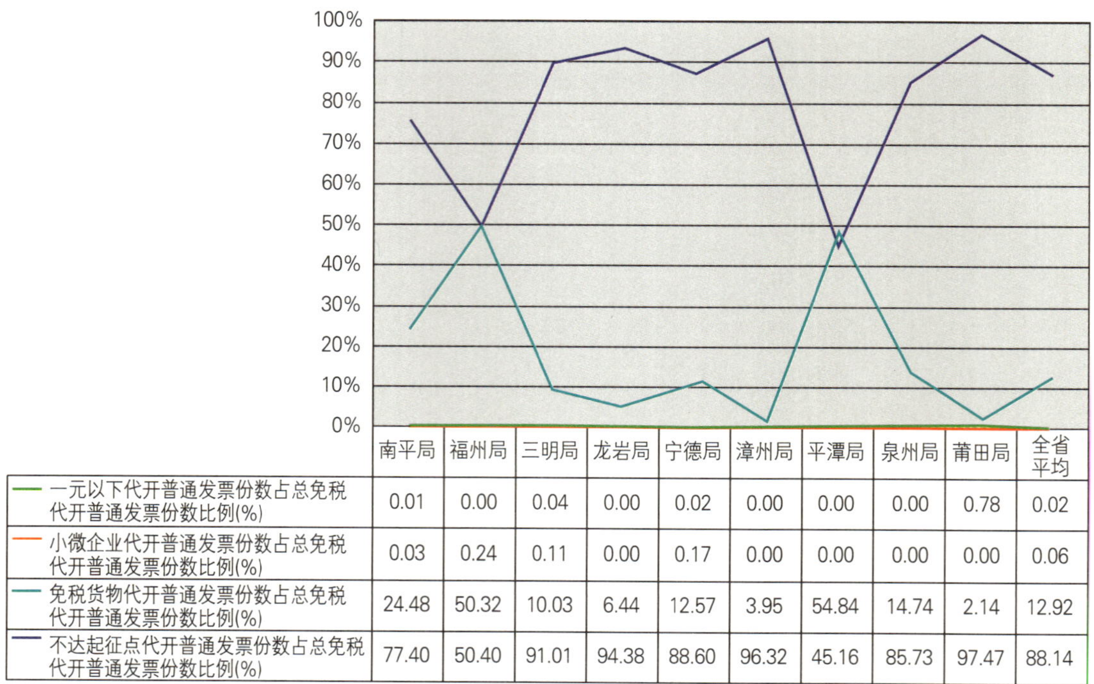

	南平局	福州局	三明局	龙岩局	宁德局	漳州局	平潭局	泉州局	莆田局	全省平均
一元以下代开普通发票份数占总免税代开普通发票份数比例(%)	0.01	0.00	0.04	0.00	0.02	0.00	0.00	0.00	0.78	0.02
小微企业代开普通发票份数占总免税代开普通发票份数比例(%)	0.03	0.24	0.11	0.00	0.17	0.00	0.00	0.00	0.00	0.06
免税货物代开普通发票份数占总免税代开普通发票份数比例(%)	24.48	50.32	10.03	6.44	12.57	3.95	54.84	14.74	2.14	12.92
不达起征点代开普通发票份数占总免税代开普通发票份数比例(%)	77.40	50.40	91.01	94.38	88.60	96.32	45.16	85.73	97.47	88.14

图13　2013年全省各设区市国税局免税代开普通发票类型占比（按代开户数统计）

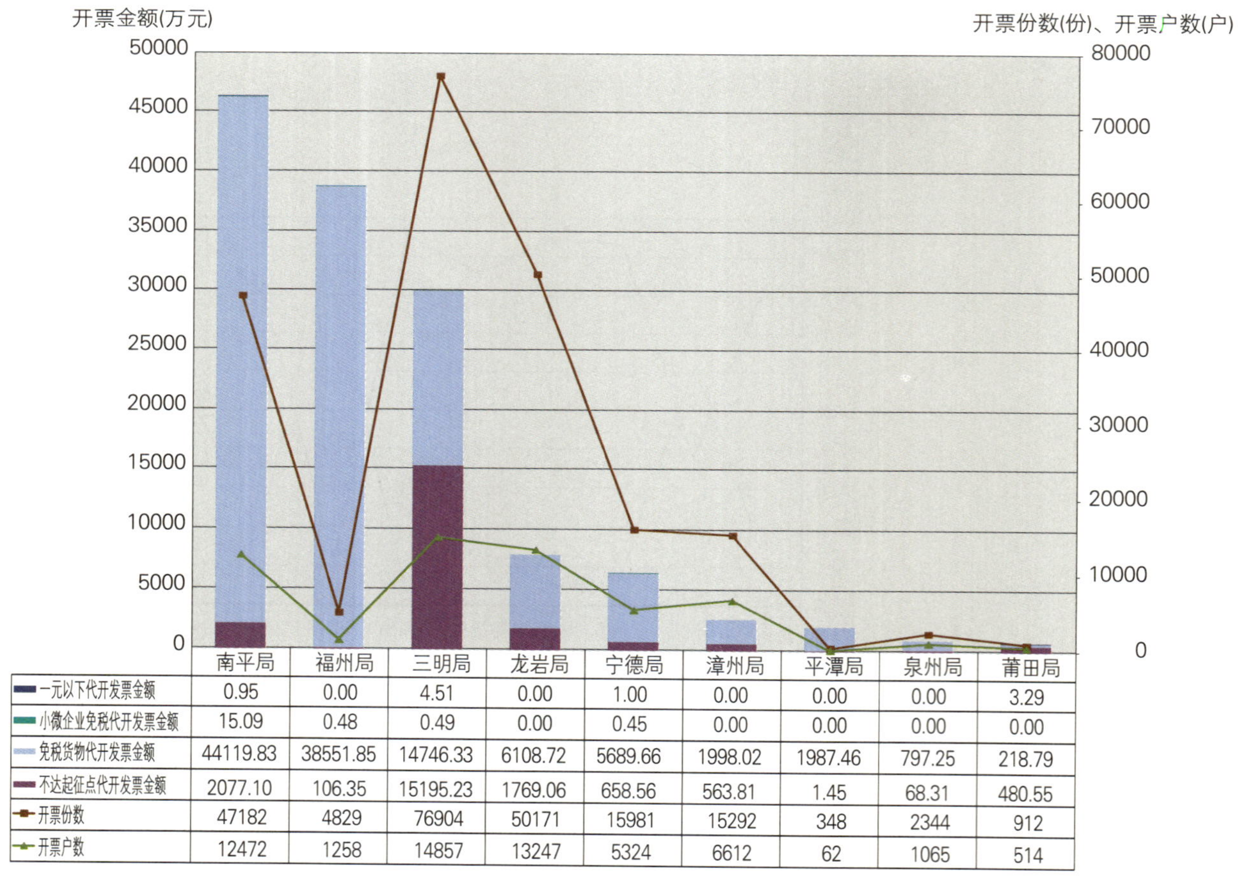

	南平局	福州局	三明局	龙岩局	宁德局	漳州局	平潭局	泉州局	莆田局
一元以下代开发票金额	0.95	0.00	4.51	0.00	1.00	0.00	0.00	0.00	3.29
小微企业免税代开发票金额	15.09	0.48	0.49	0.00	0.45	0.00	0.00	0.00	0.00
免税货物代开发票金额	44119.83	38551.85	14746.33	6108.72	5689.66	1998.02	1987.46	797.25	218.79
不达起征点代开发票金额	2077.10	106.35	15195.23	1769.06	658.56	563.81	1.45	68.31	480.55
开票份数	47182	4829	76904	50171	15981	15292	348	2344	912
开票户数	12472	1258	14857	13247	5324	6612	62	1065	514

图14　2013年全省国税系统代开普通发票（免税）按设区市局统计

表11　　2013年全省国税系统代开普通发票（征税）开票金额前70名行业

单位：万元、户、份

序号	行业代码	行业名称	开票金额（含税）	税额	税率（%）	开票份数	开票户数
1	5299	其他未列明零售业	404562.58	11780.22	3.00	121850	41218
2	8190	其他未列明服务业	203251.44	5923.53	3.00	100819	29519
3	5219	其他综合零售	133352.11	3883.92	3.00	44749	15152
4	5810	装卸搬运	48492.07	1412.29	3.00	26188	8503
5	5430	道路货物运输	37686.56	1097.35	3.00	7293	2158
6	5211	百货零售	30784.45	896.16	3.00	15351	5146
7	7113	建筑工程机械与设备租赁	28160.53	820.19	3.00	4050	1576
8	4190	其他未列明制造业	23684.51	685.21	2.98	7084	2929
9	7482	工程勘察设计	19595.49	571.01	3.00	1307	518
10	5289	其他室内装饰材料零售	19013.33	553.78	3.00	1606	482
11	3099	其他非金属矿物制品制造	17732.83	516.49	3.00	794	349
12	5226	酒、饮料及茶叶零售	17502.04	509.73	3.00	6433	1771
13	5199	其他未列明批发业	16059.00	467.74	3.00	1632	531
14	7111	汽车租赁	14797.74	431.00	3.00	9778	4065
15	5287	陶瓷、石材装饰材料零售	14321.81	417.22	3.00	559	265
16	0230	森林经营和管护	13988.20	407.40	3.00	97	50
17	7240	广告业	13711.64	399.33	3.00	6629	1245
18	5165	建材批发	13203.18	384.56	3.00	1267	444
19	5281	五金零售	12428.14	361.99	3.00	4161	1131
20	7119	其他机械与设备租赁	12274.21	357.50	3.00	1970	748
21	7239	其他专业咨询	11109.28	323.57	3.00	2948	954
22	5283	家具零售	9252.18	269.46	3.00	2709	725
23	7491	专业化设计服务	9003.37	261.93	3.00	1283	536

续表

序号	行业代码	行业名称	开票金额（含税）	税额	税率（%）	开票份数	开票户数
24	1959	其他制鞋业	8354.69	243.34	3.00	566	409
25	5224	肉、禽、蛋、奶及水产品零售	8179.19	238.23	3.00	5660	1130
26	1200	其他采矿业	7817.16	227.68	3.00	198	57
27	0912	铅锌矿采选	7462.71	217.36	3.00	59	30
28	1019	粘土及其他土砂石开采	7090.72	206.53	3.00	250	80
29	5223	果品、蔬菜零售	6702.48	195.22	3.00	1953	684
30	5285	卫生洁具零售	6213.90	180.72	3.00	1579	537
31	7299	其他未列明商务服务业	6036.96	175.83	3.00	2097	623
32	5200	零售业	5806.59	169.12	3.00	5891	1381
33	8100	其他服务业	5430.75	158.10	3.00	5683	1370
34	2439	其他工艺美术品制造	4907.87	142.95	3.00	220	103
35	5179	其他机械设备及电子产品批发	4582.51	133.47	3.00	245	59
36	3033	建筑用石加工	4426.67	128.93	3.00	196	97
37	1099	其他未列明非金属矿采选	4402.50	128.23	3.00	124	51
38	5273	计算机、软件及辅助设备零售	4287.46	124.88	3.00	3787	458
39	5246	工艺美术品及收藏品零售	3842.96	111.93	3.00	413	137
40	7475	地质勘查技术服务	3543.62	103.34	3.00	361	116
41	8011	汽车修理与维护	3367.35	98.06	3.00	5934	888
42	1012	建筑装饰用石开采	3341.17	97.32	3.00	51	13
43	0810	铁矿采选	3204.15	93.32	3.00	22	9
44	5821	货物运输代理	3193.50	92.81	2.99	962	359
45	7499	其他未列明专业技术服务业	3030.55	88.68	3.01	880	299
46	5279	其他电子产品零售	2977.09	86.64	3.00	1533	295
47	0241	木材采运	2811.48	81.83	3.00	501	116

续表

序号	行业代码	行业名称	开票金额（含税）	税额	税率（%）	开票份数	开票户数
48	5829	其他运输代理业	2610.39	76.03	3.00	586	224
49	1530	精制茶加工	2378.82	69.29	3.00	576	202
50	1190	其他开采辅助活动	2327.77	67.80	3.00	111	41
51	5175	五金产品批发	2291.54	66.74	3.00	277	88
52	5274	通信设备零售	2246.17	65.43	3.00	747	252
53	5239	其他日用品零售	2213.14	64.45	3.00	2016	374
54	5241	文具用品零售	2155.76	62.79	3.00	1856	322
55	0919	其他常用有色金属矿采选	2122.54	61.82	3.00	9	3
56	5232	服装零售	2116.45	61.64	3.00	1151	450
57	3490	其他通用设备制造业	2056.75	59.91	3.00	301	126
58	7481	工程管理服务	1993.11	58.39	3.02	213	60
59	7112	农业机械租赁	1948.18	56.74	3.00	396	159
60	1830	服饰制造	1876.56	54.55	2.99	220	110
61	5225	营养和保健品零售	1855.85	54.05	3.00	2461	369
62	9124	社会事务管理机构	1834.58	53.43	3.00	1	1
63	1810	机织服装制造	1794.97	52.28	3.00	404	116
64	5990	其他仓储业	1771.63	51.60	3.00	151	51
65	5163	非金属矿及制品批发	1770.55	51.57	3.00	135	38
66	5229	其他食品零售	1747.26	50.90	3.00	1679	308
67	6510	软件开发	1737.13	50.60	3.00	140	54
68	7990	其他居民服务业	1694.32	49.35	3.00	1712	417
69	7440	测绘服务	1649.97	48.06	3.00	331	119
70	1951	纺织面料鞋制造	1637.32	47.69	3.00	179	76

表12

2013年全省国税系统免税代开

序号	行业代码	行业名称	开票金额	开票份数	开票户数	不达起征点代开		
						开票金额	开票份数	开票户数
1	5299	其他未列明零售业	46126.28	55318	16120	2935.04	46766	13402
2	5251	药品零售	23023.81	3108	392	195.07	735	71
3	8190	其他未列明服务业	10010.23	42454	12301	1969.22	38920	11309
4	0411	海水养殖	9902.08	77	67	0.09	4	2
5	5219	其他综合零售	6988.74	21738	5836	2516.09	20767	5458
6	5224	肉、禽、蛋、奶及水产品零售	2998.42	3288	383	565.23	2979	322
7	5211	百货零售	2945.17	23294	5684	960.13	22725	5483
8	0190	其他农业	2896.22	870	357	4.83	112	20
9	0169	茶及其他饮料作物种植	2320.50	172	57	2.94	32	18
10	0211	林木育种	2296.02	438	201	2.22	30	17
11	5252	医疗用品及器材零售	1930.64	130	23	2.97	24	11
12	5200	零售业	1519.67	2917	757	85.70	2576	655
13	0212	林木育苗	1247.46	276	108	1.93	12	9
14	5223	果品、蔬菜零售	1191.04	1699	455	122.27	1059	280
15	7240	广告业	970.12	2649	326	968.53	2645	325
16	5281	五金零售	902.41	3127	407	902.40	3126	407
17	0143	花卉种植	843.62	470	66	6.91	57	25
18	5273	计算机、软件及辅助设备零售	750.84	2500	249	749.15	2497	249
19	5226	酒、饮料及茶叶零售	736.06	3078	535	689.57	3039	522
20	7299	其他未列明商务服务业	615.01	568	150	171.47	529	134
21	5285	卫生洁具零售	582.84	924	240	582.79	922	239
22	8100	其他服务业	554.72	3181	822	90.55	2832	730
23	5289	其他室内装饰材料零售	535.66	699	185	527.16	696	183
24	5225	营养和保健品零售	516.39	2121	252	476.03	2100	245
25	0241	木材采运	501.34	63	35	0.79	18	7
26	0159	其他水果种植	425.01	383	76	0.68	19	10
27	5283	家具零售	410.68	867	171	410.63	866	171
28	5262	汽车零配件零售	407.72	1312	157	407.72	1311	157
29	5810	装卸搬运	395.67	6799	2275	332.83	6715	2247
30	0141	蔬菜种植	388.68	202	54	4.27	27	8
31	0149	其他园艺作物种植	379.77	139	36	2.96	8	6
32	8011	汽车修理与维护	360.31	1627	313	290.85	1619	308
33	0151	仁果类和核果类水果种植	327.92	272	80	1.19	18	8
34	5229	其他食品零售	324.03	1090	165	260.06	1056	154
35	2011	锯材加工	323.78	53	36	9.56	14	6

普通发票开票金额前35名行业

单位：万元、户、份

发票免税代开类型								
免税货物代开			小微企业免税代开			一元以下代开		
开票金额	开票份数	开票户数	开票金额	开票份数	开票户数	开票金额	开票份数	开票户数
43173.77	8542	2900	15.14	4	4	2.33	6	3
22828.74	2373	322	0.00	0	0	0.00	0	0
8041.00	3526	1105	0.02	8	7	0.00	0	0
9901.98	73	65	0.00	0	0	0.00	0	0
4471.36	960	443	1.30	11	10	0.00	0	0
2433.19	309	72	0.00	0	0	0.00	0	0
1985.04	569	259	0.00	0	0	0.00	0	0
2891.39	758	342	0.00	0	0	0.00	0	0
2316.61	139	44	0.00	0	0	0.95	1	1
2293.79	408	187	0.00	0	0	0.00	0	0
1927.67	106	12	0.00	0	0	0.00	0	0
1433.97	341	108	0.00	0	0	0.00	0	0
1245.53	264	104	0.00	0	0	0.00	0	0
1068.77	640	187	0.00	0	0	0.00	0	0
1.59	4	3	0.00	0	0	0.00	0	0
0.01	1	1	0.00	0	0	0.00	0	0
836.71	413	46	0.00	0	0	0.00	0	0
1.69	3	3	0.00	0	0	0.00	0	0
46.48	39	18	0.00	0	0	0.00	0	0
440.54	35	15	0.00	0	0	3.00	4	2
0.05	1	1	0.00	1	1	0.00	0	0
464.17	349	102	0.00	0	0	0.00	0	0
8.50	3	3	0.00	0	0	0.00	0	0
40.36	21	8	0.00	0	0	0.00	0	0
500.55	45	28	0.00	0	0	0.00	0	0
424.33	364	75	0.00	0	0	0.00	0	0
0.05	1	1	0.00	0	0	0.00	0	0
0.00	0	0	0.00	1	1	0.00	0	0
62.18	79	48	0.05	3	3	0.61	2	1
384.40	175	49	0.00	0	0	0.00	0	0
376.81	131	33	0.00	0	0	0.00	0	0
69.45	8	6	0.00	0	0	0.00	0	0
326.73	254	76	0.00	0	0	0.00	0	0
63.97	34	15	0.00	0	0	0.00	0	0
314.22	39	30	0.00	0	0	0.00	0	0

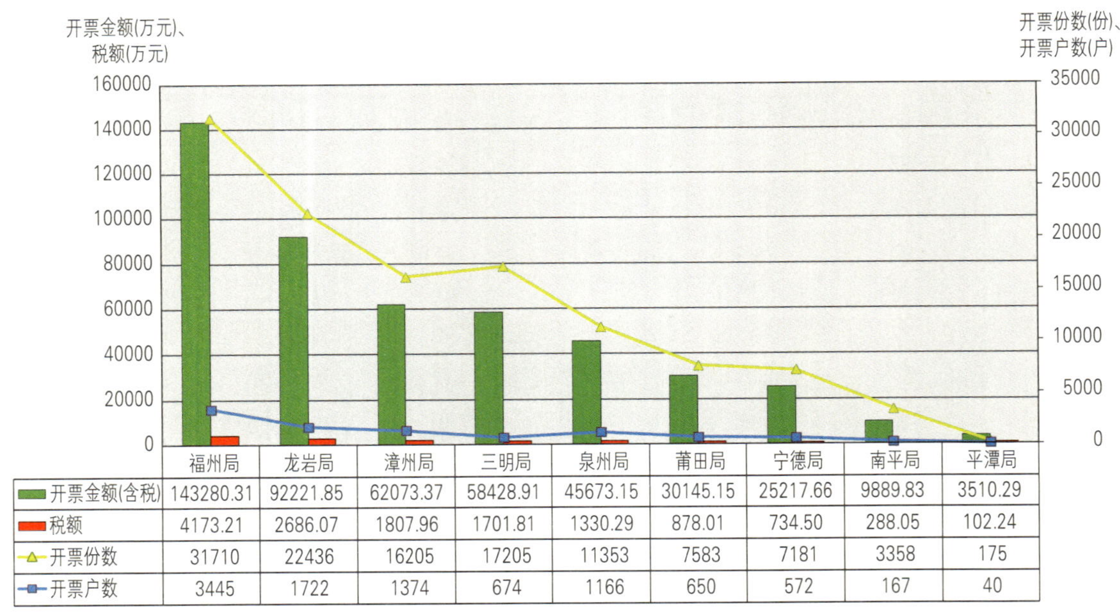

	福州局	龙岩局	漳州局	三明局	泉州局	莆田局	宁德局	南平局	平潭局
开票金额(含税)	143280.31	92221.85	62073.37	58428.91	45673.15	30145.15	25217.66	9889.83	3510.29
税额	4173.21	2686.07	1807.96	1701.81	1330.29	878.01	734.50	288.05	102.24
开票份数	31710	22436	16205	17205	11353	7583	7181	3358	175
开票户数	3445	1722	1374	674	1166	650	572	167	40

图15　2013年全省国税系统代开增值税专用发票按设区市局统计

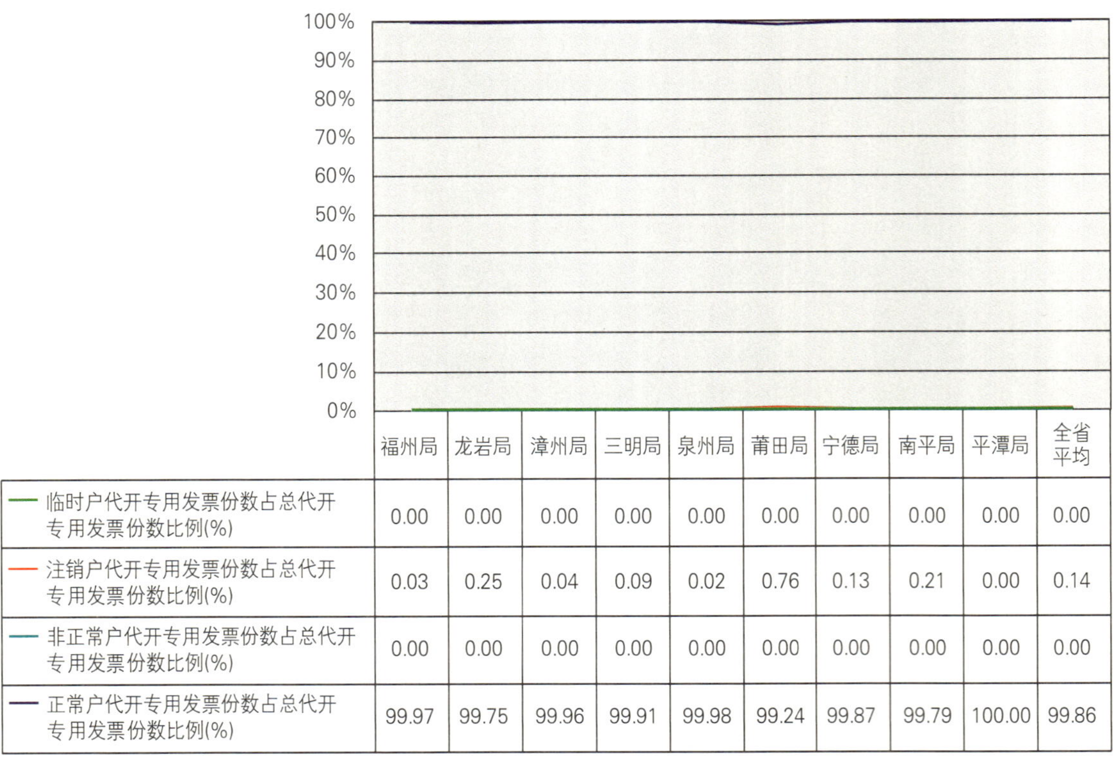

	福州局	龙岩局	漳州局	三明局	泉州局	莆田局	宁德局	南平局	平潭局	全省平均
临时户代开专用发票份数占总代开专用发票份数比例(%)	0.00	0.00	0.00	0.00	0.00	0.00	0.00	0.00	0.00	0.00
注销户代开专用发票份数占总代开专用发票份数比例(%)	0.03	0.25	0.04	0.09	0.02	0.76	0.13	0.21	0.00	0.14
非正常户代开专用发票份数占总代开专用发票份数比例(%)	0.00	0.00	0.00	0.00	0.00	0.00	0.00	0.00	0.00	0.00
正常户代开专用发票份数占总代开专用发票份数比例(%)	99.97	99.75	99.96	99.91	99.98	99.24	99.87	99.79	100.00	99.86

图16　2013年全省各设区市国税局代开专用发票纳税人状态类型占比（按代开份数统计）

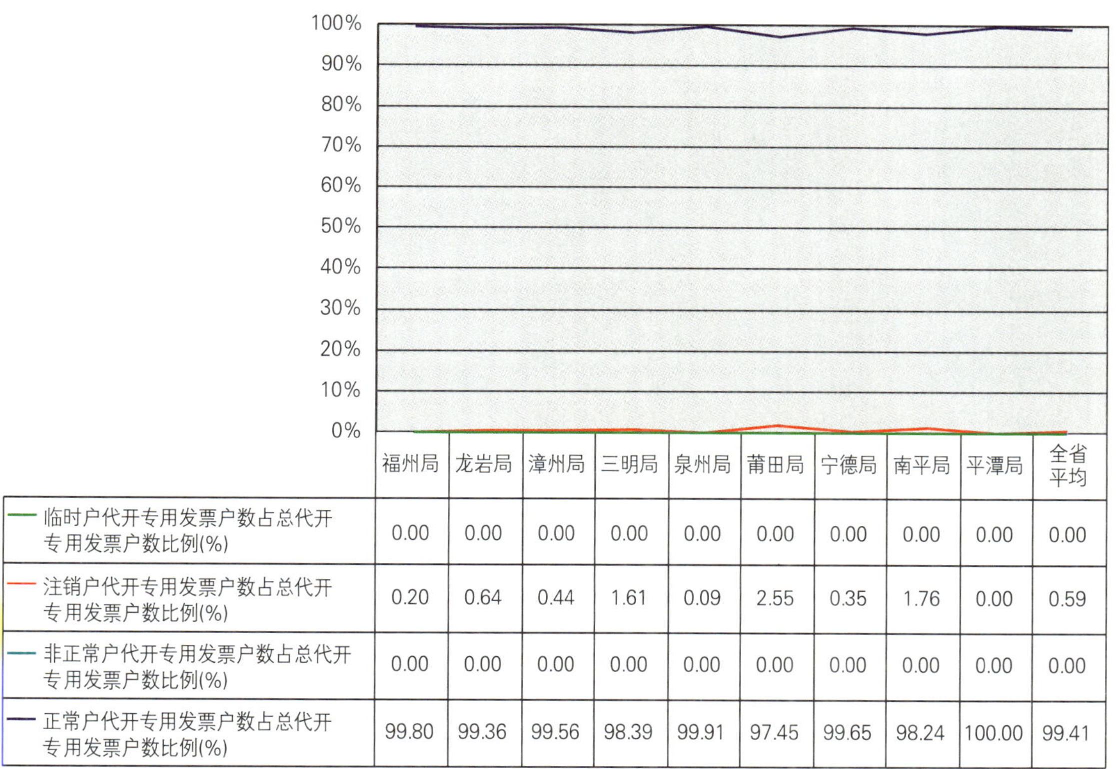

	福州局	龙岩局	漳州局	三明局	泉州局	莆田局	宁德局	南平局	平潭局	全省平均
临时户代开专用发票户数占总代开专用发票户数比例(%)	0.00	0.00	0.00	0.00	0.00	0.00	0.00	0.00	0.00	0.00
注销户代开专用发票户数占总代开专用发票户数比例(%)	0.20	0.64	0.44	1.61	0.09	2.55	0.35	1.76	0.00	0.59
非正常户代开专用发票户数占总代开专用发票户数比例(%)	0.00	0.00	0.00	0.00	0.00	0.00	0.00	0.00	0.00	0.00
正常户代开专用发票户数占总代开专用发票户数比例(%)	99.80	99.36	99.56	98.39	99.91	97.45	99.65	98.24	100.00	99.41

图17　2013年全省各设区市国税局代开专用发票纳税人状态类型占比（按代开户数统计）

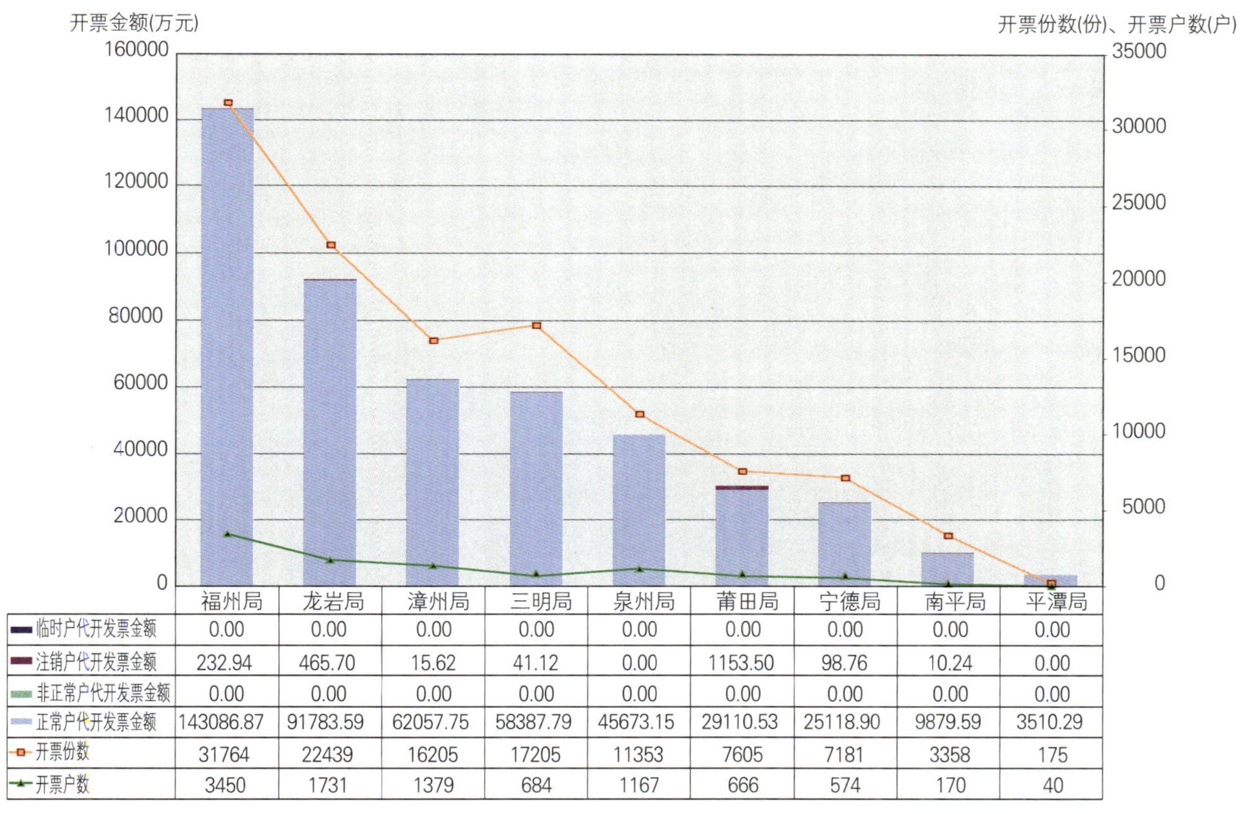

	福州局	龙岩局	漳州局	三明局	泉州局	莆田局	宁德局	南平局	平潭局
临时户代开发票金额	0.00	0.00	0.00	0.00	0.00	0.00	0.00	0.00	0.00
注销户代开发票金额	232.94	465.70	15.62	41.12	0.00	1153.50	98.76	10.24	0.00
非正常户代开发票金额	0.00	0.00	0.00	0.00	0.00	0.00	0.00	0.00	0.00
正常户代开发票金额	143086.87	91783.59	62057.75	58387.79	45673.15	29110.53	25118.90	9879.59	3510.29
开票份数	31764	22439	16205	17205	11353	7605	7181	3358	175
开票户数	3450	1731	1379	684	1167	666	574	170	40

图18　2013年全省各设区市国税局代开专用发票按纳税人状态统计

表13　2013年全省国税系统代开增值税专用发票金额前70名行业

单位：万元、户、份

序号	行业代码	行业名称	开票金额（含税）	税额	税率（%）	开票份数	开票户数
1	5430	道路货物运输	157150.78	4577.21	3.00	43645	1620
2	7240	广告业	33758.33	983.25	3.00	9311	936
3	4412	水力发电	28386.32	826.79	3.00	12774	1333
4	5299	其他未列明零售业	23581.04	686.83	3.00	4627	483
5	5810	装卸搬运	15062.91	438.73	3.00	2600	138
6	5199	其他未列明批发业	10936.51	318.54	3.00	2754	372
7	5821	货物运输代理	10571.41	307.91	3.00	4365	199
8	5163	非金属矿及制品批发	9072.23	264.24	3.00	1088	102
9	5165	建材批发	8714.37	253.82	3.00	953	134
10	7239	其他专业咨询	8699.26	253.38	3.00	1134	164
11	7491	专业化设计服务	8372.18	243.85	3.00	1444	144
12	7482	工程勘察设计	7504.97	218.59	3.00	838	104
13	3735	船舶改装与拆除	7309.21	212.89	3.00	146	15
14	5281	五金零售	5258.27	153.15	3.00	1669	167
15	6599	其他未列明信息技术服务业	4812.21	140.16	3.00	187	36
16	7299	其他未列明商务服务业	4628.16	134.80	3.00	1496	103
17	8190	其他未列明服务业	4522.82	131.73	3.00	1283	121
18	7499	其他未列明专业技术服务业	4356.85	126.90	3.00	413	51
19	5177	计算机、软件及辅助设备批发	4151.73	120.92	3.00	682	140
20	5522	沿海货物运输	4006.81	116.70	3.00	181	13
21	6530	信息技术咨询服务	3729.11	108.61	3.00	502	71
22	1951	纺织面料鞋制造	3717.92	108.29	3.00	452	72
23	5990	其他仓储业	3666.52	106.79	3.00	1191	52

续表

序号	行业代码	行业名称	开票金额（含税）	税额	税率（%）	开票份数	开票户数
24	7475	地质勘查技术服务	3607.17	105.06	3.00	237	26
25	4190	其他未列明制造业	3306.66	96.31	3.00	872	151
26	1810	机织服装制造	3248.05	94.60	3.00	686	114
27	5449	其他道路运输辅助活动	2877.15	83.80	3.00	534	26
28	8941	文化娱乐经纪人	2762.67	80.47	3.00	30	1
29	6510	软件开发	2330.14	67.87	3.00	327	82
30	3399	其他未列明金属制品制造	2041.47	59.46	3.00	776	81
31	5419	其他城市公共交通运输	2002.00	58.31	3.00	156	2
32	5179	其他机械设备及电子产品批发	1930.96	56.24	3.00	603	96
33	5289	其他室内装饰材料零售	1753.98	51.09	3.00	112	21
34	7440	测绘服务	1717.71	50.03	3.00	112	6
35	7231	会计、审计及税务服务	1705.58	49.68	3.00	444	77
36	5420	公路旅客运输	1641.14	47.80	3.00	606	13
37	5175	五金产品批发	1591.97	46.37	3.00	732	64
38	6520	信息系统集成服务	1566.54	45.63	3.00	312	21
39	5829	其他运输代理业	1560.84	45.46	3.00	618	23
40	3033	建筑用石加工	1445.46	42.10	3.00	323	42
41	2929	其他塑料制品制造	1392.11	40.55	3.00	292	51
42	5279	其他电子产品零售	1319.03	38.42	3.00	341	67
43	8011	汽车修理与维护	1282.48	37.35	3.00	1040	133
44	7233	社会经济咨询	1253.97	36.52	3.00	301	39
45	7292	会议及展览服务	1214.52	35.37	3.00	291	49
46	1959	其他制鞋业	1186.21	34.55	3.00	202	32
47	5176	电气设备批发	1124.65	32.76	3.00	183	47

续表

序号	行业代码	行业名称	开票金额（含税）	税额	税率（%）	开票份数	开票户数
48	5219	其他综合零售	1084.93	31.60	3.00	410	37
49	7450	质检技术服务	1007.02	29.33	3.00	455	16
50	5164	金属及金属矿批发	964.33	28.09	3.00	102	15
51	1099	其他未列明非金属矿采选	947.88	27.61	3.00	132	7
52	5010	建筑装饰业	944.67	27.51	3.00	122	17
53	5137	家用电器批发	902.44	26.28	3.00	181	20
54	5191	再生物资回收与批发	884.17	25.75	3.00	146	12
55	5132	服装批发	846.62	24.66	3.00	159	47
56	5523	内河货物运输	842.63	24.54	3.00	38	7
57	4910	电气安装	778.41	22.67	3.00	44	5
58	3752	摩托车零部件及配件制造	734.64	21.40	3.00	353	24
59	5232	服装零售	733.68	21.37	3.00	82	16
60	3099	其他非金属矿物制品制造	709.12	20.65	3.00	168	27
61	5273	计算机、软件及辅助设备零售	707.71	20.61	3.00	324	85
62	1830	服饰制造	697.13	20.30	3.00	95	22
63	5136	灯具、装饰物品批发	692.23	20.16	3.00	195	17
64	5149	其他文化用品批发	683.63	19.91	3.00	412	26
65	4310	金属制品修理	665.70	19.39	3.00	10	2
66	7340	医学研究和试验发展	645.69	18.81	3.00	23	4
67	5141	文具用品批发	625.15	18.21	3.00	155	26
68	3731	金属船舶制造	609.71	17.76	3.00	17	6
69	5090	其他未列明建筑业	603.55	17.58	3.00	78	9
70	7481	工程管理服务	593.03	17.27	3.00	98	11

（供稿：黄德兴／核稿：阮诗雄）

货物劳务税管理

【“营改增”试点扩围工作】 2013年4月，国务院常务会议决定于2013年8月1日将广播影视服务业纳入“营改增”试点，12月初又决定把试点范围拓展至铁路运输和邮政业。全省国税系统做好各项准备工作：梳理任务、制订方案、倒排工期、动员部署，有序推进税户移接确认、税务登记、税种鉴定、票种核定、一般纳税人认定、税控发行和发票供应等各项征管基础工作；组织人员修订编印培训教材，制订培训计划，做好系统内外培训工作；加大政策宣传引导，向省政府专题汇报福建省试点准备情况，通过新闻媒介大力宣传报道试点工作进展；召开试点纳税人代表座谈会，通过12366纳税服务热线和福建省国税局门户网站等途径解答纳税人问题咨询；明确和细化相关政策规定，起草优惠政策和差额征税等政策公告。两次试点扩围均成功启动，顺利开出增值税专用发票和普通发票，试点启动后运行平稳。截至2013年12月底，全省共有50698户纳税人经确认后纳入“营改增”试点，累计实现改征增值税23.1亿元，其中：交通运输业5437户，累计入库7.56亿元；现代服务业45261户，累计入库15.54亿元。2013年1—12月全省试点纳税人共实现减税10.47亿元，减税面高达97.72%，其中小规模纳税人全部实现减税，减税幅度38.08%。另外，福建省非试点纳税人因“营改增”取得省内外试点纳税人开具的增值税专用发票，增加进项抵扣14.33亿元。两项合计实现减税24.8亿元。2013年1—12月全省“1+7”试点行业净增加20616户，比年初增长74.85%，其中：交通运输业净增加983户，比年初增长27.71%；现代服务业净增加19633户，比年初增长81.82%。现代服务业中的文化创意和鉴证咨询增长最为迅猛，净增户数分别为6476和5871户，合计占全省净增总数的59.89%，分别比年初增长80.89%和82.62%，体现了“营改增”试点对福建省新兴产业发展的促进作用。随着“营改增”试点范围的扩大，减税效应还将进一步释放。

【落实增值税优惠政策】 组织力量测算分析月销售额不超过2万元的小规模纳税人暂免征收增值税的政策变动影响，做好纳税申报系统准备工作，组织开展多渠道政策宣传，确保优惠政策执行到位。全省共有30578户小规模纳税人享受税收优惠政策，占小规模纳税人总户数的16.7%，免征增值税2300万元。

【增值税评估】 全省增值税纳税人394611户，其中，一般纳税人101990户，小规模纳税人292621。在全省范围内开展为期3个半月的防范虚开专用发票和打击骗税专项评估工作，共评估企业3110户，追补税款8.35亿元。开展固定资产抵扣专项评估，组织力量对863户纳税人申报抵扣的125.48亿固定资产进项税额开展专项评估工作，共核实转出或补缴税款8.92亿元。依托“营改增”信息管理系统，监控“营改增”试点过程中潜藏的虚开发票、逃避缴纳税款等风险，选取货运专票开票同比变动率、抵扣比例、应税扣除比例、“营改增”税负变动率、代开预警值等指标，从开票、抵扣、申报三个环节全面排查风险，年初筛选出266户疑点企业，组织开展评估核查，发现问题企业61户，补缴税款752.08万元，加收滞纳金19.64万元；同时对13户超标准未认定小规模纳税人及时依法处理，化解涉税风险。2013年11月，在对“营改增”试点一年来的运行情况进行分析的基础上，再次筛选出五类共计229户涉税风险企业，部署各地开展纳税评估工作。

【农产品进项税额核定扣除办法分析测算】 开展农产品进项税额核定扣除调查测算，扩大农产品核定扣除办法试点范围，做好水产品、食用菌、皮革皮毛生产加工行业试点的前期调研工作。

【消费税管理】 2013年，全省组织入库消费税141.2亿元，比上年同期增收3.8亿元，增长2.8%，其中卷烟消费税入库79.6亿元，增长2.8%；汽车、摩托车入库6.5亿元，增长25.6%；成品油入库消费税48.5亿元，同比增长1.3%；酒类消费税入库4.5亿元，下降0.3%。开展卷烟计税价格核定调研测算，对消费税月、季收入变动情况及烟、酒、汽车、成品油等重点税源的生产、销售及税收增减原因进行分析，并形成收入分析简报上报国家税务总局。

【车辆购置税管理】 全面实施车辆购置税征管模式改革工作，将车辆购置税的征收管理工作从现有的办税大厅办理模式，转为以委托车辆经销商代办为主，网上申报、上门申报、自助申报为辅的多元化申报方式，构建车购税税源专业化管理新模式。组织开展车辆购置税专项检查工作，检查以各地自查和交叉检查为主，福建省国税局组织复查，共核查车辆购置税业务档案16.34万份，发现少征车辆购置税税款69.59万元，涉及954部车辆；少收滞纳金10.13万元，涉及23部车辆；免税税款应退未退3.5万元，已追缴回952部车辆69.54万元税款；补收滞纳金10.13万元。

（供稿：陈世明／核稿：邱鹏亮）

所得税管理

【概述】 全省国税（不含厦门）累计入库企业所得税403.63亿元，比上年同期增收67.61亿元，同比增长20.1%，比国税部门组织收入累计增幅高8.6个百分点，占国税部门组织收入1224.23亿元的32.97%，比上年提高2.36个百分点。全省（不含厦门）企业所得税登记户189103户，比2012年增加35589户，增长23.18%。

【所得税税源分析】 全省金融业入库所得税147.40亿元，占比36.52%，工业入库126.47亿元，占比31.33%。金融业与工业共入库所得税273.87亿元，占全省企业所得税收入的67.85%，比2012年增加55.53亿元，增幅25.43%，占全省企业所得税收入比重提高2.87个百分点。福州市国税局所得税增幅33.7%，高居全省榜首，宁德市国税局、漳州市国税局所得税增幅超过10%，泉州市国税局所得税同比增收9.2%，莆田市国税局所得税同比增收8.6%，南平市国税局所得税同比增收6.4%，三明市国税局、龙岩市国税局所得税增幅分别为1.6%、0.1%。

【所得税汇算清缴】 做好汇算清缴事前宣传辅导、事中监控审核、事后评估稽查等工作，并于7月底对汇算清缴数据集中会审，逐户、逐表、逐环节审核，提高数据质量，完成2012年年度企业所得税汇算清缴工作，全省企业所得税登记户164432户，开业户数155241户，应参加汇算清缴户数149571户，实际参加汇算清缴149227户，汇算面99.77%。实际应纳所得税额合计364.7亿元，比上年增收63.89亿元，增长21.21%。本年累计实际已预缴的所得税额275.81亿元，预缴率75.63%，本年汇算清缴应补的所得税额88.89亿元。

【落实税收优惠政策】 落实小型微利企业享受税收优惠政策，全省符合规定的小型微利企业4131户，减免税额0.21亿元。联合福建省科技厅做好“高新技术企业认定领导小组”工作，共认定高新技术企业312户，全年减免高新技术企业所得税10.7亿元。落实研发费加计扣除优惠政策，协助省科技厅开办“研发费加计扣除培训班”，宣传、解释企业研究开发费用加计扣除的税收优惠政策。全省涉及开发新技术、新产品、新工艺发生研发费用的336

户企业，加计扣除额17.90亿元，相当于企业实际少缴纳企业所得税约4.48亿元。

【统一政策口径】 对泉州市国税局请示的黑熊养殖项目适用企业所得税优惠政策问题，经调研、走访企业、讨论研究后，发文《福建省国家税务局关于黑熊养殖项目适用企业所得税优惠政策的批复》，统一全省执行口径。对三明市国税局提出的关于调整房地产开发项目企业所得税计税毛利率执行标准的问题，经实地调研、集中研讨，结合福建省实际，发文《福建省国家税务局关于三明市房地产开发项目执行计税毛利率标准问题的批复》，统一全省执行口径。

【专项检查】 为保证政策的顺利实施，对高新技术企业进行专项检查。为确保高新技术企业专项检查工作的顺利开展，配合福建省科技厅下发《关于组织开展高新技术企业专项检查的通知》，在全面案头检查的基础上，抽取96户企业列为重点检查的企业，进行为期一个月的现场检查，最后，共撤销13家不符合条件企业享受高新技术企业优惠政策的资格。

【电子台账】 为强化对跨年度事项、重大事项、高风险事项和重点行业的跟踪管理和动态监控，福建省国税局委托三明市国税局开发“企业所得税电子台账系统”，分别于1月、4月和11月深入三明市调研，对系统研发过程中存在的问题进行探讨和改进。2013年6月，“企业所得税电子台账系统”在三明市国税局试运行，共发现所得税管征的疑点2805户，及时将有疑点的企业向风控中心推送，2013年下半年补征企业所得税3626万元。

【业务培训】 2013年3月，在武夷山举办各设区市国税局、县（市、区）国税局业务骨干培训班，培训主要内容是企业所得税汇算清缴管理办法、税收优惠管理、年度申报表、资产损失税前扣除管理和“税会”差异纳税调整等。福建省企业所得税纳税人中超过90%的纳税人属于小企业，为确保《小企业会计准则》顺利实施，也为迎接国家税务总局的业务抽考，举办2期《小企业会计准则》主题培训班，参训人员199人。部分设区市国税局组织《小企业会计准则》考试，进一步提高税收征管人员的业务水平和政策知识，以便更好地贯彻实施《小企业会计准则》，更好地服务纳税人。

（供稿：黄小丽／核稿：林太桂）

出口退税管理

【概述】 全省共办理出口退（免）税651.7亿元，同比下降1.5%。八个设区市国税局共办理出口退（免）税337.6亿元，同比下降5.62%，其中：直接退税256.1亿元，同比下降4.2%，占同口径国内增值税直接入库534.8亿元的47.89%；免抵调库81.5亿元，下降9.94%。

【出口退税政策落实】 利用多种现代媒介多形式传达、宣传、解读新政策、新规定；策划发行《海西税务》第6期出口退税专刊；举办一期近100人的业务培训；提出平潭综合实验区“二线”不予退税的货物清单和具体管理办法意见；整理编辑并印发《出口退（免）税业务知识手册》《出口退（免）税文件汇编》。

【出口退税管理】 下发《关于建立健全出口货物劳务退（免）税衔接工作机制的若干意见》《出口退（免）税计算机审核疑点处理工作指南（试行）》；扩大“一对一”政策帮扶对象，增加33户出口退税重点企业；继续兑现15个工作日的办税服务承诺制，并“背靠背”核检各地落实情况；允许外贸企业一月多次申报出口退税；规范出口货物函调管理，对同一年度出口从同一供货企业购进的同类出口货物的发函次数规定原则上省内供货企业不超过1次，省外不超过2次。

【防范打击出口骗税】 与福州海关、省外汇管理局联合调研、分析关于大幅新增报关出口“不退税、不收汇”外贸企业的现象，撰文报告国家税务总局和福建省政府，得到省政府高度重视，福建省省长苏树林批示“要解决好套取补贴的问题”；福建省国税局筛选59户、设区市国税局自选95户生产企业开展生产企业专项评估检查，全省合计补缴增值税2967.39万元、企业所得税666.83万元，进项转出41.87万元，调减应退税额167.32万元，退还误征税款67.59万元，调增免抵税额429.02万元；筛选省外货源流向异常的外贸企业34家、省内以农产品为主要原料或家具生产加工企业10多户，交由稽查部门实施重点稽查；开展进料加工复出口企业进口料件与成品出口数据的全面核对工作，全年合计调减免抵退税额3948万元、调增不得免征和抵扣税额310万元；选择漳州、宁德开展水产品出口行业专项整治工作，共查补税款和进项税额转出近8亿元，对重大涉税4户企业，移交稽查立案检查。

【信息管税】 做好出口退税审核系统软件的应用、升级和出口退税函调系统的运行；全省推广“出口退税风险识别辅助系统”，并进行二次开发运用；推广运行“福建省国家税务局出口退税远程综合服务系统”，实现出口企业“足不出户”即可办理出口退税申报预审。

【计划管理】 根据全省出口情况，预测、分配、调整下达2013年度出口退（免）税计划，全年共分六批下达出口退税计划256.5亿元（不含厦门）。加强与收入规划核算部门配合，测算免抵调库资源，安排调库总量和进度。加强福建省生产企业退、调比例分析，做好免抵调库资源的按月分析与预测。

（供稿：刘 琨／核稿：林孟奇）

国际税收管理

【概述】 2013年，全省国际税收管理工作主要围绕反避税、非居民税收管理、情报交换、税收协定执行、服务“走出去”企业等展开，重点关注2013年40号公告发布后对外支付税务管理从审批制向备案制的转变，做好从事前监控到事后管理的转换。国际税收信息平台上线运行平稳。全年完成国际税收收入13.64亿元，增长19.5%。其中，组织反避税收入2.43亿元（案件调查环节入库8645.70万元，监控管理环节入库1.56亿元），同比增长81.3%；组织非居民企业管理收入11.21亿元，同比增长11.54%，其中预提税源泉扣缴（以股息红利、利息、特许权使用费为主）小计收入10.18亿元，占总收入的90.8%。

【反避税】 落实国际税收特别纳税调整立案、结案案审会制度，共有7户企业上报国家税务总局结案；全年全省单个案件补缴税款入库达到千万元的共8户。某轮胎企业反避税案在2013年进入了国家税务总局组织的全国专家会审阶段，该案反避税个案调整税款将突破亿元。全年共召开设区市国税局案审会8次；直接组织了包括核电、轮胎、汽车线束等多类行业数个大案件在内的多场谈判。年初，就台办关于清禄集团等台企特别纳税调查协调来函予以反馈，并多次接待企业来访，宣传政策。

【参与双边磋商】 2013年，某反避税案件进行了第六轮中日双边磋商，最终达成协议：根据磋商结果，中方同意返还企业在中日双方重复缴纳的税款1100多万元。同时，根据国内税法的有关规定，因调增企业销售收入征税1100多万元。

【非居民企业汇算清缴】 全省非居民企业应汇算157户，已申报汇算157户，汇算率为100%。其中A类企业（查账征收）54户，应纳税所得额 2500万元，应纳税额 600万元；B类企业103 户，其中按收入总额核定应纳税所得额31户，按经费支出换算收入方式征税 72户，应纳税额600万元。

【关注非居民企业对外支付管理】 利用国际税收信息平台中的数据信息，同时通过第三方信息（如上市公司信息披露平台），关注、掌握企业股息红利分配及对外支付情况等信息。如通过关注某银行的信息动向，对其中尚未分配的股息红利仍应缴纳预提税等问题及时与企业沟通、为其解惑，敦促其及时缴纳股息红利预提税1.82亿元，为全年预提税单户纳税最高。同时，重点关注股权平价、折价转让的情况。2013年，全省非居民企业股权转让共组织收入2.32亿元，增长约16%。

【对外支付从审批制向备案制转变】 2013年8月21日，福建省国税局召开“对外支付税务备案管理讨论会”，各设区市国税局国际科（处）业务骨干就对外支付税务备案实践中可能出现的问题展开讨论，并就后续工作开展达成共识。同时，福建省国税局对全省国际税收信息平台的相应模块进行了修改，匹配业务需求的更新，并监督各设区市国税局做好后续跟进管理。

【税收协定执行】 贯彻《非居民享受税收协定待遇管理办法（试行）》，执行征免税的判定，防止协定滥用。某典型案例中，5家关联企业的法人代表为同一人，当一家企业享受的税收优惠即将到期时又设立另一家新企业，不断通过虚设组织形式获取税收优惠。福建省国税局启用一般反避税条款，经国家税务总局批准后对其进行了调整，补税3000多万元。

【情报交换】 向美国、日本、韩国、加拿大、澳大利亚等国累计收集、制作自动情报318份；收到国外专项情报协查请求8份，对外发出专项情报协查请求2份。在调查某轮胎案件过程中，一方面，通过国际联合反避税信息中心（JITSIC）中国税务官员代表，与美国税务局实现情报交换，突破了企业关联关系认定的难题；另一方面，又利用与新加坡的情报交换，获取了外方的再销售价格，为外销部分的顺利调整奠定基础并支持了最终调整方案的确定。此案已成为国家税务总局第一例专家会审的案例。

【政策制定】 根据国家税务总局国际税收体系建设的要求，并结合税源专业化管理改革具体模式，完成并下发《福建省国家税务局关于进一步加强国际税收管理的意见》。

【国际税收管理交叉检查】 2013年11月，完成国际税收管理交叉检查。本次检查采用抽查的方式，最终选择的检查对象为：福州市国税局及鼓楼区国税局、福清市国税局；泉州市国税局及鲤城区国税局、晋江市国税局；莆田市国税局及秀屿区国税局、仙游县国税局。检查的具体内容包括：反避税检查、非居民企业税收政策法规执行情况检查、税收协定执行情况检查等，督促各地做好基础信息采集与管理，查缺补漏。检查结束后，下发《福建省国家税务局关于国际税收管理交叉检查情况的通报》。

【经验交流】 2013年全国年中会议，国家税务总局选定福建省国税局作为经验交流代表省份之一。福建省税务局提交了题为《凝聚智慧，创新方法，推进反避税工作多方突破——福建省反避税工作经验交流》的书面汇报材料，总结梳理了福建省历年反避税工作的成果与体会，涵盖了福建省反避税工作实践中证明的经验与方法。

（供稿：严安琪／核稿：吴栞云）

大企业税收管理

【税收风险管理】 对中国烟草总公司、

中国工商银行股份有限公司、中国大唐集团公司3家国家税务总局定点联系企业在闽所有成员企业开展税收风险管理工作，对其2008—2012年年度纳税义务履行情况开展税收风险专项调查，时间从2013年6月起至2014年6月结束，分为五个阶段进行，即前期准备、企业税收风险自查、税收风险评估和初审、税务审计和总结反馈。2013年主要开展税收风险自查、风险评估和初审两个阶段的前期数据采集、案头审核等工作。这3家国家税务总局定点联系企业的自查、税收风险评估总计应补交缴款8154万元。其中：中国大唐集团公司在闽成员企业共11户，其自查共计应补税256万元，企业所得税应纳税所得额调增748万元；税收风险评估和初审共计应补税396万元，应调增应纳税所得额3146.49万元，总计自查和税收风险评估应补交缴款合计652万元。中国工商银行在闽成员企业共100户，三级在闽成员企业9户，其自查共计应补税458万元，税收风险评估和初审共计应补税2746.15万元，其中应补企业所得税2424.68万元，总计自查和税收风险评估应补交缴款3204万元。中国烟草总公司在闽成员企业共14户，通过自查共计应补税418万元，通过税收风险评估和初审共计应补税4467.63万元，其中增值税应补2117.22万元，消费税应补51.88万元，企业所得税应补1578.27万元，总计自查和税收风险评估应补交缴款4885万元。

【非居民境外股权转让】 美国沃尔玛公司通过设立在英属维尔京群岛的MMVI公司收购同样设立在英属维尔京群岛的BCL公司，实现对中国境内福州好又多公司的间接收购，BCL公司股东负有中国企业所得税法规定的纳税义务。被收购的好又多公司的子公司分设在福清市、福州台江和泉州丰泽三地，其缴纳税款方式为国外汇款。由于采用国外汇款方式缴纳税款业务在福建省尚属首次，无可循先例，需要税务、国库、银行之间的密切配合。为此，福建省国家税务局大企业处召集福清市国税局、福州市台江区国税局和泉州市丰泽区国税局就该非居民境外转让股权业务的详细情况进行分析，明确该项税款涉及的有关税收和银行政策规定，统一税款计算口径。三地国税局加强与当地银行、国库等部门协作，积极与企业协调沟通，完成了税款的征收入库工作。累计组织征收入库非居民企业所得税911万元。

【风险评估】 探索开展全省部分重点税源企业风险评估工作。福建省国税局大企业处顺应大企业专业化管理的改革方向，按照“有利于政策执行统一、有利于加强税源控管、有利于减轻企业负担”的原则，尝试探索大企业税源专业化管理服务模式，把大企业风险管理纳入对市（县）国税局目标考核量化管理，要求各市（县）国税局每年至少选择2户以上大企业进行风险内控机制调查和税收风险评估。2013年全省共对674户企业进行风险评估，发现税收风险点845个，采取针对性措施914条。通过筛选评估对象、采集企业涉税风险信息、评估税务风险、现场验证测试、出具风险评估报告等步骤，分析相关税务风险可能导致的税收不合规行为，对存在重大税务风险、可能导致税收流失的问题进行深入研究，税企达成一致后，补缴税款174129万元，滞纳金7145万元。

【税收风险特征库】 根据国家税务总局的要求，逐步试点建立石油石化、烟草、银行、电信和电力五个行业大企业税收风险特征库。主要内容是：税收风险领域、具体税收风险、风险识别和风险检查方法，以及实地检查中如何确认企业是否存在该税务问题，涉及的会计科目、税收政策依据等，不仅包括大企业管理部门积累的税收风险信息，也包括税政、征管、稽查等部门，以及各级主管税务机关在税收管理工作中积累的税收风险信息。

【筛选省级定点联系企业】 2013年12月12日，福建省国税局大企业处在梳理有关大企业划分标准规定的基础上，综合考虑福建省大企业税收专业化管理尚需进一步探索等实际情况，初步筛选17户企业作为省级定点联系企业。具体分布10个行业，其中：金融4户、电力2户、制造2户、冶炼2户、商业2户、烟草1户、石化1户、鞋业1户、服装1户、食品1户，并呈报省局领导审议。

【税收遵从合作协议】 落实中国海洋石油总公司、中国人寿保险（集团）公司和西门子（中国）有限公司3户定点联系企业与国家税务总局签定的税收遵从合作协议。在日常工作中，确定税企联络员，3户协议企业的成员企业所属省税务机关，按户（即按中海油、中国人寿、西门子）分别确定1名联络员，负责与成员企业的日常联系、协调处理企业涉税诉求和重大事项、跟踪了解并评价协议执行情况，快速响应涉税诉求，加强涉税风险防控，严格执行事先裁定意见，做好税收检查统筹工作；做好协议评价反馈。

【编制大企业税收管理年度报告】 对国家税务总局、福建省国税局2012年度的定点联系企业的管理构架、组织形式、核算方式、税务管理、税务风险内控机制、税务遵从等情况，以及税务机关对企业提供纳税服务，实施针对性风险管理的工作内容和结果进行综合反映，并对定点联系企业的经济税源、政策效应和管理风险进行分析，提出可行性的意见和建议，上报国家税务总局大企业司。

【数据统计】 大企业税收管理是一项建立在优良数据质量基础上的工作，大企业税收征管信息的采集是开展大企业税源分析和纳税评估的基础性工作。因此，每月对45户税务总局定点联系企业的增值税、消费税、营业税、企业所得税和其他税种缴纳情况，以及企业的利润、资产负债、现金流量等数据进行采集，通过大企业数据采集分析平台（VICDP）运行系统进行归集分析，并上报税务总局大企业司。

（供稿：王丽华／核稿：陈　霖）

税收规划核算

【税收计划】 贯彻落实组织收入原则，依法组织税收收入，防止和纠正各种应收不收、应抵不抵、应退不退、应减免不减免行为。遵照从经济到税收的原则，在充分了解各地经济、财政主要目标和税源情况的基础上，综合考虑政策、征管等因素，将国家税务总局下达的收入任务分配到各设区市国税局，并参考设区市国税局的建议由福建省国税局下达县（市）国税局（不含城区局和直属单位）的税收收入考核计划，发挥税收计划的指导作用。巩固月度和年度税收收入预测机制，及时掌握相关经济数据，深化经济税收关联度分析，提高预测的技术含量，正确预计税收收入形势，月度预测准确率达98%以上，年度预测准确率在全国名列前茅。

【税收分析】 落实《税收分析工作制度》，坚持按季召开税收收入形势分析会，及时发现组织收入中的新情况、新问题，仔细剖析原因，准确掌握潜力所在，提出依靠打击违法增收、堵塞漏洞增收、科技管理增收的建议和措施，指导各地组织收入工作。贯彻国家税务总局局长王军在《国务院办公厅关于做好经济形势分析有关工作的通知》上作出的批示精神，在做好关键时点税收分析的基础上，抓好不定时的专题分析，从税收角度观察经济运行情况，《关于2013年上半年组织收入情况的报告》《关于2013年国税工作情况的报告》得到省领导批示和肯定。关注各项税收政策的变动，加强政策效应分析，《福建省营业税改征增值税试点效应分析》《福建省“营改增”试点运行存在的问题及建议》被国务院办公厅信息专报采用。

【税收会计统计】 开展税收会计检查工作。组织对2012年税收资金管理情况进行检查，县级征收单位自查面达100%、设区市国税局抽查面30%以上，保障税收资金管理安全，防范执法风险。加强基础数据的审核把关，梳理会统报表数据差错，规范税收会统报表，2013年度福建国税实现上报数据零差错，连续第四年获得全国优秀等级。关注财税库银联网电子缴税系统（TIPS）运行情况，与人行、银联沟通协调，针对运行过程中出现的问题，予以解决，确保税款准确、及时入库。做好减免税统计调查与分析，对2012年享受减免税优惠政策的近18万户纳税人的减免税情况开展统计调查工作，弄清减免税底数，为规范税收优惠政策和政策调整提出意见、建议，打下良好基础。

【重点税源监控】 2013年，全省纳入国家税务总局监控的重点税源企业共1634户，缴纳国税税收收入911.6亿元，占全省国税税收收入55.6%，比上年增收56.4亿元，增长6.6%。全省通过后台提取征管数据、加强国税、地税信息交换等优化数据采集方式，切实减轻企业填报及基层审核负担。完善数据审核机制，设计27个审核公式和40套分析表嵌入到监控软件企业端、推广应用福建省国税局开发的查错表，有效提高数据质量。对重点税源企业的税收运行情况开展季度和年度分析，为加强管理、挖潜增收、判断组织收入形势提供参考依据。与福建省地税局联合发布福建省2012年度纳税百强企业。

【税收调查】 2013年，福建省国税系统（不含厦门，下同）共调查各类纳税人12115户，其中：独立申报纳税人12075户，比上年增加304户，增长2.6%；企业集团40户，与上年相同。全部独立申报调查企业2012年度共入库各项税收收入850.4亿元，其中国税收入712.5亿元，占当年全省国税直接收入的64.9%。福建国税连续7年被财政部和国家税务总局评为“全国税收调查工作先进单位”。全省国税系统利用税收调查数据开展税收经济分析，服务税源管理和组织收入工作，其中福建省国税局撰写的《基于税收调查数据的福建省制造业产业结构变动情况分析》被国家税务总局《税收分析报告》采用。

【税收票证】 强化、规范税收票证日常管理，确保国家税款安全、及时、足额入库。遵守“分级负责、逐级领发”的原则，全年向地市发放各类税收票证92万份，基层征收单位共填用各类税收票证110万份。组织票证业务骨干学习研讨《国家税务总局票证管理办法》（征求意见稿）并向国家税务总局反馈。制定《福建省国税系统税收票证管理实施办法》并做好新版票证招标、采购和发放工作，布置各单位对旧版票证使用情况进行清理、盘点。总结莆田市国税局试运行征管系统票证管理模块经验，筹备全省推广工作，制订具体实施方案。开展全省税收票证模块上线师资培训，为CTAIS票证管理模块2014年1月1日顺利上线奠定基础。

（供稿：薛东晖／核稿：王合作）

纳税服务

【概述】 围绕“服务科学发展、共建和谐税收”的税收工作主题，以纳税人需求为导向，以服务平台为依托，巩固服务成果，推进服务创新。莆田市城厢区国税局办税服务厅被授予全国“巾帼文明岗”，5个办税服务厅被授予福建省“巾帼文明岗”，12个办税服务厅和12366纳税服务热线被授予福建省“青年文明号”。福州市鼓楼区国税局李健等8人获得“我身边的好税官”称号。

【制度与基础建设】 制定《福建省国家税务局关于进一步贯彻落实便民办税春风行动的意见》，提出31条便民办税措施，确保“春风行动”落到实处。制定规范12366纳税服务热线系统操作和《“12366纳税服务热线”投诉处理规范》，修订《福建省国家税务局12366纳税服务热线业务受理人员考核暂行办法》，完善考核激励机制，做好“服务明星”评选工作，激励团队活力。

【办税服务厅建设】 倡导“同城化”，推行涉税业务同城通办，在全省范围内推行申报征收、报税认证、普通发票的验旧和核销、纳税证明开具、税收政策咨询等五大类涉税业务“同城通办”。倡导“共享化”，推行免填单服务，在全省办税服务厅推行五大类共64项涉税业务“免填单”服务（包括税务登记17项、发票管理12项、申报缴纳办理19项、证明管理5项、税收优惠11项等）。倡导“个性化”，全面推行服务创新，制定了推进管理服务创新的相关办法，鼓励基层创新，提高办税效率。全面推行首问责任制，建立了导税服务、全程服务、限时服务、延时服务、预约服务、提醒服务、一次性告知等基本服务制度，建立健全大厅主任值班制度、领导巡查制度及突发事件应急处理。

【12366纳税服务热线】 加强12366纳税服务热线文化建设，提升12366纳税服务热线服务品质，完善考核激励机制，做好“服务明星”评选工作，激励团队活力。开展质量监控，严格话务管理，对监控中发现的问题及时进行电话回拨及培训指导。规范12366纳税服务热线系统操作和服务投诉处理规范，提高服务水平。加强福建省国税局各处室及各基层单位的配合与联系，及时处理咨询、意见建议类工单，保证涉税问题的答复。明确福建省国税局12366纳税服务热线北京中心联络员，按期完成北京中心转办的咨询工单2份。开展国税局、地税局12366纳税服务热线共建。2013年，共组织或参加学习52批次；12366纳税服务热线服务总量24.04万个，同比增加9.09万个，增幅60.8%。先后获“营改增”试点专项工作集体三等功、“第十届福建青年五四奖章集体”“省直机关青年文明号”等称号。

【网上办税】 按照面向建设“网上税务局”目标的要求，拓展网上办税功能，完成网上办税二期拓展的开发、上线和试点工作。现有网上办税功能涵盖网上涉税事项申请（报备）、网上发票核销、涉税信息查询、涉税提醒、税企互动、短信提醒、网站页面改版、业务管理等8大项28小项。全国省级网上办税功能考核指标评比中福建省国税网站建设位列全国第6名。2013年，福建省网上办税纳税人196.3万户，占纳税人总户数的84%，占直接征收税款的76%。

【纳税咨询辅导】 扩大宣传咨询覆盖面，制订工作方案，建立12366纳税服务热线咨询、网站咨询和办税服务厅咨询岗为一体的“三位一体咨询服务格局”，构建系统上下一体化的咨询服务体系，利用“三大平台”推进税法宣传日常化、制度化、长效化，提高纳税人对税收法律法规的知晓度和遵从度。提高宣传咨询精准度，依托12366纳税服务热线税收业务知识库，统一税法宣传和纳税咨询口径，确保宣传和咨询内容的准确权威、更新及时、口径统一、指向明确。针对不同类型纳税人的需求差异，推行个性化税法宣传和咨询服务。

【个性化服务】 各地结合“网络发票核销”“一户式税收征管档案”的推广运用，推行“同城通办”和“免填单”业务。南平市国税局制定《缺件备忘服务管理办法》、搭建“缺件备案服务系统”，为纳税人提供“先办后补”的服务，打造“缺件备忘”服务品牌。福州市国税局推行“任务管理与服务回访系统”，规范下户核查，避免多头下户、随意下户问题。南平市国税局开发“纳税人信用等级评定系统”，运用科技手段开展纳税信用等级评定管理，实现纳税信用等级评定管理工作从手工评定管理向计算机自动评定管理转变。宁德市国税局推出“私人定制”服务，上门为纳税人进行业务问题“定制式”解答和税收知识“面对面”辅导。莆田市荔城区国税、地税联合举办 “纳税人学校”业务培训班，莆田市城厢区国税局创办两级“实体+网络”纳税人学校，拓展“纳税人学校”办学途径、提升纳税辅导质效。漳州市国税局开发“‘税信通’移动服务平台”和“漳州国税官方微信平台”，福州市国税局开辟微博宣传平台，扩宽税收宣传渠道。

【投诉和反馈】 践行纳税服务承诺制度，主动接受纳税人和社会监督。利用局长信箱、12366纳税服务热线维权热线、网站、税企邮箱、投诉信箱、纳税人定点联系等多种渠道，方便纳税人投诉，通报纳税服务投诉处理情况，定期组织相关人员研究纳税服务投诉案例，分析、掌握纳税人诉求，形成纳税服务投诉受理、调查、分析、反馈、改进的良性循环机制。2013年，共受理纳税人涉税检举1362个，服务投诉47个，意见建议37个，办结率100%。

（供稿：江俊强／核稿：朱文翀）

税务稽查

【概述】 2013年，全省国税稽查部门累计检查和组织企业自查1980户，实现查补收入14.10亿元，入库13.23亿元，同比增加1.99亿元，增长17.71%，其中：稽查机构立案检查企业1363户，查补入库收入11.84亿元，占全省国税直接收入入库（即不含免抵调库、车辆购置税、联合石化及龙岩烟厂入库税收）的1.26%；组织企业自查617户，入库收入1.39亿元。全年移送公安机关68件，公安机关立案查处59件，同比增加35件，增长145.83%。

【重大案件查处】 贯彻执行大要案报告制度、重大案件督办管理办法，落实重大案件查处责任制，开展打击虚开增值税专用发票、打击骗取出口退（免）税违法犯罪等专项行动，切实加大对涉税违法犯罪行为的打击力度。2013年查办千万元以上案件7件，查办百万元以上案件150件，查补收入8.47亿元，同比增加2.24亿元，增长35.96%；承办国家税务总局、公安部联合督办案件4件，承办国家税务总局督办案件2件，福建省国税局自行督办案件4件，福建省国税局自行组织查办案件7件；查处“8·22”虚开骗税案、金紫阳虚开骗税案、龙岩盛泉骗税案、友源明轩骗税案等重大税收违法案件，得到国家税务总局通报表扬。

【打击骗取出口退免税专项行动】 根据国家税务总局、公安部、海关总署“宁波会议”精神，福建省国税局于4月18日在莆田召开全省打骗工作会议，部署开展打骗专项行动。全年共对69户出口企业（包含税务总局下达的26户企业）和9户省内生产供货企业开展检查，累计查补税款0.69亿元，暂缓出口退税4.28亿元，移送公安机关立案侦查11户，检察机关批准逮捕10人。此外，在国家税务总局、公安部部署的“8·27” 统一收网行动中，福建省出动税务人员102名，涉及的案件有厦门“5·30”、福建龙岩“1·18”、江苏扬州中谷公司案等8起案件，涉案企业30户，涉案金额6.82亿元，税额1亿元，抓获犯罪嫌疑人17人。

【税收专项检查】 成立以福建省国税

局局长臧耀民为组长、副局长雷致青为副组长、相关业务处室为成员的税收专项检查工作领导小组，开展成品油批发、零售企业，办理电子、家具、服装类等产品出口退（免）税企业，证券、基金公司，房地产、建筑安装业，承接出口货物业务的货代公司、报关公司（报关行），资本交易项目等行业税收专项检查。专项检查累计查补收入8.28亿元，同比增加2.28亿元，增长37.98%；入库8.20亿元，入库率99.01%，其中：稽查部门直接查补入库收入7.07亿元，辅导企业自查入库收入1.13亿元。

【重点税源企业检查】 为加强对重点税源企业的监控和管理，防范重大涉税风险的发生，福建省国税局部署的重点税源企业检查，以福建省国税局税收风险分析监控中心筛选和纳税评估部门移交的高风险企业作为重点检查对象；各设区市国税局也根据当地重点税源企业纳税和税收风险类别等级，选择部分重点税源企业开展解剖式检查。全年重点税源企业检查查补入库收入3.40亿元；组织企业自查入库收入0.78亿元。

【区域性税收专项整治】 福建省国税局要求各设区市国税局选择税收违法行为比较集中的一个县（市）、区重点开展 “营改增”的交通运输企业、矿产品（包括煤炭）采选经销企业、农产品加工企业等行业的区域性税收专项整治，其中：福建省国税局指定龙岩地区为矿产品（包括煤炭）采选经销企业区域税收专项整治重点区域，南平、三明、漳州地区为农产品加工企业区域税收专项整治重点区域。区域性税收专项整治查补入库收入844.38万元；组织企业自查入库收入10万元。

【打击发票违法犯罪活动】 根据全国打击发票违法犯罪活动工作协调小组和国家税务总局统一部署，会同公安、地税等部门开展打击发票违法犯罪专项行动。全省出动执法人员5153人，查处制售假发票、非法代开或虚开发票和非法取得发票2158起（其中：税务部门查处案件2104起），捣毁制售假发票窝点2个，打掉作案团伙11个，缴获作案机器18台，缴获发票45万余份，开展发票宣传教育活动38次。特别是在“1·4”制售假发票集群战役中，莆田市作为主战场，在2013年4月9日的收网行动中查获定额发票、机打普通发票成品及半成品113万余份，现场抓获8名犯罪嫌疑人。突击行动中，中央电视台、《人民公安报》《法制日报》记者随同拍摄，中央电视台一套新闻频道播出了现场侦破行动的全过程，全国打击发票违法犯罪活动工作简报第339期也对此案作专门介绍。

【整治虚假发票“买方市场”】 开展对房地产与建筑安装、药品与医疗器械、发电、供电、餐饮娱乐、营利性教育培训、金融、保险等八大行业和“营改增”试点行业的重点检查。全年共检查企业1337户，查处发票违法企业1060户，圆满完成税务总局下达福建省检查处理的违法受票企业不少于1000户的任务。查处非法发票56640份，查补收入2.30亿元。此外，在药品、医疗器械生产经营单位和医疗机构发票使用情况专项整治工作中，全省共检查三级以上公立医院及营利性医疗机构115户，采集发票87.52万份，涉及票面金额144.99亿元，累计查补收入5378.24万元。5户供货企业移送当地公安、工商和药监部门立案调查，1家医疗机构移送当地卫生和监察部门立案调查。

【涉税违法案件检举】 贯彻落实《税务违法行为检举管理办法》，畅通举报专线，严守举报保密规定，强化涉税举报案件的管理，重视举报案件的查处进度和质量，切实保护举报人的合法权益。全年各级税务违法案件举报中心共受理税收违法检举案件568件，立案查处案件343件，查结案件273件，累计查补收入

5926.13万元，入库5579.50万元。

【案件协查工作】 围绕协查质量、协查成果两大任务，进一步强化“协查为稽查服务、协查为选案服务”的工作目标，落实协查工作规范，执行协查工作流程，稳步推进协查系统V3.2.01升级工作。委托协查方面：全年共委托发出协查1393起，涉及发票51824份，金额60.19亿元，税额9.73亿元，收到回复发票50382份，其中正常发票27793份，有问题发票4838份，无法核实发票17751份，选票准确率9.6%。受托协查方面：全年受托收到协查1043起，涉及发票13312份，金额21.53亿元，税额3.61亿元，累计回复发票12734份，其中正常发票9631份，有问题发票2496份，无法核实发票607份，累计回复率100%。

【稽查队伍建设】 围绕提高能力素质和激发活力动力，注重培养掌握选案分析、重大案件查处及重点行业检查技能等稽查专业人才，发挥专业人才的综合效应和重要作用。选拔、组建房地产税收检查、金融企业税收检查和查处出口骗税三个行业全省稽查人才库，举办三期稽查人才库业务培训班；1名稽查干部入选全国税务领军人才，6名稽查干部入选全国稽查人才库。结合党的群众路线教育实践活动，围绕中央八项规定和六项禁令，狠抓党风廉政和作风建设，全年全系统稽查干部无违法违纪现象发生。

【稽查制度建设】 一是贯彻《税务稽查办案专项经费管理暂行办法》，遵循专款专用、厉行节约的原则管理，使用稽查办案经费，坚持大要案件查办质量等工作实绩与稽查办案经费挂钩，加大对一线稽查办案和基层稽查办案的经费投入。二是实行稽查绩效考核。除国家税务总局稽查局的考核指标外，福建省国税局还增加了稽查查补收入占税收总收入比重的考核指标（即：稽查直接查补收入占全省国税直接收入总额的1.1%），此外，还把查办大要案列入各设区市国税局2013年工作目标考核内容。三是推动落实与福州海关、省外汇管理局等部门的合作备忘录，加强与福建省公安厅经侦总队、福建省地税稽查局的交流协作，并首次形成部门联席会议纪要下发各地执行。

【稽查系统建设】 一是进一步落实市级一级稽查、举报案件下查一级的管理模式。全省国税共有稽查机构69个，其中：福建省国税局稽查局1个，设区市国税局稽查局8个，县国税局稽查局60个。二是整合统筹稽查力量。全省各级国税稽查部门的稽查人数按照不低于国税系统总人数的12%配备。全省共有稽查干部903名，其中：福建省国税局稽查局24名，设区市国税局稽查局309名，县国税局稽查局570名。40名稽查干部拥有注册会计师、注册税务师、法律职业资格。三是建立上下联动、运行顺畅、指挥有力的稽查办案系统。以案件查办质量为纽带，加强对设区市国税局稽查工作的指导，逐步完善案件管理制度、工作跟踪反馈办法等。四是建立对单案查补收入3000万元以上的专案主办人员给予立功嘉奖的激励机制。全年共有11起稽查专案补罚收入达3000万元以上或案件复杂、查办难度较大、对全省查办案件有指导意义的案件获省国税局表彰，11名办案人员荣立省国税局三等功，16名办案人员获省国税局嘉奖。

【稽查现代化建设】 坚持以提升执法能力为主线，以创新稽查工作体制机制为基础，以完善执法手段和执法方式方法为途径，以强化稽查队伍素质为保障，扎实推进税务稽查现代化建设。一是坚持信息管税，科学选案。运用纳税人纳税申报、出口退（免）税申报等基础资料，合理使用税收分析、纳税评估、退税预警信息成果，加强对案源信息的合理分析和税收风险研判能力，及时总结归纳稽查案例中不同类型纳税人不遵从风险的发生规律。二是大力推广电算化查账软件，切实提高稽查人员的电子查账能力，已在全省稽查部门配备查账软件50余套。

【稽查宣传】 一是在稽查工作过程中宣传税收法规、政策，向纳税人讲解税收知识，并通过设立举报箱、公务举报电话方式，发动群众举报涉税违法行为，震慑违法犯罪分子。二是在打击发票违法犯罪活动中，利用“税收宣传月”有利时机，通过办税厅电子屏幕等途径宣传与发票相关的政策法规，教育纳税人依法取得和正确使用发票。三是曝光稽查案例。全年共曝光稽查案例4件，2013年11月28日《福建日报》第五版刊登了福建省国税局报送的《福州严厉查处虚开增值税普通发票案》。

【稽查工作会议】 2013年3月5—6日，全省国税稽查工作会议在福州市召开。会议总结了2012年全省国税稽查工作，部署了2013年全省国税稽查工作任务。福建省国税局党组成员、总经济师雷致青对2013年稽查工作提出六点要求：一是各地主要领导和分管领导要从更高层面上关注重视稽查工作；二是改进工作方式，把握关键环节，突出稽查工作重点；三是进一步完善一级稽查体制，优化力量组合；四是推进稽查现代化建设进程，全面提升稽查队伍综合素质；五是积极推进优势互补的涉税案件协作机制，突破重大涉税案件的瓶颈问题；六是切实防范执法风险，全面加强稽查人员廉政建设。

（供稿：蔡燕青／核稿：张梦桂）

税收信息化建设

【综合纳税服务平台】 综合纳税服务平台开发上线了“业务管理”“税企互动”两个模块11个功能点，在全部模块上线后，按照业务变化的需求对网上申报的首页进行改版。同时配合“营改增”扩围、海关进口增值税缴款书“先比对后抵扣”、小微企业免征增值税等税收政策变化进行网上申报升级。完成二期开发项目各项任务，并逐步分批上线运行，同时针对业务访问量不断提高的情况，优化系统性能。2013年12月，组织验收了福建国税综合纳税服务平台二期开发项目。2013年，网站访问量共计1186万次，网站部分共发布信息11600条，答复社会公众和纳税人询问685条。有38万户纳税人通过网站办理涉税业务，网站共接受328万户次的纳税人申报业务，网上申报税款803亿元，其中：增值税245万户次，申报税款473亿元；消费税7668户次，申报税款100亿元；企业所得税76万户次，申报税款229亿元。网上认证专用发票1206万份，网上认证货物运输发票33万份，网上抄报税70万户次。网上实现扣缴税款801亿元，占全省（不含厦门）税收收入1224.2亿元的65.4%。

【应用系统升级与维护】 完成Ctais生产和全集系统升级等12个补丁的升级和维护工作，搭建国家税务总局“营改增”监控系统并升级完成0808补丁到1101补丁等13个补丁，车辆购置税3次补丁升级和5次车价升级，货运系统2次升级，财务系统5次升级，防伪税控、稽核、协查、核查系统日常维护和补丁升级。做好12366纳税服务热线系统维护与后台支持工作，完善与中国移动、中国联通和中国电信三家运营商的短信平台建设工作，配合福建省地税局完成国税局、地税局共建12366纳税服务热线的设备安装、系统调试工作。做好12366纳税服务热线的运行维护工作，做好知识库数据转换系统运维工作，及时回复12366纳税服务热线提交的咨询工单。针对福建省“税库银系统”存在单点故障隐患，将“税库银系统”各服务器迁移到虚拟机上。完成Ctais运维不可识别字符维护、防伪税控开票限额报错、票证回退以及结报单报错、预征率传递单调整报错、留抵税金报错调整、文化事业费无法申报、小型微利企业减免报错、稽查流转报错等170多项升级和升级带来的运维更正工作。

【应用系统软件推广】 实现了“非居民企业纳税监控软件”“远程申报出口退税系统”“内控促廉管理信息”等多个新的应用系统在全省国税系统上线，其中重点完成了“税务综合办公信息系统”运行环境的搭建、基础数据初始化、系统参数配置、业务数据采集、迁移、系统上线测试等工作，该系统于2013年11月4日在全省国税系统正式上线。

【应用系统软件开发】 做好“福建省风险管理信息系统”建设的前期准备工作，包括制定系统开发原则、建设目标和技术框架等，编写招标文件，完成招标工作；完成全省“廉政文化教育平台”“‘营改增’管理信息系统”和全省“数据质量管理平台软件”的开发工作，“内控促廉系统”在全省国税系统推广。

【应用系统软件评审】 完成自行开发的“‘营改增’效应分析系统”“税收风险识别系统”“内控促廉管理信息系统”“信用等级评定系统”“缺件备忘服务系统”“企业所得税电子台账管理系统”“任务管理与服务回访系统”7个应用软件的评审鉴定工作。

【信息系统安全】 整合税务系统首期、二期和三期信息安全防护体系，进一步完善防护体系建设，提升信息安全综合防护能力，保障防护体系正常运行，加强对各类信息安全事件的监测、预警。制订安全应急处置总体预案，对机房消防、断电等紧急情况，以及重要应用系统编写应急处置预案。部署全省国税系统信息安全大检查，重点组织对各数据处理中心机房、基础设施、重要信息应用系统及网络基础平台开展排查，查找安全问题和隐患，制定防范措施，对发现的问题进行相应整改，健全和落实安全管理长效机制。

【计算机设备配备】 福建国税信息化运行维护投入资金2769.8万元，其中购置PC服务器10台、台式计算机1194台、便携电脑656台、路由器9台、交换机49台、打印机470台。

（供稿：谢小雄／核稿：王敏奇）

税收科研与书刊

【课题研究】 在福建省国税局科研所的协调下，福建省国税局货物劳务处、征管科技处、法规处、纳税服务处、规划核算处等部门围绕税收业务重点和难点，拟定9个课题，具体是：“税收优惠政策促进产业发展的实证研究”“农产品税收政策引发税收风险问题的研究”“关于现代化税收征管体系建设的研究”“关于税收情报收集与应用的研究”“关于税收风险管理的研究”“税收优惠政策的效应与思考”“税收执法风险的防范机制研究”“福建省招商引资与税收贡献度的比较分析”“开展纳税服务绩效考评工作研究”。课题主要涵盖征管改革、流转税风险以及税收与经济关系等热点领域，各设区市国税局参与课题调研工作，参与单位指派课题负责人以及撰稿人，福建省国税局相关业务处室派专家担任课题指导，成立课题组，共同完成税收调研工作。福建省国税局科研所为课题调研总体牵头单位，负责组织协调工作，并督导各调研课题进度。

福建省国税局科研所与省税务学会配合，在自办课题之外，通过税务学会渠道组织全省国税干部投身税收调研工作，取得成果，其中：福州市国家税务局张勇执笔的《福建省营业税改增值税试点效应分析》被国务院办公厅《国办专报》采用；福州市国家税务局调研文章《福州市国税局关于高新技术企业税负调研》《福州市国税局关于中小企业税负情况调研》被省政府专报采用；顺昌县国家税务局吴诚撰写的《从税收角度思考福建省产业结构的调整》参加省社科联举办的推动福建科学发展跨越发展百项建言活动。

【海西税务刊物】 2013年，刊物改版采用胶装，增加内页用纸的厚度，以适应刊物刊登图片数量不断增多的状况。同时，对各个栏目的版式设计进行一些修改。每一期都有其突出的内容，如第4期，制作“财务九堂课”专题，以讲故事的形式，对财务知识进行深入浅出的讲解；第7期，以封面文章的形式对党的群众路线教育实践活动进行专题报道；第8期，制作《推行“营改增”了解新行业》专刊，介绍改征增值税的新行业的行业特点、盈利模式等，让干部对新行业有一个全面的认识；第10期，以《福建国税之歌》汇演作为封面文章，重点报道国税文化建设等内容；第11期，与监察室联合制作廉政专刊，对近期的廉政新规进行专题解读。刊发增刊7期，包括两期“营改增”辅导材料、《进出口文件汇编》《12366纳税服务热线热点问题汇编》《所得税优惠政策汇编》等等，增刊具有工具书的作用，不少还被作为培训教材使用；编辑福州与泉州两期地方专刊，专刊选取设区市国税局的工作亮点，如福州国税局的纳税服务和泉州国税局的文化建设，从一个侧面反映该地区的国税工作情况，使地方专刊的税务特色更加突出。全年出刊12期，增刊7期。

【编撰出版《福建国税年鉴》】 为弥补福建国税没有独立年鉴的空白，福建省国税局指定科研所和办公室牵头，成立《福建国税年鉴》编辑部，收集各设区市国税局、福建省国税局各处室的年鉴材料，并按照“存史资政、服务社会”为办鉴宗旨，以全面展现福建国税系统基本工作为办鉴目标，以规范年鉴写作提高年鉴质量为要求，来设计篇目、规范文体文字。《福建国税年鉴》采用分类编辑法，共设八个类目：图辑、大事记、专文、全省国税工作概要、设区市国税工作概要、统计资料、案例辑要及附录。类目下设子目、条目，并根据正文需要穿插相应的图表或照片。《福建国税年鉴》是反映福建国税系统工作的大型综合性资料年刊，全面系统地记载福建国税系统的基本情况，是国内外各界人士了解福建国税的权威性工具书。2013年12月，《福建国税年鉴（2012）》已由中国税务出版社出版发行。

【承办会议】 2013年6月，全国税收科研工作会议在福建省福州市召开。会议由福建省国税局承办，科研所与机关服务中心、左海大厦等部门联系，克服人手少、时间紧的困难，精心组织、合理安排，在中央关于改进工作作风、密切联系群众的八项规定框架内，将会议的材料准备、会议代表的食宿安排、人员接送等各项会务工作开展得井井有条，得到国家税务总局税科所的肯定。

（供稿：杨美珍／核稿：顾志珊）

注册税务师管理

【概述】 福建省注册税务师管理中心是全省注册税务师行业（不含厦门，下同）的行政管理部门，职责主要是组织贯彻注册税务师行业管理政策及管理制度，承担行业执业资格审核认定工作；监督、检查行业执业情况。截至2013年12月31日，全省共有税务师事务所141家，执业注册税务师1110名，非执业注册税务师1073名，从业人员2901名，全行业经营规模达2.38亿元。2013年全省注税行业共为35380户企业开展了涉税鉴证业务。其中，为21565户企业开展了企业所得税汇算清缴鉴证，共调增应纳税所得额466亿元，调减应纳税所得额380亿元，净调增应纳税所得额86亿元，应补企业所得税额26.42亿元；为421户企业开展了企业资产损失所得税税前扣除鉴证，审定资产损失税前扣除金额26亿元；为249户企业开展了企业所得税税前弥补亏损鉴证，审定可税前弥补亏损金额2.59亿元；为135户企业开展了研发费所得税税前加计扣除鉴证，审定可加计扣除的研发费用金额11.45亿元；为350户企业开展了土地增值税清算鉴证，补缴土地增值税额9.93亿元。

【制度建设】 福建省注册税务师管理中心牵头，在福建省注册税务师协会的配合下，协调福建省物价局、省国税局、省地税局，2013年8月14日福建省物价局、省国税局、省地税局联合出台《福建省物价局 福建省国税局 福建省地税局关于制定福建省税务师事务所服务收费标准的通知》和《福建省物价局 福建省国税局 福建省地税局关于印发〈福建省税务师事务所服务收费管理实施办法〉的通知》，规范税务师事务所服务收费行为，维护委托人和税务师事务所的合法权益，促进注册税务师行业健康有序发展。

【行业监管】 福建省国税局、福建省地税局联合下发《福建省国家税务局 福建省地方税务局关于印发〈福建省税务师事务所和执业注册税务师年检工作规程（试行）〉的通知》《福建省国家税务局 福建省地方税务局关于开展2012年度税务师事务所及执业注册税务师年检工作的通知》，加强对税务师事务所和执业注册税务师的监管，促进注册税务师行业健康规范发展。年检结束后，在福建省国税局外网上将年检结果先进行公示，无异议后，再正式发文向社会通报。

【日常管理】 按照设立税务师事务所的审批规程，全年共审核报批新成立的税务师事务所4家，共注销税务师事务所1家。做好注册、备案、转所和转籍等工作事项。全年共办理注册税务师执业注册登记76人，其中非执业转执业28人，调入9人；办理非执业注册登记81人，其中执业转非执业6人；办理转所45人，转出16人；办理税务师事务所名称、股权、注册资金、法人代表、注册地址变更备案等33次。

（供稿：李香美／核稿：朱文翀）

机构与队伍管理

人事管理

【机构编制】 福建省国税局机关设16个内设机构，分别为办公室、政策法规处、货物和劳务税处、所得税处、收入规划核算处、纳税服务处、征管和科技发展处、财务管理处、督察内审处、人事处、巡视工作办公室、教育处（思想政治工作办公室）、监察室、大企业处、国际税务管理处、进出口税收管理处；1个直属机构，为稽查局；5个事业单位，分别为信息中心、机关服务中心、税收科学研究所、注册税务师管理中心、福建省税务干部学校；另设机关党委办公室、离退休干部处。下辖8个设区市国家税务局，分别为福州市国家税务局、漳州市国家税务局、泉州市国家税务局、莆田市国家税务局、龙岩市国家税务局、三明市国家税务局、南平市国家税务局和宁德市国家税务局；另设1个实验区国家税务局，即平潭综合实验区国家税务局。全省国税系统在编干部职工8923人，其中：行政编制8454人、事业编制104人、工勤人员365人；本科及以上学历人员共计5393人，占总人数的60.44%；具有硕士、博士学位284人，占总人数的3.18%；中共党员6375人，占总人数的71.44%。

【班子建设】 印发《中共福建省国家税务局党组关于切实贯彻落实县（市、区）国税局主要领导干部任期制的通知》，执行设区市国税局、县（市、区）国税局主要领导干部职务任期制度，对漳州市国税局、宁德市国税局一把手进行交流轮岗。进一步配强设区市国税局领导班子，组建平潭综合实验区国税局领导班子，选配南平市国税局、泉州市国税局班子副职。落实福建省国税局党组《关于深化干部人事制度改革，创新人事工作机制的意见》精神，坚持竞争性选拔干部的改革方向，完善竞争上岗和考察任用等方式方法，创新选人用人机制。

【人员招录】 2013年新招录公务员128人，其中：福建省国税局机关4人，福州市国税局24人，漳州市国税局15人，泉州市国税局24人，莆田市国税局7人，龙岩市国税局14人，三明市国税局10人，南平市国税局12人，宁德市国税局13人，平潭综合实验区国税局5人。接收军转干部6人，其中福州市国税局2人，漳州市国税局1人，泉州市国税局1人，莆田市国税局1人，龙岩市国税局1人。

【人员交流】 进一步加大干部交流力度，全省国税系统共交流任职处级干部18人。

遵照税务系统工作人员调配相关规定，全省国税系统共审批调动工作人员30人，其中：系统外调入12人，调出系统外9人，系统内跨地（市）调动9人。

【干部选拔】 2013年，全省国税系统共选拔处级干部33人，其中：采用考察任用方式选拔正处级领导职务4人、副处级领导职务3人、处级非领导职务8人，采用竞争上岗方式选拔副处级领导职务18人。

【干部考核】 2013年度福建省国税局机关厅级干部考核为优秀等次1人，称职等次9人；福建省国税局机关处级干部考核为优秀等次18人，称职等次61人；福建省国税局机关科级干部考核为优秀等次31人，称职等次115人；福建省国税局机关工人考核为优秀等次1人，合格等次4人；福建省国税局机关干部考核结果为不定等次4人；设区市国税局处级以上干部年度考核为优秀等次16人，称职等次64人。

【干部奖励】 福建省国税局机关有7人连续三年年度考核评为优秀等次，记三等功一次，有43人年度考核评为优秀等次，给予嘉奖一次；设区市国税局处级以上干部有1人年度考核评为优秀等次，记三等功一次，有15人年度考核评为优秀等次，给予嘉奖一次。福建省国税局对在改革创新、廉政文化建设、办理税务稽查大要案、办理反避税及非居民税收重大案件、综合办公、"营改增"效果分析信息系统软件等专项工作中表现突出、有重要贡献的个人、集体进行表彰，其中53人获个人三等功，119人获个人嘉奖，23个单位获集体嘉奖。

【干部监督】 对干部选拔任用、公务员招录等工作进行全过程监督，提高选人用人的公信度。督促各设市国税局党组召开民主生活会，反馈2012年整改措施完成情况及提出2013年需整改的问题。督促各设区市国税局党组完成2012年度干部选拔任用完成"一报告两评议"。配合做好税务总局对省局领导班子的巡视工作。

【工资管理】 做好福建省国税局机关日常工资变动及津补贴调整。对全省国税系统8个设区市国税局及1个平潭综合实验区国税局、87个县（市、区）国税局共计96个预算单位规范津贴补贴的审查与上报工作，系统工资变动审批74次，2013年度共审核接收系统抚恤金申请表70份。制定《一次性抚恤金发放管理办法》，编纂《工资管理手册》。

【出国出境】 规范因公因私出国（境）管理审批工作，全年共办理因公出国（境）14人次，因私出国（境）审批89人次。重新修订《因公因私出国（境）管理审批工作规程》。

【档案管理】 对省管干部共427份人事档案存在的问题进行梳理、分类；编纂《人事档案管理系统（V2.0）工作手册》规范人事档案管理。

（供稿：温笑露／核稿：魏润水）

廉政建设

【党风廉政建设责任制】 2013年3月11日，福建省国税系统党风廉政建设工作会议在福州召开。福建省国税局局长臧耀民作报告，并分别与福建省国税局领导班子成员和各设区市主要负责人签订《2013年度党风廉政建设责任书》；纪检组长曾光辉作《严明党纪法规弘扬清风正气扎实推进我省国税系统党风廉政建设和反腐败工作》的工作报告。福建省国税局坚持定期召开党风廉政建设工作分析会，研判形势、部署工作、分解任务。落实"一岗双责""一把手"承担第一责任人的职责，对重大任务、重大问题、重要事项亲自部署、协调、督导；班子其他成员根据分工抓好职责范围内的党风廉政建设工作，做到党风廉政建设与分管工作紧密结合。福建省国税局领导带队，对设区市国税局班子进行集体廉政提醒谈话和述职述廉、惩防体系建设、党风廉政责任制执行情况的检查，推动责任制的落实。

▲福建省国税局局长臧耀民（右）与省局班子成员签订2013年党风廉政建设责任书

【落实中央八项规定】

制定贯彻落实中央八项规定的具体措施，修订机关经费管理办法，健全“三公”经费预算管理制度。从严控制因公出国（境）组团数量和规模，严禁以各种名义用公款出国（境）旅游。严格执行公务用车编制管理规定和配备使用标准，加强机关公车使用管理。执行机关公务接待管理规定。严格执行中央有关规定，5年内不新建楼堂馆所，按标准实施办公用房维修改造项目。全省国税系统公务接待费下降22.42%，会议费下降53.10%。开展“三清三察三审”专项整治，针对办公用房、公务用车、吃拿卡要、“门难进、脸难看、事难办”和财务管理等相关问题进行专项整治。在全省国税

▲福建省国税局召开2013年全省国税系统党风廉政建设工作会议

系统开展会员卡清退活动，做到“零持有、零报告”。

【领导干部监督管理】 落实《〈税务系统领导班子和领导干部监督管理办法〉实施细则》，制定责任分解意见，明确每项工作任务的主管领导、主管部门及配合部门，强化责任落实，加强对领导班子及其成员权力行使的监督管理。加强领导干部因私出国（境）的审批管理，落实民主生活会、个人重大事项报告、个人收入申报等制度。开展廉政提醒谈话。坚持实行提拔、转任或异地交流的领导干部任前廉政谈话和基建、稽查等敏感岗位廉政谈话。全省各级党组纪检组同下级负责人谈话907人次，领导干部任前廉政谈话320人次，诫勉谈话17人次，领导干部述职述廉965人次。

【内控机制建设】 推进内控机制信息化建设，2013年4月1日，上线运行具有福建特色的全国首家“营改增”推广版内控促廉系统，新增优化“营改增”、出口退税、发票管理、申报征收等18个指标，共涵盖102个廉政风险点。全年提示风险事件21188件，事后核查13180件，实现税收业务流转与廉政风险防控深度融合，促进依法行政，实现“机制管人、信息管税、内控促廉”的预期目的，得到国家税务总局和福建省纪委领导的肯定。

【“两权”监督制约】 下发《关于整合监督管理工作的通知》，纪检监察、督察内审、巡视检查等部门联合开展对2个设区市国税局和3个县（区）国税局巡视、回访工作，联合对2个设区市国税局税收执法监察和执法督察以及2个设区市国税局主要领导的离任审计，整合监督资源，提升监督效率，减轻基层负担。配合国家税务总局巡视监督、专项审计、执法监察三个组对福建省进行联合巡视检

▲福建省中国农业发展银行代表到福建省国税局交流考察内控信息化建设工作

▲福建省国税局召开全省国税系统破解熟人经济消极影响现场调研会

查，对检查中发现的问题进行整改和反馈。加强对干部选拔任用、人员录用调配、经费审批使用、基本建设、集中采购、固定资产处置等重点管理环节的监督。全面推广福州市国税局开发的“任务管理与服务回访”系统，规范基层干部下户行为，有效防范廉政风险。

【行风效能建设】 制定《福建省国税系统2013年纠风工作实施意见》。开展“马上就办、办就办好”活动。按照福建省纪委《2013年减轻企业负担纠风专项治理工作实施方案》，在全系统开展税收优惠政策执行情况自查，落实结构性减税政策，优化减免退税审批。聘请12位行评代表分组赴6个设区国税市开展明察暗访，召开有335户纳税人参加的12场企业座谈会，发放并回收320份问卷调查，梳理归纳形成27条书面意见及建议，各单位在限期内整改落实到位。各级国税机关不定期开展效能巡查，坚决整治慵懒浮散现象。福建省国税局在福建省纪委召开的中央驻闽单位机关效能建设推进会上作了交流发言。在全省各级政府组织的民主评议政风行风活动中，福建省国税局继续保持省直机关行政执法类综合评议第二名的成绩；8个设区市国税局和平潭综合实验区国税局在窗口单位实地暗访测评排名中全部位列第一；全省国税系统81个参评的县（市、区）国税局，有71个单位获得前3名或免评单位、行风信得过单位。

【反腐倡廉宣传教育】 开发全国税务系统首家省级网络廉政文化教育平台，该平台设有“言以促廉、案以省廉、职以行廉、教以学廉”等10个篇章，10月17日上线试运行，试运行1个月点击数达到2.5万人次，实现日常工作和廉政教育两不误，廉政宣传与日常考核两提高，得到国家税务总局领导的肯定。下发《关于进一步加强预防职务犯罪工作的意见》，分别与福建省检察院、福建省法院召开联席会议，联合制定下发《会议纪要》，建立廉政风险防控和税检配合机制，有效预防职务犯罪。

▲福建省国税局举办全省税务系统“为民　务实　清廉”主题演讲比赛。图为领导与选手们合影

按照福建省国税局提出“七个一”的要求，各级国税局注重加强日常廉政教育，定期举办预防职务犯罪专题讲座，组织干部参观廉政教育基地；突出重要时间节点的廉政教育，传达和执行中央出台的严禁公款印制、购买和寄送纸质贺卡、严禁用公款购买赠送年货节礼等各项禁令。在全省国税系统推广莆田市国税局破解“熟人经济”消极影响经验做法，防范税收执法风险。在福建省国税局25楼福建国税文化建设基地增设廉政教育展厅，开辟具有古田红色税收文化内涵的“福建省国税系统红色廉政文化教育基地”。全省国税系统举办“为民　务实　清廉”主题演讲比赛、廉政文化作品征集等活动，编撰《海西税务》“廉政新思维”专刊，展示廉政建设创新成果，营造为民服务、务实干事、清廉从税的工作氛围。

【查处违法违纪案件】　全省国税系统收到来信来访181件次（其中自收95件，上级交办86件），初核50件，办结43件，转立案7件。根据国家税务总局监察局和福建省国税局党组统一部署，由纪检监察牵头，会同稽查、出口退税、货物劳务、征管科技等部门联合组成专案组，对龙岩、三明、福州有针对性地开展“一案双查”，查处在税收执法中的违法违纪违规行为。2013年全系统共立案查处12起，党纪处分4人，政纪处分12人，受到党纪政纪双重处分4人，刑事处理3人，组织处理2人，问责2人。每半年召开一次党风廉政分析会，做好案件剖析总结通报，发挥警示作用。

（供稿：程晓君／核稿：李　晖）

干部教育

【领导干部培训】　2013年，全省共组织3名厅（局）级领导干部、4名处级领导干部、13名县级国税局一把手参加国家税务总局党校或福建省委党校领导干部进修班；选派35名处级干部参加国家税务总局的专门业务和知识更新培训；派出11名处级领导干部参加国家税务总局举办的任职培训班。在中国人民大学举办一期全省国税系统处级干部领导力提升专题培训班，全省国税系统处级干部37人参加培训。

【青年干部培训】 举办全省国税系统科（局）级干部更新知识培训班，组织全省系统130多名科（局）级干部分两期赴江苏税校进行更新知识培训。组织全省国税系统129名新录用公务员在省消防总队培训中心参加2013年初任培训并组织实施执法资格考试。

【专业化人才培养】 建立政策法规、反避税、税务稽查、纳税评估、督察内审、学历和“四师”等专业人才库，分期对各类人才进行分级分类培训，提升人才培训科学化水平。下发《福建省国家税务局关于鼓励考取“四师”资格的通知》，促进注册税务师、注册会计师、律师（综合司法）和计算机高级工程师等“四师”人才的培养。

2013年选送95名业务骨干参加国家税务总局举办的各类专业化业务培训。落实国家税务总局“千人工程”和“十万人工程”规划，举办34期专业化培训班，累计培训3202余人次。推进“纳税评估千人培训”3年培养计划，举办9期培训班，培训了660名基层纳税评估骨干，实战演练期间累计共评估107家企业。组织参加首批全国税务领军人才培养对象的选拔工作，全省国税系统有2名干部入围全国首批领军人才培养对象。

（供稿：李叶华／核稿：张道金）

巡视工作

【巡视检查】 完成对泉州市国税局、福州市鼓楼区国税局、台江区国税局、福州经济技术开发区国税局等4个单位领导班子及其成员的巡视以及对莆田市国税局的巡视回访工作。根据巡视中掌握的情况和发现的主要问题，给福建省国税局党组提出意见建议40条，其中多条意见建议得到福建省国税局党组的肯定，责成相关部门提出相应措施。

【配合做好税务总局巡视检查工作】 上半年，配合有关职能部门多次召开协调会，做好国家税务总局巡视组对福建省国税局党组领导班子及其成员巡视检查的各项准备工作，做到材料准备方面堆放有序、一目了然，后勤安排方面周到热情。2013年6月18日—7月14日巡视期间，协调有关部门做好各项应对工

▲福建省国税局局长臧耀民（前排右）看望初任培训班学员

作，确保国家税务总局巡视检查工作的顺利开展，得到税务总局巡视组的认可和褒扬。

【档案和巡视文化建设】 对多年来的巡视文书档案、巡视工作档案等进行标准化、规范化的整理归档，建立档案室。同时，通过图文并茂的图版解读巡视的历史以及新形势下巡视工作的要求、做法和任务，巡视文化宣传廊得到领导的好评。

【培训指导】 2013年7月，派员参加中央纪委在杭州举办的巡视工作培训班，并进行研讨交流，之后根据培训的最新内容，组织编发《巡视工作检查指南》和《巡视工作政策文件汇编》两本书下发各地，指导各设区市国税局开展巡视工作，增强巡视工作的针对性和可操作性。

（供稿：郑少玲／核稿：林　娟）

离退休干部管理

【概述】 截至2013年12月30日，全省国税系统离退休干部、职工总人数2192人，其中离休干部85人，“5·12”退休干部（1950年5月12日以前参加工作的退休干部）73人，其他退休干部、职工2034人。福建省国税局机关离退休干部、职工53人，其中离休干部2人，厅局级退休干部15人（含享受待遇），一般退休干部29人，工人（含原瑞兴公司）7人。

【落实政治、生活待遇】 为福建省国税局机关每一位老干部的家中订阅报刊，协助人事处落实离休干部高龄护理费提高标准以及归侨离退休干部生活补贴提高标准。组织副厅级以上离退休干部参加福建省委、省政府召开的厅（局）级离退休干部读书班和学习报告会6次。定期组织健康体检，按时完成厅级保健对象保健证、病历的年审工作，协助落实省国税局机关一位患重病老干部重大灾病基金的补助。全年看望慰问生病老同志13人。协助机关工会从简举行一位厅级退休干部丧葬事。鼓励老同志参加老年大学学习，有6位老同志报名参加15门课程的学习。

【思想政治建设】 福建省国税局通过召开全省系统老干部党支部书记座谈会、举办福建省国税局机关老干部暑期政治理论读书班、参加福建省委老干局十八大精神学习报告会、开展离退休干部党支部学习活动日等形式，组织福建省国税局机关老干部学习领会党的十八大报告、新党章和习近平总书记关于实现中国梦的一系列重要论述。

【春节慰问】 2013年元旦、春节期间福建省国税局慰问小组分赴全省各地上门走访慰问全省系统离退休干部、职工以及离退休干部职工特困户、遗属特困户，共上门走访慰问老干部45人次并发放慰问金。

【文体活动】 转发《国家税务总局办公厅转发〈中央组织部老干部局关于在离退休干部中开展同心共筑中国梦活动的通知〉的通知》，组织离退休干部开展“同心共筑中国梦”活动。福建省国税局组织老干部参加福建省委老干部局举办的“八闽夕阳红、共筑中国梦”系列活动、“古田杯”省直机关老干部运动会、省直机关老体协文体活动、省国税局机关扑克牌比赛，并于4月承办第十二届“国税杯”省直机关老干部门球赛，邀请68支省直机关单位的老年门球队参赛。在重阳节期间举办以“强身健体促和谐，同心共筑中国梦”为主题的第九届全省国税系统离退休干部门球赛，助力同心共筑中国梦活动的开展。

【参观考察】 组织老干部就近就地参观考察。全年组织开展机关老干部重阳节永泰青云山登高一日游活动、赴厦门参观考察活动和参观龙岩上杭县毛泽东才溪乡调查纪念馆。

（供稿：林小鹈／核稿：吴纯寿）

党建和精神文明建设

【基层党建】 开展党的十八大精神宣传教育活动，在福建省委党校举办全省国税系统处级干部学习十八大精神培训班，推进学习型党组织创建。召开基层组织建设年活动总结表彰会，交流、表彰各级国税部门基层党组织建设的特色工作和经验成效。建立创先争优工作长效机制，推动创先争优常态化。

【树立典型】 在全省国税系统开展“两个一”学习宣传活动，对郭爱莲、李国清等先进人物进行全面考察，建立先进典型选树宣传机制。结合第二批党的群众路线教育实践活动开展先进典型学习宣传，并向国家税务总局推荐郭爱莲等福建国税系统先进典型，提升福建省国税系统先进典型的知名度和影响力。

【省部级先进】 福州市台江区国税局办公室副主任谢志杰、建宁县国税局局长罗土根、莆田市秀屿区国税局局长陈玉标、寿宁县国税局局长林锦平4位被福建省委、省政府评为福建省先进工作者；福鼎市国税局局长刘伟雄、莆田市国税局主任科员李国清被国家税务总局表彰为全国税务系统先进工作者；福建省国税局征管科技处、晋江市国税局、闽侯县国税局等3个单位被国家税务总局表彰为全国税务系统先进集体；上杭县国税局古田税务分局被评为全国青年文明号；莆田市城厢区国税局纳税服务科被评为全国巾帼文明岗。

【系统文明创建】 部署全省系统开展2013年优质服务指数测评工作，通过自查和互查等方式大力提升优质服务水平。全省国税系统在省文明委组织的2013年度优质服务指数测评中，8个设区市国税局和平潭综合实验区国税局均取得了窗口单位实地暗访测评排名第一的好成绩，福州、泉州、莆田、南平等4个设区市国税局综合成绩位列行政执法系列第一名。

全省国税系统14个单位的工会委员会通过福建省总工会模范职工之家验收。分别是：福州市国税局工会委员会、福州市晋安区国税局工会委员会、德化县国税局工会委员会、泰宁县国税局工会委员会、建宁县国税局工会委员会、龙海市国税局工会委员会、云霄县国税局工会委员会、诏安县国税局工会委员会、长泰县国税局工会委员会、莆田市国税局工会委员会、莆田市涵江区国税局工会委员会、莆田市秀屿区国税局工会委员会、邵武市国税局工会委员会、屏南县国税局工会委员会。

全省国税系统有5个单位被省妇联评为省级巾帼文明岗，分别是：闽清县国税局纳税服务科、晋江市国税局办税服务厅、石狮市国税局纳税服务科、宁德市东侨经济开发区国税局办税服务厅、仙游县国税局纳税服务科。

全省国税系统有19个单位被共青团福建省委评为新一届省级青年文明号。分别是：长乐市国家税务局纳税服务科（办税服务厅）、石狮市国家税务局纳税服务科、德化县国家税务局纳税服务科、安溪县国家税务局纳税服务科、泉州市国家税务局进出口税收管理科、泉州市国家税务局大企业税收管理局、惠安县国家税务局纳税服务科、晋江市国家税务局税源管理六分局、晋江市国家税务局税源管理一分局、晋江市国家税务局税源管理三分局、泉州市洛江区国家税务局纳税服务科、莆田市城厢区国家税务局纳税服务科（办税服务厅）、政和县国家税务局纳税服务科、顺昌县国家税务局纳税服务科、松溪县国家税务局纳税服务科、光泽县国家税务局纳税服务科、武夷山市国家税务局纳税服务科、浦城县国家税务局纳税服务科、长汀县国家税务局南山分局。

平潭县国税局办税服务厅被福建省总工会评为“福建省工人先锋号”；松溪县国税局团支部和平和县国税局团支部被共青团福

建省委评为“福建省五四红旗团支部”；华安县国税局税源管理一分局被共青团福建省委评为“第十届福建青年五四奖章”集体；长泰县国税局史艳晓被共青团福建省委评为“福建省优秀共青团干部”；闽清县国税局纳税服务科、平和县国税局纳税服务科、莆田市荔城区国税局妇委会四个单位被福建省妇联评为“三八红旗集体”；松溪县国税局李碧花被福建省妇联评为“三八红旗手”；安溪县国税局黄雅莉、莆田市荔城区国税局柯映红、武平县国税局王云英被福建省妇联评为“福建省巾帼建功标兵”。

（供稿：李叶华／核稿：张道金）

【机关党的思想建设】 机关党委坚持以党组中心组学习为引领，以各党支部组织党员集体学习为主要形式，结合税收中心工作，制订详细的学习安排，推进学习型党组织建设，引导党员干部重点从两方面内容进行学习。一是学习贯彻十八大精神，切实把握精神实质。邀请福建省委党校张诸夫教授作了《深入学习和理解党的十八大精神》专题讲座，引导党员干部将思想和行动统一到讲话精神上来。坚持党员领导干部上党课，福建省国税局党组书记、局长臧耀民为机关党员干部职工作《实干践行群众路线，同心共筑中国梦》党课讲座，纪检组长曾光辉上了一堂廉政课，以提升干部政治思想素质和廉洁从税的意识。二是贯彻落实习近平总书记一系列重要讲话精神和党的十八届三中全会精神，在机关掀起学习热潮。邀请省委党校林建华教授作《学习习近平同志一系列讲话精神，促进经济社会又好又快发展》的专题讲座，促进党员干部更好地理解国家的大政方针和治国理念，理论联系实际，将学习成果更好地转化为税收事业发展的新思路、新作为。

【机关党的组织建设】 2013年，福建省国税局机关共有党员248人，年内新发展党员2人，基层党组织25个，调转党员关系28人次。共举行1次党员发展培训班，1次党务工作干部培训班。机关党委夯实党建工作基础，推进基层党支部班子建设，指导各党支部按时换届，配齐配强各支部书记、委员，增强党支部的战斗力。坚持落实制度规范化管理，严格“三会一课”制度，落实党员教育培训，结合党的群众路线教育实践活动，组织各支部召开专题组织生活会，运用批评与自我批评的武器，坚持党员思想分析和民主评议党员工作，实现有效沟通，促进团结，增强基层党组织的凝聚力和向心力。通过民主评议，共表彰7个福建省国税局机关先进党支部，64名优秀共产党员和优秀党务工作者。

【机关党的作风建设】 福建省国税局机关参加第一批党的群众路线教育实践活动。机关党委作为牵头单位，以反对“形式主义、官僚主义、享乐主义、奢靡之风”为目标，按照“照镜子、正衣冠、洗洗澡、治治病”的总要求，不折不扣地完成“学习教育，听取意见”“查摆问题、开展批评”“整改落实，建章立制”三个环节的统筹协调工作。活动期间，共组织收看4场税务总局党的群众路线教育实践活动的视频会议和4场《为民 务实 清廉——党的群众路线教育实践活动专题讲座》系列录像报告。福建省国税局中心组成员赴闽西实地学习毛泽东才溪乡调查精神。组织深入基层调研，广泛征求群众意见。福建省国税局机关分别召开5场不同对象参加的座谈会，党组成员分别倾听105位干部职工和群众心声，向8个设区市国税局和120个省直机关厅局发放近百封征求意见函。坚决贯彻整风精神，机关党委配合福建省国税局党组开了一场高质量的民主生活会，通过对照检查，深挖思想根源，开展批评和自我批评。开展“三清三察三审”专项整治，开展党的群众路线教育实践活动以来，共收集到原汁原味的意见

▲福建省国税局举办“我的中国梦·青春勇担当”道德讲堂活动。图为“青年文明号”志愿者上台诵经典

建议603条，梳理归并为“四风”方面17个问题102条意见。针对这些意见，组织机关各处室制定并公示了服务税户、服务基层、规范机关管理三大类106条整改措施、30项新制度，机关作风获得明显转变，得到国家税务总局第三督导组的肯定。

【机关党的制度建设】 推动“1263”党建工作机制，实行省、市、县“三级联创”，加强上下级机关工作指导和交流，营造互帮互助的良好氛围，构建落实“点上有典型、面上全覆盖”的工作格局。制定提升责任意识、狠抓作风纪律督查、严格效能惩戒问责等10多项措施，严格各项工作纪律，狠抓作风纪律巡查，实行“一月一检查、一通报”制度，视情给予通报批评、诫勉教育，直至行政处分，做到真抓真管真处理，整治“庸懒散”现象。

（供稿：陈　佳／核稿：张森强）

国税文化建设

【机关文化建设】 开展“三学主题活动”（学雷锋真情服务为人民、学厦航打造优质软环境作表率、学长汀推进生态省建设）。福建省国税局机关报送了“三优化三提高，顺利实现‘营改增’”举措，入围省直机关“学厦航，学先进，打造优质软环境作表率”第二轮十佳举措，获得活动优秀奖。重视社会主义核心价值观教育，举办多场国税文化大讲坛活动，大力建设以“身边人讲身边事，身边人说自己事，身边事教身边人”为主要形式的“道德讲堂”活动。福建省国税局机关道德讲堂活动邀请省直文明办领导、省直有关单位到会指导，受到省直机关工委领导以及兄弟单位的一致好评，并在省市文明共建会议上作经验汇报。福建省国税局课题组撰写的《福建国税文化核心价值观探析与践行》被福建机关党的建设研究会评为2013年重点课题调研论文三等奖。抓《纪律处分条例》《党内监督条例》和其他党纪条例，法律法规的教育，增强干部廉政意识和法制意识。组织省国税局机关代表队参加全省国税系统廉政知识辩论赛，获得第一名的成绩。

【机关工青妇等活动】 组织福建省国税局机关合唱团参加“福建国税之歌”汇报演出，获得优秀奖；开展“我们的节日”、为机关困难干部职工送去节日的慰问；开展“与爱同行”六一慰问献爱心活动，向福州市智残儿童福利院送去慰问品，向志愿服务基金捐款，履行福建国税扶弱助贫的社会责任；组织机关干部参加省直工委开展“学习强素质、共筑中国梦”第四届省直机关读书节活动和“翰墨抒豪情、共筑中国梦”省直机关书画展，多幅作品获奖。开展与省军区后勤部军民共建活动，组织机关人员参加军事活动日，加强双拥共建工作。坚持“党建带三建”，加强机关工青妇工作。在机关工会建设方面，组织机关各兴趣小组经常性地开展比赛活动。省国税局机关女子排球队参加晋江市邀请赛，获第二名。福建省国税局机关网球队在省直机关比赛中获得团体第二名的成绩。在机关妇委会建设方面，推进机关妇委会电子档案管理升级，开展“巾帼建功”及“文明家庭”等创建活动。在机关共青团建设方面，联合《海西税务》，举办一期名为“青春之旅”的主题活动，组织开展未成年人“网上祭英烈”签名寄语活动。成功举办2013年福建省国税局机关子女“快乐童年 放飞梦想”主题夏令营活动，得到机关干部职工的好评。

（供稿：陈　佳／核稿：张森强）

【系统文艺汇演】 举办全省国税系统“福建国税之歌”合唱比赛暨文艺汇演。比赛分初赛和决赛两个阶段。初赛由福建省国税局机关和各设区市国税局分别组织。经初赛选拔，福建省国税局机关和各设区市国税局各产生一支合唱队参加全省国税系统决赛。决赛暨“福建国税之歌”文艺汇演于10月9日晚在福州市举办，全省国税系统9个合唱代表队参加汇演。经评委评审，南平市国税局合唱队获比赛一等奖，宁德市国税局合唱队、泉州市国税局合唱队获比赛二等奖，三明市国税局合唱队、莆田市国税局合唱队、龙岩市国税局合唱队获比赛三等奖，福州市国税局合唱队、漳州市国税局合唱队、福建省国税局机关合唱队获比赛优秀奖。

▲福建省国税局举办全省国税系统福建国税之歌汇演

▲福建省国税局举办福建国税政工大讲坛

▲国税局业余登山队队员李滨等人登上阿尼玛卿神山，图为到达海拔5100米高处的景色

【政工大讲坛】 福建省国税局在对干部职工的思想动态进行深入调研的基础上，贴近干部职工心理需求，以人文关怀和心理疏导为主题，举办福建国税政工大讲坛。讲坛分三期进行，分别邀请了清华大学教授李虹讲授《阳光心态》、国家二级心理咨询师池煦讲授《心理健康》、南京财经大学教授戈晓毅讲授《音乐人生》。讲坛面向全省国税系统全体干部职工，以福建省国税局为主会场，同步向全省各级国税机关直播。

【业余兴趣小组活动】 福建省国税局成立业余兴趣小组活动，比较常规的活动有女子气排球、乒乓球和象棋类。2013年7月，福建省国税系统业余登山队李滨、张桦、喻燕等人到青海省的阿尼玛卿神山徒步登山，经过6天的跋涉，到达海拔5100米高处，并欣赏到了一年一度的赛马比赛。

（供稿：李叶华／核稿：张道金）

行政后勤管理

政务管理

【制度建设】 出台“服务纳税人、服务基层、服务海西经济发展”三个《实施意见》，提升服务纳税人、服务基层、服务大局的能力。出台《福建省国税局机关会议费管理办法》《视频会议管理办法》《改变作风改进调研的工作意见》《税收经济调研通知》等文件，修订机关经费管理办法，完善机关“三公”经费管理制度建设。

【文秘综合】 组织起草各类重要文件、文稿，及时准确向各级领导提供信息、反馈情况，为各级领导重大决策和重要工作部署提供决策参考和依据。先后组织召开了全省国税工作会议、党风廉政建设会议、税务总局巡视组汇报会等各类会议；起草了向福建省委书记尤权的汇报材料、向国家税务总局局长王军的汇报材料、向国家税务总局巡视组的汇报材料和向省长务虚会议的汇报材料。

【政务信息】 围绕税收工作中心，服务经济发展大局，适应新形势，创新工作载体，提高服务水平，捕捉国税工作的新亮点、新思路、新举措，向国家税务总局和福建省委、省政府报送政务信息，福建省委办公厅、省政府办公厅专门发函表彰省国税局信息工作。全年共刊发《国税要讯》1946条；国家税务总局采用24条，其中被税务总局领导批示2条；福建省委办公厅采用114条，省政府办公厅采用131条，被省委、省政府领导批示16条；报送福建省局党组的《信息专报》21期，12期得到省局领导的批示。《福建省营业税改征增值税试点效应分析》《福建省小微企业实际税费情况》《福建省“营改增”试点运行存在问题及建议》《福建省小微企业暂免征收两税政策落实情况》先后被国务院办公厅信息刊物采用，呈送给国务院领导参阅，其中《福建省小微企业暂免征收两税政策落实情况》得到国务院领导批示。中央办公厅采用1条。

【目标管理】 年初对各单位完成2012年度目标管理考核进行评比，共评出优秀等次单位23个，良好等次单位52个，合格等次单位18个；修改完善《福建省国税系统2012年度工作目标管理考核办法》，继续由福建省国税局直接对各设区市国税局及各县（市、区）国税局分别进行考核。

【绩效考核】 组织修改完善2014年全省国税系统绩效考核办法及福建省国税局机关绩效管理办法，突出国家税务总局考核指标的“牛鼻子”作用，逐渐形成以税务总局考核指标为基础、具有福建国税特色的绩效考核体系。

【督促检查】 坚持把督促检查作为推动工作落实的重要抓手，围绕福建省国税局党组的决策部署、福建省国税局局务会及局领导专题会上的决议、领导交办的具体任务、纳税人和基层单位反映强烈的问题等在办公网上进行督查督办，不断加强督查力度，创新督查方式，增强督查实效，推动工作的落实和任务的完成。2013年11月1日，综合办公信息系统上线后，利用系统功能进行督察督办，全年共办理督办件134件。

【税收宣传】 2013年4月1日，福建省国税局、福建省地税局联合表彰2012年度全省纳税百强企业，福建省政府领导亲自为纳税百强企业负责人颁授牌匾，拉开了福建省第22个税收宣传月的序幕。与平潭综合实验区管委会、福州市国税局、平潭县国税局联合举办“支持台胞创业，培育共同产业”税法宣讲活动，为涉台企业解读各项优惠政策，为培育两岸共同市场、共同产业、共建两岸家园做好税收服务。全省国税系统（不含厦门）共在《中国税务报》发稿125篇，在《福建日报》发稿17篇。利用福建省国税局门户网站做税收宣传，通过门户网站主动公开信息1910条，包括政务类信息1803条，税收业务类信息56条，政策法规库类信息51条；全年网站首页访问量达1034万次，同比增长188%。

【舆情管理】 完善相应的规章制度，明确相关职责，建立健全网络舆情监控机制。加强与中国税务杂志社、东南网舆情监控网站的合作。加强与当地政府部门、宣传部门、公安局网监部门以及信访部门等相关职能机构的横向联系，建立定期沟通协调机制，及时掌握和处置涉税网络舆情信息，促使沟通联络工作制度化。

（供稿：兰延灼／核稿：陈文雄）

财务经费

【经费保障】 进一步完善中央财政拨款为主、地方财政补助为辅的“双轨制”经费保障机制，落实税收收入与地方财政补助经费挂钩的激励机制，加强与地方政府的沟通与协调，提高经费保障能力。落实经费最低保障线制度，加大对基层和困难单位的支持力度。其中包括：继续安排一次性补助经费630万元，加大对其他收入少、人均经费水平低的地区扶持力度，尽力缩小地区间经费水平差距；安排基层最低保障经费专项经费371万元，确保基层单位最低经费支出需求；安排基层离退休人员医疗费补助428万元和抚恤金887万元，切实解决基层离退休经费和抚恤金不足的矛盾；动用其他收入安排补助543万元，直接用于部分基层单位改善工作和生活条件。2013年，福建遭受台风、暴雨等自然灾害，国家税务总局安排救灾补助经费800万元，保障了福建省国税局灾后各项税收工作的稳定开展。

【国库集中支付】 做好国库集中支付各项日常工作。各级财务部门在规范预算编制的基础上，确认、拆分年度预算和追加经费，按时编报用款计划，落实500万元以上的基建项目实行国库直接支付业务。稳步推进实有资金账户监控管理工作，逐步完善财政资金监控机制。

【资产管理】 加强资产配置使用管理，贯彻落实国有资产管理办法。各级国税局通过做好资产处置、配置、使用、划转调拨的审核、批复工作，优化配置，确保国有资产保值增值。做好资产收入收缴工作。全省共上缴固定资产出租出借收入3282.49万元，上缴国有资产处置收入630.06万元。

【基建管理】 共批准新立项项目6项，

批准总投资2115万元，批复开工项目12项。规范竣工项目决算审批和竣工财务决算审核管理，2013年全省基本建设当年交付固定资产4420.6万元，完成投资5378.3万元。按照《中共中央办公厅 国务院办公厅关于党政机关停止新建楼堂馆所和清理办公用房的通知》和《国家税务总局关于贯彻落实〈中共中央办公厅 国务院办公厅关于党政机关停止新建楼堂馆所和清理办公用房的通知〉的通知》，福建省国税局按规定时限，停止办公用房建设和停止立项、开工审批，停止新建项目共62个，其中：福建省国税局税务干部学校项目1个，县级综合业务办公用房新建项目11个，基层分局（税务所）综合业务办公用房项目48个，附属用房项目2个。

（供稿：马　旻／核稿：周元福）

【税务学校基建】 2013年年初，得到福建省发改委正式复函，原则同意福建省税务干部学校项目建设，确认项目估算总投资7819万元，总建筑面积14302平方米。2013年3月18日，福建省国税局基建领导小组及办公室成立，随后向闽侯县人民政府出具《关于申请办理福建省税务干部学校建设项目用地的函》、向闽侯县建设局出具《关于福建省税务干部学校建设规划选址的函》、向闽侯县发改局出具《福建省税务干部学校项目建议书》等15份文件资料，请福建省林业勘探设计院测绘征地坐标，与闽侯县甘蔗街道社区村委、甘蔗街道办事处商洽，并经闽侯县建设局审核同意，于2013年3月29日颁发了《中华人民共和国建设项目选址意见书》。2013年4月15日，再次制作福建省税务干部学校建设用地红线图。先后与5家具有工程咨询甲级资质的单位洽谈，其中福建省建筑设计研究院、厦门中建东北设计院有限公司、翰林（福建）勘察设计有限公司等参与竞标，最后，由翰林（福建）勘察设计有限公司中标完成可行性研究报告，共14章41节，并经闽侯县建设局论证通过。向闽侯县国土资源局出具《福建省税务干部学校关于土地预选申请的函》及“福建省税务干部学校总平面方案批复文件的说明”等13份材料，获批《建设项目用地预审意见书》，实征用地21.56亩。向闽侯县建设局提供《关于申请福建省税务干部学校规划用地的函》和“总平面规划方案意见”等6份文件资料，获批《建设用地规划许可证》。闽侯县政府召集县发改委等13个部门对税干校建设项目总平面设计，包括总平面图、鸟瞰图、夜景图、透视图和总平面管线综合设计进行会审，形成会议纪要通过了建设项目规划方案。据此，县国土资源局颁发划拨用地批准书。制作建设围墙工程预算书，有7家单位参与竞标，控制价为56000元，福建华创市政工程有限公司中标，中标价为54300元，并完成项目用地围墙建设。

（供稿：冯　明／核稿：陈国新）

政府采购

【概述】 2013年，全省国税系统各级政府采购部门先后组织大、小项目采购802批次，采购总金额7056.77万元，比预算节约经费974.60万元，资金节约率达12.13%。其中福建省国税局采购44批次，采购总金额达1402.76万元，比预算节约经费317.30万元，资金节约率18.45%。

【协议供货】 全省国税系统共信息化产品13类（台式计算机、便携式计算机、液晶显示器、服务器、打印机、打印机通用耗材、多功能一体机、扫描仪、计算机通用软件、UPS电源、网络设备、网络存储设备、网络安全产品），汽车4大类（轿车、越野车、多功能乘用车、中大型客车），办公设备3大类（空调机、复印机、投影仪）实行协议供货。

【税务总局批量集中采购】 2013年共组织参加国家税务总局采购4批次，采购台式计算机1286台，采购金额431.13万元；打印机550台，采购金额59.67万元。

【省局集中采购】 2013年全省国税系统普通发票、公务车辆保险、复印纸、便携式计算机等项目实行福建省国税局采购。其中，便携式计算机项目采购以自愿为原则，各级国税部门将列入年度采购预算和计划的便携式计算机采购汇总上报福建省国税实行集中采购，采购预算总额达299.8万元，实际采购金额230.53万元，节约率达23%。此项目采购体现国家税务总局关于扩大采购规模和福建省国税局集中度的整体要求。

【制度建设】 出台《福建省国家税务局系统政府采购管理实施办法（试行）》，明确机关政府采购组织机构和职责，界定了政府采购组织形式、范围和采购权限，规范了政府采购流程，制订了政府采购预算和实施计划、合同及档案的管理。通过制度体系建设，确保政府采购工作的依法、规范，制约随意采购行为，防止腐败现象发生。

【检查调研】 2013年4—5月，福建省国税局抽调部分地（市）人员组成两个调研小组，对全省国税系统12个预算单位（4个设区市国税局、8个县（区）国税局）开展工作调研。重点调查了解基层单位政府采购工作开展情况，具体包括相关措施的落实情况、政府采购组织体系、制度体系、运行体系、监督制约体系建立和运行情况。并及时向被调研单位反馈存在的问题，分析成因、提出改进的意见和建议，同时总结好的经验和做法加以推广，为进一步加强全省国税系统政府采购工作管理奠定基础。

（供稿：陈佳佳／核稿：安　辉）

督察内审

【税收执法督察】 将组织收入原则、“营改增”试点、提高个体工商户增值税起征点、纳税评估、资本交易税收管理、特别纳税调整管理、税务师事务所税务管理、房地产及建筑安装企业税收管理、金融保险业税收管理、税务行政审批、疑点信息核查等11项内容作为税收执法督察的重点。个别设区市国税局还根据本地区的实际情况和工作需要，在福建省国税局确定的执法督察内容基础上，适当增加安排其他执法督察内容。全省共对153个下属单位进行了税收执法督察（其中，对本级开展督察单位数91个、对下级开展督察单位数62个）。福建省国税局对2个设区市局开展重点督察，重点督察面25%，各设区市国税局对下一级单位的重点督察面为39%，各县（市、区）国税局自查自纠面达100%，按计划全面完成税收执法督察工作任务。全年税收执法督察项目718个，完成税收执法督察报告110份，下发税收执法督察处理决定书27份。通过执法督察共发现违规涉税文件总数10件、有问题的纳税人3267户次，违规税额1023.60万元，其中少缴税款1023.60万元；已整改税额777.90万元，其中已补税款777.90万元，加收滞纳金42.2万元。

【税收执法责任制】 推行税收执法责任制，构建人机结合的税收执法责任制考核机制。利用税收执法管理信息系统对税收执法情况进行实时监控，在每季度对全省税收执法过错情况进行通报，分析原因，同时强化执法过错责任追究，促进各地严格税收执法、规范申辩调整、落实责任追究，提升税收执法水平。全省纳入执法责任追究的过错行为共8042项，过错责任追究4739人次，其中，批评教育1141人次，责令作出书面检查

140人次，通报批评151人次，责令待岗14人次，取消执法资格19人次，经济惩戒3274人次、金额220494元。

【内部审计】 完成31个审计项目，其中财务专项审计2个，领导干部经济责任审计27个（离任审计10个，任中审计17个），财务收支审计2个。审计查出问题915个，涉及金额6955.7万元。

【疑点信息库核查】 确认执法过错1588条信息，占核实数9641条的16.47%。查补税款212万元，发现并纠正一些金额较大且存在极高执法风险的问题。

【执法督察建议】 加大督察审计结果运用，为领导决策、建章立制、堵塞漏洞提供有针对性的建议。其中，全年执法督察向被督察单位提出工作建议212项，被采纳的执法督察建议127条，被督察单位已制定整改措施134项，被督察单位已完善规章制度56项。内部审计共提出177条审计建议，均被采纳。

【整改落实】 督促各类督察审计查出问题的整改落实，2013年全省税收执法督察下发税收执法督察处理决定书27份，下发税收执法督察处理意见书25份，税收执法督察结论书7份；内部审计查出主要问题均为管理不规范问题，涉及不规范金额6955.7万元，已纠正金额1030.5万元，纠正比例14.80%。其中经济责任审计已纠正金额占查出问题金额的17.9%。

【业务培训】 福建省国税局举办督察业务培训班一期，培训95人次。组织内审人员后续教育培训和上岗证书的培训工作，与厦门国税局联合举办全省审计人才库人员的业务培训，同时派员参加国家税务总局组织的多层次人才培训。提高系统督察内审人才库人员的业务技能和综合素质。

（供稿：周　芸／核稿：陈义端）

机关后勤

【物业管理】 2013年8月，对照国家税务总局提出的2个物业管理新标准，编写物业管理招标文件，由福建省国税局采购中心组织招投标，确定新一轮物业管理服务单位——冠深物业公司，并与其签订《物业服务管理条款》，明确双方权利和义务。克服新旧物业交接、人员和制度重新磨合完善等困难，根据国家住建部“国优示范大厦”标准，由机构服务中心召集信息中心、左海大厦、福州冠深物业管理有限公司相关负责人召开协调会议，督促物业管理单位按照《全国物业管理示范大厦》标准，制定相应管理目标。2013年11月22日，国家住建部对福建省7家“国优示范大厦”进行重新检查验收，左海大厦顺利通过国家住建部组织的“示范大厦”国优检查评比。

【业务培训】 2013年12月2日至4日，全省国税系统机关后勤工作培训班在南平国税培训中心举办。邀请专家详细解读《机关事务管理条例》和党政机关《厉行节约，反对浪费条例》，并对建立健康安全食堂管理的难点问题和加强机关车辆安全管理等问题，进行辅导讲课，福建省国税局副局长雷致青到会作报告。结合培训活动，组织各设区市国税局对开展优质服务年以来活动情况，进行总结交流。

【接待工作】 贯彻中央八项规定和福建省国税局关于接待工作有关要求，改进和规范接待工作，完成国家税务总局督察内审、巡视、执法监察、党的群众路线教育实践活动督导、全省国税工作、全国第一届海峡两岸税收交流研讨和纳税百强表彰等在榕期间的会议保障；组织人员做好会务保障，全年共保障会议90场（次）。

【资产管理】 完成国税局、地税局分家划分福建省国税局的106套（含公用附属间、车库）宿舍产权变更。根据固定资产管理规定，做好因保管、使用、维护不当所造成的报废、盘亏等固定资产，全年共清查固定资产563件，变更卡片1046件，报废324件，新增购置固定资产卡片近628张。

【车辆管理】 在福建省国税局机关专职驾驶员中开展以“爱车、守纪、安全、节约”为主题的优质服务评比活动，教育驾驶员树立以人为本的思想，提高安全责任意识。制定《福建省国家税务局机关驾驶员行车奖惩管理办法》，建立健全奖励机制、奖优罚懒，调动车勤人员的积极性。结合季节变化，邀请鼓楼交巡警大队法制员进行《交通安全法》等专题知识讲座，对所有公务车辆配备灭火器。执行出车前、行车途中和回场检查，做到小故障及时排除、大故障不过夜，全年共完成出车1.98万台次、行驶101万公里、三清保养158台次、小修车辆287台次、总成大修5台次，确保运行车辆完好率达到100%。

【食堂管理】 以优质服务为中心，对照中央国家机关健康食堂标准，结合国家税务总局开展优质服务年活动，营造“温馨食堂”。严把食品采购渠道，让就餐人员吃上放心食品，引进地方特色小吃，根据传统节日自制清明粿、中秋月饼、年糕等；与福州市鼓楼区益民卫生消毒点签订协议，定期到机关食堂进行防（灭）鼠、防蟑螂等工作，防止鼠、蚊、蝇、蟑螂滋生，确保饮食卫生安全。

【设备管理】 对东楼日立变频空调系统、新楼七台通力电梯，以及两幢大楼的消防系统、新楼中央空调主机、新楼中央空调变频节能系统等重新签订维保协议。完成新楼中央空调主机、新楼高压配电设备、东楼日立变频空调系统日常故障维修，确保设备正常运行。对两幢办公大楼消防系统进行检测，对发生故障的消防安全指示灯进行维修，全年零星水、电维修、安装500余次（处），电话分机障碍处理、新装机、移机70余次（部）。

【安全保卫】 坚持日常干部值班制度和节假日领导带班制度，每逢重大节日，都提前开展值班安全大检查，排除不安全隐患。落实保安执勤制度，实行24小时值班巡逻，对来访者实行登记、核销，对监控系统加强管理维护，全年无发生火灾、盗窃治安事故，确保机关及宿舍区的安全。

（供稿：郭金萍／核稿：林知国）

社团组织与福建左海大厦

福建省税务学会

【概述】 福建省税务学会成立于1985年3月，每届届期4年，目前是第七届。现有单位会员83个，个人会员1427人。福建省税务学会每年都承接中国税务学会、福建省社科联、福建省国税局、地税局的重点调研课题，结合中国的税收理论和税收实际及福建省经济建设中的热点、难点问题，组织会员，开展群众性调研，宣传调研成果，促进成果转化；同时办好学会会刊、开展税收宣传咨询、推进闽台学术交流。福建省税务学会设有两个内设机构：一是税收学术研究委员会，学术委员20人；二是办事机构秘书处，工作人员7人。

【换届工作】 2013年8月6日，第七届会员代表大会在福州市召开，150多人出席会议。大会审议通过《福建省税务学会第六届理事会工作报告》和修改后的《福建省税务学会章程》。选举产生第七届理事会理事145名。大会期间召开第七届理事会第一次全体会议，选举产生第七届常务理事24名和新一届学会领导成员，臧耀民当选会长，陈青文、陈滨、王永礼、肖翔、黄端、雷根强、杜红兵7位同志当选副会长，杜红兵副会长兼任秘书长，聘请包逸生、董兆明、顾志珊、赖勤学4位为副秘书长。

【群众性税收调研】 开展“税务机构和队伍如何适应新的征管模式研究”和“营业税改征增值税后税收政策效应分析研究”两个课题研究以及会员自选课题研究。2013年8月29日—30日，2013年税收调研课题研讨会在宁德市霞浦县召开，收到论文84篇，其中“税务机构和队伍如何适应新的征管模式研究”课题39篇，“营业税改增值税后税收政策效应分析研究”课题45篇。

【学术委员学术研究】 2013年1月22日，税收学术研究委员会在福州市召开全体委员会议，对全年税收理论研究工作进行研究和讨论，采用委员认题方式开展税收学术研究。林雄学术委员完成课题研究，提交《〈税收征管法〉修改系列建议》（共5个建议）。

【优秀论文评选】 开展2013年度优秀论文评选，共收到参评论文135篇，经福建省税务学会税收学术研究委员会评选，评出19篇优秀论文，其中一等奖4篇，二等奖6篇，三等奖9篇（详见表14）。

表14　　福建省税务学会2013年度优秀论文获奖名单

奖项	论文题目	作　者
一等奖4篇	《我国大企业税收专业化管理和改革构想》	厦门市地方税务局课题组
	《福建省营业税改征增值税政策效应研究》	泉州市洛江区国家税务局　黄锡联
	《从厦门试点实践看“营改增”改革完善》	厦门市国家税务局课题组
	《“金改”背景下泉州区域金融生态环境建设的思考》	泉州市鲤城区地方税务局 许晓慧　张坤志
二等奖6篇	《依托新征管模式打造新型地税团队的思考》	泉州市泉港区地方税务局课题组
	《借鉴国际先进经验，推进税收征管改革》	厦门市国家税务局课题组
	《“营改增”后交通运输业的税收风险识别》	漳州市国家税务局　林绍君
	《从政策科学视角探析股权转让个人所得税管理》	莆田市地方税务局课题组
	《无过错推定与税收实务融合及构想》	厦门市地方税务局课题组
	《新一轮财税改革与地方税体系建设的复合构想》	厦门市地方税务局课题组
三等奖9篇	《打造莆田地税税源专业化管理模式升级版的探讨》	莆田市地方税务局课题组
	《大部制背景下的税务机构改革——漳州市国税局纳税服务大部制改革的考察与思考》	漳州市国家税务局　陈文裕
	《浅谈税务机构和队伍如何适应新的征管模式》	龙岩市新罗区地方税务局课题组
	《税务文化与征管改革深度融合研究——基于集美区地方税务局税收征管改革的实践与探索》	厦门市集美区地方税务局课题组
	《福建省“营改增”税收政策的效应分析研究》	霞浦县国家税务局　陈少华
	《“营改增”后税收政策效应分析研究》	福州市国家税务局直属局课题组
	《“营改增”试点效应分析及应对策略探讨》	云霄县地方税务局　方智勇
	《发展南平市森林工业循环经济产业链的税收政策探讨》	光泽县国家税务局　柯卉
	《第三方信息在税收征管中的实际应用与国外借鉴》	漳州市国家税务局　杨柳

【参加全国学术研讨】　厦门市集美区地方税务局课题组撰写的《以文化地税为抓手，促进税务机构和队伍适应新的征管模式——基于集美区地方税务局税收征管改革的实践与探索》论文，参加2013年10月22—23日中国税务学会在江西省南昌市召开的“深化征管改革研究”课题研讨会；宁德市税务学会课题组撰写的《福建省“营改增”税收政策的效应分析研

究》论文，参加2013年10月23—24日中国税务学会在浙江省杭州市召开的“进一步完善税收制度的研究”课题研讨会。

【成果转化】 一年来，通过在福建省税务学会网站上发表论文，向福建省委、省政府有关部门推荐论文等形式，促进研究成果的转化。各设区市税务学会也自行上报优秀成果，得到有关领导的重视。其中厦门市地方税务局课题组撰写的《新一轮财税改革与地方税体系建设的复合构想》在国家税务总局主办的《研究报告》2013年第30期刊登；福州市国家税务局张勇执笔的《福建省营业税改征增值税试点效应分析》被国务院办公厅《国办专报》采用；福州市国家税务局调研文章《福州市国税局关于高新技术企业税负调研》《福州市国税局关于中小企业税负情况调研》被福建省政府专报采用；泉州市地方税务局课题组撰写的《十八届三中全会后财税体制改革对泉州石化的影响——以泉港区为例》得到泉州市政府领导批示；福建省税务学会副秘书长包逸生整理、顺昌县国家税务局吴诚撰写的《从税收角度思考福建省产业结构的调整》参加福建省社科联举办的推动福建科学发展跨越发展百项建言活动；厦门市地方税务局课题组撰写的《促进厦漳泉经济同城化发展的税收政策研究》、福建省税务学会副秘书长赖勤学与陈琳英共同撰写的《浅议消费税征收范围的绿化设计》、福建省税务学会会员陈必福（省地税局）撰写的《论我国纳税服务的改进与优化》分别在福建省政府发展研究中心《发展研究》2013年第3、7、10期发表。将2009—2012年税收学术研究优秀成果58篇汇编成《税收与海西经济——2009—2012年福建税收学术研究优秀成果荟萃》书籍，在福建人民出版社出版，发行800册。税收学术研究委员会编写了3期《研究报告》，刊发会员优秀文章，供有关部门参考及交流。

【税收宣传】 2013年10月，福建省税务学会组织税收业务骨干参加福建省委宣传部、省社科联举办的社会科学普及宣传周活动，以“税收·发展·民生”为主题，重点宣传与高校师生生活密切相关的税收政策、税收理论、税收知识，解答高校师生提出的有关税收问题，向高校师生分发税收宣传资料。设计160多道有关税收的问答题和谜语，进行现场有奖问答和竞猜。福建省税务学会网站“海西税苑”等栏目，长年累月宣传税收，全年共更新220条信息。

（供稿：张云江／核稿：包逸生）

福建省国际税收研究会

【自身建设】 2013年3月20日，福建省社科联、社团办和高校有关人员联合到福建省国际税收研究会进行“4A”级社会组织验收，验收组成员认为福建省国际税收研究会机构健全，管理规范，活动条件优越，领导班子注重学术研究，形成较多成果，全国获奖突出，成果颇丰。2013年7月，通过验收，并由福建省民政厅颁发4A级社会组织荣誉证书。

【课题调研】 2013年年初，中国国际税收研究会下达三个课题，福建省国际税收研究会认领“完善税收执法风险防范的国际借鉴研究”课题，并下发给各设区市研究会。根据往年各设区市研究会的研究优势，确定由漳州市国际税收研究会为牵头单位，漳州市国税局陈文裕为课题负责人。在转发中国国际税收研究会课题的同时，结合福建省实际，同时下发两个自选课题，要求各地研究会组织落实。2013年6月26日，福建省国际税收研究会召开各设区市秘书长会议，听取各设区市研究会落实2013年论文调研情况汇报，研究确定全年课题调研具体安排。10月底，中国国际税收研究会

▲2013年12月30日，福建省国际税收研究会第三届会员代表大会会议召开

三课题共收到论文19篇，其中："完善税收执法风险防范的国际借鉴"课题7篇，陈文裕负责总撰综合研究报告上报中国国际税收研究会，并由漳州市国际税收研究会派员参加该课题于11月13日在广西壮族自治区国家税务局桂林培训中心召开的专项结题研讨会。结题会上，福建省国际税收研究会的综合报告及制作的PPT获得参会代表一致好评并获得较高评价。

【学术交流及成果】 福建省国际税收研究会组织对完成的课题论文进行评比，共有38篇论文获奖，其中：上级研究会的三个课题和本级研究会的自选课题各评选19篇。详见表15和表16：

表15　　福建省国际税收研究会对上级研究会课题论文评奖情况

获奖情况	论文题目	作　者
一等奖	《关于防范税收执法风险的探讨》	厦门市国际税收研究会课题组
二等奖	《完善税收执法风险防范的国际借鉴研究》	漳州市国家税务局　陈文裕
	《营业税改征增值税的福建样本及国际借鉴》	三明市国家税务局课题组 黄鸿杯　黄茂萌　黄劲梅
三等奖	《完善税收执法风险防范的国际借鉴研究》	南平市国际税收研究会课题组
	《优化纳税服务的国际借鉴研究》	龙岩市长汀县地方税务局课题组
	《借鉴国际经验，构建现代纳税服务体系》	三明市国家税务局　黄显福

续表

获奖情况	论文题目	作　者
鼓励奖	《防范税收执法风险的实践与探索》	南平市地方税务局　林章其
	《推进营业税改革完善增值税制度的国际借鉴研究》	南平市开发区国家税务局 黄德荣
	《优化大企业纳税服务的国际借鉴》	龙岩市国家税务局　刘杭梅　程　辉
	《优化纳税服务的国际经验及借鉴——兼谈我国纳税服务体系建设》	福州市晋安区国家税务局　林彩云
	《优化纳税服务的国际比较与研究》	南平市地方税务局工业园区分局课题组
	《完善我国增值税制的国际借鉴与思考》	泉州市泉港区国家税务局课题组
	《建筑业改征增值税的国际借鉴与思考》	福州市闽侯县国家税务局课题组
	《借鉴国家经验 防范税收执法风险》	泉州市洛江区地方税务局 张锦露　许旭升
	《防范税收执法风险的实践与思考》	泉州市经济技术开发区国家税务局
	《纳税服务的国际借鉴和启示》	莆田市涵江区国家税务局 苏　婧
	《浅谈构建税收执法风险防范框架之设想》	福州市经济技术开发区国家税务局 张　颖
	《“营改增”税制的国际借鉴研究2》	宁德市霞浦县地方税务局 林长贵
	《“营改增”税制的国际借鉴研究1》	宁德市蕉城区国家税务局　朱敏敏

表16　　福建省国际税收研究会对本级研究会自选课题论文评奖情况

获奖情况	论文题目	作　者
一等奖	《非居民企业股权转让税收管理问题探讨》	莆田市国家税务局 李国清　姚碧琼
二等奖	《发展生态经济税收政策的国际借鉴研究——开征生态税的国际借鉴及具体对策》	漳州市地方税务局　陈丽娟
	《当前我国房产税税制存在的问题与改革构想》	厦门市地方税务局外税分局课题组
三等奖	《我国发展生态税收的国际借鉴》	南平市光泽县地方税务局 陈展宏　谢满祝
	《发展生态经济税收政策的国际借鉴研究2》	龙岩市长汀县地方税务局 范福全　马灯山
	《非居民企业股权转让税收管理问题探讨》	漳州市地方税务局　柯伟华

续表

获奖情况	论文题目	作　者
鼓励奖	《服务理念下的纳税人权益保护研究》	福清市地方税务局 黄　键　何　伟　王　美
	《发展生态经济税收政策的国际借鉴研究1》	莆田市国家税务局　郑　重
	《发展生态经济税收政策的国际借鉴》	宁德市蕉城区地方税务局　谢明德
	《非居民企业股权转让税收征管难点及对策建议》	泉州市安溪县地方税务局课题组
	《完善税收征管组织体系的国际借鉴》	漳州市国家税务局　林绍君
	《构建我国生态税收体系的国际经验借鉴》	漳州市云霄县地方税务局 方智勇
	《加强非居民股权转让税收管理的研究》	晋江市地方税务局　王少荣
	《跨境并购中非居民股权转让企业所得税管理问题研究》	福州市国家税务局直属局　邓　涛
	《借鉴台湾涉农税制促进农业现代化》	三明市国家税务局 林锡明　郭生康　邹水贤
	《中美两国税务机关英文名称比较与思考》	三明市将乐县地方税务局 刘金涛
	《税收支持龙岩生态文明建设的调查与思考》	龙岩市国家税务局　傅林清
	《非居民企业股权转让所得税管理存在问题及建议》	泉州市安溪县国家税务局 廖明娇　李鸿川
	《加强第三方涉税信息获取及应用的探讨》	福州市永泰县地方税务局课题组
	《非居民企业股权转让征收企业所得税问题的探讨》	宁德市福鼎地方税务局　高发兴

2013年的课题论文已汇编成论文集，下发各设区市研究会以及国税局、地税局。2013年3月8日，全省调研论文交流会在福州市左海大厦举行，经专家组评定的19篇获奖论文作者在会上作了发言、交流，集美大学黄衍电教授应邀在会上对交流论文进行点评。

【第一届海峡两岸国际税收交流研讨会】　第一届海峡两岸国际税收交流研讨会于2013年11月6日在福州市左海大厦召开，会上中国国际税收研究会代表和中华产业国际租税学会代表就一般反避税立法与实践的国际比较研究进行了热烈的探讨和比较。这是我们第一次和台湾的正式研讨，接到任务后，即刻向省国税局领导汇报，领导非常重视，给予全力支持，从选定会议地点、会议安排方案、经费保障等都作了周密安排，确保会议于2013年11月6日在福州市左海大厦圆满顺利召开，收到良好效果，得到与会领导和代表的赞许。

【评优评先】　下发《关于申报评选先进研究会的通知》，共收到上报自评材料7份。根据《通知》要求和评选先进研究会的条件及近几年各研究会的活动开展成效，推荐福州、厦门、莆田、漳州四会为省研究会本届先进研究会，并提交第三届会员代表大会进行表彰。

【换届工作】 2013年12月30日，召开福建省国际税收研究会第三届会员代表大会。原国家税务总局副局长、中国国际税收研究会会长王力、福建省人大常务委员会副主任邓力平、省国税局、地税局等部门领导亲临大会祝贺。会议选举连开光为第三届省国际税收研究会会长，杨章辉、严奉泽、雷根强、林建文为副会长，林建文兼任秘书长。敦请福建省人大常务委员会副主任邓力平、省人民政府副省长郑晓松为本届研究会名誉会长；敦请福建省国税局党组书记、局长臧耀民、省地税局党组书记、局长陈青文、厦门大学副校长杨斌、国际税收研究会第二届会长陈挺成、省地税局党组成员、副局长施维雄为顾问。

【各项活动】 派秘书长参加中国国际税收研究会在南昌举办的秘书长培训班；派员参与中国国际税收研究会各课题结题交流；派员参加福建省社科联召开的第九届社科联优秀成果表彰大会暨省社科联第六届六次全体扩大会议及其他活动。

（供稿：杨赞辉）

福建省注册税务师协会

【概述】 福建省注册税务师协会是经福建省民政厅批准，在福建省国家税务局、福建省地方税务局领导下，由注册税务师和税务师事务所组成的福建省注册税务师行业（不含厦门，下同）的自律性社会团体。截至2013年12月31日，协会具有团体会员141个，个人会员2183人，其中执业会员1110人。2013年行业经营收入2.38亿元。

【协会换届】 2013年11月12日，福建省注册税务师协会第三届会员代表大会在福州市左海大厦召开，共有近200名理事、所长参会，会议审议通过二届理事会提请的工作报告、财务收支报告、章程修正案，选举产生新一届理事会常务理事47名、理事122名、顾问1名及协会领导7名（含会长、副会长及秘书长），并召开三届一次常务理事会，聘请2位副秘书长。

【沟通协调】 与福建省物价局、省国税局、省地税局的沟通协调，推动省物价局、省国税局和省地税局联合下发《福建省税务师事务所服务收费标准》及《福建省税务师事务所服务收费管理实施办法》，改变了福建省注税行业多年来无收费参考标准、无序压价竞争的状况，营造公平公正的执业环境。加强与各地税务机关的联系，分别走访泉州、三明、福州、漳州等地，召开联席会，邀请当地税务机关及事务所代表参会，调查行业发展现状，把握行业发展方向，了解当地税务机关对注税行业的看法，向当地税务机关反映行业及会员的意见和建议，尽可能地帮助会员克服工作中遇到的困难，解决难题，化解矛盾，维护会员的合法权益。

【等级认定】 根据中税协《税务师事务所等级认定办法》（2013年修订），开展2012年度的税务师事务所等级年检及认定工作。由税务师事务所自愿提出申请，提交申请材料，经初审后，由协会秘书处同志和行业专家组成的认定小组到实地检查，根据事前统一的检查口径和评分标准，给税务师事务所评分。经过公示无异议后，评出2012年度的AAA级税务师事务所2家，AA级税务师事务所1家，A级税务师事务所26家。按照中税协的统一布置，对全省2010年度、2011年度取得等级的注册税务师进行年审。全省共有678名等级注册税务师申请等级年审，经过考核、公示，其中，一级注册税务师6名通过年审，2名延期年审；二级注册税务师110名通过等级年审，16名延期；三级注册税务师528名通过年审，16名延期，32名放弃资格。开展2012年度的注册税务师等级认定工作，新认定一级注册税务师4名，二级注册税务师19名，三级注册税务师118名。

【规范执业标准】 以“营改增”为契机，发挥行业专家委员会的作用，制定《福建省税务师事务所“营改增”试点纳税人增值税差额征税专项审核工作指引》（试行）及《福建省税务师事务所“营改增”试点纳税人增值税减免专项审核工作指引》（试行），在福建省首次就单一业务的审核工作流程进行规范。同时，根据福建省注税行业鉴证业务分布特点，制定《企业所得税汇算清缴业务的审核规范》。

【信息化管理】 委托开发“福建省注税行业鉴证业务报备系统”（以下简称“报备系统”）。凡在福建省执业的税务师事务所，出具的鉴证报告，均须通过“报备系统”进行合同报备、报告报备，打印统一格式的报告封面，并在封面上粘贴防伪标签。合同报备实现了业务的先期管理，承接业务的事务所须填写委托企业的名称、税务登记号、委托业务、鉴证年度及收费金额等信息，其中，收费金额须在福建省注税行业收费文件规定的标准框架内，不符合收费标准的业务将无法进行合同报备。报告报备时对使用的防伪标签编码及承接业务的鉴证数据情况如委托企业的鉴证金额或调整的税额情况进行填报，是税务机关采信的重要参考依据。完成合同报备及报告报备后，可打印出统一格式的报告封面，并粘贴省注税管理中心和协会联合印制的防伪标签。打印的报告封面上自带的防伪标签编码数字与粘贴的防伪标签编码要一一对应。只有带有规范格式报告封面的鉴证报告，各级税务机关方可采信，否则一律不得受理。采用信息化手段进行业务报备监管，节省了人力物力，提高了工作效率，扩大了监管的覆盖面，提升了行业自律管理水平，营造了公平公正的执业环境。

【会员年检】 按照中税协统一部署，开展2012年度团体会员和个人会员年检，共有139家团体会员及1073名个人会员通过年检，未参加年度检查的税务师事务所1家，执业注册税务师5人。2013年，中税协还对福建省会员年检进行实地核查，福建省共有2家税务师事务所接受中税协的实地核查，事务所内部管理情况和执业水平等方面得到中税协检查组的肯定。

【行业宣传】 定期发行《福建省注册税务师》，宣传福建注册税务师行业；向《注册税务师》杂志供稿，2013年，福建省组稿工作位居全国第三名，投稿数及发稿数均居全国前列；开展税收宣传月的税法宣传和注册税务师行业宣传，组织事务所参加全国第三届“税收和注册税务师知识竞赛”，组织参加全国注税行业书法摄影大赛，有两人分别获得“注税杯”书法摄影大赛摄影一等奖和二等奖。

【教育培训】 除了引导税务师事务所建立长期的内部培训制度，组织注册税务师参加中税协及中税协网校组织的远程继续教育培训外，还针对福建省行业发展的实际情况，组织开展“报备系统”运用等专题培训及继续教育培训等其他面授培训。

（供稿：李香梅／核稿：刘少波）

福建左海大厦

【经营收入】 共实现经营收入2857.36万元，其中客房收入1506.23万元，餐厅收入1320.57万元，其他收入30.55万元，客房全年平均出租率为73.8%，餐饮部全年平均毛利率为40.5%。接待福建省政协会议、全国税收科研工作会议、福建省住建厅注册建造师培训班等各种会议培训200余场。

【制度管理】 在制度管理工作中，顺应经营环境的变化，对部分管理制度重新修订，使财务报销制度、质检工作制度、高值巡查制度等一系列制度得到修正和完善；在资产管理工作中，对固定资产重新盘点核实，对开业初期购置的部分资产，老化损坏严重的予以报废清理。细化办公物资申购、领取和耗用的程序，并进一步将各部门次级仓库纳入管理序列；在财务管理工作中，继续完善报销和审核制度，保证费用支出的真实合规，坚持将采购管理制度落到实处，做好供应商合同管理，一方面坚持各项采购活动的标准性、独立性，另一方面保障采购物品的质优价廉；在质量检查工作中，继续坚持公正、公平、客观、严谨的原则，提高各部门对质检工作的了解和认识，促使各部门之间沟通协作，相互监督，共同提高。

【服务质量管理】 科学设置各基层、管理层的层次和职能，完善逐级责任管理建制，明确各自的分工和职责，坚持例会制度，传达各项会议精神，总结日常工作中出现的问题。各部门依照大厦的规章制度和操作规范，督促做好每日卫生检查与督导工作，执行工作细化考核，对卫生不合格员工责令整改，保证卫生质量处于稳定状态。为更好地开展优质服务活动，促进基层管理人员的积极性，落实各岗位的工作职责，各部门坚持每日的管区早例会并及时分析原因，达到举一反三、防微杜渐的目的。坚持实行走动式管理、检查、落实员工的微笑服务、有声服务、主动服务和针对性服务，以提高服务质量。

【采购管理】 成立采购监督小组，进一步完善采购监督机制，已完成对饮料、海鲜、花卉绿植、客房易耗品等项目的采购监督，规范采购工作，并收集供货成本数据，为采购组分类管理、重点控制等工作提供保障。财务部门将每个月各个供货商供货的数量和金额进行排序，确保该类75%以上货物的价格作为采购组控制的重点，使采购工作有的放矢。财务人员独立进行餐饮食品的采价，参与采购的定价，使采购价格更加公正、透明。

【装修改造】 根据年初提出的“整体规划、逐步实施”的装修原则，抓紧各项工作的持续推进。餐厅已陆续完成大厅地毯、窗帘、墙面软包以及二楼包厢区域的全面装修改造工作；客房完成无线网络覆盖及电视机更新工作；后勤办公区域、员工更衣室、制服房也已完成更新改造；前厅商务中心与大堂咖啡吧捆绑招商，引进外部机构进行重新改造，营造温馨和谐的酒店大堂氛围。

【安全管理】 把安全工作列入重要议事日程，2013年4月，邀请鼓楼区消防大队干警对大厦全体员工开展消防安全知识讲座，指导员工进行疏散演练，成立安全工作督察小组，在日常的防火、防盗、食品卫生安全等方面加强巡查。针对夜间外来人员在客房分发小卡片等问题，大厦进一步规范完善高值经理的夜间值班制度，保安巡查制度及夜间坐班制度，发现问题及时处理，杜绝各类安全隐患。卫生防疫方面要求物业配合定期对大厦外围公区进行消杀防治。质检加强对餐厅食品卫生工作的检查，对厨房存在的食品安全隐患要求及时予以整改，加强凉菜间内卫生消毒工作，确保食品安全。全年未出现重大火灾、安全事故。

（供稿：刘伟杰／核稿：姜闽兴）

设区市国税工作概要

2014

福建国税年鉴

福州市国家税务局

经济概况

2013年，福州市实现地区生产总值4678.5亿元，同比增长11.5%。其中第一产业402.26亿元，同比增长2.6%，第二产业2133.6亿元，同比增长13.2%，第三产业2142.63亿元，同比增长10.8%。全市规模以上工业增加值1665.39亿元，同比增长13.7%。固定资产投资3834.22亿元，同比增长18.5%。社会消费品零售总额为2611.29亿元，同比增长15.6%。财政总收入（不含基金）689.12亿元，同比增长15.4%。其中，地方公共财政收入453.97亿元，同比增长18.8%；固定资产投资3832.53亿元，同比增长18.5%;外贸出口192亿美元，比2012年实际数（剔除政策性因素）增长6%；按验资口径实际利用外资14.06亿美元，增长5%。城镇居民人均可支配收入32130元，同比增长9.3%；农民人均纯收入12870元，同比增长12%。“五大战役”完成投资1900亿元，为年度计划的134.6%；实施市级重点项目300项，完成投资1170亿元，为年度计划的125.5%。福清、闽侯、长乐、连江被评为全省县域经济实力十强县，闽侯、连江被评为全省经济发展十佳县。

税收概况

【税收收入】 全年共组织入库国税收入390.12亿元，完成年度收入任务352.60亿元的110.64%，同比增加68.37亿元，增长21.25%，增幅创近年新高。收入总量超过泉州市，上升到全省第二位，增量、增幅、进度均居全省首位，增幅超过全省平均增幅10.35个百分点。其中直接收入371.22亿元，同比增加77.07亿元，增长26.20%；免抵调库18.90亿元，同比减少8.70亿元，下降31.52%。办理出口退（免）税112.4亿元，同比减少14.28亿元，下降11.27%，其中办理出口退税93.5亿元，同比减少5.58亿元，下降5.63%。海关代征税款77.35亿元，同比增加8.88亿元，增长12.96%。实现地方公共财政总收入241.60亿元，同比增加19.89亿元，增长8.97%。实现市本级地方公共财政总收入27.82亿元，同比增加7.57亿元，增长37.38%。

【税负情况】 2013年，福州市GDP为4678.5亿元，同比增长11.5%，宏观税负为8.29%，比上年的7.61%提升0.68个百分点，税收增幅（21.25%）与GDP增幅（现价11.80%）的弹性为1.80，弹性比较高，主要原因是受兴业银行高幅增长及“营改增”税收收入的影响。若扣除“营改增”前11个月净增收影响因素，税收增幅与GDP增幅的弹性比为1.53。

【各征收单位税收收入】 城区税收增长明显高于县（市）。城区7个国税局入库税款287.96亿元，同比增长26.56%，增收贡献率为88.41%，完成收入预算245.76亿元的进度为117.17%，占税收收入总量的比重为73.81%。8个县（市）国税局入库税款102.15亿元，同比增长8.4%，完成收入预算99.15亿元的进度为103.03%，收入增幅低于城区局14.14个百分点。作为福州工业的集中区，长乐市国税局、罗源县国税局和闽侯县国税局收入情况总体较好，永泰县国税局也出现明显增收（见表17）。

表17　　2013年福州市国税系统各单位税收收入情况

单位：万元

单位名称	税收收入合计					
	计划数	完成数	进度（%）	上年同期	增减	增长（%）
合　计	3526000	3901215	110.64	3217529	683686	21.25
鼓楼区国税局	430000	436322	101.47	380360	55963	14.71
台江区国税局	1060000	1416962	133.68	961031	455931	47.44
仓山区国税局	155000	170111	109.75	147192	22918	15.57
晋安区国税局	234000	241916	103.38	214466	27449	12.80
福州市国税局直属分局	363600	371939	102.29	371943	-4	0.00
经济技术开发区国税局	210000	236460	112.60	195223	41237	21.12
琅岐经济区国税局	5000	5965	119.30	4959	1006	20.30
福清市国税局	258000	263170	102.00	249378	13792	5.53
长乐市国税局	193000	199976	103.61	177867	22109	12.43
闽侯县国税局	305000	309934	101.62	284226	25708	9.04
连江县国税局	71500	73176	102.34	71441	1735	2.43
罗源县国税局	43500	48550	111.61	40981	7568	18.47
闽清县国税局	64500	67333	104.39	64203	3130	4.88
永泰县国税局	20000	22539	112.70	18122	4417	24.38
平潭县国税局	36000	36862	102.40	36137	726	2.01

【各税种结构】 主体税种直接收入综合增幅为26.76%，其中增值税17.5%，消费税19.34%，企业所得税33.69%。税种增收原因较为单一："营改增"增收11.62亿元，占增值税直接收入增量的60.42%，拉动主体税种收入增长10.57个百分点，扣除此因素，主体税种收入增幅仅为6.93%。兴业银行增收39.98亿元，拉动企业所得税增长25.53个百分点，扣除此因素，企业所得税增幅仅为8.16%。福建奔驰汽车产销稳定，消费税同比增收1.49亿元，占主体税种收入增量的比重为85.14%（见表18）。

【主要行业税收】 全年直接收入371.22亿元，同比增加77.07亿元，增长26.20%。其中货币金融服务等行业贡献299.74亿元，同比增收63.38亿元，增长26.81%（见表19）。

表18 2013年福州市国税局各税种结构情况

单位：万元

项目	税收收入合计	直接收入					
		小计	增值税	消费税	企业所得税	个人所得税	车辆购置税
2013年	3901215	3712215	1291635	107937	2093638	107	218898
2012年	3217531	2941529	1099239	90442	1566024	197	185628
增减额	683684	770686	192397	17495	527614	-89	33270
增减（%）	21.25	26.20	17.50	19.34	33.69	-45.44	17.92

表19 2013年福州市国税局主要行业税收

单位：万元

行业名称	2013年	2012年	增减额	增减幅（%）
货币金融服务	1125323	717320	408003	56.88
商业	562735	531380	31355	5.90
电力、热力生产和供应业	274689	249992	24697	9.88
房地产业	220272	196437	23835	12.13
汽车制造业	169940	135569	34371	25.35
电信、广播电视和卫星传输服务	137725	120140	17585	14.64
非金属矿物制品业	83740	73911	9829	13.30
计算机、通信和其他电子设备制造业	70677	65898	4779	7.25
纺织业	58405	54696	3709	6.78
橡胶和塑料制品业	42229	40365	1864	4.62

续表

行业名称	2013年	2012年	增减额	增减幅（%）
软件和信息技术服务业	42222	22486	19736	87.77
电气机械和器材制造业	40282	38213	2069	5.41
皮革、毛皮、羽毛及其制品和制鞋业	38976	38001	975	2.57
其他金融业	35084	30695	4389	14.30
专业技术服务业	32645	7853	24792	315.70
食品制造业	31305	27142	4163	15.34
商务服务业	31175	13535	17640	130.33
合　计	2997424	2363633	633791	26.81

征收管理

【税务登记情况】 截至2013年年底，共管征各类纳税人14.02万户，同比增加1.83万户，增长15.01%。其中企业8.96万户，个体工商户5.06万户，一般纳税人3.20万户。

【征管改革】 2013年10月，全市国税系统全面实施税收征管改革，改变原来以“划片包干”为主要特征的征管模式，推行以风险管理、分类管理、信息管税等为主要内容的专业化管理。主要做法：福州市国税局和各县级国税局成立“税收风险分析监控中心”，统一开展税收风险分析、识别和排序；县级国税局按照“大服务、税源管理、税务稽查、后勤保障”四大体系设置机构，实施扁平化管理，压缩后勤机构和人员，全系统合并科室34个，占科室总数的23.78%，每个机构平均人数从7.9人上升到9.23人；取消税收管理员直接管户，分局按行业、规模、特定业务并兼顾地域因素进行分类管理，主要从事纳税评估工作。率先开发并于2013年1月1日起全面运行“任务管理与服务回访系统”，解决任务布置管理、多头下户、干部监管、基础信息维护、纳税人满意度等难题，成为征管改革的一个重要技术平台。

【风险管理】 成立税收风险分析监控中心，该中心集数据情报管理、风险规划、风险分析、识别、排序、风险任务推送、应对结果评价（定）等职责于一身，通过“统筹协调、纵向互动、横向联动、内外协作”运行机制，统一开展风险分析和任务推送，实现税收风险管理闭环运行。出台《福州市国家税务局纳税评估工作程序指引（暂行）》，规范纳税评估工作。建立县级国税局分类分级评定、市国税局稽查局抽查、市国税局纳税服务部门回访和税收风险分析监控中心监督评价的多级评估考核机制。全市国税系统共建立158个行业管理模型，涉及68个工业行业、8个商业行业，重点开发房地产风险管理模型、汽车4S行业模型、出口企业退（免）税风险管理模型三个精品模型。落实福州市地方税收保障办法，采集各部门第三方涉税信息66.11万条，应用第三方信息补税4.92亿元。市局税收风险分析监控中心推送4期816户上级及市局风险管理任务。通过纳税评估V3.0系统下达评估任务2699户，全年评估入库税款5.81亿元。完成748户防范增值税专用发票虚开和打击骗税专项评估，补缴税款和进项转出合计9286.67万元。完成117户固定资产抵扣专项评估，进项转出和补缴税款合计7974.33万元。完成96户“营改增”企业税收风险评估补税2133.35万元。对全市房地产行业实施风险管理，评估86户企业，补缴企业所得税3.28亿元。

【基础管理】 加强欠税清理工作，共4次对1.15万户次欠税人进行公告，全年清理陈欠税款6647万元。继续推广网络发票管理系统，全市已开通网络发票管理系统3.47万户，实际已开票2.75万户，共开具发票661.33万份，开票总金额940.03亿元。审批印制普通发票38种4253.20万份，审批印制企业衔名发票1.76亿份。继续推进“一户式征管档案系统”应用，全年共受理涉税事项19.62万件，扫描归档资料202.88万页，归档比例达到96.88%。对符合条件的5户企业、2个品目（微型计算机和电视机）征收废弃电器电子产品处理基金，截至12月31日，征收入库663.27万元。

【税收优惠】 落实出口退（免）税和各类减、免、退税近200亿元。增值税优惠政策：落实固定资产进项税额抵扣33.95亿元，落实软件产品即征即退等促进结构调整的税收优惠4.7亿元，落实促进就业税收优惠4299.54万元，免征4.2万户次小微企业增值税699万元。企业所得税优惠政策：为1792户次企业落实2012年度企业所得税优惠，涉及金额109.5亿元，其中为130户高新技术企业减免所得税2.98亿元，为779户小微企业减免所得税400万元。“营改增”试点政策：全市2.25万户“营改增”试点企业中，减税面达96.57%。试点纳税人减税8.89亿元，其中一般纳税人整体减税7.28亿元，整体税负下降1.61个百分点，小规模纳税人减税1.61亿元。与“营改增”前抵扣范围相比，非试点纳税人新增抵扣税额4.36亿元。试点企业和其他企业累计减税13.25亿元。其他税收优惠政策：免征2030辆车辆购置税1.19亿元；免收纳税人发票工本费和税务登记工本费242万元。实施增值税汇总纳税扶持总部经济：全市共批准592户汇总申报企业，涉及总分机构2435个。

各税管理

【“营改增”试点】 2013年8月1日，“营改增”试点再次扩大到广播影视业，截至2013年年底，全市共有2.25万户纳税人经确认后纳入“营改增”试点范围，其中一般纳税人4507户，占20.07%，小规模纳税人17948户，占79.93%。“营改增”纳税人净增加1.04万户（其中一般纳税人2218户，小规模纳税人8228户），增长86.98%，月均增加871户。试点企业中从事文化创意服务、鉴证咨询服务的居多，占“营改增”总户数的比重超过50%，分别为7284户和5358户，占总户数的比重分别为32.44%和23.86%。受“营改增”影响，货运车辆全年新增5.40万台，同比增长288.09%，缴纳车购税7.07亿元，同比增长519.14%。

【货物劳务税征管】 2013年7月1日，推行海关专用缴款书“先比对后抵扣”管理办法，涉及户数930户、缴款书1.57万份、税额26.13亿元，稽核比对异常比例降低，数据采集准确性提高。完成748户防范增值税专用发票虚开和打击骗税专项评估，发现问题企业457户，补缴税款和进项转出合计9286.67万元。完成117户固定资产抵扣专项评估，进项转出和补缴税款合计7974.33万元。完成96户“营改增”企业税收风险评估，合计补缴税款2133.35万元。对9个征收单位开展车辆购置税专项检查，对少征税款和滞纳金的车辆补缴79.6万元。

【企业所得税征管】 累计入库企业所得税209.36亿元，同比增加52.76亿元，增长33.69%，占税收总收入的比重由2012年48.67%上升至53.67%。推行所得税专业化管理，按照规模、行业、事项等对不同纳税人实施不同管理办法。如依托房地产风险管理平台对86户房地产企业开展纳税评估，补缴企业所得税3.28亿元。对政策性搬迁所得税政策开展专项调研和评估，补税6077万元。与福州市地税局联合加强和规范建筑劳务分包企业所得税征管。

【国际税收征管】 全年共组织入库非居民税收收入（不含增值税）6.84 亿元，同比增长41%。成功办理联迪股份股权转让、福清融侨大酒店股权转让、爱迪达香港公司福州代表处提高核定利润率案件等非居民税收典型案例。对日立数字映像公司高额对外支付特许权使用费运用反避税和非居民管理相结合的方法调整补税6782.6万元。福清市国税局首笔以国外汇款方式成功入库股权转让税款563.71万元，填补全省非居民境外缴税程序上的空白。对5 户企业开展反避税调查，已结案或进入结案程序4 户，新立案2 户，全年入库反避税税款3925.8 万元。建立280户次“走出去”企业税务档案，2011—2013年累计为“走出去”企业境外所得抵免所得税额2411.18万元。上线运行国际税收信息管理平台，与福州市地税局两次召开联席会议达成国际税收管理6个协作项目。向美国、日本等五国提供318条电子自动情报。

【出口退税管理】 全市登记注册出口企业4125户，其中外贸企业1852户，生产企业2273户，全年办理出口退税93.5亿元，同比下降5.63%，下降主要是受经济影响。组织4场出口企业培训会，建立4个出口企业联系QQ群，编印发放3000册《出口货物退（免）税新政策问答》，对45家重点出口企业实施“一对一”帮扶。正式运行“出口退税远程综合服务系统”，减少企业网络预审申报错误。积极试用“出口退税风险识别辅助系统”。针对出口企业异常增减、敏感商品出口、外贸货源变化等开展分析和管理监控，适当加大审核和函调力度。全市发出函调件1742份，涉及增值税发票18276份，税额3.78亿元。对54户免抵退税企业开展专项评估，补税753万元，调增免抵税额2241万元。

税收法治

【依法行政】 执行全省税务行政裁量权适用规则和裁量基准，与福州市地税局联合发文《部分税务行政简易处罚裁量权基准》。在实现地区执法公平的同时，减轻大厅办税压力，提高办税效率和纳税人满意度。在台江区国税局、连江县国税局、长乐市国税局三个单位开展依法行政示范单位创建工作。

【执法督察】 对6个县级国税局重点开展税收执法督察。配合财政部驻福建省专员办对全市国税系统税收政策执行情况和税收征管质量开展5个月的专项检查。将说理式执法文书列入执法督查内容，通过推行说理式文书促进稽查执法程序规范到位。对9个基层国税局、单位主要领导开展经济责任审计。

【案件审理】 福州市国税局审委会办公室共审理重大税务案件12件，8件审结，全部案件涉及税款合计14559万元，涉及罚款443.79万元，没收非法所得69.32万元。处理虚开增值税普通发票案件3件，经审理均属情节恶劣的情形，按上限给予50万的处罚。这也是福州市国税局首次对虚开增值税普通发票案件进行查处。

【复议处理】 受理复议案件1件，该案

▲2013年4月23日，福州市国税局、福建省国税局和福建平潭综合实验区等联合举办“支持台胞创业 培育共同产业”税法宣讲活动

（魏文忠摄）

为福州市国税局首次对复议案件适用调解手段处理。协调处理复议申请1件，后纳税人主动撤回申请。

【执法责任追究】 下发《福州市国家税务局关于贯彻福建省国家税务局税收执法责任制实施办法（暂行）意见》，明确各类税收执法过错事项、对应的行政处理和经济惩戒扣发幅度的标准。全年共有1329人次受到税收执法过错追究，其中批评教育569人次，责令作出书面检查25人次，经济惩戒735人次，惩戒金额16300元。

【税收执法管理信息系统】 “税收执法管理信息系统”申辩调整后税收执法准确率达99.80%，综合评比指数为99.93%，过错户为713户，过错数为752条，过错户、过错数均大幅下降，税收执法准确率稳中有升。

▲2013年4月10日，福州市国税局局长郑元芳（左）走进福州市政府门户网站，与广大网友在线交流解答税收问题

（魏文忠摄）

【税法宣传】 与福建省国税局、平潭综合实验区管委会、平潭县国税局等联合举办“支持台胞创业，培育共同产业”税法宣讲活动座谈会，40多位税法专家、台资企业、对台企业代表、政府部门领导等参加活动。福州市国税局局长郑元芳走进福州市政府门户网站“中国福州”网高端访谈

▲2013年4月1日，福州市国税局首次通过新浪官方微博举办“税收热点微访谈”宣传活动，与3万多名微博“粉丝”互动，解答税收热点问题

（魏文忠摄）

复46条，“粉丝”13.83万人，在全国税务系统位居前列。与《海西税务》杂志社合作，刊发《海西税务》福州纳税服务专刊。与福州市摄影家协会联合主办“融侨杯”“税收带来榕城美”主题摄影大赛。联合福州市地税部门发布2011年度福州市纳税百强榜。编印《税收历史故事》，让税务干部和纳税人学习了解税收历史文化，增进对税收的理解和感情。与福州电视台联办“民生面对面·税收热点访谈”，

栏目，接受主持人专访，与市民在线交流。通过“@福州国税”新浪官方微博，首次举办税收热点“微访谈”活动。全年通过“@福州国税”新浪、腾讯微博发布信息758条，微博答

▲2013年4月至8月，福州市国税局与福州市摄影家协会联合举办“融侨杯”“税收带来榕城美”主题摄影比赛。图为摄影比赛评奖会现场

（福州市国税直属局提供）

录制并播出《解读福州国税“大服务”》和《“营改增”试点，给福州带来了什么》两期访谈节目。编印并向全市重点纳税户赠送4期4800份《税法解读》。福州市国税局税收政策青年评论组撰写的27篇政策评论、解读文章被多家杂志和网站采用或转载。“营改增”政策效应、税收收入、出口退税、加工贸易转型、中小企业税负等10多份调研报告，调研信息得到福州市市长杨益民等领导批示。全年全市国税系统在市级以上新闻媒体发表新闻报道稿件1144篇，其中中央级29篇，省级369篇，市级746篇。

▲2013年7月24日，福州市国税局通过福州电视台访谈节目向纳税人宣传“营改增”试点工作

（谢能雨摄）

纳税服务

【任务管理与服务回访系统】 2013年1月1日，福州市国税系统全面推行“任务管理与服务回访系统”，对工作人员下户实施规范审批、统筹管理、全程监控，杜绝随意下户，减少下户次数。福州市国税局成立纳税服务回访室，对每次下户行为进行纳税服务质量回访。全年成功回访8064次，总体满意率达到98.69%。编写《任务管理与服务回访系统操作规程》，规范操作，加强培训。定期对“任务管理与服务回访系统”运行中存在的问题及解决办法进行通报。该系统被福建省国税局在全省推广。

▲2013年1月1日，福州市国税系统全面推行“任务管理与服务回访系统”。图为税务人员下户结束时必须经企业人员签字核对基础信息表

（魏文忠摄）

【维护纳税人权益】 回应、受理纳税人涉税诉求，全年共受理纳税人提出各类咨询、举报、投诉1070件。其中12366纳税服务热线转办415件，福州市政府“12345网站”转办145件，“福建省国税局门户网站”受理430件，“国家税务总局网站”受理80

件。各类问题和诉求都能按照“全国税务机关14项公开承诺”的要求，在承诺期内及时解答、处理并反馈，回复率达到100%。福州市国税局领导班子带队集中走访26户重点企业，帮助企业解决实际问题。分类召开企业界政协委员、重点企业、外贸企业、台资企业等多场服务企业座谈会，倾听企业声音。

【市行政服务中心国税窗口】 福州市行政服务中心国税窗口承担着福州市区新设立企业税务登记、全市跨区移户受理及衔名发票续印申请审批业务。按照“纳税服务的样板、便民利商的平台、国税形象的窗口”的要求，推进窗口建设。全年共办理各类事项23604件，其中：咨询13066件，设立新户9549件，跨县（区）移户804户，衔名发票受理185户。

【提速增效举措】 将生产企业出口货物“免抵”税款调库等权限下放到县级国税局，落实出口退税审批15个工作日的承诺时限。统一采购9台自助办税终端配置到基层办税服务厅，节约纳税人的办税时间和办税成本。协调并获得市政府同意在福州行政服务中心增设国税大厅。鼓楼区国税局在全省率先推行增值税专用发票自助代开、发票网络申领及邮寄速递服务。

税务稽查

【概况】 全市国税稽查机关共检查企业196户，立案196户，有问题194户，结案178户。查补入库收入43923万元，其中，税款40988万元，滞纳金2853万元，罚款82万元；占全省稽查查补收入的37%，占福州市国税局税收收入的1.26%；比2012年直接查补收入20785万元增收23138万元，增长111%。

【税收专项检查和区域专项整治】 开展专项检查135户，有问题127户，查结51户，共查补增值税1254.47万元、企业所得税22391.14万元、滞纳金214.48万元、罚款38.67万元，合计23898.76万元。以连江县农产品加工企业为2013年度区域专项整治对象，对10户企业开展评估式专项整治。其中1户企业涉嫌虚开增值税专用发票、农产品收购发票虚抵进项，由评估部门移交稽查局立案查处；一般性违规4户；无问题的5户；入库税款119.55万元。

【打击骗取出口退（免）税专项行动】 抽调39人成立8个专案小组及业务指导组、后期保障组，分3批次对涉案24户外贸企业开展突击检查，查实虚假提

▲2013年4月24日，国务院专项督导组检查听取福州市2013年医药卫生行业专项整治工作情况汇报，并充分肯定了福州市药品、医疗器械生产经营单位和医疗机构发票使用情况专项整治工作

（魏文忠摄）

单1711份，涉及退税额2.12亿元，收到已确认虚开证明单涉及进项发票1915份，进项税额3013.38万元，出口退税2836.13万元。

【打击发票违法犯罪活动】 开展打击发票违法犯罪活动，全市共检查企业265户，查处非法发票份数7057份，查补税款8848.15万元，加收滞纳金236.26万元，罚款1211.19万元，没收违法所得88.43万元。合计10384.03万元。尤其是医药行业发票专项整治工作获得国务院专项督导小组好评，共查处违法单位103户，涉及非法发票2019份，查补税款2118.83万元。由于成绩突出，福州市国税局被国家税务总局评为全国税务系统医药行业发票专项整治工作先进单位。

【大要案查处】 查办国家税务总局督办案件4件；由福州市国税局重大案件审理委员会审理16件，移送公安部门4件；涉及税款过千万的案件10件。查办了一批具有影响力的大要案，如：福建财茂集团有限公司案、“8·22”专案等。

【发票协查】 通过金税工程协查系统共委托发出协查函277件，涉及企业304户次，协查发票26639份，涉及金额305513.66万元，税额51736.53万元。委托收到回复的发票25943份，其中有问题发票3865份，正常发票14622份，无法核实发票7456份，选票准确率14.9%；收到（受托）协查函326件，涉及企业435户次，发票5723份，涉及金额74076.68万元，税额12522.52万元。受托回复涉及发票5656份，其中正常发票4724份，有问题发票588份，无法核实发票344份，累计回复率100%。

【检举案件查处】 共受理举报218件，其中福州市国税局稽查局处理55件，转区、县（市）国税局查处60件，转市地税、市公安等其他部门处理30件，举报内容不详、无明确线索或内容重复不具备稽查价值转入予以暂存处理73件。通过“福州市国税局门户网站”受理网上举报105件，查处结果回复举报人。利用“税务稽查案件管理信息系统”，对转给各县（市）国税局查处的举报件进行跟踪管理，杜绝和减少压案或久查不结现象，对未按规定期限结案又未提出延期申请的，予以督促纠正并限期结案。

【案件执行】 通过拍卖、强制划缴等措施，追缴增值税0.64万元，企业所得税167.86万元，滞纳金1265.26万元，合计追缴入库收入1433.76万元。

机构队伍

【机构设置】 2013年10月，《福建省国家税务局关于〈福州市国家税务局进一步深化税收征管改革方案的请示〉的批复》，同意福州市国税局机构设置如下：

市国税局机关内设13个处室：办公室、政策法规处、货物和劳务税处、所得税处、征收管理处、收入核算处、财务管理处、人事教育处、监察室、国际税务处、进出口税收管理处、纳税服务处、税收风险分析监控中心（新增）。另设：1个机关党委办公室、1个离退休干部处；3个事业单位：福州培训中心、信息中心、机关服务中心；3个直属机构：市国税局稽查局、大企业税收管理局（原市国税局直属分局更名）、市国税局稽查一分局（原开发区局稽查局更名，变更隶属关系，2013年未挂牌成立）。下辖15个县（市、区）国税局，即：福州市鼓楼区国家税务局、福州市台江区国家税务局、福州市仓山区国家税务局、福州市晋安区国家税务局、福州市经济技术开发区国家税务局（副处级）、福州市琅岐经济区国家税务局、福清市国家税务局、长乐市国家税务局、闽侯县国家税务局、闽清县国家税务局、连江县国家税务局、罗源县国家税务局、平潭县国家税务局（注：12月25日，平潭综合实验区国家税务局成立，平潭县国家税务局不再隶属福州市国税局管辖）、永泰县国家税务局、福州市高新技术产业开发区国税局（注：当年未挂牌，仍以市国税局直属分局对外）。以上机构级别：福州培训中心、市国税局稽查局、福州市经济技术开发区国家税务局为副处级，其余均为正科级别。

【编制人员】 全市国税系统在编干部职工 1712 人，其中：公务员1613人，事业干部24人，工勤人员75人；大专以上学历人员1579人，占总人数的92%，其中本科学历1033人，占总人数的60%，具有硕士、博士学位的41人，占总人数的2.7%；中共党员1162人，占总人数的68%（见表20）。

表20 2013年福州市国税系统人员情况

单位	合计	公务员	事业干部	工人
合　计	1712	1613	24	75
市国税局机关	140	133	2	5
高新区国税局	60	56	1	3
市国税局稽查局	74	71	2	1
鼓楼区国税局	170	165	4	1
台江区国税局	156	148	1	7
仓山区国税局	116	108	1	7
晋安区国税局	136	131	1	4
经济技术开发区国税局	86	81	1	4
琅岐经济区国税局	15	15		
福清市国税局	142	132		10
长乐市国税局	102	96	2	4
闽侯县国税局	117	113	1	3
闽清县国税局	94	88	3	3
连江县国税局	85	76	1	8
罗源县国税局	67	59	2	6
平潭县国税局	83	77	2	4
永泰县国税局	69	64		5

【人员招录】 组织人事骨干参加福建省国税局组织的公务员面试及考察工作，福州市国税系统新招录公务员29名，接收军转干部3名。

【贯彻十八届三中全会精神】 召开学习贯彻党的十八届三中全会精神专题会议，在全市国税系统组织开展多形式、多层次的学习宣传活动。2013年11月29日，邀请福建省委党校党建部教授张诺夫为福州市国税局机关处以上领导及基层局长作《全面深化改革的行动纲领》辅导报告，部分机关处长和基层局长代表在大会上发言，畅谈学习体会，交流学习心得。学习贯彻习近平总书记一系列重要讲话精神，通过系统学习、专题研究、深入思考，提高党员干部思想理论水平。

【学习型党组织建设】 发挥福州市国税局机关党委学习型党组织示范点、联系点的引领示范作用，提升福州市国税局机关学习型党组织建设整体水平。组织开展以“学习十八大、读书创佳绩”为主题的读书活动，引导党员干部进一步优化知识结构，提高理论素养。编印《福州市国税局党组中心组理论学习资料汇编》，汇编《福州市国税局机关党委2013年第1—4季度政治理论学习安排内容》。组织开展“学党章、守纪律、转作风”活动，福州市国税局机关党委对各总支、支部学习党章、遵守党章、执行党章情况进行督导检查。2013年7月1日，组织市国税局机关全体党员干部参加“学习十八大、学党章”知识测试。

【基层党组织建设】 开展“五个好”党支部创建工作，推进基层党组织规范做好换届选举、队伍建设管理、党费收缴使用管理等工作。继续推进党务公开工作，贯彻执行党内监督条例，发挥党员主体作用，保障和落实党员知情权、参与权、选举权、监督权。2013年机关党委研究发展党员3人，考察预备党员转正6人。

▲2013年7月1日，福州市国税局表彰先进党组织和优秀共产党员

（谢能雨摄）

【班子建设】 指导各基层国税局党组进一步规范党组议事规则，发挥党组的核心领导作用，推进党组决策民主化、科学化。组织开好民主生活会，对福州市国税局机关民主生活会上提出的35条问题、整改措施进行整理，已整改落实21条。配合福建省国税局巡视组对鼓楼区国税局、台江区国税局、经济技术开发区国税局开展巡视检查。安排5批次处级领导外出培训，安排12名基层班子领导和机关处长参加福建省国税局组织的无锡知识更新培训班。

【国税文化建设】 开展“平凡中的闪光点”活动，通过挖掘身边的平凡人、平凡事中的闪光点，宣扬“法治、规范、专业、廉洁、和谐”的国税文化核心价值观。组织开展登山、摄影、游泳、读书学习月、专题讲座等各种文体活动，寓教于乐，不断丰富干部职工的文化业余生活。以庆祝建党92周年为契机，召开表彰大会，回顾总结近两年来福州市国税局机关党建工作，表彰7个先进基层党支部、15位优秀党务工作者、65位优秀党员。编印《税收历史故事》。邀请市委党校教授戴鸿作《心理健康管理与正能量传递》讲座，组织学唱《福建国税之歌》，观看《孝老爱亲》《全国道德模范宣传》等短片，宣读《道德经》《论语》经典语录。举办全市国税系统先进事迹巡回报告会，由“省劳动模范”“市优秀共产党员”“全省国税系统我身边的好税官”“全市国税系统十佳

▲2013年5月至6月，福州市国税局先进事迹报告团在全市国税系统各单位举办了14场巡回报告会

（永泰县国税局提供）

服务之星”等组成先进事迹报告团，为全市16个县（区）国税局和直属单位1300多名国税干部职工作14场报告。

▲2013年4月19日，福州市国税局组织干部到榕城监狱开展廉政教育活动

（谢能雨摄）

【精神文明创建】 围绕服务文明城市创建工作，健全壮大市局机关党员志愿者服务队伍，结合学雷锋、“三关爱”“创三优”等主题开展环境卫生、交通引导、无偿献血、植树绿化、慈善救助等志愿服务活动。深化文明社区共建活动，组织青年志愿者深入共建社区开展“关爱他人”志愿服务大行动，为社区发展提供支持，为困难群众奉献爱心。以“规范税收执法、优化纳税服务”为文明创建重点，建设规范化、标准化办税服务厅。在福州市执法行业优质服务指数测评中取得第一名的好成绩。全市16个省级文明单位均顺利通过届中复查。闽侯县国税局荣获全国税务系统先进集体称号。

【教育培训】 全市国税系统共举办各类培训123期，18957人天，人均11天。其中，为适应征管改革需要，对基层纳税评估人员开展11期为期各5天的纳税评估业务培训，培训学员480人；组织专业化理论与实践专题讲座、办税服务、数据建模、稽查业务、所得税业务等各类专项培训30期共6000人天；分两期对福州市国税局机关副处以下干部80人在江苏省税务干部学校举办更新知识培训班。制定《福州市国家税务局关于鼓励税收工作人员参加相关专业资格或职称考试加快专业人才培养的通知》，对取得注册税务师、注册会计师和国家司法考试等资格类的工作人员予以奖励和时间保证，明确各单位“三师”占干部比例的中长期目标。整合鼓岭培训基地资源，侧重为基层培训服务，共承办各类培训、会议等31场，1500多人次，4500人天。

【离退休干部管理】 共向离退休干部通报工作情况21次，传达重要文件精神43次，举办专题辅导讲座36次，举行各种文体娱乐活动233次，组织参观、学习、考察19次，定点家访联系老干部196次。向新办理退休的同志赠送银质退休纪念章。在2013年全国第一个法定“老年节”，为机关80周岁以上的离退休干部赠送由瓷艺大师郑雄伟设计的梅花瓷盘表示祝贺。

【党风廉政建设责任制】 召开年度党风廉政建设工作会议，部署党风廉政建设和反腐败工作任务，签订《廉政责任书》。印发推进惩防体系建设和落实党风廉政建设责任制的实施意见，细化“一岗双责”任务分解。每季度召开一次党风廉政建设分析会，每半年召开一次党风廉政建设汇报分析会，发现、研究、整改和解决问题。落实廉政谈话提醒制度，福州市国税局党组两次对各县（市、区）国税局班子成员开展集体廉政谈话提醒。

【廉政教育】 开展预防职务犯罪教育宣传月，通过编印纪检监察简报、开辟廉政教育专栏、举办廉政专题讲座、开展预防职务犯罪宣传教育月“九个一”系列活动等形式，持续推进廉政教育活动。配合纳税评估培训举办7期廉政课。打造国税廉政宣传楼宇文化，全市国税系统廉政文化走廊总面积超过1200平方米。改版提升“纪检监察网”廉政网页，增设廉政课堂、瞭望台、廉政文化大家谈等栏目，增强廉政文化传播的互动性。组织开展全市国税系统“为民务实清廉”主题演讲比赛，汇编优秀演讲文稿。双人演讲《福州国税蓝 清风正气扬》参加全省国税系统“为民务实清廉”主题演讲比赛获二等奖。

【内控机制建设】 制定《关于整合监督管理工作的意见》，统一组织开展财务审计、任中审计、执法督察、执法监察和效能监察等各项检查，加强对重点人员、重点岗位、重要事项的“两权”监督。做好国家税务总局巡视组和省国税局执法监察检查组两次执法监察的迎检工作。突出应用三个信息管理系统推进内控机制信息化建设：完成“内控促廉管理信息系统”初始化、上线推行和二次开发应用工作，通过开设网上交流平台、每月通报等方式，加强内控促廉管理信息系统运维工作和内控机制建设的动态校正；加强对“任务管理与服务回访系统”应用的监督，重视税收工作质量的检验，提高下户工作的监管水平；常态化开展“税收执法管理信息系统监察子系统”统计监控工作，按季度通报系统运行情况，半年开展一次疑点信息核查，提高税收执法准确率。

【政风行风作风建设】 贯彻落实中央八项规定，开展楼堂管所清查、会员卡专项清退、超标办公室清理等检查；执行公务接待、公车配置等管理制度；福州市国税局成立作风纪律日常巡查组和督导组，特别邀请民主监督员、特邀监督员及行评代表参加，多次进行明察暗访和专项督查，并通报，落实整改。在2013年全市民主评议政风行风中获执法类第一名。开展“作风建设年”活动，福州市国税局领导带队组成8个小组，围绕“制度落实、风险防控、工作态度、廉洁自律”四个方面加强对基层局作风纪律建设的宣传和督导。开展“四个万家”主题实践活动，制订实施方案，健全完善吸纳民意机制和措施，及时掌握基层动态、群众诉求，主动为群众排忧解难。贯彻落实减轻企业负担“九条禁令”，严肃查处涉企负担问题，确保税收优惠政策和发票管理措施的监管工作落实到位。开展《税务系统领导班子和领导干部监督管理办法》及实施细则的学习宣传，提高领导干部特别是一把手的自律意识。严格执行民主集中制，落实述职述廉、诫勉谈话、函询、领导干部廉政谈话提醒等制度规定。

【信访案件查处】 做好信访案件的查办工作和档案整理，针对2008—2013年5年以来的信访案件，进行档案归集、整理和核实统计。2013年，共收到23件信访件，立案2件，给予记大过1人、记过2人，解除处分2人。

行政后勤

【政府采购】 成立政府采购领导小组，

负责制定政府采购工作制度并监督执行，组织实施政府采购程序、招投标等具体工作。政府采购做到“事前公告、事后公示”，对政府采购项目的招标方式、供货商、采购结果，通过机关门户网站、中国税务政府采购网等进行公告、公示。全年共组织采购12批次，采购金额683.05万元。

【基建管理】 完成2013年度基建决算报表的汇编。福州市国税局综合办公楼部分楼层改造项目、晋安区国税局停车位工程改造项目均上报福建省国税局并批复同意进入项目库，总投资为485万元。办理晋安区国税局办税厅改造项目开工审批，督促其工程建设进度。办理鼓岭培训基地零星改造项目施工与决算。

【财务审计监督】 下发《关于开展2013年财务自查工作的通知》，布置基层各局开展财务自审工作，自查面达100%。自查围绕三年以上往来账款、预算执行情况、国有资产收益上缴情况、一般干部2012年个人收入情况展开调查，做到范围明确、有的放矢，全面掌握基层单位财务状况。对8个基层国税局开展领导干部任中经济责任审计，审计面达50%。审计以内部财务制度建立及执行情况、专项经费及大额资金使用情况为检查重点。对审计发现的问题，按程序下发审计意见书，指出违规事实，提出整改意见和要求，同时对整改情况进行追踪检查、追踪问效和后续审计。

（供稿：蔡青青／核稿：郑永芳）

漳州市国家税务局

经济概况

2013年，漳州市全年实现地区生产总值GDP 2236.02亿元，比2012年增长11.5%。财政总收入237.79亿元，比2012年增收32.32亿元，增长15.7%。全年财政支出262.36亿元，比2012年增长18.3%。年末金融机构本外币存款余额1851.04亿元，比2012年年末增加326.92亿元。第一产业增加值345.53亿元，增长4.8%；第二产业增加值1091.71亿元，增长15.3%；第三产业增加值798.78亿元，增长9.1%。全年货物进出口总额97.38亿美元，比2012年增长3.3%。全年社会消费品零售总额701.28亿元，比2012年增长12.9%。

税收概况

【税收计划执行】 全市国税系统共组织税收收入102.79亿元，同比增收10.85亿元，增长11.8%，增幅位列全省国税系统第三，完成福建省国税局下达年度计划的101.57%，超收1.59亿元。其中，税收直接收入84.84亿元，同比增收10.8亿元，增长14.58%；办理免抵调库17.95亿元，同比增加0.05亿元，增长0.28%。按照财政口径计算，全年实现税收收入94.78亿元，同比增收10.24亿元，增长12.11%，完成调整后年度计划100%，超收31万元。全年组织征收文化事业建设费875万元，废弃电器电子产品处理基金67万元，税务部门罚没收入173万元。

【税收优惠】 全市国税系统落实各项税收优惠政策，共办理各类减免税5.21亿元（含征前减免），同比增加1.77亿元，增长51.45%；办理出口退税34亿元，同比减少4.82亿元，下降12.42%。

落实资源综合利用税收优惠，全年审批20户次资源综合利用企业资格，完成增值税退税18户，税额5992万元。落实免收发票工本费政策，惠及5万户纳税人，全年减收普通发票工本费百万元。

落实增值税起征点调整政策，全年核定未达起征点个体户32698户，免征个体税收8450万元，扶持个体经济发展。

表21　　2013年漳州市国税局各项税收完成情况

单位：万元

序号	项　　目	累计入库				本年度计划数
		税额	比2012年同期增减		完成年度计划（%）	
			税额	增减（%）		
1	一、总　计	1341518	205246	18.06		
2	（一）税收收入	1027921	108476	11.80	101.57	1012000
3	其中：古雷	14572	14572	100.00		
4	其他	1013349	93904	10.21		
5	其中：中央级	740606	73218	10.97		
6	地方级	287316	35259	13.99		
7	其中：市本级	46617	6250	15.48		
8	1. 直接收入（含车购税）	848421	107976	14.58	103.85	817000
9	2. 免抵调增值税	179500	500	0.28	92.05	195000
10	（二）其他收入	1117	956	593.79		
11	（三）海关代征	312480	95814	44.22		
	其中：增值税	312412	95832	44.25		
	消费税	68	–18	–20.93		
12	二、出口产品退税	–519500	47704	–8.41		
13	其中：出口退税	–340000	48204	–12.42		

注：市本级计划任务数及完成数均含免抵调库数

落实各项企业所得税优惠政策，一是全市符合免税收入优惠的有69户，免税收入38078万元；二是减计收入24户，金额9743万元，其中，企业综合利用资源，生产符合国家产业政策规定的产品有16户，减计收入6785万元；三是加计扣除58户，加计扣除金额17790万元，其中，开发新技术、新产品、新工艺发生的研究开发费用加计扣除26户，金额17369万元，国家鼓励安置残疾人员支付工资的加计扣除44户，金额419万元；四是减免所得额403户，金额87453万元，其中：农作物、农产品初加工等397户，减免所得额70604万元；从事国家重点扶持的公共设施项目2户，减免所得额3300万元；从事符合条件的环保、节能节水项目11户，减免所得额3140万元；五是减免税615户，减免税额20132万元，其中：符合条件的小型微利企业有456户，减免税额144万元；高新技术企业有41户，减免税额9109万元；外商投资企业过渡期“两免三减半”111户，减征、免征税额10769万元；六是抵免所得税额8户，抵免税额10万元。

【税源结构】　漳州国税收入与经济关

联紧密，税收弹性系数（税收增幅与GDP现价增幅的比值）为1.03。税收弹性系数维持在0.8~1.2的合理区间内，显示税收与经济基本同步，变化趋势基本一致。其中，第一产业、第二产业、第三产业税收分别为0.48亿元、87.36亿元、43.2亿元，占全部税收的比重分别是0.37%、66.69%、32.94%。在第二产业中，制造业收入72.04亿元，占第二产业的82.47%，占全部收入的55%，是最主要的创税行业；电力、热力、燃气及水的生产和供应业收入12.93亿元，占第二产业税收的14.8%。在第三产业中，批发业、房地产业、金融业三行业收入分别为13.46亿元、5.96亿元、3.46亿元，分别占第三产业税收的31.16%、13.8%、8%。

【各税比重】 税收直接收入84.84亿元，同比增收10.8亿元，增长14.58%，增幅位列全省国税系统第二位，占税收收入比重达到82.54%，同比提高2.01个百分点。增值税收入64.32亿元（含免抵调库17.95亿元），消费税4.36亿元，企业所得税29.15亿元，个人所得税0.03亿元，车辆购置税4.95亿元。流转税收入比重达到66.82%，增值税、消费税占全部税收比重分别为62.57%、4.25%，企业所得税收入比重为28.36%，其余各税比重4.82%。剔除增值税免抵调库收入，增值税比重上升1.5个百分点。自2010—2013年，企业所得税年均增速是23.99%，超出增值税（不含调库）增速9.3个百分点。

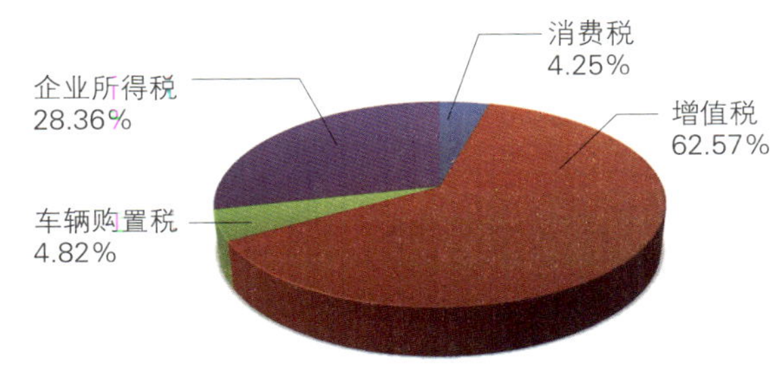

图19 2013年漳州市国税局税收收入各税种所占比重

【工业税收】 全市规模工业总产值3200亿元，增长16.2%；全市规模以上工业增加值预计实现890亿元，增长15.5%，增幅比2012年回落1.5个百分点；出口商品总值70亿美元，增长6.2%。工业税收累计入库66.82亿元，同比增收7.82亿元，增长13.26%，税收弹性系数0.86，增收贡献率为72.08%。其中：直接收入48.87亿元，同比增收7.77亿元，增长18.91%；免抵调库17.95亿元，同比增收0.05亿元，增长0.28%。分行业看，增收较多的有：化学原料和化学制品制造业、非金属矿物制品业和农副食品加工业，分别入库3.97亿元、5.56亿元和8.16亿元，同比分别增收1.16亿元、0.74亿元和0.48亿元，三个行业共入库17.69亿元，占工业税收的26.48%；三个行业共增收2.38亿元，拉动税收收入增长2.61个百分点。增收较多的企业有："腾龙芳烃"于2013年10月投入试生产，入库1.33亿元，增收1.21亿元；"旗滨玻璃"入库1.35亿元，增收0.76亿元；"福贞金属"入库0.68亿元，增收0.44亿元。

【县域税源】 全市14个征收单位中，除漳州开发区国税局受重点企业大幅减收的影响外，其余单位的税收收入均有不同程度的增长，但各县（市、区）国税局间税收收入增幅差高达52个百分点。增长较快的有：东山县国税局（38.92%）、龙海市国税局（27.62%）和台商投资区国税局（20.1%）。增收较多的单位有：龙海市国税局（2.87亿元）、东山县国税局（2.94亿元）和台商投资区国税局（1.57亿元），三个单位共增收7.38亿元，占全市税收增收总额的68.02%。

【商业税收】 全社会消费品零售总额700亿元，增长12.9%；居民消费价格指数CPI上涨3.5%，比2012年多出1.1个百分点。商业税收全年入库16.92亿元，同比增收0.81亿元，增长5.01%。从行业看，商业批发业入库13.5亿元，同比增收0.17亿元，增长1.27%；

表22 2013年漳州市国税局各县（区）税收收入完成情况

单位：万元

单位	累计税收收入			其中：免抵调库			其中：直接收入			完成年度计划任务（%）	本年度计划任务
	总税额	比2012年同期增减：增减额	比2012年同期增减：增减（%）	调库额	比2012年同期增减	同比（%）	直接收入	比2012年同期增减：增减额	比2012年同期增减：增减（%）		
芗城区国税局	231232	14282	6.58	15316	-3064	-16.67	215916	17346	8.74	100.54	230000
龙文区国税局	54558	5078	10.26	9860	1120	12.81	44698	3958	9.72	101.03	54000
金峰区国税局	51105	-2612	-4.86	13323	-2457	-15.57	37782	-155	-0.41	100.01	51100
市局纳服中心	33350	3875	13.15	0	0	0.00	33350	3875	13.15	58.10	57400
市区小计	370245	20623	5.90	38499	-4401	-10.26	331746	25024	8.16	94.33	392500
龙海市国税局	132427	28664	27.62	5521	-4459	-35.99	126906	33123	35.32	126.12	105000
其中：华阳	77382	34759	81.55	0	0	0.00	77382	34759	81.55		
漳浦县国税局	86507	10103	13.22	19309	93	0.48	67198	10010	17.50	100.59	86000
其中：古雷	14572	14572	100.00	0	0	0.00	14572	14572	100.00		
云霄县国税局	23969	3906	19.47	5710	2756	93.30	18259	1150	6.72	108.95	22000
其中：常山	8618	2017	0.31	4094	2192	115.25	4524	-175	-3.72		
诏安县国税局	28058	4319	18.19	13777	1738	14.44	14281	2581	22.06	100.21	28000
东山县国税局	69210	19391	38.92	34917	6917	24.70	34293	12474	57.17	123.59	56000
平和县国税局	24134	2001	9.04	804	-231	-22.32	23330	2232	10.58	100.56	24000
南靖县国税局	38124	2942	8.36	7904	-1	-0.01	30220	2943	10.79	101.66	37500
长泰县国税局	84665	8025	10.47	22471	3240	16.85	62194	4785	8.33	98.45	86000
华安县国税局	27604	101	0.37	223	223	100.00	27381	-122	-0.44	95.19	29000
漳州开发区国税局	49230	-7283	-12.89	14472	-155	-1.06	34758	-7128	-17.02	109.40	45000
台商投资区国税局	93748	15691	20.10	15893	-5217	-27.90	77855	20908	36.71	110.29	85000
全市合计	1027921	108476	11.80	179500	500	0.28	848421	107976	14.58	101.57	1012000

零售业入库3.42亿元，增收0.64亿元，增长22.93%。分细类看，石油及制品批发、金属及金属矿批发分别下降5.97%和4.62%，合计减收412万元，影响商业批发业增幅24个百分点。

【房地产税收】 全市商品房销售496.97万平方米，增长65%，商品房销售额434.4亿元，增长75.6%。但受2009年以后新办的房地产企业属于地税管征的政策影响，该行业的税收收入平稳增长，全年入库税收收入5.97亿元，同比增收1.19亿元，增长24.95%，在全市所有行业中增收额仅次于电力、热力生产和供应业，位居第二，增收贡献率达10.97%。增收较多的企业有："新城房地产"增收5115万元，增长630.58%；"毅达世纪房地产"增收1802万元，增长123.33%；"悦华新房地产"增收1389万元，增长224.96%。三户企业共增收8306万元，占房地产税收增收比重为69.8%。

【重点企业税收】 全市列入国家税务总局监控的102户年税500万元以上的重点企业，全年入库税收收入43.13亿元，同比增加4.28 亿元，增长 11.03%。102户重点企业税收收入占全市收入规模的41.96%，增收贡献率39.45%。从行业分布来看，增收的企业主要集中于电力热力生产和供应业、化学原料和化学制品制造业、房地产业等行业，分别增收4.48亿元、1.07亿元和0.41亿元，分别增长58.94%、44.91%、9.78%，合计增收5.96亿元，占全市税收收入增收总额的一半以上。重点企业华阳电业有限公司全年结算售电量201.41亿度，同比增长15.48%，加上售电平均单价上升6.47%及原煤平均单价下跌19.1%的叠加影响，入库税款7.74亿元，同比增收3.48亿元，增长81.55%，其中：增值税净增入库2.05亿元，增长74.46%；企业所得税净增入库1.43亿元，增长93.86%。受此影响，电力行业税收快速增长，入库税收收入12.46亿元，同比增收4.5亿元，增长56.5%，占全市增收额比重达41.48%。

【权重企业税收】 全市列入监控的623家年税200万元以上的重点企业，全年入库税收收入73.22亿元（含免抵调库），同比增收4.08亿元，增长5.89%，增幅落后整体水平5.91个百分点，重点企业增收作用明显弱化，主要原因是权重企业大幅减收。减收前三位重点企业合计同比减收1.43亿元，下降41.45%。其中，招商局漳州开发区有限公司2012年同期出让招商地产股票获利，属一次性收入，垫高了2012年基数，该企业以经营土地为主，2013年可出售的土地资源较少，受影响该企业同比减收0.52亿元，下降27.34%；漳州宝鼎贸易有限公司受废旧物资回收企业优惠政策退出影响，同比减收0.46亿元，下降69.30%；福建豪氏威马钢铁制品有限公司受市场销售景气度影响，销售锐减，产品价格出现不同程度下跌，该企业同比减收0.45亿元，下降50.76%。

税收法治

【依法行政示范】 成立领导小组，组织领导依法行政示范单位的创建工作，具体落实有关创建工作安排，负责示范单位自主申报的初步审核；领导小组下设办公室，挂靠市国税局政策法规科，具体负责示范单位创建的指导协调、情况交流、经验推广和考核评审等工作；印发全市国税系统依法行政示范单位创建工作任务及分工，细化分解主要任务和责任单位，明确工作责任，细化工作措施；落实福建省国税局出台的依法行政示范单位创建实施办法及考评标准，重点指导督促漳州市首批示范试点单位长泰县国税局、诏安县国税局做好创建准备。

【税收执法行为】 做好行政决策及执行情况监督，进一步健全完善行政决策机制和程序，把公众参与、专家论证、风险评估、合法性审查和集体讨论决定作为重大决策的必经程序；做好规范性文件合法性审查，加强对已实施的税收规范性文件的事后监督，配合做好外部涉税规范性文件的日常审核和会签，全年完成16份市政府及各有关部门规范性文件的会审把关及反馈；做好规范、公正、文明执法，推进行政审批制度改革，推行税务部门行政裁量权基准制度，进一步加强和改进行政执法方式。2013年7月，开展取消一批税务行政审批事项有关情况自查，一是“对纳税人申报方式的核准”，目前系统产生的网上申报、以征代报、简易申报、数据电文申报、直接（上门）申报等申报方式，由系统直接带出，只有网上申报的开通必须由纳税人在“纳税服务平台”注册申请，后台开通即可，无须审批。二是“对办理税务登记（开业、变更、验证和换证）的核准”三项审批，此项为即办事项，未存在违法将审批事项转交下属事业单位、协会继续审批等行为，更不存在拆分、合并或重组审批事项以新的名义、条目替代类似审批的行为，也无存在以某种名义进行变相审批的行为。三是“对印制有本单位名称发票的审批”，已根据文件规定取消该项目的纸质审批，CTAIS系统的流程审批已停止。

【税收执法监督】 做好规范基层单位税务行政裁量权行使，指导基层税务机关和税务人员合法合理行使税务行政裁量权。做好案件的初审、会审和审理决定工作流程，对税务稽查权的证据关、法律关和程序关，审核案件事实、调取证据、案件定性、执法程序和处理意见的合法合理性，降低税收执法风险，维护纳税人权益。在审理过程中，要求稽查部门做好文书的说理性工作，分析利用案件审查结果，以审促查、以查促管。全年稽查系列立案审理97件，符合重大案件审理标准的案件10起，其中3起在审，2起发回补充调查，审理率为10.31%。

【开展执法督察】 利用税收执法管理系统的预警监控功能，指定执法预警员负责每天在线查询各项执法行为执法情况，对到期未办理未执行的执法行为及时提醒责任单位和个人，督导其按规定时限完成相应的执法行为。每月下达税收执法考核指令，一次性生成全市税收执法考核结果，在税务人员不按程序，超越权限、时限办理涉税事项的权力点进行预警和提醒，使考核评议、过错追究前移。落实执法过错行为惩戒，审查申辩调整理由，对不成立的申辩理由不予过错调整，从源头上预防税收执法不规范和随意执法等问题。全市通过考核子系统监控的执法行为共计217819户次，申辩调整前过错8178户次、执法正确率为96.25%；申辩调整后过错1259户次、执法正确率为99.42%，同比2012年增加过错993户次，执法正确率降低了0.48个百分点。依据执法考核结果对1219名相关责任人员进行责任追究，经济惩戒1090人，次金额27300元，行政处理129人次，其中批评教育47人次，责令书面检查26人次，通报批评38人次，责令待岗6人次，取消执法资格12人次。做好“营改增”试点、支持小微企业发展、保障和改善民生等结构性减税政策执行情况的监督检查，开展税收收入增长专项执法督察，重点对纳税评估、资本交易、特别纳税调整、组织收入、税务师事务所税务管理、房地产及建筑安装企业税、金融保险业等开展执法督察，采取部分单位交叉督察方式，抽查南靖县国税局、平和县国税局、龙文区国税局、长泰县国税局等4个单位，并针对发现的问题提出堵塞漏洞规范管理的措施和意见。

征收管理

【税务登记】 截至2013年12月31日，漳州国税系统税务登记户数为73788户，其中，企业30117户、个体工商户43671户。

【征管改革】 根据福建省国税局批复的征管改革方案，完成机构职责、人员配置和税源管理分局的划分范围，做好CTAIS2.0、税源风险管理和防伪税控等系统的人员岗位、角色、权限调整，各项税收业务衔接顺利；进行业务流程再造，使再造后的业务规程能满足改革后税收征收管理工作；做好改革推进过程中内部机构之间的业务衔接问题，重点抓好政策法规科、征管科技科、纳税服务科、税源管理科分局之间的业务衔接，明确各部门、各岗位职责；规范税收风险分析监控中心、大企业税收管理局、纳税服务中心的业务岗责体系；制定配套制度，出台《漳州市国家税务局大企业税收管理局税源管理暂行办法》和纳税评估的主辅评及考核制度，制定大企业局征管户数移交及纳税服务中心征管资料的移交规则等；对各单位试点工作的开展情况实时跟踪服务，提供技术和业务支持，并组织召开试点工作现场观摩会，交流试点工作的成功经验，对税源专业化管理推行中遇到的疑点、难点问题提出解决意见；召开全市国税系统办税服务厅业务协调会议，解决市国税局办税服务厅与芗城区国税局、龙文区国税局和市国税局科室的业务工作衔接事项，就申报资料收集及档案资料扫描归档问题、回复12366纳税服务热线转办单问题、短信平台申报提醒问题、应缴未开票及滞纳金加收问题、行业等税务登记信息维护问题、发票的领购、验旧、协查问题、代开发票问题、“享受残疾人税收优惠企业职工名册维护”问题、企业所得税优惠备案超期处理问题、补充申报及申报表修改更正处理问题、金税发行时税率无法选择问题、对应各业务科室协调联络员问题、大厅触摸查询机信息维护问题、建立信息交流反馈平台问题等14个方面问题工作交接及业务流程。

【网络发票】 做好与运营商、技术服务商的沟通联系，纳税人网络发票管理系统顺利安全运行；建立发票管理长效机制，提高纳税人的开票效率和准确性，不定期走访已开通系统和已开票企业，了解系统运行情况和所存在的问题，反馈给运营商和技术服务商。启用新的企业衔头发票印制申请审批表，统一规定自印发票名称命名规则，规范企业自印发票申请程序。全市千元以上版面普通发票已全部使用网络发票，部分县级单位百元版网络发票推行使用到位，系统运行稳定，解决发票虚开及发票真伪查询困难问题。

【纳税评估】 成立漳州市国税局税收风险分析监控中心，专门负责税收风险识别管理、税收风险应对管理、税收风险管理绩效考评、税收风险管理信息系统和风险管理制度建设等任务；明确税收风险分析监控中心工作职责，制定“中心”的人员组成、工作职责、工作制度、专职岗位人员及兼职人员的工作职责。全年共组织3162户企业进行评估，查补税款21744.48万元，同比增加 2379 万元，增长12.28 %。其中，增值税10247.59万元，企业所得税11494.61万元。查补税款占税收收入（扣除车购税49523万元）的2.22%，占直接收入（扣除车购税49523万元）的2.72%。组织开展纳税评估业务培训，提高纳税评估人员的专业操作能力，并选取41名业务骨干分3期参与省国税局组织的纳税评估专项培训，组织好各期学员的实战演练。

【CTAIS系统运维】 做好征管软件日常运行维护，清理CTAIS系统垃圾数据，提升问题数据处理意识；各县（区）国税局定期登录到税收管理员工作平台查询CTAIS问题数据，做好相关错误数据的修改，降低差错比例，提升CTAIS数据质量。完善涉税业务“全市通办”，研究拓展“全市通办”业务范围，服务纳税人；做好“一户式税收征管档案管理系统”和“全国财税库银横向联网系统”运维，各系统正常稳定运行；每月定期通报征管质量“四率”考核及预警申报期后欠税清理情况，跟踪督办，全市征管质量稳定在较高水平线上。

【重点税源管理】 在监控2012年度税收收入达到监控标准200万元的纳税人的基础上，将本年度累计税收收入达到监控标准的纳税人一并纳入监控。在监控过程中补充完善重点税源监控指标体系，改进数据采集报送方式，提高数据质量，掌握和监控重点行业、重点税源的收入变化情况，定期对重点税源行业税负情况进行分析预警通报，定期编撰重点税源分析报告，为深化税收分析、强化纳税评估提供信息服务，增强组织收入工作的主动性和前瞻性。全市列入监控的623家年税200万元以上的重点企业，2013年入库税收收入73.22亿元（含调库），同比增收4.08亿元，增长5.89%。建立新增项目跟踪负责制度，跟踪和掌握新增项目建设情况，为收入计划和预测工作提供信息。与漳州市发改委、经贸委、统计局等相关经济主管部门建立定期联系制度，了解全市重点投资建设项目投建情况。

【税收经济分析】 做好税收收入计划执行情况分析，拓展分析的角度和广度，开展不同地区、产业、行业和重点税源企业的税负水平的横向和纵向比较，发现和解决组织收入中的问题，为各级领导的决策提供参考；密切关注国内、国际宏观经济运行态势，跟踪分析全市投资、消费、进出口、工业生产、企业利润等宏观经济指标变动情况，做好政策效应分析，剖析政策调整对税收收入总量和结构的影响，反映宏观经济政策和各项税收政策的执行情况和实施效果，把握税源整体变化趋势；针对2012年99户纳入国家税务总局监控的重点税源企业税收低幅增长（增长1.4%）的状况，开展重点企业和重点行业的税收分析，有针对性地采取税收风险应对措施，促进全市税收收入稳步增长。全市列入国家税务总局监控的102家年税500万元以上的重点企业，2013年入库税收收入43.13亿元，同比增加 4.28 亿元，增长 11.03%，比2012年提高了9.63个百分点。

【税收资料普查】 根据《福建省国家税务局关于做好2013年税收调查工作的通知》的精神，做好上下沟通与联系，圆满完成税收资料调查相关工作。共调查企业1604户，全部为正常营业的企业，比2012年增加70户，增长4.57%。其中：抽样调查企业150户，比2012年减少20户；重点调查企业1454户，比2012年增加90户。调查户中一般纳税人1484户，占全市所辖增值税一般纳税人总户数的16%，比上级要求的10%调查比重高出6个百分点；发生出口业务的增值税一般纳税人756户，外商投资企业738户，上市公司3户。调查企业2012年度实际缴纳税收47.04亿元，占税收收入的51.16%，其中：增值税30.02亿元，占增值税入库数的51.44%；消费税2.96亿元，占全消费税入库数的100%，涵盖全市所有的消费税应税品目；企业所得税14.06亿元，占企业所得税入库数的53.89%。

【减免税统计调查】 全市共调查纳税人49856户，其中，企业22094户（正常营业的企业22062户，非正常户及注销户32户），比2012年增加2946户，增长15.39%；个体工商户27762户。调查纳税人中有减免税的共计29845户，其中：企业2083户，个体工商户27762户。2012年度共计减免税款11.87亿元，其中，企业减免税款11.25亿元（增值税6.75亿元，企业所得税4.5亿元），个体工商户减免增值税0.62亿元。

【推进信息管税】 推进信息技术与业务融合，做好税收电子数据质量的监控检测、错误数据维护处理和数据质量考核管理，自主开发“福建省税收电子数据质量管理平台”。根据福建省国税局统一安排，对旧公文系统数据进行迁移双备份，全市数据经过备份还原、校验后再备份还原、数据库迁移和物理文件迁移等步骤，从本地的SQL数据库迁移到福建省国税局网络版综合办公系统的ORACLE数据库，共计迁移发文记录数26960，收文记录总数109943，物理文件累计86.1G，推进综合办公系统全省联网运行。组织企业所得税台账系统安装，设备调试，系统进入试运行阶段。

【夯实征管基础】 开展纳税人户籍清理检查，建立动态巡查工作制度，对新开业户、停歇业户、注销户每季度巡查一次并登记巡查记录；开展欠税清理，将往年陈欠和本年新欠情况进行通报，指派专人组成清欠小组走访基层，深入欠税企业调查，对其库存商品、资金使用及周转、销售前景等各种生产经营情况进行摸底，掌握欠税企业资金状况；逐户约谈欠税企业法定代表人和财务人员，宣传税收政策，对已经产生的欠税，根据企业的实际状况，制订清欠计划和措施，动态监控欠税企业情况；完善欠税考核机制，将欠税清理责任落实到具体单位、个人，将发生欠税的纳税人或有逃税嫌疑的欠税人列入监控重点，采取控制发票售量和代开发票的办法，监控其发票使用情况，督促足额纳税，避免“死欠”。做好废弃电器电子产品处理基金征收，分析每个征期的基金征收情况和存在问题，提出有针对性的管理措施和建议，上报福建省国税局征管科技处；组织开展基金纳税人自查自纠，完成并形成书面检查报告上报省国税局。根据“营改增”试点工作部署，全面接收并利用“营改增”纳税人的历史数据，开展“营改增”纳税人征管信息核实工作，在“一户式税收征管档案管理系统”上逐户建立征管档案，完成税务登记、税种鉴定和税库银扣款初始化工作，以及综合征管软件、网上申报系统及网上抄报税系统的测试与完善；做好“营改增”纳税人发票管理工作，试点纳税人使用发票顺利衔接。做好个体税收定额管理，履行自报、核定、公示、核准、下达、公布的程序，全年入库个体税收1.95亿元。

【大企业管理】 2013年7月23日，大企业管理科正式挂牌成立，先后制订出台《漳州市国税局大企业税收管理局税收风险管理工作流程》《漳州市国家税务局大企业税收管理局工作规则》《互联网使用管理规定》《大企业税收管理局借用人员考核办法》等规定，完善工作机制，开展税收风险应对，构建大企业税收管理格局。大企业开展风险应对完成31户次，入库税款3271万元，核增应纳税所得额30505万元。创新个性化服务举措，突出“专业化”“个性化”大企业税收服务，组织召开税企见面会，组建由业务骨干组成的税收志愿服务队，定期走访企业，宣传辅导税收政策和解答重点、热点、难点问题，开展纳税人服务需求调查，搭建企业QQ群，推出涉税信息传播、税法宣传、政策辅导等空中服务措施，发放联系卡，建立企业定点联系制度和纳税人涉税诉求快速响应机制。做好国家税务总局15户定点联系企业管理，开展税收风险评估自查后续的风险评估和初审工作。

各税管理

【增值税管理】 根据国家税务总局《关于开展部分外贸出口企业“一票两用”情况核查的通知》，开展部分外贸出口企业“一票两用”情况核查，全市共涉及3户企业，核查发票1636份，涉及税款2291万元，未发现存在

"一票两用"情况。根据福建省国税局《关于开展防范虚开增值税专用发票和打击骗税专项评估行动方案》，全市防范虚开增值税专用发票和打击骗税专项企业户数441户，其中福建省国税局下发432户，各县自选9户。水产品加工出口企业专项整治工作于10月底结束，全市89户水产品加工出口企业转出进项税额及缴回退税款和补缴税款6.03亿元。根据福建省国税局《关于在部分行业试行农产品增值税进项税额核定扣除办法的通知》，组织做好水产品加工行业、皮革皮毛加工行业的调研测算，并通过省国税局集中研讨确定，形成最终核定扣除标准。在农产品核定扣除测算工作中，确定"投入产出法"为核定扣除测算与试点办法，规范产成品、原材料名称，编写制订《水产品加工产品分类及工艺流程》，采集并测算出产成品的投入产出率提交省局确定。

【金税工程】 全市共有一般纳税人10338户，其中纳入防伪税控管理7831户，开通网上认证的有8822户，占全部一般纳税人的85.34%，100%开通网上申报；网上抄报税6000多户，占全部防伪税控户的80%。做好金税工程运行管理通报考核，全年共采集增值税专用发票本地存根联115.78万笔，认证比对增值税专用发票抵扣联129.50万笔；货物运输业增值税专用发票存根联2.36万笔，货物运输业增值税专用发票抵扣联3.54万笔；完成418份发票的审核检查，接收并按时完成异地核查函33份。

【"营改增"试点】 2013年8月1日，漳州市新时代电影放映公司与一户个体经营者，分别申请开具第一张代开的增值税专用发票和增值税普通发票，标志着漳州市广播影视服务业"营改增"试点成功运行。全市共核实确认广播影视服务业试点纳税人77户，其中：增值税一般纳税人11户，小规模纳税人66户。制定《漳州市国家税务局关于做好铁路运输和邮政服务业营业税改征增值税试点工作的通知》和《漳州市国家税务局铁路运输和邮政服务业"营改增"试点工作任务分解表》，召开会议进行动员部署，推进铁路运输和邮政服务业"营改增"试点前期各项准备工作；全市共核实确认铁路运输和邮政服务业试点纳税人53户，其中：铁路运输1户，邮政服务业52户；增值税一般纳税人15户，小规模纳税人38户。做好货物运输业增值税专用发票管理，探索"营改增"风险预警管理办法，推行货物运输业窗口代开发票预警管理，制定货物运输业预警管理措施，防止虚开、代开增值税专用发票违法行为发生。开展"营改增"试点企业专项评估，核查货运发票抵扣进项税额比例异常20户、相关凭证503份数，其中有问题户9户，调增销售收入4.1万元，进项税额转5.02万元，调减扣除项目金额10.11万元，补缴税款3.33万元，加收滞纳金0.12万元。

【消费税管理】 做好卷烟消费税计税价格信息采集，落实成品油消费税的相关政策。落实《财政部 中国人民银行 国家税务总局关于延续执行部分石脑油 燃料油消费税政策的通知》及《用于生产乙烯、芳烃类化工产品的石脑油 燃料油退（免）消费税管理办法》，服务古雷石化项目，帮助企业解决消费税退税问题。组织开展消费税有关文件清理，根据省国税局《关于清理消费税有关文件的通知》，组织对国家税务总局1993年以来下发的消费税文件进行全面清理。上报石脑油消费税互供计划，解决海顺德（漳州）特种油品有限公司反映庚烷产品消费税等问题。

【车辆购置税管理】 全市车辆购置税征收实行集中办税，市区车辆购置税统一到漳州市行政服务中心国税窗口办理。组织开展车辆购置税专项检查，抽查市国税局纳税服务中心、龙海市国税局、漳浦县国税局、南靖县国税局等单位2010—2012年汽车档案数1140

部，摩托车875部。召开汽车商会座谈会，听取意见及建议，并做好车辆购置税征管模式改革实施各项准备工作。全市共征收车辆购置税49670万元，车辆数105126辆，办理免税车辆483部，免税金额1664万元，退税车辆83部，退税金额138万元。

【所得税管理】 全市累计入库企业所得税29.15亿元，占同期税收收入总额102.79亿元的28.36%，比2012年同期的26.09万元增加3.06亿元，增长11.73%，占同期税收增收总额的28.20%。2013年全市扣缴非居民企业税收收入7416.32万元，比2012年同期减收2366.63万元，下降24.19%，其中："营改增"扣缴非居民增值税1686.82万元，同比增长100%；扣缴非居民企业所得税5729.5万元，比2012年同期减收4053.45万元，下降41.43%。

结合全员《小企业会计准则》考试，对内开展企业所得税业务培训，对外做好《企业所得税年度纳税申报表》填表说明及2012年度新出台配套政策的宣传辅导，特别对企业税前扣除项目的调整、享受优惠政策的具体类型及金额的填报等进行重点辅导。2012年全市企业所得税应参加汇算清缴户数16428户，实际参加汇算清缴户数16428户，汇算面100%，汇算清缴应补所得税24687万元。做好企业资产损失税前扣除的监督管理，督促企业按照规定进行申报。截止到2013年12月底，全市企业资产损失申报税前扣除740万元，均为专项申报税前扣除。

按照规定的条件、程序及企业所得税应税所得率标准，对按规定不能实行核定征收方式的企业，一律实行查账征收；督促核定征收企业所得税的纳税人建账建制，改善经营管理，引导纳税人向查账征收方式过渡，严格控制核定征收面，提高查账征收户所占比重。截至2013年12月底，全市企业所得税管征21743户，其中：查账征收21358户，占98.23%，核定征收358户，占1.77%，查账征收面提高了0.87个百分点，维持在较高的水平。

利用"企业所得税预警系统"反映的预警状态，有针对性地选择大户、重点税源户配合征管部门组织开展纳税评估。2013年共组织企业所得税纳税评估417户次，累计核增应纳税所得额5.39亿元，核减亏损额3.17亿元，补缴企业所得税额、滞纳金及罚款6216万元。

【反避税工作】 做好反避税立案与结案工作，艾默生公司结案共补税加息免抵税额1390.96万元，欧凯公司反避税调查工作顺利结案，于2013年11月缴纳税款及利息307.38万元。配合国家税务总局全国联查，开展对矢崎公司的反避税调查，继续收集诺尔公司相关同期资料开展反避税调查。提高企业关联申报质量，全市14个征收单位共有258户企业申报关联交易，金额累计为278.57亿元，占其年申报销售收入比例为61.34%，与2012年同期相比，累计申报关联交易额同比增长62.65%，累计关联交易额占年销售收入增长17.53个百分点，主要关联交易类型为材料（商品）采购以及商品（材料）销售。做好反避税跟踪和后续管理工作，2012年全市有21户反避税跟踪管理户，共申报销售收入23.71亿元，累计调增应纳税所得额2512.67万元，累计应补所得税税额540.30万元，其中有3户调整情况与跟踪管理差距较大的企业，移交由市国税局风控中心进行评估审核。做好同期资料审阅工作，建立预约定价监控管理机制。

【非居民税收管理】 通过国际税收管理信息系统做好合同备案制度管理，重点关注股息支付能否享受税收协定待遇、技术服务合同适用于劳务或特许权使用费的性质界定等，防止企业滥用税收协定避税，提高对外支付税务证明出具效率。做好重点工程项目的跟踪管理，联盛纸业公司主动申报扣缴非居民税收126万元，福欣公司扣缴非居民企业所得税收入达1244万元，其中，工程劳务扣缴所得税412.5万元、特许权使用费扣缴所得税480.67万元。组织开展外商投资企业利润分配扣缴企业所得税情况专项清理调查工作，共调查1094户外商投资企业，重点对利润分配境外非居民企业股东、未分配利润转增资本直接追加投资扣缴企业所得税情况进行调查，查补企业所得税178万元。

【出口退税管理】 截至2013年12月31日，全市已办理出口退税认定企业1758户，扣除注销48户，实际1710户，其中：生产企业1456户，外贸企业254户；有出口业务的企业965户，其中：生产企业834户，外贸企业131户。全年共办理出口退税34亿元，比2013年同期减少4.2亿元，同比下降10.82%。

实施即办事项当场办结和一次性告知制度，压缩出口企业出口货物退（免）税认定、变更的审批时间，由原来的20个工作日压缩为7个工作日；继续允许外贸企业一月多次申报出口退税；兑现办税服务承诺制，在15个工作日内完成出口退税的审核审批、办理出口退税，对于外贸企业做到每周至少送国库办理退库一次；继续做好“一对一”帮扶工作联系机制，在2012年确定30家帮扶对象的基础上将帮扶对象调整和增加到50家。对帮扶对象开辟绿色通道，优先审核审批出口退（免）税，提高出口退税审核审批效率，做到申报、审核、审批、退库“四个及时”；利用办税服务厅、门户网站、税企通QQ群、提供电话咨询等方式，辅导企业加快出口退税申报速度。

开展进料加工复出口企业进口料件与产成品出口数据的调查与核对，共核对全市213户企业，应核对进料手册886册，已核对手册886册，申报数与核对数相符。根据企业自查情况，结合审核系统确认数据，剔除非调查期间数据，并辅导所辖进料加工企业进料手册有效期限到期办理核销或调整有效期限；根据调查结果，将2009年1月1日—2013年3月31日期间的进料及复出口数据，分户汇总，加权平均计算出分配率，一户一率，为出口企业进料加工顺利改用“实耗法”奠定基础。先后向福建省国税局上报《关于对台小额贸易出口退税有关问题的请示》《关于LED灯具出口退税率问题的请示》和《关于生产周期超一年的交通工具、机器设备出口退税有关问题的请示》三份文件，为企业争取有利的出口退税政策。

发函方面加大货源函调核实的针对性，对于一般商品，在同一年度从同一供货企业购进的同类出口货物的发函次数，原则上省内供货企业不超过1次，省外不超过2次；对上一年度已发生的从省内供货企业购进的出口货物且当年出口货物函调正常的，当年度仍继续购进同类货物出口的，原则上不再发函；对从发函到回函再到对复函的处理流程进行规范，明确每个岗位的工作职责，对属于按规定应该发函的一次性告知企业报送资料，及时发函。2013年全市共发出核实函169份，涉及计税金额2.58亿元，涉及退税额0.29亿元，与2012年同期相比分别下降了346份，5.89亿元和0.52亿元，加快出口退税进度，提高企业资金的周转速度和效率。

税务稽查

【概况】 全市共检查276户，立案276户，检查发现问题276户，共查补13574万元。其中：查补税款10328万元，滞纳金1389万元，罚款1857万元；自查收入3424万元，检查和自查共入库16998万元，入库率为100%，占全市税收直接收入的1.70%，居全省稽查第二位。

【专项检查】 根据《国家税务总局关于开展2013年税收专项检查工作的通知》（税

总发〔2013〕8号）及《福建省国家税务局转发国家税务总局关于开展2013年税收专项检查工作的通知》的文件精神，确定成品油批发零售企业、办理电子家具服装类等产品出口退（免）税企业、证券基金公司、房地产业、建筑安装业、承接出口货物业务的货代公司、报关公司（报关行）、资本交易项目等六类检查项目。在区域性税收专项整治上有针对性的重点选择及重点查处以下税收违法行为高发或高风险区域：一是实施“营改增”的交通运输企业。重点查处利用“营改增”政策缝隙虚开、虚抵增值税专用发票的违法活动；二是农产品加工企业。重点查处相关服装、木器、食品企业利用农产品收购发票虚抵进项税款行为。2013年全市专项检查共225户，查补税款合计11022.42万元。其中：增值税 1842.2万元，企业所得税6781.07万元，加收滞纳金1168.26 万元，罚款1230.89万元。已入库11022.42 万元，入库率为100%。

【打击犯罪】 根据《国家税务总局关于认真做好2013年打击发票违法犯罪活动工作的通知》（税总发〔2013〕20号）和《福建省国家税务局转发国家税务总局关于认真做好2013年打击发票违法犯罪活动工作的通知》的精神，制定漳州市2013年打击发票违法犯罪活动工作方案和具体工作措施，加强与公安机关协作，形成整治合力，打击虚假发票“卖方市场”，配合各级公安机关破大案、打团伙、端窝点、查源头、摧网络；加强与地税部门联系，针对药品、医疗器械发票专项整治，与地税部门联合进点，共同采集信息，对属于国税局、地税局共同管征的营利性医疗机构开展联合检查；密切与通信管理部门联系，做好违法信息拦截工作；加强与监察、纠风办等部门联系，在药品、医疗器械生产经营单位发票专项整治中，发现公职人员失职渎职、违纪违法等线索，通知纪检监察部门；加强全市国税系统内部协作，稽查部门与征管、纳税服务、大企业和国际处沟通联系，掌握行业信息、行业特征以及企业发票领、购、销、存等具体情况。根据上级工作部署，将房地产与建筑安装、药品与医疗器械、发电、供电、餐饮娱乐、营利性的教育培训六大行业列为2013年重点检查对象，并增加金融、保险行业重点检查。全市发票打假活动中，检查企业235户，查处违法企业户数134户（移交公安部门案件1起），查处非法取得发票4492份，涉及金额10200.6万元，查补税款444.17万元，加收滞纳金62万元，罚款85.44万元，合计591.61万。房地产与建筑安装、药品与医疗器械、发电、供电、餐饮娱乐、营利性的教育培训六大重点行业检查25户，查处非法发票份数49份，涉及金额162.17万元，查补税款11.8万元，加收滞纳金2.73万元，罚款2.58万元，合计17.11万元。

【涉税举报】 建立举报案件跟踪台账和“提醒制”的案件督办机制，全年共受理各类举报案件31件，已查结23件，未查结8件，共查补收入3421.73万元，其中：查补税款2691.54万元，滞纳金691.84万元，罚款38.35万元，已全部追缴入库。

【金税协查】 利用金税工程协查系统，做好委托发起及受托检查质量的跟踪和监控，协查案件登记、审批、检查和回复工作。全市通过协查系统委托发出协查合计102起，涉及发票1098份，金额28699.91万元，税额4333.27万元；共收到受托协查户88次，涉及专用发票643份，金额6760.49元，税额1125.03万元，受托回复率为100%。

纳税服务

【办税大厅建设】 根据国家税务总局、福建省国税局的要求，推进全市办税服务大厅建设，硬件设施、制度管理等方面均达到规范化、标准化的程度，全部做到“四个统一”：统一区域划分，全市各征收单位根据办税服务厅的场所规模和业务流程设置了六个功能区；统一标识设置，办税服务厅内部各类标识按照要求统一规范，美观大方；统一窗口设置，整合办税窗口，设置综合服务、发票管理两类或综合服务、发票管理、申报纳税三类窗口，推行“一窗多能”“一窗通办”；统一服务设施，配置办税用品，设置咨询台、公告栏和电子触摸屏，供纳税人查询办税流程和税收政策等事项，设立意见箱、留言簿和投诉举报电话，接受社会监督。

统筹、整合市区纳税服务资源，将芗城区国税局、龙文区国税局、金峰开发区国税局三个纳税服务厅合并，设立中心城区办税服务大厅，构建市区统一的纳税服务平台，推进纳税服务体系专业化。整合后的中心城区办税服务厅于2013年4月正式运营，全市近6万户纳税人均可到此办理申报征收、报税认证、发票购销等相关涉税业务。中心城区办税服务大厅以“制度简明、程序简单、操作简便、风险可控”为方向，以“小窗口、大服务”为整合目标，梳理纳税人依申请的涉税事项，实现四个“一律”，即所有依法申请的涉税事项一律到大厅统一受理，受理纳税人涉税事项一律按省局业务规程要求报送资料，统一受理的纸质资料由税务机关内部流转，一律不得让纳税人拿着纸质资料在各部门传递审批，所有涉税事项一律按照承诺时限的要求限时办结。截至12月31日，中心城区办税服务大厅出口退税业务窗口共受理3328件次，申报征收窗口受理69498件，专票管理窗口受理24915件，综合服务窗口受理32085件。

【市行政服务中心国税窗口】 2013年4月1日，市区车辆购置税办税服务进驻漳州市行政服务中心国税窗口，业务范围包括汽车、摩托车、电车、挂车、农用运输车等车型，开辟专用停车验车车位，解决前来办税的车主“停车难”问题，更方便市民办理车辆购置税业务。截至12月31日，漳州市行政服务中心税务登记窗口共办理开业登记4221户次，变更登记6336户次；市行政服务中心国税窗口共办理车辆40932辆，同比增长11%，征收税款44581万元，同比增长11%；国税窗口2013年共获得红旗窗口称号两次，4月，窗口综合考评分位列行政服务中心第一名，三位窗口工作人员获得月先进个人称号。

【税务代理】 配合漳州市委、市政府开展中介机构专项清理整顿工作和开展市场中介组织与政府部门“四分开”工作检查验收工作，对全市税务代理机构单位进行规范整治。按照省国税局相关文件要求，对所属代理机构进行年检，主要以代理机构执业质量为重点，对事务所和执业注册税务师遵循执业准则、业务准则、业务规程等情况进行检查，同时对执业资格、执业行为等方面进行检查，促使税务代理依法公正服务，维护纳税人的合法权益。配合省国税局注册税务师管理中心，做好全市税务事务所2012年年检工作，目前全市共有税务师事务所11家，注册税务师97人，其他从业人员141人。

【税务网站咨询】 做好国家税务总局网站、福建省国税局门户网站和本级的纳税咨询管理工作，针对税务网站咨询中的难点热点问题，完善纳税服务工作制度。截至12月底，共受理国家税务总局、福建省国税局门户网站和本级的各种税收政策咨询332条，及时回复率为100%。提供税务网站咨询多元化服务，开通官方微信平台，该平台定位于税法宣传、税企互动、税收政策普及、办税服务咨询四个方面内容，将办税服务多元化、税收精神普及化；做好税企QQ群的维护工作，开通全市统一的税企QQ群，并在办税大厅醒目位置公布

QQ群号，指定专人维护，不定期发布税收政策，上班时间为纳税人提供在线咨询服务，通过网络与纳税人交流、为纳税人答疑，目前全市共有5000多户纳税人加入税企QQ群，累计为纳税人解答咨询逾万条；开通纳税咨询热线电话2881911，并安排一名业务精、责任心强的工作人员负责电话接听，对咨询事项能够准确答复的予以当场答复，难度较大、情况复杂的在2小时以内回复。

【12366纳税服务热线】 做好12366纳税服务热线各类转办事项的答复和处理工作，包括负责每天查看12366纳税服务热线系统中的转办事项，以及12366纳税服务热线突发、紧急事项的沟通联系和临时性处理，收集、传递、维护与12366纳税服务热线知识库相关的信息、资料等。全年共受理各类投诉件526件，均能及时进行跟踪、反馈和督办，得到满意解决。利用现有技术手段，通过省国税局12366纳税服务热线短信服务平台，将中心城区所有11000多户纳税人全部纳入服务范围，每月发送短信进行缴税即将逾期、批扣余额不足、纳税申报逾期、新增欠税等多项提醒，使纳税人及时获取相关办税信息，避免纳税人非主观故意行为而受到税务行政处罚。

【纳税权益保护】 推进纳税人维权服务工作机制建设，先后制订《维权值班制度》《纳税人维权服务工作监督评议办法》《纳税人维权工作规程》《纳税人投诉意见建议反馈办法》 并通过税前公告提醒，保障纳税人知情权；通过税中辅导，提高办税效率；通过税后回访，对侵权行为进行救济，增加纳税人维权服务的广度和深度；在门户网站专门开辟纳税人权益保护模块，为纳税人网上维权提供方便，进一步降低纳税人维权成本。全年协助企业办理减免退税近400万元，合理调低个体定额户税负30多户，以纳税人辩护人身份参与20余起重大税务案件公开审理，防止侵害纳税人合法权益的决定出台。

机构队伍

【领导班子建设】 重点做好人员调整交流，配齐配强领导班子，组织召开漳州市国税局及各县级局领导班子民主生活会，开展领导班子年度考核工作，做好领导干部档案收集整理和重新立卷工作。2013年调整交流县（区）国税局一把手10人，班子副职8人，班子副职转任非领导职务7人。

【干部队伍建设】 配合税源专业化管理、纳税服务、税务稽查、大企业税收管理等各项征管改革试点工作，进行税务机构设置、职能调整和人力资源配置，选配充实市国税局办税服务中心干部职工12人，考核借调到市局大企业局干部12人，全市税源专业化管理中层干部调整重新任职135人。落实福建省国税局创新人事工作机制，出台创新人事工作新制度，健全竞争上岗、考察任用等多种方式并举的竞争性选拔机制。组织干部新老交替，轮岗交流，包括鼓励提前退休，招收新人充实队伍等，干部队伍建设梯次搭配更加合理。2013年共提任主任科员10人，副主任科员81人；漳州市国税局机关干部交流17人，挂职县国税局班子1人；组织实施提前退休4人（含协助省国税局办理1人）；新录用公务员14人，军转干部1人。做好公务员岗位责任制考核、年度考核等工作，重新编写网络考勤管理系统，并进行人员数据维护和运行测试等工作。

【思想政治教育】 开展“下基层、解民忧、办实事、促发展”活动，保持基层党组织纯洁性和先进性；开展机关党建三级联创活动，做好新修改的《党章》《条例》等规章制度的学习；加强国税文化建设，组织参加省国税局践行“福建国税精神”十大人物评选表彰活动和《福建国税之歌》演唱晚会，做好国税精神的宣传推动工作和向“身边好税官”学习宣传活动；举办“道德讲堂”，开展心理咨询和疏导活动；加强文明行业三级联创机制和基层窗口单位创建工作；加强文明单位和基层窗口单位创建工作，落实“生育文明·幸福家庭”促进计划，加强工青妇等团体建设。2013年10月，组织气排球队参加漳州市第十二届运动会，男队、女队双双获气排球比赛亚军。

【精神文明创建】 做好文明行业、文明单位、青年文明号、巾帼文明岗以及先进集体、先进工作者和道德模范等文明创建推荐和评选工作，重点做好文明单位“五个一”建设工作；开展“优秀公务员”评选活动，发挥先进模范人物的表率作用和标杆作用；做好思想道德建设，健全和规范以税收志愿服务为主要内容的志愿服务体系，重点做好全省系统行业优质服务指数测评工作，强化办税服务厅窗口建设，全面提升国税部门文明创建水平。

【党风廉政建设】 落实好惩防体系《工作规划》责任分解和党风廉政建设责任制、领导干部“一岗双责”等制度，召开党风廉政建设情况暨队伍状况分析会，做好“两权”监督制约，推进政风、行风和效能建设；巩固廉政文化建设成果，邀请地方纪委、检察机关有关专家和领导授课，全市国税系统共开展廉政教育专题讲座32场次1541人次参加，组织观看廉政电影和警示教育片28场次1280人次观看，组织6批次近500人参观漳州市反腐倡廉警示教育基地；做好行政管理权运行的监督制约，在财务管理方面派员参与大宗物品采购、电脑耗材采购、旧楼固定资产清理、办公楼修缮、基建招投标的监督；做好税收执法和日常管理监督检查，全市国税系统共开展执法监察项目22项，办结率为100%，提出建议15条，被采纳建议15条，协助建设章立制6项；做好信访件排查、梳理和分析，开展明察暗访、了解掌握相关信息，共收到群众信访举报件9件次（已扣除重复件），较2012年同期少2件，初核6件，失实5件，全年无重大违法违纪案件发生。

【机关党建工作】 漳州市国税局机关共发展新党员3人，吸收预备党员5人，培训积极分子5人。开展民主评议党员工作，市国税局机关党委要求以党支部为单位，对照《党章》规定的党员标准，对党员一年来的学习、生活、工作和作风等方面进行述职、评议。做好党支部规范化建设，完善党支部规范化建设办法，落实“五有八健全”目标要求，建立党费数据库，做好党费收缴和党内年度统计工作，维护党员信息管理系统。推进“1263”党建机制建设，抓一岗双责、促进履职、思想作风、党内监督、文明和谐和基层组织等六个重点，坚持“三级联创”，参加漳州市直机关工委组织开展的“1263” 机制建设竞赛活动。开展挂钩帮扶活动，结合学雷锋志愿服务活动，组织全体党员、干部献爱心，现场捐款16848.10元，为帮扶挂钩社区贫困学生、群众解决一些学习和生活上的实际困难。

【老干部工作】 落实各项老干部工作和政策待遇，每月召开一次老干部座谈会，通过学习新党章、按期缴纳党费和召开支委民主生活会、民主评议党员，一年召开两次机关老干部座谈会，提高老干部党员意识；按惯例规定给予报销报刊费，支持、协助老干部在社会主义物质文明、精神文明和政治文明建设中继续发挥作用；春节、国庆、中秋节、重阳节对老干部进行慰问，每年对老干部进行全面体检，为生活困难的老干部、老党员、遗属困难户争取困难补助，做到老干部患病及时组织人员到医院看望，老干部逝世及时派人慰问家属，老干部家中有困难及时认真帮助解决；组织老同志开展一些力所能及的文体活动，如象棋、跳棋、飞标等比赛；鼓励老同志参加老年大学的学习，依个人兴趣分别参加摄影、绘画、舞蹈、保健、烹调等专业就读，并按规定给予报销学费。

【教育培训】 抓好业务骨干培训，举办税源管理、退税、纳税评估、反避税和稽查等业务培训班，继续举办全员业务考试，共有863名国税员工参加考试；做好领导干部的更新知识培训，举办二期高级业务研讨学习班；结合征管改革后的机构设置，每年培训100名的中层干部，委托具有培训专长的国家税务总局培训基地承办，共举办业务培训16期，891人次参加培训；安排漳州市国税局师资到县（市、区）国税局巡讲，做好基层单位培训计划执行情况的检查监督。选派人员参加国家税务总局举办的国税系统领导干部任职培训班、领导干部党校进修班、中青年干部培训班和县市局长进修班。上半年与福建省委党校、省内高校和省外税校合作，举办3期科（局）长培训班，办税大厅共174名人员接受纳税服务礼仪、心理调适以及征管业务培训。

行政后勤

【领导关怀】 2013年1月，漳州市委书记陈冬、市长吴洪芹分别对国税工作作出批示，肯定2012年漳州国税工作，对2013年漳州国税工作提出要求。2013年1月21—23日，福建省国税局纪检组长曾光辉到漳州开展新春慰问送温暖活动，与漳州市国税局领导班子、局务会成员座谈，并参观漳州市国税局国税文化展厅和新办税服务厅，先后深入东山县国税局、南靖县国税局等基层单位及部分特困职工、离退休干部家中走访慰问。1月24日，漳州市政府副市长洪仕建参加2013年全市国税工作会，肯定漳州国税工作并对新一年提出希望。2月16日，漳州市委常委、市纪委书记薛云官及市纪委领导班子一行到市行政服务中心看望慰问，与国税窗口工作人员交谈，送上新春的祝福和组织的关怀。2月19日，漳州市政

▲2013年4月28日，福建省国税局局长臧耀民（前排左一）一行到漳州市国税局中心城区办税服务厅现场指导

▲2013年8月14日，漳州市人大常委会副主任吴景辉（正排右二）一行到漳州市国税局调研税收工作情况

府常务副市长陈汉夫到市国税局指导工作，协调处理漳州悦华涉税问题。2月27日，漳州市政协副主席柳建聪一行受市政协主席谭培根委托，到市国税局慰问市政协委员林太桂，并了解2013年税收工作计划。4月28日，福建省国税局局长臧耀民、总经济师陈慕斌到华安县国税局调研，并现场指导市国税局中心城区办税服务厅建设。5月20—21日，福建省国税局副局长刘孟全一行到市国税局调研，先后考察了市国税局中心城区办税服务厅、漳浦县国税局和南靖县国税局办税服务厅。7月4—5日，国家税务总局巡视组一行在刘孟全的陪同下到市国税局开展巡视工作，召开巡视见面会，期间刘孟全还先后到龙海市国税局、芗城区国税局、龙文区国税局、漳州

▲2013年11月11日，漳州市市委书记陈家东（右四）、副书记陈汉夫（右三）一行考察漳州市国税局中心城区办税服务厅建设情况

台商投资区国税局、长泰县国税局调研指导。7月25日，福建省国税局总经济师雷致青一行到市国税局开展党的群众路线教育实践活动专题调研，召开市、县两级基层税务人以及部分纳税人座谈会。8月7日，刘孟全一行到漳州市宣布福建省国税局党组人事任免决定，任命沈家骏为漳州市国税局党组书记、局长。8月14日，漳州市人大常委会副主任吴景辉一行到市国税局调研2013年税收工作情况。10月24日，福建省国税局副局长雷致青一行到市国税局调研，漳州市委副书记陈汉夫全程参与调研。11月11日，漳州市委书记陈家东、副书记陈汉夫一行到市国税局调研税收工作，听取工作汇报，肯定对漳州国税工作，并考察市局中心城区办税服务厅，询问了解办税大厅的建设情况。11月20日，漳州市市长吴洪芹、市委副书记陈汉夫听取市国税局2013年国税收入情况及2014年工作思路的汇报，对市国税局各项工作予以肯定，并代表漳州市委、市政府对国税部门发挥税收职能作用，支持地方经济发展表示感谢。12月5—6日，福建省国税局副局长邱大南一行到市国税局调研水产品加工行业增值税核定扣除测算工作，并听取2013年组织收入情况和2014年收入计划汇报，期间，漳州市委书记陈家东前来看望，漳州市副市长洪仕建参加水产品加工出口企业专项评估工作专题会。12月31日，漳州市委副书记、代市长檀云坤，市委常委、常务副市长梁伟新一行到市国税局看望慰问正在冲刺年终税收收入结算的国税员工，感谢国税部门的积极贡献。

▲2013年12月31日，漳州市市委副书记、代市长檀云坤（前排左一）等一行看望慰问漳州市国税局正在冲刺年终税收收入结算的国税员工，感谢国税部门作出的积极贡献

【税收调研】 围绕税收工作重点开展调查研究，服务领导决策。向漳州市委、市政府领导报送《国税收入动态》12期，开展水产品管征等税收调研活动，市国税局副局长林绍君的《关于深化税源专业化管理的几点思考》等4篇文章入选《2013税官论税制改革》丛书，并被推荐到专家评审委员会参加评奖；林绍君撰写的《完善税收征管组织体系的相关探讨及借鉴启示》等三个调研成果获省税务学会表彰。

【税收宣传】 紧扣“税收·发展·民生”宣传主题，开展第22个全国税收宣传月活动，漳州市国税局“万户商家同宣税法”活动

▲2013年4月23日上午，漳州市国税局副局长林绍君（左）将“税收教育基地”牌匾授予漳州第一中学校长方跃飞（右），标志着漳州一中税收教育基地成立

等4个项目被福建省国税局确定为创新项目。南靖县国税局、东山县国税局、长泰县国税局、龙海市国税局、平和县国税局等单位与地税部门对接，联合打造“争当税收宣传志愿者”签名仪式、为纳税信用A级企业授牌等一系列税收宣传项目，市国税局在漳州第一中学成立税收宣传教育基地，芗城区国税局、漳浦县国税局、金峰开发区国税局、南靖县国税局等局分别与闽南师范大学等大中小学联合开展税法知识竞赛等宣传活动；市国税局组织对市区综合办税服务厅等进行报道，龙海市国税局、南靖县国税局等局借助当地电视台开展宣传；市国税局与市法制办联合在全市全面推开税收宣传“六进”活动，印发2500份邮政贺卡，寄送全市纳税数额较大的2500户纳税人；各单位利用门户网站、税企QQ群等现有资源，开展短信宣传，组织税收宣传志愿者前往世界文化遗产云水谣、二宜楼等景区，开展主题税收宣传活动；诏安县国税局开展“税收服务文化创意园区发展”志愿活动。全年共在各级新闻媒体发表稿件

▲2013年4月1日，漳州市国税局组织税收宣传志愿服务队深入机关、企业、学校、社区、乡村等开展税收宣传

906篇，编辑出版3期《漳州国税》内刊。

【政务信息】 全年共编发政务信息1930条，被省领导批示1条，福建省委、省政府采用27条，省国税局采用263条。

【平安建设】 做好全市国税系统安全保卫工作，加强日常管理和重大节假日排查检查。2013年6—9月，组织开展系统安全大检查，并对芗城区国税、龙文区国税局进行重点督查，督促各单位对检查中发现的问题进行整改、更新完善相关设备设施。做好保密工作和印章管理，7—9月，组织做好全市系统保密普查，组织漳州市国税局机关、市稽查局、金峰开发区国税局、芗城区国税局和龙文区国税局办公室人员观看保密教育片，组织市国税局办公室3名人员参加市保密培训，加强保密教育。做好信访工作，全年收到信访件4件，其中市信访局转办2件，已办结2件，对市信访局转办件均在规定的期限内进行反馈。做好档案管理工作和网络舆情处置应对，妥善做好东山县国税局涉税舆情处置工作。

【门户网站】 全年通过漳州市国税局门户网站主动公开政府信息3482条，网站的访问量达到43.02万人次，日均点击数264人次，在全省国税系统名列第一。抓好数字漳州涉及国税栏目维护工作，通过漳州市政府政务网站有关栏目，更新信息251条。参与省国税局综合门户网站主站办税公开栏目维护。

【文档管理】 做好综合协调，全年共登记收文1157份，其中福建省国税局、国家税务总局行政收文541份，扫描漳州市委、市政府和其他部门纸质文件309份，基层单位收文244份，信息简报63份，封发市国税局机关发文290份；按照福建省国税局部署，做好税务综合办公信息系统上线各项工作，系统于2013年11月4日正式运行，并组织对漳州市台商投资区国税局、龙海市国税局新系统运行情况进行检查，在云霄县国税局举办新公文系统讲解。做好12345政务服务热线、政务网文件传输系统等的接受、承办工作。做好党组会议、局务会、专题会议等的记录、纪要等工作，并对系统目标管理考核初评得分情况进行通报，对组织税收收入工作落实情况等局务会议定事项进行立项督查。

（供稿：陈文裕／核稿：沈家骏）

泉州市国家税务局

经济概况

2013年实现地区生产总值（GDP）5218.00亿元，按可比价格计算，比2012年增长11.5%。其中，第一产业增加值171.03亿元，增长2.1%；第二产业增加值3227.03亿元，增长12.6%；第三产业增加值1819.94亿元，增长10.2%。按常住人口计算，人均地区生产总值62679元（按年平均汇率折合10121美元），比2012年增长10.2%。居民消费价格总水平比2012年上涨2.5%。农林牧渔业完成总产值300.83亿元，比2012年增长2.2%。全年完成工业总产值10589.9亿元，其中规模以上工业9378.76亿元，分别比2012年增长13.5%和13.9%。全年全社会固定资产投资2502.44亿元，比2012年增长24.1%。全年社会消费品零售总额1896.00亿元，比2012年增长14.0%。全年进出口总额达291.54亿美元，比2012年增长16.2%。全市公共财政预算收入346.41亿元，比2012年增收52.96亿元，增长18.0%，加上上划中央“三税”收入303.15亿元，全市公共财政总收入合计完成649.57亿元，比2012年增收77.14亿元，增长13.5%。财政收入占GDP比重12.4%。公共财政预算支出420.90亿元，比2012年增加64.45亿元，增长18.1%。年末全市金融机构本外币各项存款余额5626.13亿元，比2012年年末增长20.0%，其中人民币各项存款余额5409.18亿元，比2012年年末增长19.9%。全市金融机构本外币各项贷款余额4287.88亿元，比2012年年末增长15.1%，其中人民币各项贷款余额4015.80亿元，比2012年年末增长13.8%。

税收概况

【领导批示】 2013年1月，泉州市副市长陈荣洲对泉州市国税局报送的《2012年我市出口退（免）税突破110亿》作出书面批示：“市国税局服务我市外贸工作有实招，成效好。2012年我市外贸出口在困难面前持续增长与国税部门的呼应支持是分不开的！感谢国税系统的同志们！请市外经贸局加强沟通联系。”

【税收收入情况】 全市国税税收收入实现367.76亿元，增收31.63亿元，增长9.4%，完成省局年初下达计划100.5%，超收1.96亿元。其中：联合石化实现62.69亿元，增收4.38亿元，增长7.5%；全市扣除联合石化实现305.07亿元，增收27.25亿元，增长9.8%。完成出口退免税113.5亿元，同比增加2.8亿元，增长2.5%。其中：免抵调库29.5亿元，减少1.2亿元，下降3.9%；出口退税84亿元，增加4亿元，增长5%。首次全市12个征收单位税收收入超5亿元，晋江税收总量最大，首超百亿，入库103.23亿元、泉港入库70.05亿元；全市7个征收单位实现两位数增长，南安、惠安增幅最高，分别是18.8%、13.5%；从完成考核计划的情况来看，全市7个县级单位及市辖五个区合计均完成省局下达的考核计划。

【各税种收入情况】 增值税直接收入入库182.26亿元，增收21.61亿元，增长13.5%。扣除联合石化及“营改增”影响后则增幅9.7%。从销售收入申报情况看，全市增值税一般纳税人（不含联合石化和“营改增”企业）销售额同比仅增长6.9%，进项税额同比增长10.8 %；自营出口企业申报出口货物销售额320亿，增长仅4.7%。消费税入库53.59亿元，同比增收0.95亿元，增长1.8%。该税种增幅较低主要由于联合石化10月底进入停产检修阶段，至12月恢复生产，但12月仅有10个生产工作日。企业所得税入库84.67亿元，同比增收7.12亿元，增长9.2 %，在低增长水平徘徊。企业所得税在全市国税收入中占比23.02%，同比下降0.05个百分点。车辆购置税入库17.72亿元，同比增收3.16亿元，增长21.7%。

【评估稽查收入情况】 全市评估补税税款7.75亿元，增收3.07亿元，增长65.4%，占直接收入的3.0%；稽查查补税款2.82亿元（含退税追回0.18亿元），同比增收0.39亿元，增长16.3%，占直接收入的1.1%。稽查、评估入库税款合计占直接收入的4.1%，同比增长1.05个百分点。

征管管理

【征管户数】 全市征管户数124076户，其中企业纳税人64535户，个体工商户59541户；增值税一般纳税人27570户，小规模纳税人34084户，纯所得税户2881户。全市企业申报率达98.35%，个体工商户申报率为96.01%；2013年发生新欠11513万元，占总收入的0.37%；全市有18073户企业开通网络发票。

【征管改革】 2013年3月底至5月初，组织对全市12个县（市、区）国税局和大企业局开展征管改革回头看和专题调研，对推进税收征管改革工作亮点、主要做法和创新经验进行总结提升。全市有59402户企业纳税人实行自主申报、按实征收，占企业总数64535户的92.04%；有9096户个体工商户实行自主申报、按实征收。根据省局《涉税业务规程》，按照“纳税人所有涉税事项统一由办税服务厅受理，即办事项当场办结，审批事项由窗口受理，不再经过税源管理分局、内部流转到政策法规部门限时办结，最后统一从窗口出件”的流程运作，做到“办税集中进大厅、有事不找税管员”；税收风险管理按照“分析识别、风险排序、任务推送、风险应对和监督评价”的流程闭环运行，并相应完善税收分析监控、纳税评估工作和税务稽查工作等流程，实现各部门间有效的信息传导、业务衔接和相互制约，将所有的工作程序进行标准化。按纳税人规模和行业，兼顾反避税、出口退税等特定业务，对税源进行科学分类，实施了重点税源企业重点管理、中小税源企业行业管理、特定业务专门管理的方式；县局实现实体化、扁平化运作，内设业务科室不再是“二传手”；税源管理分局主要从事税收风险应对和行业重点税源监控，税收管理员不再按户各事统管，而是按具体事项实施专业化团队管理。推广全市征管电子档案系统。根据税务总局依法行政示范单位创建工作方案和省局的实施办法，建立与征管改革相适应的考评指标体系。

【风险管理体系】 成立泉州市国税局风险分析监控中心，开发应用风险管理平台，制定《泉州市国家税务局税收风险管理工作规程》，明确四个风险等级的具体评定标准和四个风险应对策略，三、四级高风险统一由市国税局为主、县国税局为辅，一、二级低风险统一由县国税局为主、市国税局为辅开展风险分析识别、等级排序、任务推送、监控评价。属于大企业局应对的任务，应对结果先由大企业局初评，再交由市国税局风控中心进行评价，并提交市国税局“风险管理领导小组”审议；属于税源管理分局进行应对的，应对结果由所在分局先初审，再交由县国税局征管科进行评价，并提交县级局“风险管理领导小组”审议；应对任务统一通过风险管理平台下发，完成后通过平台反馈结果，市国税局对县级国税局应对和质量评价结果进行抽查监督，形成自上而下分析督导和自下而上核实反馈的机制。

【基础管理事项整合】 按照“外移纳税人承担的责任，前移依申报依申请管理职责，集中常规性依职权管理，加强日常性风险管理”的思路，所有纳税人依申报、依申请事项受理、即办事项的办结、涉税文书的出件、纳税咨询、宣传辅导、简易处罚、个体户定额核定、信息采集、催报催缴、风险提醒等基础服务和管理事项由办税服务厅负责；其余常规性基础管理事项由县国税局相关管理部门进行集约化管理；日常管理中的户籍检查、个体工商户定额情况检查、发票使用情况检查、税种疑点数据核查、各种专项核查核实及重点评估发现的行业普遍性问题等所有可能导致税收流失风险的日常管理事项和风险点均作为日常风险应对任务，全部纳入风险管理系统运行，确保税收征管基础更加扎实有效。县国税局内设科室、分局进行了职能整合和精简，基层分局大部分回撤到县国税局集中管理。

【发票管理】 全面推行网络发票管理系统，全市有18093户成功开通，16577户实际开票；应用网络发票系统对纳税人开票信息和申报信息进行分析比对，对122户开票销售额大于申报销售额的疑点纳税人实施分类应对，参与评估有问题7户补缴税款滞纳金178.4万元。做好普通发票印制管理及企业衔头发票印制的申请审批工作，累计共审批110户次，同比增加近一倍，对衔头发票管理情况开展抽查，规范发票使用行为。

【纳税评估】 选取出口供货企业和免抵退税企业1202户，其中：福建省国税局下发1196户；自选6户。经过评估，对71户企业发出252份函件进行异地协查；对16户企业核减每月用票量975份；补税403.58万元；转出各种不符合抵扣规定进项税额4787万元；暂缓退税66户次，暂缓退税款2421.03万元。针对“营改增”后货运企业整体税负偏低的问题，设计三张“交通运输业一般纳税人运营情况调查表”，采集全市276户货运企业的每公里油耗、车辆运输基本情况、进项抵扣占成本比例等关键数据，分析判断企业税负偏低的症结问题，提出整改管征措施，形成调研报告。针对高风险企业的行业特征和风险点，完成31户企业的核查评估任务，其中：少计销售收入2户、多抵进项税额3户、违反差额征税规定多减除金额9户、固定资产抵扣业务发生时间待明确1户，合计补缴增值税147.15万元，进项税额转出17.3万元，加收滞纳金5.69万元。惠安县国税局组织对墓碑石、建材石制品、医药零售行业、水泥混凝土、商业个体批发等行业普遍性风险应对214户次，补税2331万元。

【税收保障】 草拟《泉州市国税局关于税收保障办法具体实施意见的报告》报送泉州市政府。

【信息化建设】 “税务征管资料电子化档案管理系统”全面升级，升级后，系统支持所有品牌摄像头、扫描仪和高拍仪，支持网上文书受理，实现了纳税人足不出户24小时办理涉税业务，系统与CTAIS实现了功能融合，CTAIS中可以查阅企业相关电子档案，在CTAIS办理业务时可以同时采集电子档案。“内部邮件系统”运行。“税收风险管理平台”升级。“内控促廉管理信息系统”上线。“新公文处理系统”上线，并做好旧公文处理系统的数据备份及数据迁移工作。

各税管理

【增值税税收优惠】 落实农产品、“菜篮子”、宣传文化等项目增值税免税18542万元；固定资产进项抵扣进项税额19.22亿元；福利企业即征即退税款1410万元；软件企业即征即退税款890万元；资源综合利用减（免）税5794万元；免征未达起征点小微企业增值税5915万元；免征部分小微企业增值税30万元；免收税务发票工本费101万元。

【非现场消费业务缴纳增值税清理】 落实《国家税务总局关于旅店业和饮食业纳税人销售非现场消费食品增值税有关问题的公告》（国家税务总局公告2013年第17号）的规定，对麦当劳电话订餐送餐业务、甜品站窗口销售、汽车餐厅窗口销售、肯德基宅急送业务、必胜客外卖业务等大型连锁餐饮企业的非现场消费业务进行清理，明确文件适用范围，征收率、执行时间和票种等政策口径。

【行业专项调查】 开展混凝土行业专项调查，64户商品混凝土企业接受调查。

【专用发票管理】 核实发票使用企业户数2753户，其中核减发票使用量1168户，维持发票使用量758户，停供发票83户，注销防伪税控资格35户，非正常户13户，处罚106户。

【“营改增”工作】 “营改增”入库税款3.57亿元，同比增收3.3亿元。从泉州市地税局获得的“营改增”试点纳税人2012年度地税营业税申报信息，与试点纳税人所属期2012年11月—2013年4月（半年）的改征增值税数据对比，筛选出月均销售额减少10万元以上以及原地税申报国税零申报的试点纳税人，把隐瞒销售收入、税负高的企业到非试点地区代开发票等现象列为重点风险点，开展核查。月均销售额减少10万元以上的企业有371户，原地税有申报国税零申报的企业有694户。8月1日，广播影视业“营改增”试点扩围按时完成，经确认，福建省国税局下发地税移交清册中384户纳税人，属广播影视服务业“营改增”管征户99户，其中一般纳税人6户，小规模纳税人93户；其他纳税人285户，其中原来“1+6”行业271户，非“营改增”14户。

【消费税管理】 根据《消费税涉税信息采集和应用管理办法（试行）》要求，对2012年度的烟、酒、汽车、摩托车、成品油消费税涉税数据进行收集，并将审核后的数据录入消费税涉税信息采集平台，完成烟类企业1户、酒类企业8户、汽车生产企业1户、成品油生产企业4户的采集工作。

【车辆购置税管理】 全市车辆购置税累计征收各种车辆 239300辆，同比增长16%；征收税款15.68亿元，同比增长17.9%。在汽车销售网点较多的清濛开发区国税局设立车购税征收窗口，减轻城区地面汽车征收过度集中在泉州市国税局办税大厅的压力，使纳税人就地买车，就近缴税，就近上牌。

【出口退税管理】 全年全市办理出口退（免）税113.5亿元，同比增长3.18%，其中，办理退税84亿元（外贸型出口企业退税52.58亿元，同比增长3.08%，生产性企业出口退税31.42亿元，同比增长8.38%），同比增长5%；

办理免抵调库29.5亿元，同比下降1.67%。

全年共办理出口退税资格认定的企业3322户，其中：生产型出口企业2409户，外贸企业913户，认定户数比上年同期增加了392户，增长13.37%。有3家“营改增”应税出口企业。2013年申报劳务出口额2333.76万元，涉及免抵退税额256.71万元，其中免抵税额228.94万元，应退税款27.77万元。对遵纪守法的出口退税重点企业继续保持其帮扶资格，增加9户企业为帮扶对象，对1户有稽查在案的企业取消其帮扶资格，合计有56户帮扶企业。全年全市涉案稽查出口企业23户，其中：查结5户，定性处理不予退税（或补回已退税款）338.35万元。制定《优化退税服务促进泉州市对外贸易发展8条措施》，加快退税进度，兑现外贸企业15个工作日完成审核、审批；每个星期退库一次；生产企业退库2次的服务承诺，以实际行动促进泉州市外贸企业发展，助力实体经济渡过难关。

【企业所得税管理】 利用自行开发设计的报表支持基层开展重点税源的监控和分析。将年纳税超100万元、年所得税收入增减变化20万元以上及应税所得率变动较大的企业纳入监控范围，加大重点税源及经营波动大的企业监控力度。全市企业所得税实际应纳所得税额65.31亿元，同比增收4.98亿元，增幅8.25%。全市企业所得税纳税人实现利润（含亏损）总额159.13亿元，纳税调整增加123.63亿元，纳税调整减少44.86亿元，纳税调整后所得237.9亿元，应补（退）所得税额8.37亿元。全年预缴率达86.20%，比上年同期82.87%上升3.3个百分点。组织开展房地产项目调查摸底，开展房地产行业风险应对，全市房地产行业稽查、评估补税22835万元，同比增加12170万元，增幅114.11%。监控金融、融资担保企业期初期末准备金提取情况等信息，牵头开展金融业企业风险应对，全市金融担保行业稽查、评估补税5052万元。从地税、国土、房管和房地产交易所等部门取得2010—2013年有转让土地、建筑物企业信息119条，在涉税信息采集、清算环节的税收风险管理、合理确定转让价格、建立协税护税部门联动机制等方面提出具体要求。全年全市企业申报免税收入105371万元，减计收入7946万元，减免项目所得35203万元，加计扣除26718万元，减免所得税117490万元，抵免所得税32万元。

【国际税收管理】 2013年1月，“国际税收信息平台”上线运行，实现省市县三级的信息共享。下发《关于做好2012年度关联申报工作的通知》，共有16253户进行关联申报，关联申报率达到54.6%，关联申报数量同比增长671%，关联申报率提高45.64个百分点。在关联申报分析的基础上筛选出3户嫌疑户，初步确定关联关系和关联交易金额。拓宽反避税领域，除注重传统的购销领域外，加强对企业股权重组的调查评估，确定一般反避税嫌疑户1户。做好未结案件企业的调查审计工作，涉及税款220万元。2月，下发《关于进一步加强税收协定待遇审批工作的通知》，规范税收协定待遇审批管理，全市共审批办理非居民享受税收协定待遇23户次，减免非居民所得税6780.82万元。9月，抽查石狮市国税局、惠安县国税局、永春县国税局的执法情况，发现存在非居民企业扣缴台账设置不全，部分企业非居民股权转让所得计算错误等问题，涉及补缴税款66万元。收集泉州上市公司的招股说明书及对外公告信息，开展涉税调研，研究重组上市企业的组织架构和重组形式，重点对2008年以后国内上市3家外资公司及香港15家上市企业进行涉税分析，确定两户企业应补缴预提所得税1072.16万元。另一户企业经多次谈判双方已基本达成一致意见，涉及调整金额1500万元。与政府有关部门联系，获取2012年128条股权变更资料下发基层，对于交易价格有违真实性的嫌疑户，应及时采取征管措施，逐户予以落实；对于不符合独立交易原则的关联方股权转让行为，启用反避税调查。全年共有64户非居民企业申报入库股权转让税款4195.39万元。每月对全市非居民税收收入情况进行分析，2013年共征收非居民企业所得税23330.18万元。

【大企业税收管理】 全市74户上市企业入库税款下降7%；144户拟上市企业入库税款微增4%；331户入库超千万企业扣除联合石化入库税款下降0.08%；大企业局隶属131户企业扣除联合石化后入库税款下降11.4%。通过构建以税款流失率为主要指标的纳税遵从度量化评价体系，从税款流失程度、遵从类型、纳税义务履行和违法违章记录等四个方面对服务和管理的131户市级大企业实施2012年度遵从度量化考核，确定他律性遵从企业 92户，占比70.23%；指导性遵从企业27户，占比20.61%；强制性遵从企业12户，占比9.16%；遵从度量化平均分值87.51分，基本客观地反映了泉州市级大企业财务核算较为健全、内控制度较为完善、遵从意愿较高的税法遵从现状。根据量化考核结果，对遵从度不同的纳税人开展有针对性、差异化、递进式的服务与管理策略，为纳税人营造公平的税收环境，切实提高税源管理质效和纳税遵从度。

税收法治

【执法责任制】 全市通过考核子系统监控的执法行为共计382134户次，未经申辩调整之前，确认执法过错数5796次，执法正确率为98.48 %。经申辩调整后，全市各单位实际确认的累计执法过错数为3231次，调整后的执法正确率达到 99.16 %。

【重大税务案件审理】 共召开重大税务案件审理会议6次，审理38起重大税务案件，作出审议意见34起，退回补充调查4起，共追补增值税2976.46万元，企业所得税8510.68万元，罚款1415.61万元。

【税务行政复议】 受理行政复议申请5件，其中：已核准撤回申请1件，审结4件。

【税收执法督察】 对惠安县国税局、永春县国税局、石狮市国税局开展税收执法督察和执法监察重点检查工作。将税收管理的八个方面内容作为执法督察重点，共追补税款54.12万元，加收滞纳金8.20万元，处罚 1.1万元，调减亏损额31.31万元。

【执法疑点核查】 共查补税款76.42万元，滞纳金12.28万元，处罚1万元。

纳税服务

【一体化纳税服务体系】 基本形成涵盖规范化办税厅服务、多元化网上办税、全市通办服务、专业化纳税咨询热线服务、系统化短信服务、个性化创新服务、社会化涉税中介服务、机制化纳税人维权服务在内的一体化纳税服务体系。

【办税厅建设】 各单位标准化、规范化办税服务厅建设基本完成，统一办税服务厅标识，规范窗口设置，合理划分功能。开展星级办税服务厅和“纳税服务之星”评选活动。通过人员定期轮岗、劳务派遣等形式，保证窗口人员的配备。开展干部教育培训、岗位练兵，广大国税人员特别是一线服务人员职业道德和业务素质不断增强，纳税服务工作能力和水平进一步提高。洛江、开发区、鲤城等单位定期开办礼仪、心理等相关课程，加强心理疏导，缓解窗口人员工作压力。

【网上办税】 全市税库银联网覆盖率100%；实行网上认证19351户，占全市一般纳税人95%；实行网上申报64615户，占全市纳税人64.6%。

【创新举措】 涉税事项“集中受理、内部流转、限时办结、窗口出件”，解决纳税人多头找、多次跑的问题；推进税收管理无纸化，拓展网上办税功能，扩大网上涉税事项的覆盖面。晋江市国税局在全省率先开通官方微信平台和二维码扫描服务，纳税人只需用手机扫描二维码登录晋江国税官方微信和晋江政务网，即可查询到最新公告、办税流量，错开办税高峰期，避免了长期间的排队、等候。大企业局推行税收协调员制度，实施税收遵从度量化评价机制；鲤城区国税局开展走访纳税人“一对一”服务；丰泽区国税局发挥税涉税中介机构在促进纳税人自主申报纳税方面的积极作用；洛江区国税局、德化县国税局搭建税企联系平台，设立纳税人QQ群；泉港区国税局、德化县国税局进驻行政审批中心，为国税、地税共管户办理包括发票代开、税务登记等多项日常业务；晋江市国税局推出自助购票、流量监控、VIP 服务、纳税服务咨询团、纳税人学校、企业家大讲堂、纳税人维权、大企业“先批后审”等服务；南安市国税局、安溪县国税局、开发区国税局不断提升“一窗通办”“税邮通”等服务；石狮市国税局不断拓展延伸服务，成为石狮市提效增速工作典型；惠安县国税局实行“值班长+导税员”服务制度；永春县国税局推行“亮标准、亮身份、亮承诺”及维权办公室等。

【需求调查】 从不同渠道收集纳税人反馈的需求和意见，共发放并收回纳税需求调查表17000多份，摸清纳税服务工作存在的问题。

【税法宣传】 依托办税服务厅和网络、报刊、电视等各种媒体，加大宣传力度，普及税收知识。精心组织税收宣传月活动，编辑《税收政策摘要》宣传手册，帮助纳税人掌握和运用最新的“营改增”、出口退税等税收政策。指定专人负责转办税务总局、省局税企互动信息门户网站、12366纳税服务热线提出的咨询、举报、投诉等事项。利用手机短信，开展税法宣传、涉税提醒等告知服务，月均向纳税人发送短信息20000余条，提醒纳税人及时办理涉税事项。

【省局门户网站纳税咨询管理】 2013年11月起，门户网站咨询回复工作的职责下放到县（区）国税局。

税务稽查

【专项检查】 实施检查248户，有问题191户，已查结186户，查补收入1.73亿元。

【大案要案】 查处涉嫌出口骗税大案。补罚、追缴已退税款及不予退税合计1.49亿元。“8·22”特大虚开增值税专用发票案涉及多个省、市，涉案金额数十亿元，由福建省公安厅、省国税局牵头，泉州市公安局与泉州市国税局联合主办。已批捕6人，刑拘1人。涉案企业共有58户，其中移交公安5户，预缴税款17户，预缴税款379.18万元。

【案件协查】 通过金税协查系统发出委托协查和受托异地协查，从中查得问题发票386份，并对发票违法企业进行处理，补罚收入245万元。协助查办贵州、温州、揭阳、西藏等地来函来人协查案件120户次，补罚1138万元，不予退税483万元。

【案件举报】 对涉税举报案件按照规定采取分类管理办法，对举报人提供有价值线索或资料的举报件均列入检查，查补收入166万元。

【稽查管理】 修订出台新的稽查绩效考核办法，推行差别化绩效奖金制度，将考核结果与工作奖金相挂钩，提高稽查办案质量与效率。通过泉州市稽查局选案、县（市）稽查局查办案件的方式，强化对县（市）局稽查案源的统一管理，减少自主选案的工作压力和社会干扰。

【发票检查】 重点对房地产与建筑安装、药品与医疗器械、发电、供电、餐饮娱乐、营利性的教育培训、金融、保险等八大行业开展检查。全市共查处非法取得、代开、虚开发票案件230起，查处违法企业户数185户，完成省局下达任务150户的123%，查处非法取得发票11195份，查补税款5187.93万元，加收滞纳金316.01万元，罚款 1510.65万元，合计7014.59万元。

机构队伍

【机构人员】 泉州市国家税务局内设14个科室和3个事业单位，下设12个县（市、区）国税局，2个直属单位，54个基层税源管理分局，5个进出口税收管理分局，7个基层稽查局。2013年12月底全市国税系统共有正式人员1325名。

【选拔任用】 任命1名正科级领导。按期转正8名正科级领导干部、5名市局机关副科长、10名各县级局纪检组长、35名各县级局中层正职、62名中层副职。考核任命1名主任科员、109名副主任科员。

【年度考核】 对全市系统2个直属单位、12个县（市）区局的62名领导班子成员进行了年度考核，确定优秀等次的县级局班子成员10人、称职等次52人。市局机关人员确定优秀等次13人，对全市在2010—2012年度连续三年被评为优秀公务员的24人给予个人记三等功一次。

【干部招录与辞职】 新招录公务员24人，录用军转事业干部1人。自愿辞职3人。

【学历学位认定】 认定在职博士研究生1人，全日制硕士研究生5人，全日制本科学历、学位16人，取得在职研究生学历、硕士学位7人，取得在职硕士学位2人，取得在职学士学位11人，取得在职成人本科学历、学位7人。

【教育培训】 组织二期共12人基层班子成员和科级干部参加福建省国税局培训。组织新招收公务员24人参加福建省国税局初任培训。2013年3月18—22日在华侨大学举行《小企业会计准则》抽考培训，培训对象为大企业局35人，晋江市国税局15人。选派出口退税的业务骨干85人参加，培训的课程有：外贸基础知识、国际货运实务、出口退（免）税政策、免抵退税实务与操作、出口退税评估与检查等。基层分局长和基层管理员共62人参加福建省国税局举办的2013年纳税评估培训班及实战演练；组织召开全市纳税评估典型案例演示交流，进行纳税评估规范性、技巧性的深入交流。在泉州市华侨大学举办全省出口货物退（免）税稽查业务培训班。派员参加福建省国税局金税协查系统升级操作师资、金融房地产稽查业务培训。

【税收志愿服务】 全系统有318名税务干部加入“学雷锋税务志愿队”行列中，其中有27名干部同时承担网络文明志愿服务工作。在办税服务厅内设置“岗位学雷锋”志愿者为办税引导员，由导税员引导纳税人办理涉税事项，接受纳税人咨询。参加泉州市“道德模范故事汇”基层巡演活动，学习和弘扬为民服务、为民奉献的雷锋精神。市国税局大企业税收管理局、晋江市国税局等重点税源企业较多的单位组织税收志愿服务队中的优秀业务骨干，成立“专家服务团队”，为企业提供个性化的税收政策辅导、引导企业建立完善税务风险内控体系、受理大企业涉税诉求、签订税收遵从协议等多种形式的特色服务。针对民营企业上市工作，“专家服务团队”走访企业讲解改制上市过程中涉及的股权转让等有关税收政策，主动开展税收预警服务，帮助近两年拟上市的企业熟悉政策、分析问题、查找原因，提出改进意见。

【获得荣誉】 泉州国税合唱团在全省汇演中取得二等奖，在行业指数测评中获泉州市执法系统第一名，晋江市国税局被国家税务总局表彰为全国税务系统先进集体，黄雅莉获福建省“巾帼建功标兵”称号，黄小萍获市级“五四青年奖章”。

【党的建设】 落实党组中心组集中学习制度，组织学习党的十八大精神、习近平总书记系列重要讲话及十八届三中全会等一系列重要精神的党组中心组理论学习。开设“学习十八大专栏”，邀请泉州市委党校教授作辅导报告。抓好“1263”机关党建工作机制建设，制定下发《中共泉州市国家税务局机关党委关于推进“1263”机关党建工作建设的实施意见》《中共泉州市国家税务局机关党委关于推进“1263”机关党建工作建设的实施方案》，紧密结合泉州国税实际，制定详细的实施细则。下属的十二个支部在2013年6月底前全部完成“1263”机制推行工作，顺利完成市直党工委提出的“1263”机制七一前全覆盖的工作目标。

【工青妇活动】 通过身边人讲身边事、唱经典歌曲、学经典、观看视频、邀请先进人物、劳动模范现身传授、谈感悟等形式，以爱岗敬业、遵守职业道德、弘扬孝道等为主题举办4期道德讲堂活动。在原有健身舞、合唱等兴趣小组的基础上，新增设了太极拳、瑜伽、经典影视作品鉴赏等兴趣小组。与泉州市妇联联合举办“书香女人 写意生活”国画、书法培训班。与市环保局、海洋局、团市委联合开展了“美丽泉州 关爱泉州湾”志愿服务活动，走进深沪湾，捡拾垃圾，保护海岸生态环境；参加“走进东湖菜市场”统一行动；开展“青心同行” 防暑降温送清凉慰问活动，向铭湖社区28名社区环卫工人，送去了凉茶、绿豆、蜂蜜等防暑降温物品。与石狮大仑中心小学的五名流动儿童结成“一帮一”对子；开展“母亲健康1+1”募捐活动，共捐款2600元，为重症贫困母亲送上一份温暖。与晋江英林镇结成计生帮扶对象，帮扶资金达20000元；与洛江区罗溪镇永生村结对共建，拨付村老年活动场所建设资金20000元。

【精神文明建设】 制定《泉州市国家税务局2013年度文明创建计划》，确定了“五个一” 创建活动重点，即一堂（道德讲堂）、一队（税收志愿服务队）、一牌（遵德守礼提示牌）、一桌（文明餐桌）、一传播（网络文明传播），坚持“文明创建紧扣行业特点，突出文明创建的税务特色”，将文明创建的立足点和落脚点放在忠实履行税收工作职责上，坚持一手抓精神文明建设，一手抓好税收中心工作。2013年10月，顺利通过市级文明单位的总评和省级文明单位的初评。

【党风廉政责任制】 对62名县区局班子成员进行廉政集体谈话，3名基建人员进行廉政提醒谈话。2013年4月，采取“一对一”交叉检查方式，组织开展2012年纪检监察工作落实情况考核，通报考核结果，表彰前三名先进单位，确保纪检监察各项工作有效落实。先后于1月、4月、8月召开全市国税系统党风廉政分析会，以“廉洁过节”“贯彻落实全市国税系统党风廉政建设工作会议情况”“分析党风廉政建设现状，查找存在问题”为主题，认真查找税收执法环节中存在的风险点及苗头性、倾向性问题，积极研讨整改措施，确保党风廉政分析会的质量。

【廉政教育】 制定《监督管理办法实施细则分解意见》，要求各县级国税局参照泉州市国税局党组的责任分解意见，加强领导，强化措施，切实把领导干部述职述廉、廉政谈话、领导干部个人有关事项报告、党组会和局长办公会等制度落实到位，把《监督管理办法》及实施细则各项工作落到实处。组织学习《福建省国家税务局党组贯彻落实中央八项规定的具体措施》，同比减少会议活动次数5次，节约经费9.16万元，减少发文93份、简报4期，出国（境）减少2次、公务接待减少649次，节约经费17.92万元，公务用车节约经费5.36万元。开展会员卡专项清退活动。2013年6月，开展全市国税系统纪检监察干部会员卡清退活动，11月，把清退对象从纪检监察干部扩大至全局干部职工。两次清退对象1325人，均无收受任何单位和个人会员卡的行为。开设“泉州廉政文化网” 向全市国税系统征集廉政文化作品，向福建省国税局推选了曲艺（含小品）、公益广告、书法作品、摄影作品、微视频、工艺品及廉政培训教材等作品，有12件作品被采用。参与福建省国税局举办的“为民务实清廉”演讲比赛文稿撰写，有3篇文稿被福建省国税局采用。派出惠安县国税局1名干部参加演讲比赛获优秀奖。

【行风效能】 12个基层国税局有 6个取得免评不免建资格（晋江市国税局首次被确定为“免评不免建”单位），4个取得第一名，2个取得第二名。重新聘请10位行评代表，新一届代表除2位国税系统退休干部以外，其余8位代表分别来自市委、政协、检察院、统计局调查队、网站总编、电台记者、企业财务和代理记账人员。召开16场行评座谈会，电话回访70户纳税人，发放并回收调查问卷293份，广泛接受社会监督，共征集到减轻企业负担、优化纳税服务、扩大税收宣传等6个方面共16条意见建议，全部落实到位。2013年5月12日，泉州市国税局纪检组长苏虎与市国税局各部门负责人走进泉州人民广播电视台“政风行风热线”，现场接听8位听众打进的热线电话，对听众普遍关心的“营改增”、网上办税、小微企业所得税优惠政策等问题作解答。市国税局快速处理网站和热线的咨询业务629条。组织巡查组对稽查局、大企业局、丰泽区国税局进行突击巡查，对19名违反效能纪律的干部扣发绩效考核奖。5次对12个县（市、区）国税局办税服务厅采取突击检查，检查办税服务厅的环境建设、窗口工作人员的服务态度和服务水平等情况，对检查中发现的问题，责成相关单位限期整改。

【监督检查】 开展执法监察立项总数108项，提出建议7件，被采纳建议7件，挽回经济损失2.3万元。2013年8月，对惠安县国税局、石狮市国税局、永春县国税局执行中央八项规定情况、党风廉政建设责任制落实情况、《税务系统领导班子和领导干部监督管理办法》及实施细则执行情况及内控机制建设情况进行重点检查，针对存在的37个问题，责令限期整改， 严格责任追究。对县级国税局领导班子年度履职、廉政情况考核进行监督，对竞争上岗、提拔任用等形式担任领导干部进行程序监督，参与政府采购、基建招投标、固定资产拍卖等重要环节的程序监督，从源头上预防和治理腐败。

【内控机制】 上线运行“内控促廉管理信息系统”，新增4项和优化2项出口退（免）税业务新增风险指标。全市国税系统共提取并推送廉政风险事件3691件，其中，事前预警事件623件，事中监控事件175件，事后核查事件数2893件。从运行情况来看，系统推送廉政风险事项数量呈逐渐下降态势，2013年10月推送事件数195件，为全年最低值，与5月的628件相比明显下降。围绕事权、人权、财权、工程、项目等重点岗位和关键环节，全面梳理和排查职务犯罪风险的等级，探索廉政风险防控制度，健全税收执法权运行机制，从源头上对权力结构进行治理和制约，切实把权力关进制度的“笼子”。9月27日，召开税检联席会，建立联席会议制度、信息共享制度、走访联络制度、预防职务犯罪宣传教育制度、开展行贿犯罪档案查询工作等一系列预防工作机制，加强协调配合，共同提高预防成效。12月，印发《泉州市人民检察院 泉州市国家税务局关于在预防职务犯罪工作中进一步加强协作配合的意见》，进一步深入检税协作。

【信访案件查处】 共收到信访举报10件，重复件4件，上级交办8件。对1名受贿被刑事处理的副科级干部给予开除处分，1名违规出境及受贿被判刑的科员给予开除处分，1名违规出境的职工给予记大过处分。

行政后勤

【固定资产管理】 对2012年年末机关固定资产进行核对，做到账实相符。结合泉州市国税局因办公大楼搬迁对废旧办公家具等资产进行集中清理的实际情况，完成市国税局审批权限内部分已达报废年限的原机关办公家具等资产报废审批和部分系统到报废期计算机类设备分权限进行审核审批，其中市国税局审批机关到期计算机类报废资产51台，金额 20.84万元，其他非计算机类设备1836件，金额194.71万元；审批各县级国税局计算机类设备15台，金额18.2万元；上报福建省国税局待审批计算机类设备8台，金额32.69万元；上报省国税局已批复房屋建筑物资产处置一宗，即安溪县金龙现代广场套房资产处置；2013年9月，按规定程序公开拍卖处置汽车4部，拍卖金额8.25万元。

【车辆购置税费改革移交财产】 车辆购置税费改革移交来的固定资产数量264.51（台、米、件），金额1109631.26元（大部分因历史原因未入账）；流动资产合计193413.06元（现金1267.2元、银行存款192145.86元，已入账）。

【政府采购】 通过国家税务总局协议供货平台完成IT类设备、办公类设备、车辆采购共计23台（套），预算金额134.8万元，实际采购128.2万元。完成2013年全市普通发票的二次竞价工作，预算金额99.86万元，实际采购96.28万元。采购复印纸1200箱，预算金额2.16万元，实际采购2.11万元。

【基本建设】 2013年，泉州市国税局办公楼修缮项目及县级国税局在建项目共10个：市国税局办公楼修缮项目正在图纸进行招投标工作；鲤城区国税局新建办公楼地皮已经基本落实（因为税务总局文件精神已停建）；丰泽区国税局新建办公楼及市国税局过渡房工程目前已经上报福建省国税局待决算；泉港区国税局办税厅改造项目已经竣工；晋江市国税局办公楼已经竣工验收，已上报福建省国税局进行工程决算；晋江市国税局办税厅改造项目；惠安县国税局办税厅改造项目；德化县国税局消防工程改造项目及办税厅项目已经竣工。已立项未建项目共9个：鲤城区国税局浮桥分局和江南分局；洛江区国税局马甲分局；晋江市国税局磁灶分局、永和分局、陈埭分局；南安市国税局诗山分局和仑苍分局；安溪县国税局剑斗分局。（根据税务总局文件精神，以上9个项目已停工）。

【办公楼搬迁】 2013年3月7日，泉州市国税局机关新办公地点迁址到刺桐西路899号。

【办文办会】 全年共处理收文1188件，发文267件，发布全市公文差错考核通报4期。做好文档管理工作，开展保密知识宣传和培训，加强保密技术防护和涉密载体清理检查，全年共处理机要文件30多件。组织安排全市国税工作会议、各级领导调研座谈会等各类会议活动20多场。

【税收宣传】 出台《泉州市国家税务局关于进一步加强政务信息工作的通知》，建立每月考核机制，完善信息工作奖励机制，加强信息工作的日常指导和业务培训。信息被福建省国税局采用253条，在全省各地市中排名前三。被泉州市委、市政府采用110条，在省市直单位中名列前茅。在税收宣传方面，筹备第22个全国税收宣传月，在福建省国税局信息平台发布60多篇宣传动态稿件，名列第一。在《中国税务报》发表11篇泉州国税系统新闻稿件。与《海西税务》杂志共同策划第九期《走进泉州》专刊，介绍泉州国税系统2011年以来实施的税收征管改革。

【政府提案】 2013年“两会”期间共收到人大代表建议批评和政协委员提案8件。

【信访】 全年接收和处理信访材料15件。

【信息公开】 公开信息612条，接受网上咨询418次，电话咨询2666次，按时回复率达到100%。

（供稿：林　琳／核稿：林　滇）

三明市国家税务局

经济概况

2013年实现地区生产总值1477.59亿元，比2012年增长11.2%。其中，第一产业增加值230.97亿元，增长4.8%；第二产业增加值771.92亿元，增长14.8%；第三产业增加值474.70亿元，增长7.9%。人均地区生产总值58938元，增长11.2%。第一产业增加值占地区生产总值的比重为15.6%，第二产业增加值比重为52.3%，第三产业增加值比重为32.1%。居民消费价格全年平均比上年上涨2.4%。全年公共财政总收入136.90亿元，比2012年增长12.5%，其中，地方公共财政收入89.85亿元，增长16.0%；公共财政支出187.11亿元，增长22.1%。全市国税税收收入63.73亿元（含海关代征8.55亿元），增长9.2%；地税系统组织各项收入106.40亿元，其中税收收入76.00亿元，增长16.4%。全年规模以上工业增加值710.85亿元，比2012年增长14.7%。全年固定资产投资（不含农户）1334.13亿元，比2012年增长22.1%。全年社会消费品零售总额319.16亿元，比2012年增长17.1%。全年进出口总额16.32亿美元，比2012年下降31.4%。

税收概况

【税收计划执行】 全市入库国税税收63.73亿元，同比增收5.36亿元，增长9.2%。其中，中央级收入48.40亿元，同比增收3.58亿元，增长8.0%；地方级收入15.33亿元，同比增收1.779亿元，增长13.1%。国税部门共组织入库税收55.18亿元，同比增收3.51亿元，增长6.8%，完成全年收入任务的102.19%。其中：增值税入库39.48亿元，同比增收3.09亿元，增长8.5%；企业所得税入库11.11亿元，同比增收0.17亿万元，增长1.56%；消费税入库1.43亿元，同比增收0.03亿元，增长3.1%；车辆购置税入库3.16亿元，同比增长0.22亿元，增长7.4%。

海关代征税收8.55亿元，同比增收1.84亿元，增长27.5%；办理退（免）税6.82亿元，同比减少3.93亿元，减幅36.6%。

【收入规模】 全市税收总收入及国税部门组织税收收入分别突破60亿元和55亿元大关，税收与经济增长趋势基本同步，总体呈现高开低走企稳回升的态势。

表23　　2013年三明市国税局各项税收完成情况

单位：万元

项　目	累计入库		
	税　额	税　额	增　长（%）
一、总计（含出口退税）	569659	93335	19.6
1. 税收总收入	637335	53561	9.2
其中：中央级	484001	35827	8.0
地方级	153334	17734	13.1
省级收入	8851	484	5.8
市级收入	38158	4518	13.4
县级收入	106325	12732	13.6
2. 海关代征	85526	18444	27.5
3. 其他收入	522	472	944.0
二、出口退税	-68198	39302	-36.6
其中：直接出口	-56998	37002	-39.4
三、入库查补税金	20373	5315	35.3
四、免抵已调增值税	11200	-2300	-17.0
五、企业申报免抵额	10202	119	1.2

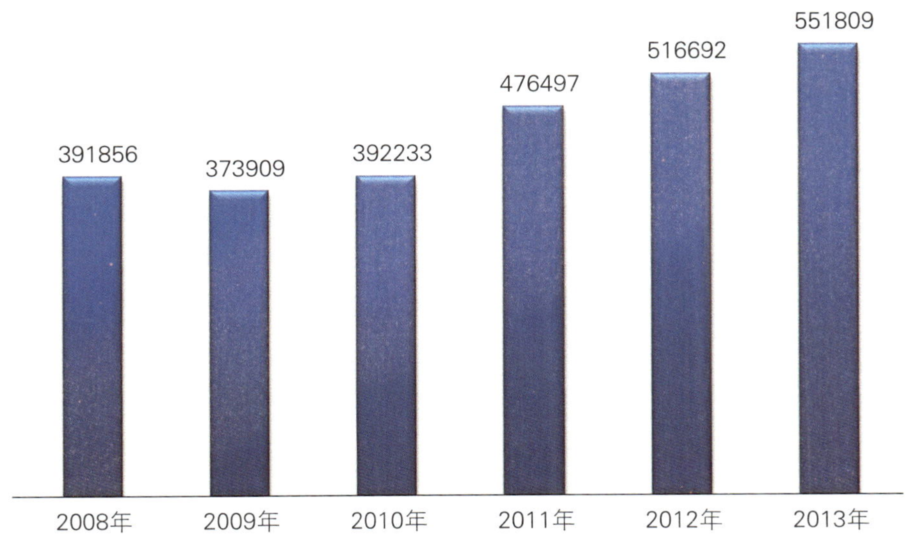

图20　2008—2013年三明市国税局税收收入完成情况（万元）

【税源结构】 全市国内增值税入库39.48亿元，同比增收3.09亿元，增长8.5%，税收比重为71.5%，同比上升了1.1%，增收贡献率为88.03%；企业所得税入库11.11亿元，同比增收0.17亿元，增长1.6%，税收比重为20.1%，同比下降了1.1个百分点，增收贡献率为4.9%；消费税入库1.43亿元，增长2.1%；车购税入库3.16亿元，增长7.6%。

【区域税收】 全市所有征收单位收入超过亿元，75%以上征收单位收入保持增长，但税收收入增速普遍偏低，仅建宁、明溪、宁化和尤溪4个征收单位收入呈两位数增长，分别增长51%、49.7%、20.2%和11%，贡献1.66亿元的税收增量，拉动全市收入增长3.2%。梅列、永安两个征收单位收入总量大，合计增收2.14亿元，拉动全市增长4.1%。与2012年相比收入增减差距大幅缩小，区域间收入增减高低差为61.5个百分点，同比减少了23.1个百分点。

【税源分析】 全市第二产业入库税收32.66亿元，同比减收0.81亿元，减幅2.4%，占税收总量的59.13%。12个重点行业减多增少，采矿、水泥、烟草制品、林产品和食品饮料等5行业减收均在上千万元以上。其中采矿业因煤炭、非金属矿大幅减收（分别减收6455万元和3888万元），该行业入库税收5.94亿元，减收0.96亿元，减幅13.9%；水泥建材行业由于产品价格下跌，企业亏损，该行业入库税收4.29亿元，减收0.76亿元，减幅15%；钢材行业入库税收5.7万元，减收153万元，减幅0.3%。电力行业入库5.5亿元，增收1004万元，增长1.9%。

表24 2013年三明市国税局各征收单位税收完成情况

单位：万元

单位	年计划	完成任务数	年累计完成（%）	增减	增长（%）
合 计	540000	551809	102.2	35117	6.8
梅列区国税局	200200	202114	101	16446	8.9
三元区国税局	35000	35596	101.7	1547	4.5
永安市国税局	84000	87677	104.4	4950	6
宁化县国税局	20000	21851	109.3	3669	20.2
大田县国税局	39100	40901	104.6	129	0.3
清流县国税局	20500	20928	102.1	-1962	-8.6
明溪县国税局	11700	14126	120.7	4688	49.7
尤溪县国税局	39400	40709	103.3	4050	11
沙县县国税局	34600	36169	104.5	-464	-1.3
将乐县国税局	25800	26674	103.4	-3136	-10.5
泰宁县国税局	12800	12740	99.5	1039	8.9
建宁县国税局	10200	12324	120.8	4161	51

第三产业入库税收22.36亿元，同比增收4.19亿元，增长23.1%，占税收收入总量的40.53%，比重同比提高了5.3个百分点。商业、金融、房地产和“营改增”项目等行业增收，其中商业入库税收12.21亿元，同比增收1.92亿元，增长18.6%；交通运输及现代服务业入库税收1.5亿元，同比增长1.3亿元；金融和房地产入库税收4.47亿元，同比增收0.66亿元，增长17.3%。

【重点企业】 全市年纳税百万元以上（含免抵）企业546家，入库税收41.48亿元，同比增收4.22亿元，增长11.3%，占税收收入比重为75.2%，拉动全市收入增长8.2个百分点。年纳税千万元以上企业74家，入库税收28.67亿元，同比增收1.45亿元，增长5.3%。年纳税5000万元以上企业10家，合计入库税收16亿元，同比增收0.9亿元，增长6%，占税收收入比重为29%。

全市税收增收百万元以上企业195户，入库税收20.37亿元，同比增收7.83亿元，增长62.5%。其中增收千万元以上12户企业，入库税收9.57亿元，增收2.82亿元，增长41.8%。福建省烟草公司三明市公司、福建省三钢（集团）有限责任公司、福建水口发电集团有限公司尤溪流域分公司为增收前三位。

全市税收减收百万元以上企业129户，入库税收14.03亿元，同比减收5.79亿元，减幅29.2%。其中减收千万元以上企业14户，入库税收7.77亿元，同比减收2.67亿元，减幅25.8%。福建金牛水泥有限公司、福建三钢闽光股份有限公司、大亚木业（福建）有限公司三家企业减收最为严重。

表25　　2013年重点企业税收情况

单位：万元

入库5000万元企业名单	本年税收	上年税收	增减	增减幅（%）
福建省烟草公司三明市公司	51280	43507	7773	17.87
福建三钢闽光股份有限公司	44088	47125	-3037	-6.44
宁化行洛坑钨矿有限公司	12102	11250	852	7.57
福建省三钢（集团）有限责任公司	10789	7661	3129	40.84
国网福建省电力有限公司三明供电公司	9371	6656	2716	40.80
福建省永安煤业有限责任公司上京分公司	7384	9660	-2276	-23.56
国网福建永安市供电有限公司	7175	8071	-896	-11.10
福建省永安煤业有限责任公司	6868	7271	-403	-5.54
福建水口发电集团有限公司尤溪流域分公司	5540	2709	2832	104.53
百威英博雪津（三明）啤酒有限公司	5409	7109	-1700	-23.91
合　计	160008	151019	8989	5.95

续表

增收千万元企业名单	本年税收	上年税收	增减	增减幅（%）
福建省烟草公司三明市公司	51280	43507	7773	17.87
福建省三钢（集团）有限责任公司	10789	7661	3129	40.84
福建水口发电集团有限公司尤溪流域分公司	5540	2709	2832	104.53
国网福建省电力有限公司三明供电公司	9371	6656	2716	40.80
三明新华都购物广场有限公司	2391	393	1998	507.88
福建省青山纸业股份有限公司	2020	246	1774	721.68
福建省谋成水泥发展有限公司	2393	858	1535	178.95
大田县山贵崎煤矿有限公司	1958	539	1419	263.56
永安市农村信用合作联社	3173	1842	1331	72.26
福建明一宏业电子商务有限公司	2778	1448	1330	91.82
福建铙山纸业集团有限公司	2417	1090	1327	121.76
福建省燕城建设工程有限公司	1625	573	1052	183.61
合计	95735	67521	28215	41.79
减收千万元企业名单	本年税收	上年税收	增减	增减幅（%）
福建金牛水泥有限公司	2390	5934	-3544	-59.72
福建三钢闽光股份有限公司	44088	47125	-3037	-6.44
福建水口发电集团尤溪流域发电有限公司	0	2574	-2574	-100.00
大亚木业（福建）有限公司	-583	1761	-2345	-133.12
福建省永安煤业有限责任公司上京分公司	7384	9660	-2276	-23.56
将乐金牛水泥有限公司	2167	4116	-1950	-47.36
百威英博雪津（三明）啤酒有限公司	5409	7109	-1700	-23.91
福建红火水泥有限公司	2142	3732	-1590	-42.61
福建省永安万年水泥有限公司	3986	5503	-1516	-27.55
福建省清流县东莹化工有限公司	1623	3083	-1460	-47.37
福建省永安金银湖水泥有限公司	63	1422	-1358	-95.56
国网福建尤溪县供电有限公司	3339	4507	-1168	-25.91
福建海能新材料有限公司	486	1613	-1127	-69.90
中国移动通信集团福建有限公司三明分公司	4283	5346	-1063	-19.88
合计	76777	103481	-26704	-25.81

税收法治

【税收执法责任追究】 坚持每月通报分析税收执法情况，三明市国税局领导约谈排名后三名的单位主要领导。健全上下沟通联动机制，在主页设立咨询台，解答基层单位在工作中遇到的问题。坚持监督检查制度，检查过错申辩的理由是否充分，不充分的督促责任单位不予申辩调整。全市国税税收执法调整前准确率99.56%，过错户898户，过错数906次；调整后准确率为99.83%，过错户337户，过错数344次，税收执法准确率位居全省第二位。全市国税执法过错行为被追究119人次，其中：批评教育20人次；通报批评18人次；经济惩戒80人次，共扣发奖金3503元。

【税收执法督察】 成立税收执法督察工作领导小组，结合本地税收执法的实际情况和工作需要，制定税收执法督察实施方案，明确检查的重点内容、目标要求和工作任务，有针对性地选择重点领域、重点环节实施税收执法督察，税收执法督察自查面达100%，重点对永安市国税局、宁化县国税局和建宁县国税局进行执法督察，共发现存在问题7类26项。对3个被重点督察的单位下发税收执法督察意见，督促其对存在问题整改。被督察单位对照督察内容查找问题，并将整改情况反馈市国税局。

【经济责任审计】 抽调相关业务科室骨干与县国税局人才库人员组成审计组，从2013年8月12日开始按照规定的程序对永安市国家税务局局长开展任中经济责任审计，发现永安市国税局在税收管理方面存在6类17项问题，在财务管理方面存在4类7项问题，在落实党风廉政建设方面存在1个问题。审计组根据审计发现的情况，下发审计意见书，针对存在问题提出整改意见，督促被审计单位落实整改。

【案件审理】 全市国税系统稽查局立案查处173件，移送同级重大案件审理委员会审理案件47件，审理率为27%，其中维持初审意见数39件，改变调查部门拟处理意见4件，已移交未审结案件数4件。三明市国税局稽查局立案查处12件，移送市国税局重大案件审理委员会审理4件，审理率为33 %，其中维持初审意见数1件，改变调查部门拟处理意见1件，已移交未审结案件数2件。

【行政复议和行政诉讼】 三明市国税

▲2013年8月19日，三明市国税局根据福建省尤溪三鑫铅锌矿业有限公司要求召开税务行政处罚听证会

（郑晶亮摄）

局处理税务行政复议案1件，复议结果维持原处理意见；应税务行政处罚当事人申请，召开听证会1场次，最终部分采纳纳税人提出的意见。

征收管理

【征管概况】 2013年，全市国税系统共管征户数48418户，其中：企业17500户，个体户30518户，一般纳税人7205户。

【征管改革】 总结两个试点单位开展税源专业化管理的经验，组织人员到泉州市国税局学习经验做法，制定上报税收征管改革方案。改革方案得到省国税局批复后，立即印发税收征管改革实施方案和配套措施，制定倒计时安排表，并针对改革中可能出现的问题制定了解决预案。2013年10月24日，全市各单位按照省国税局批复的方案正式启动税收征管改革。改革后，三明市国税局系统共有纳税服务人员215人，占总人数的22.37%，提高了12.56%，税源管理人员508人，占总人数的52.86%，提高了10%；税收风险分析监控中心进行风险识别37批次，推送评估任务344户次，入库税款2849万元。福建省国税局局长臧耀民和总会计师陈慕斌分别在三明市国税局报告上给予批示肯定。

【信息技术应用】 2013年1月1日，改版升级的三明市国税局机关办公网站运行，新增“新闻聚集”“政务播报”功能模块，研发了目前全省国税系统独有的“信息提醒短信平台”。7月，新版门户网站正式运行，新版门户网站对旧版网站外观和栏目设置进行了调整，重点栏目更加突出，更便于纳税人网上办税。11月4日，正式使用税务综合办公信息系统进行发文、收文处理，顺利完成新旧公文系统的衔接，实现了省、市、县使用统一浏览器界面进行公文传输。各地也以信息化为依托，创新税收管理方式。如梅列区国税局开发“涉税规程及表证单书下载系统”，沙县国税局开发“林业木材发票代开管理系统”，将乐县国税局开发“企业所得税弥补亏损自动监控电子台账”。

各税管理

【增值税概况】 全年入库增值税39.48亿元，同比增收3.09亿元，增长8.5%。2013年，办理增值税一般纳税人资格认定1197户。

【“营改增”工作】 推进广播影视服务业以及铁路运输和邮政服务业“营改增”工作，共有3739户企业经确认后纳入“营改增”范围，累计实现改征增值税1.41亿元，释放改革红利9226万元，减税面达97%。

【增值税专项评估】 开展固定资产进项税额抵扣专项评估，检查2009—2012年固定资产进项税累计抵扣额偏高或异常的企业是否符合抵扣规定。全市完成评估户数463户，企业进项转出或补缴税款6026.93万元。加强增值税专用发票的监控与清理，对企业核定月供应量、次发售数量已经超过其实际使用量的和经营不正常、长期不再使用专用发票的开展核查，共核实发票使用情况企业户数2753户，其中核减发票使用量1168户，维持发票使用量758户，停供发票83户，注销防伪税控资格35户，非正常户13户，尚无法联系企业88户，已通知但尚未核销发票的185户，处罚106户。开展防范虚开增值税专用发票和打击骗税专项评估行动，防范和打击“三无”企业和生产能力明显不足的生产企业虚开发票、骗取出口退税和其他违法行为。全市共抽调人员组成93个评估小组，设计《企业基本情况核查表》《企业生产经营状况核查表》《委托加工情况核查表》和《产品销售情况核查表》四张核查表，本次专项评估共选取出口供货企业和免抵退税企业1202户，其中：省国税局下发1196户，本地自选6户。经过评估，对71户企业发出252份函件进行异地协查；对16户企业核减每月用票量975份；补税403.58万元；转出各种不符合抵扣规定进项税额4787万元；暂缓退税66户次，暂缓退税款2421.03万元。

【增值税优惠政策】 落实增值税优惠政策，共减免税款24.84亿元，其中：农产品、“菜篮子”、宣传文化等项目增值税免税2.23亿元；固定资产进项抵扣税额19.22亿元；福利企业即征即退1692万元；软件企业即征即退1068万元；资源综合利用减（免）税6953万元；暂免征收未达起征点小微企业增值税7098万元。

【企业所得税概况】 全市共管征所得税企业12815户，其中：查账征收11535户，核定征收1280户。新办企业有2263户，同比增加335户。跨地区经营汇总缴纳企业所得税的企业226户，其中总机构20户，二级分支机构就地预缴206户。全市入库企业所得税11.11亿元，同比增收0.17亿万元，增长1.56%，完成年计划11亿元的100.99%，占全市国税收55.18亿元的20.13%。其中：内资企业入库税9.78亿元，外资企业入库税收1.33亿元，二级分支机构就地预缴入库企业所得税0.93亿元。

【所得税汇算清缴】 开展2012年度企业所得税汇算清缴工作，全市实际汇算清缴10476户，同比增加1497户，清缴面100%，纳税调整增加额16.54亿元，纳税调整减少额 8.26亿元，应纳税所得额 33.68亿元，自行调整补缴入库企业所得税2.05亿元。

【企业所得税电子管理台账】 2013年 6月1日，成功研发了“企业所得税电子管理台账系统”，实现了企业所得税征管从纸质到电子化的转变，为基层税收管理人员提供了一个便捷的工作平台。软件主要包括数据采集、数据结转、监控提示、查询统计和可拓展功能。10月11日，“企业所得税电子台账系统”顺利通过了福建省国税局软件评审鉴定验收。该软件投入使用后共发现有问题企业425户，调增应税所得额1.93亿元，补征企业所得税款及滞纳金3626万元。

【所得税分类管理】 实施分类管理，根据企业生产经营规模的大小、财务核算特点、对税法的遵循度，建立分类管理制度。将企业分为重点税源企业、一般税源企业、核定征收企业和汇总纳税企业四大类别。对重点税源企业，着眼于掌握企业生产经营特点、税款缴纳等情况，实施重点税源专业化管理；对一般税源企业，强化评查，部门互动，发现疑点问题，及时开展评估、检查，以评、查促管理；对核定征收企业，规范核定标准，实施动态监控；加大对总、分机构事前涉税项目管理，督促纳税人按规定提供资料，提高履行纳税义务的主动性。对影响企业所得税税基、税额的股权转让、非货币资产评估增值、企业重组、税收优惠和资产损失等涉税事项，探索新的管理方式。

【落实企业所得税优惠政策】 为626户次企业输送各项企业所得税优惠政策，累计减免金额4.05亿元。其中：享受免税收入52户次，金额6665万元；综合利用资源减计收入7户次，减免金额 3377万元；农户贷款利息收入减免12 户次，金额1359万元；研究开发费用加计扣除7户次，金额1653万元；安置残疾人员所支付的工资加计扣除26户次，金额864万元；从事农林牧渔业项目的所得减免99户次，金额23907 万元；小型微利企业减免375户次，金额165万元；高新技术企业减免税8户次，金额1387万元；过渡期税收优惠减免税5户次，金额803万元；企业购置环境保护、节能节水、安全生产等专用设备的投资额抵免税额1户次，金额2.45万元；从事符合条件的环境保护、节能节水项目所得优惠5户次，金额327万元。

【消费税管理】 根据《消费税涉税信息采集和应用管理办法（试行）》要求，对《烟消费税涉税信息采集表》《酒消费税涉税信息采集表》《汽车摩托车涉税信息采集表》《成品油消费税涉税信息采集表》数据进行收集，并将审核后的数据录入消费税涉税信息采集平台，共完成烟类企业1户、酒类企业8户、汽车生产企业1户和成品油生产企业4户的采集工作。开展金银首饰行业风险应对，对部分疑点信息进行分析监控，通过风险管理平台下发给各县（市、区）国税局实施风险应对。全年消费税入库1.43亿元，增长2.1%。

【车辆购置税管理】 全市车辆购置税累计征收各种车辆 259184辆，同比增长16.23%；征收税款；车购税入库3.16亿元，增长7.6%。

【进出口退税管理】 建立健全进出口税收管理岗位责任制，规范出口退税登记、申报、审核、审批等各个环节的管理。严格出口退（免）税审核审批，对出口退税企业实行分类管理，实行出口退税专题会议制度，每月召开两次以上，专题研究出口退税相关工作。完善出口退税预警机制，利用出口退税预警评估软件，加强日常出口退税管理的分析、测算和监控，有计划地通知县国税局对重点企业进行下户评估。贯彻落实《出口货物税收函调管理办法》，重点对纺织服装、家具、皮革、电子、水产品等大宗敏感商品以及出口退税审核特别关注企业进行函调。2013年办理出口退（免）税6.82亿元，同比少退3.93亿元，下降36.6%。

【大企业税收管理】 共承担50户国家税务总局定点联系企业在市辖区内的分支机构、子公司及福建省国税局1户定点联系企业的税源监控任务。2013年，根据国家税务总局安排，开展对中国工商银行股份有限公司三明分行和福建省烟草公司三明市公司2008—2012年度的风险管理工作。通过企业自查、纳税评估和初审、税务审计和总结反馈四个阶段，中国工商银行股份有限公司三明分行需补交税款2248万元，福建省烟草公司三明市公司需补交税款1342万元，合计3590万元。

【国际税收管理】 加强非居民税源监控，联系走访外汇管理、工商、地税、外经等有关部门，宣传落实《福建省税收保障办法》，建立涉税信息沟通渠道。进行非居民股权转让审核判定，与外经相关部门的沟通联系，取得2011—2012年度有涉及股权变更的外商投资企业名单下发各县（市、区）国税局进行核实。对三明市外商投资企业2008—2012年度利润分配支付境外非居民企业股东股息扣缴企业所得税情况开展调查。开展2012年外商投资企业联合年检工作，应参加年检253户，已参加并通过年检户数231户，通过率为91.3%。2013年，全市12个县（市、区）国税局均有非居民税收收入，共入库498.97万元。

纳税服务

【创评“星级办税厅和服务之星”】 经三明市国税局创评领导小组考核评比、市国税局党组研究决定，授予建宁县国税局办税服务厅、大田县国税局办税服务厅、沙县国税局办税服务厅为2013年度三明市国税局“星级办税厅”；授予林茵等13位同志为2013年度三明市国家税务局“服务之星”，并对其中的11名在职干部记个人三等功。

【纳税服务制度建设】 推行大厅值班长首问负责制，大厅值班长值班期间，对前来办税人员做好引导，及时发现问题，排查隐

▲2013年7月23日，三明市国税局召开扶持外贸经济发展座谈会

（郑晶亮摄）

患；对不能当场答复或解决的问题，做好解释工作，并做好记录，按时跟踪反馈。推行领导巡查制度，县（市、区）国税局领导班子成员轮流到办税服务厅巡查督导，及时发现解决问题，维持良好的办税服务秩序。探讨办税厅激励机制和弹性工作制，细化办税厅应急预案。

【纳税人权益保护】 贯彻落实《国家税务总局关于加强纳税人权益保护工作的若干意见》，要求各单位逐条对照检查并撰写自查情况总结，及时解决纳税人权益保护工作中存在的问题。组织召开了12场纳税人需求座谈会，收集归纳纳税人反映的四个方面20条意见，逐条梳理并责成相关部门和基层局对照整改并落实到位。全年全市国税系统共受理纳税人诉求141件，其中咨询类88件，投诉类 30件，其他23件。及时率、准确率均达到100%。

【落实税收优惠政策】 树立“不落实税收优惠政策也是收过头税”的理念，全年办理促进资源综合利用等增值税税收减免2.71亿元，办理出口退（免）税6.98亿元，落实各项企业所得税优惠4.05亿元，免征小微企业税收3600万元，新增固定资产进项抵扣税款2.45亿元；推进广播影视服务业以及铁路运输和邮政服务业“营改增”工作，3739户企业经确认后纳入“营改增”范围，累计实现改征增值税1.41亿元，释放改革红利9226万元，减税面达97%。

【税法宣传】 三明市国税局副局长吕永明作客政府网在线访谈节目，围绕“营业税改征增值税政策解读”主题解答税收工作热点问题。在《三明政府网》开辟“国税专栏”，共设活动月计划、税收常识、活动报道、在线访谈、媒体报道回顾、图片报道、税收宣传月活动视频7个主要板块，方便纳税人了解并掌握税收政策和办税。联合《三明日报》社举办开展税收好新闻征集活动，刊发20余篇作品宣传税收工作、税收对经济建设以及社会生活的作用和影响。开展“义诊纳税百万元企业”活动，组织人员深入重点项目，了解项目建设、企业规模、产品构成情况，根据企业特点开展针对性税收宣传，重点介绍技术改造、设备更新、自主创新等税收优惠政策及政策执行中可能碰到的问题、需要注意的事项，解读相关税收政策问题，为辖区企业普及税法知识，提供税收咨询服务，帮助企业查找经营及税收风险点，解决企业存在的问题。市国税局主办“‘国税杯’好新闻竞赛征文活动”、沙县国税局“税宣服务助推政策性搬迁企业发展”、尤溪县国税局“依托名人遗址开展税收宣传”、清流县国税局“税法宣传进党校”等4个活动项目被福建省国税局评为“福建省国税系统2013年税收宣传优秀创新项目”。

税务稽查

【概况】 全市国税稽查共检查企业147户，其中立案147户，有问题143户，选案准确率97.28%，结案120户，结案率为83.92%。查补税收收入10358万元（其中：稽查机构查补9617万元，企业自查741万元）。稽查机构查补税收入库9617万元（其中：税款9217万元，滞纳金214万元，罚款186万元），占全市税收总收入510056万元（不含海关、车购税和免抵调库数）的1.89%。

【专项检查】 企业开展自查207户，有问题51户，占自查户数24.64%，查补收入（含自查补税及加收滞纳金）540.45万元。稽查部门开展重点检查107户，有问题80户，占已查户数74.77%，查补税款3005.26万元（其中增值税832.50万元、企业所得税2172.76万元），加收滞纳金66.81万元，罚款108.90万元，合计查补收入3180.97万元。以上自查与重点检查两项查补收入3721.42万元，已全部入库。其中：成品油批发零售企业自查5户，无查补收入，重点检查2户，查补收入1.43万元；办理电子、服装、家具类产品出口退（免）税企业无自查，开展重点检查12户，有问题1户，未有查补税款，罚款0.50万元；房地产业、建筑安装业无自查，开展重点检查12户，有问题7户，查补收入298.34万元。

全市开展“营改增”行业重点检查24户，发现有问题10户，查补税款118.01万元（增值税113.34万元，企业所得税4.67万元），加收滞纳金0.65万元，罚款8.89万元，合计查补收入127.55万元。

【大案要案】 打击骗取出口退（免）税工作，涉及企业13户，其中，福建省国税局督办案件1户（行动代号“12+1”案件），已暂扣出口退税款4560万元。2013年6月初，与三明市公安局、三明市海关联合成立工作领导小组。抽调全市业务骨干40人组成13个检查小组进行检查。

查办福建省尤溪三鑫铅锌矿业有限公司偷税案。该案追缴2011—2012年增值税23863565.85元，企业所得税984 4806.07元，共计追缴税款3370 8371.92元，并处未缴税款1倍的罚款及加收滞纳金。

协调查办晋江“8·22”虚开增值税专用发票案。该案涉及三明市8个县（市、区）24户企业，全市组织38名稽查人员对涉案企业进行检查。截至12月底，对9户走逃户、5户注销企业和1户受票企业，移送公安部门立案查处，冻结6户涉案企业资金账户，共查补税款10.43万元，罚款0.37万元，已入库0.37万元。

打击发票违法犯罪活动。全市共检查企业218户，发现有问题131户，查处非法发票19017份，查补税款1821.67万元，加收滞纳金51.51万元，罚款66.59万元。

【案件协查】 发出委托协查373起，涉及发票11792份，金额117608.87万元，税额15755.76万元；收到回复发票11612份，其中：正常发票4729份，无法核实的发票6266份，有问题发票617份，选票准确率为5.31%。收到受托协查129户次，涉及专用发票2210份，金额68070.66万元，税额11572.01万元；受托累计回复发票2036份，其中正常发票1526份，有问题发票469份，无法核实发票41份，受托协查累计回复率100%。

【案件举报】 受理举报案件28件，其中：上级转办9件（2件为福建省国税局转办的重复案件），本级受理12件，县级受理7件。查处案件27件，结案件18件（未到期结案4件），结案率为81.5%，其中，有问题4件，5件挂案待处理，其余案件均查无问题。共查补收入合计187.87万元，其中税款153.02万元，滞纳金17.2万元，罚款17.65万元，已全部入库，入库率为100%。

【稽查机构人员】 三明市国税局设市国税局稽查局1个，县（市、区）国税局稽查局12个，稽查干部128人，占全市国税总人数1014人的12.6%。其中市国税局稽查局28人，县级稽查局100人，平均每局8.3人。全市国税稽查人员现有中共党员90人，占总数的70.3%；大专以上学历120人（其中研究生3人），占总数的93.7%；注册会计师2人，注册税务师4人; 35岁以下4人，占总数的3.1%，35～45岁24人，占总数的18.7%，45岁以上100人，占总数的78.2%。市国税局稽查局内设7个科，分别为综合科、综合选案科、检查一科、检查二科、案件审理科、案件执行科和举报中心。按稽查4个环节，各自履行职责。市区内有两个区国税局稽查局。县（市、区）国税局稽查局按一人多岗、不相容岗位相互分离、各环节交叉使用原则，机动设置小组，履行稽查职责。

机构队伍

【机构与编制】 三明市国税局按照行政区划设置，是主管三明市国家税收工作的行政机构，实行垂直领导管理体制，为正处级全职能局。下辖梅列区国税局、三元区国税局、永安市国税局、宁化县国税局、大田县国税局、清流县国税局、明溪县国税局、尤溪县国税局、沙县国税局、将乐县国税局、泰宁县国税局、建宁县国税局等12个正科级全职能局，泰宁、建宁两县国税、地税机构未分设。全市系统共设有41个副科级基层税务分局。三明市国税局机关内设机构12个，级别为正科级，分别为办公室、政策法规科、货物和劳务税科、所得税科、收入核算科、纳税服务科（纳税服务中心）、征收管理科、财务管理科、人事教育科、监察室、大企业和国际税务管理科、进出口税收管理科；另设机关党委办公室、离退休干部科，级别为正科级。市国税局直属机构1个，即稽查局，级别为副处级。市国税局事业单位3个：信息中心、机关服务中心、培训中心，级别为正科级。截至2013年12月31日，市国税系统在编干部职工1011人，其中：公务员980人、事业干部6人、职工25人，平均年龄46.2岁。女干部职工235人，中共党员665人，大专以上学历935人（研究生学历7人，硕士学位14人），注册会计师4人、注册税务师39人、律师4人。全市国税系统共有离退休人员225人（离休7人，退休216人，退职1人），各类临时人员241人。

【人员招录】 全市国税系统根据福建省国税局招录计划共招录公务员10名，办理本省国税系统内跨地市干部调动5人，其中：调出5人，办理到龄退休11人，自愿申请提前退休2人，交流轮岗152人。

【干部选任】 开展税收征管改革，从县（市、区）局部分任职时间较长、年龄较大、工作表现较好、群众认可的科（分局）长中选任了7名主任科员；对改革后部分空缺的县（市、区）国税局中层正职职位进行公开选拔，选任30名县（市、区）国税局科（分局）长；对征管改革科（分局）长选拔后没有岗位的部分科（分局）副职，经公开选拔，提任6名副主任科员。

根据干部选拔任用有关规定，三明市国税局机关选任了7位主任科员和6位副主任科员。

▲2013年10月23日，福建省国税系统第九届离退休干部门球赛在永安市举行

（廖方方摄）

根据《福建省国家税务局人事处关于设区市局工作人员晋升副主任科员比照享受省局相关规定的通知》，对全市符合可任副主任科员条件的88人确定为副主任科员职务。执行干部选拔任用工作“一报告两评议”制度，对2013年干部选拔任用工作和2013年新选拔的干部进行民主测评。

【人事管理】 落实和健全“一把手”谈话制度、上一级党组对下一级党组点评制度和“一岗双责”的责任落实机制，开展与干部“交心谈心”活动。对1011名国税员工进行2012年度考核，共评选出优秀等次201人，称职等次797人，不定等次13人（尚在试用期的2012年新录用公务员13人），不属考核对象1人（长病人员）。落实重大灾病救助基金办法，累计对全市国税系统符合补助规定的11人予以补助10.19万元；开展特困在职职工慰问工作，共慰问25人，发放慰问金3万元。按规范化要求，加强日常人事档案资料的收集、整理、归档、转递、管理等工作。

【党风廉政建设】 层层签订党风廉政责任书，定期召开党风廉政建设分析会和党组民主生活会，执行党风廉政建设责任制和“一岗双责”制。保持惩治腐败高压态势，推进“一案双查”工作，全年全市国税系统有4位干部被司法部门予以立案追究。针对案件多发态势，下发《三明市国家税务局关于进一步加强干部教育管理和党风廉政建设工作的通知》，针对重要部门、关键岗位和薄弱环节，查摆问题，完善内控机制，发挥案件的治本功能。吸取发生在身边案件的教训，组织干部到泉州南安市反腐倡廉基地开展警示教育，上线运行“内控促廉管理信息系统”，在三明市国税局主页开通“廉政文化网”，坚持廉政谈话提醒制度，全系统局长、纪检组长同下级主要负责人谈话80人次。

【干部培训】 开展各类岗位专业培训，举办内控促廉管理信息系统、纳税服务业务、税务综合办公系统等培训班，共培训170人次。做好《小企业会计准则》国家税务总局、福建省国税局抽考和全市统考的各项组织工作，共组织培训800多人次，全市740名干部参加市国税局《准则》全员统一考试。黄显福被国家税务总局选拔认定为全国税务系统领军人才，永安市国税局苏晖旭入选国家税务总局所得税人才库。

【文化建设】 开展“青年心·三明国税梦”系列活动，以三明国税人工作、生活及个人成长为内容，举办征文比赛，共收到征文百余篇，评出各类奖项，并刊印获奖作品集；举办辩论赛，三明市国税局机关和各县（市、区）国税局共14支代表队围绕增加房产交易个人所得税能否抑制房价、中国税收痛苦指数高不高、年轻人在服务窗口一线还是在税政等管理部门工作更能经受锻炼以及自律和他律哪个更重要等4个辩题展开辩论，梅列区国税局、清流县国税局和市国税局机关二队三支代表队分别获冠军、亚军和季军，郑静、邹吉祥、廖丽萍、郑晶亮、迟杜翠和黄进发等6位干部被评为本次比赛的最佳辩手；邀请本次系列活动中的部分获奖人员及各单位青年干部先进典型，共同研讨如何发挥青年干部的核心作用，引导广大青年干部树立正确的人生观、世界观、价值观。

举办“为民　务实　清廉”主题演讲比赛，各县（市、区）国税局选送1名、三明市国税局选送4名，共16名参赛选手参加演讲比赛，围绕“为民　务实　清廉”主题，以弘扬清风正气为中心，结合各自工作岗位，以国税事业发展历程、榜样力量、心路历程、工作体会为内容进行演讲。市国税局黄嘉平获一等奖，建宁县国税局王胜美、三元区国税局孙婧娴获二等奖，市国税局林文生、沙县国税局赖凌慧、将乐县国税局迟杜翠获三等奖；清流县国税局、尤溪县国税局、大田县国税局获得优秀组织奖；在福建省国税系统“为民　务实　清廉”主题演讲比赛中，市国税局选送的选手黄嘉平获大赛三等奖。

【文明创建】 抓好新一轮文明单位和文明行业创建工作的部署和落实，开展“树国税形象、创文明城市”特色创建活动，围绕“一流管理、一流人才、一流服务、一流业绩”的标准，继续抓好青年文明号、巾帼文明示范岗等精神文明创建活动，在全市国税系统开展每月一期、每期一主题的道德讲堂活动。组织参与文明督导、志愿者服务等社会公益活动，继续加强与

▲2013年5月14日至15日，三明市国税局举办“青年心·三明国税梦”主题辩论赛（黄茂萌摄）

挂点扶贫村的帮贫支助行动，帮助解决村民生、发展等资金问题。全市国税系统共有1个全国文明单位、10个省级文明单位、1个市级文明单位。建宁县国税局被授予全国税务系统先进集体，建宁县国税局罗土根被评为福建省劳模，三明市国税局副局长林秉俊被评为三明市劳模。

【落实中央八项规定】 制定出台细化措施和考核标准，先后完善税收调研、公车管理、财务管理、公务接待、工作纪律、工作例会等规章制度，全市会议费、公务接待费、公车运维费同比减幅27%。有针对性地组织明察暗访，对违反中央八项规定的单位和干部严厉追责问责，确保令行禁止。

【政风行风建设】 印发《三明市国家税务局2013年政风行风评议活动实施方案》，围绕服务科学发展、共建和谐税收的工作主题，纠正损害纳税人利益的不正之风，解决纳税人反映强烈的突出问题。邀请三明市行风督导员和市国税局聘请的特邀监察员分成三个小组，于2013年8月—9月分赴12个县（市、区）国税局全面开展明察暗访活动，并通过实地走访、电话、问卷调查等方式对12个县（市、区）国税局开展选题评议活动情况进行检查，收集存在问题及意见建议，明确责任部门，加强整改落实。参加“三明市纠风热线”广播节目，现场解答纳税人关心的涉税问题。配合三明市电视台进机关、下基层和企业录制以国税为主题的行风建设专题片，报道三明市国税系统纠风效能建设工作的进展情况。三明市国税局获行风评议第一名，并在6个名列第一名的单位中排名居首；梅列区国税局、三元区国税局、宁化县国税局、建宁县国税局获“行风免评”单位，大田县国税局、清流县国税局、明溪县国税局、沙县国税局获“行风信得过”单位，将乐县国税局、泰宁县国税局获得当地民评行风第一名。

行政后勤

【财务监督】 完成永安市国税局的经济责任审计。

【基本建设】 全市基建项目15个，总投资10973万元。其中新建项目4个，批复建筑面积23090平方米，总投资6970万元，累计支出2389.59万元；修缮项目10个，总投资3213万元，累计支出1067.76万元；装修项目1个，总投资790万元，累计支出535万元。15个基建项目中已立项安排预算的未开工项目5个，分别为梅列区国税局、三元区国税局、尤溪县国税局、沙县国税局和永安市国税局；正在建设的项目3个，分别为宁化县国税局和三明市国税局2个项目；2013年立项未开工项目3个，分别为三元区国税局、永安市国税局、清流县国税局；已竣工验收尚未完成竣工财务决算编报的项目4个，分别为泰宁县国税局、尤溪县国税局、大田县国税局和明溪县国税局，以上4个项目已上报福建省国税局委托中介机构审计。

【政府采购】 全市各级政府采购部门先后组织大、小项目采购108批次，采购金额356.74万元，节约资金96.13万元，资金节约率为26.91%；其中市局机关采购205.34万元，节约资金37.56万元，资金节约率为10.34%。

（供稿：郑晶亮／审稿：吕永明）

莆田市国家税务局

经济概况

2013年，莆田市生产总值1342.86亿元，增长12.5%；财政总收入153.16亿元，增长18.7%，其中，地方级财政收入94.92亿元，增长22.6%；全社会固定资产投资1191.11亿元，增长28.0%；外贸进出口总额48.66亿美元，增长10%，其中，出口31.86亿美元，增长8.1%；实际利用外资3.02亿美元，增长18%；社会消费品零售总额428.48亿元，增长12.5%；金融机构本外币存款余额1294.78亿元，增长20%；贷款余额1094.83亿元，增长19.9%；城镇居民人均可支配收入27233元，增长10.3%；农民人均纯收入11600元，增长12.5%；居民消费价格指数上涨2.5%；城镇登记失业率为2.0%；人口自然增长率为7.13‰。第一产业增加值114.58亿元，增长3.1%，第二产业增加值783.46亿元，增长14.3%，规模以上工业增加值603.95亿元，增长15.3%，第三产业增加值444.82亿元，增长11.5%，商品销售总额1153.13亿元。

税收概况

【税收收入情况】 按福建省国税局口径计算，2013年全市国税系统共组织税收收入77.07亿元（不含海关代征收入），首次突破70亿元大关，同比增收10.39亿元，增长15.58%，完成年计划任务73.39亿元的105.02%，超收3.68亿元。其中：直接收入72.27亿元，同比增收8.09亿元，增长12.6%。城厢、荔城、秀屿和涵江四个城区国税税收收入总量达59.73亿元，占全市国税税收收入的77.5%，同比增收7.56亿元，增长14.5%。县（市）国税税收收入总量达17.35亿元，同比增收2.83亿元，增长19.47%。按地方政府财政口径计算，2013年全市国税系统累计入库税收收入70.1亿元，同比增收9.6亿元，增长15.9%，完成市政府税收计划任务70.1亿元的100.01%。其中：直接税收收入65.3亿元，同比增收7.3亿元，增长12.6%。城厢、荔城、涵江、秀屿、北岸国税税收收入总量达55.1亿元，占全市国税税收收入的78.6%，同比增收6.69亿元，增长13.8%。县（市）国税收入总量达15亿元，同比增收2.92亿元，增长24.1%。2013年，全市累计办理出口退税19.2亿元，同比增加2.5亿元，增长14.97%，其中实现免抵调库4.8亿元，同比增调2.3亿元，增长92%；办理直接出口退税14.4亿元，同比增退0.2亿元，增长1.4%。海关代征税收累计入库13.7亿元，增收4.48亿元，增长48.59%。

【各税种收入情况】 增值税累计入库40.5亿元，同比增收7.3亿元，增长21.9%，完成年度计划36.6亿元的110.8%，占全市国税税收收入比重的52.5%，增收贡献率高达70.1%，其中，营业税改征增值税入库10226万元，完成年度计划7800万元的131%。企业所得税入库27.7亿元，同比增收2.2亿元，增长8.6%，完成年度计划28.4亿元的97.5%，占税收收入比重为35.9%，增收贡献率为21.1%。车辆购置税入库4.89亿元，同比增收1.04亿元，增长27.1%，完成年度税收计划4.1亿元的119.4%，占收入比重为6.3%，增收贡献率为10%。消费税入库3.89亿元，同比减收0.12亿元，下降3.1%，完成年度税收计划4.29亿元的90.7%。

【各行业国税收入情况】 全市商业、电力和燃气、鞋革及鞋材三大行业完成各项国税税收收入33.01亿元，占全市国税税收收入的42.8%，同比增长10.4%，增收3.1亿元，占全市税收增收总额的29.9%。其中商业税收入库13.82亿元，同比增收1.4亿元，增长10.9%；电力和燃气业税收入库9.75亿元，同比增收0.7亿元，增长8%；鞋革及鞋材业税收入库9.44亿元，同比增收1亿元，增长11.9%。

表26　　2013年莆田市国税局税收收入分税种、分行业完成情况

单位：万元

项　目	累计入库			
	本期	上年同期	增减额	增减率（%）
税收收入合计	770740	666856	103884	15.6
一、国内增值税	405458	332641	72817	21.9
1. 酒制造业	27570	32597	-5027	-15.4
2. 电力、热力及燃气生产供应	68296	56522	11774	20.8
3. 纺织业	5033	5395	-362	-6.7
4. 服装业	7392	7115	277	3.9
5. 鞋革及鞋材制造业	73602	64988	8614	13.3
6. 批发业	67283	58395	8888	15.2
7. 零售业	18712	13941	4771	34.2
8. 食品制造业	3531	3348	183	5.5
9. 金属制品业	5051	7283	-2232	-30.6
10. 木材加工和木、竹、藤、棕、草制品	2243	2075	168	8.1
11. 橡胶和塑料制品业	13003	9813	3190	32.5
12. 仿古家具	11180	6103	5077	83.2

续表

项　目	累计入库			
	本期	上年同期	增减额	增减率（%）
13．电气机械和设备制造业	4343	3796	547	14.4
14．非金属矿物制品业	11781	7857	3924	49.9
其中：水泥制品（混凝土）	6125	3554	2571	72.3
玻璃容器制造	5110	3456	1654	47.9
15．其他	66934	54278	12656	23.3
二、国内消费税	38864	40111	–1247	–3.1
1．卷烟	14757	14025	732	5.2
2．酒	23937	25999	–2062	–7.9
3．贵重首饰	170	83	87	104.8
三、企业所得税	277454	255533	21921	8.6
1．酒制造业	21368	13406	7962	59.4
2．电力、热力及燃气	29161	33750	–4589	–13.6
3．纺织业	1483	1012	471	46.5
4．服装业	955	1531	–576	–37.6
5．鞋革及鞋材制造业	20753	18994	1759	9.3
6．商业	37419	38304	–885	–2.3
7．食品制造业	835	1133	–298	–26.3
8．金属制品业	4509	6219	–1710	–27.5
9．木材加工和木、竹、藤、棕、草制品	414	455	–41	–9.0
10．橡胶和塑料制品业	19925	10227	9698	94.8
11．仿古家具	4198	2259	1939	85.8
12．电气机械和设备制造业	1234	829	405	48.9
13．非金属矿物制品业	2578	1514	1064	70.3
其中：水泥制品（混凝土）	1337	453	884	195.1
玻璃容器制造	1256	1043	213	20.4
14．建筑安装业	9450	14005	–4555	–32.5
15．金融保险业	14771	13826	945	6.8
16．房地产业	34507	31297	3210	10.3
四、车辆购置税	48943	38517	10426	27.1
五、利息税	21	54	–33	–61.1

【经济分类税源结构】 股份制企业与涉外企业累计入库税收63.1亿元，同比增收7亿元，增长12.5%，占国税税收收入总额的81.9%，拉动国税税收收入增长10.5%，占国税税收增收总额的67.4%。其中股份制企业入库税收37亿元，同比增收4.1亿元，增长12.4%，涉外企业入库税收26.1亿元，增收2.9亿元，增长13%。私营企业入库税收1.3亿元，增收0.39亿元，增长42%。个体经营户税收入库6.24亿元，增收1.41亿元，增长29%。全年国有企业与集体企业入库税收5.57亿元，增收0.77亿元，增长16.1%。

征收管理

【税务登记】 全市税务登记户数46195户，其中内资企业14186户，外资企业753户，外国企业4户，个体工商户31252户。增值税纳税人14186户，其中一般纳税人5641户。

【纳税申报】 纳税申报户数45989户，其中上门申报户数2300户，电子申报户数43689户，申报税款总额88亿元。

【行业建模】 全年共完成34个行业136个模型的搭建工作，纳入监控企业户数达2478户，纳入行业模型监控的工业企业一般纳税人户数比例为86.64%，行业建模增减率比2012年的93.23%减少6.59%，在全省各设区市国税局中居第一。

【纳税评估】 开展纳税评估1274户，评估正常企业户数243户，评估有问题企业户数1031户，评估行业占建模行业比例80.74 %，纳税评估有效率比例80.74%，行业建模补充申报采集率达到99.95%，取得第三方数据利用数量14个。2013年度评估税款CTAIS评估入库数20493.56万元，税款16327.27万元，滞纳金4166.29 万元，各项指标居于全省前列。

【普通发票管理】 共审核审批印制普通发票25635000份，其中：机打票690000份，手工票50000份，定额票1265000份。企业冠名印制普通发票23630000份。对企业普通发票开展检查，督促用票单位按规定领购、使用、核销和保管发票。

【个体税收管理】 截至2013年年底，莆田市国税系统登记在册的个体工商定额户31252户，个体税收总额16987万元，比2012年的11355万元增加5633万元，增长50 %。全年免征个体工商户税款8000万元。

各税管理

【增值税管理】 对福建省国税局布置应评估的10户企业和莆田市2009—2012年期间累计申报抵扣固定资产进项税额排名靠前的35户企业开展固定资产进项税额抵扣专项评估，经评估确认需要作进项转出或补缴增值税4856.55万元；对180户自营生产企业的生产销售真实性、委托加工业务真实性和其他虚开或取得虚开发票抵扣税款行为的评估，发现一般性违规企业108户，发现存在高风险企业0户，没有发现问题企业72户，应补增值税5721.81万元；对13户次高风险交通运输企业上、下游之间签订的合同协议及资金结算、原始发票等资料进行核查，其中：1户小规模企业超标准认定为一般纳税人，另5户存在问题，共计补缴税款39万元；对2012年增值税入库税款与2011年相比下降的一般纳税人1203户进行增值税专项评估，补税6959万元；对61户汽车销售纳税人和157户配件销售及汽车维修纳税人开展专项评估工作，查补入库增值税401.17万元。

【增值税优惠政策】 全年共认定资源综合利用企业资格2户，审批先征后退162.22万元，免征增值税859.40万元；共审批福利企业增值税即征即退364户次，退税3967.31万元；落实“营改增”结构性减税优惠，全年共实现结构性减税6439万元。

【企业所得税管理】 企业所得税纳税户10952户，其中：查账征收10480户，核定征收企业472户。累计入库企业所得税277454万元，完成年度计划250000万元的110.98%，比上年（255533万元）增收21921万元，增长8.58%，占全市国税收入770101万元的36.03%。所得税增收贡献率达21.10%，所得税收入总量位居全省（不含厦门）第四位。全年共办理各项企业所得税减免1.59亿元。全市2013年预缴税款占当年企业所得税入库税款的比例达到77%，达到国家税务总局规定不低于70%的要求。开展2012年度企业所得税汇算清缴工作，共汇算清缴8754户，汇算面100%，汇算查补企业所得税4.98亿元。

【车辆购置税管理】 组织开展车辆购置税专项检查，检查内容包括车辆购置税政策执行情况、车辆购置税票证管理情况、“车辆购置税征收管理系统”运行维护情况、车辆购置税征管档案管理情况等方面内容。审批城市公交企业购置公共汽车免征车辆购置税优惠政策，全年共免征车辆购置税2754万元。

【出口退税管理】 办理出口退税认定企业613户，其中外贸企业184户，生产企业429户。全市企业共申报出口额333878万美元，较2012年增加29206万美元，增长9.59%；累计办理出口退税144000万元，同比增加2000万元。其中：126户外贸企业申报出口额117581万美元，同比增长15.91%，办理退税85251万元，同比增长1.88%；294户生产企业申报出口额216297万美元，同比增长6.43%，办理退税58749万元，同比增长0.76%。2013年共办理免抵调库48000万元，同比增长92%。

开展防范虚开增值税专用发票和打击骗税专项评估，发现一般性违规企业108户，应补增值税5721.81万元，有4户企业自查出无法取得规范备案单证的部分业务，自愿申请放弃退税款共计685万元，另有178万美元的未申报出口额，并按规定要求企业转内销申报。对16户稽查评估在案企业及其关联企业涉嫌违规退税问题，暂扣退税款3151万元。对新增出口业务、国家税务总局关注商品如服装、家具、电子等敏感货物、省外货源以及一些存在异常疑点的高风险出口货物，提高发函比例，全年共发函 147 份，涉及 1575 份发票，暂缓办理退税 1873.33 万元， 接收来函 111 份，涉及 971 份发票，回函94份，其中异常业务7份。

【国际税收管理】 反避税上报国家税务总局立案1户，结案3户，另有2个案件进入结案阶段。查补税款及加收利息9590.75万元，占税收收入任务的1.3%，入库税款及加收利息6947.52万元；非居民税收入库6940.83万元（其中非居民企业所得税6744.01万元），比2012年增加24%。

落实年度关联申报工作，全市关联申报企业794户，关联申报率达100%，同比2012年的523户关联申报增加51.8%；加强同期资料管理，对达到《特别纳税调整实施办法》规定标准要求准备同期资料的企业进行抽查，增强关联交易数据的真实性和透明度，共有11户企业准备同期资料，同比2012年增加1户。对反避税调整已结案企业进行后续跟踪管理，全年共跟踪调整企业39户，调增应纳税所得额12743.59万元，应补企业所得税3185.90万元，有11户次企业调整补税超100万元。进一步强化多方信息共享，获取案源信息，分析支柱行业、跨境企业集团避税筹划的规律，探索利用上市公司数据和其他第三方信息，有针对性地开展转让定价调查。2013年调查的案件中有3户是出口业务关联调整，4户是在境外上市公司，滥用组织形式进行股权交易避税， 1户是利用导管公司违规享受协定优惠避税。

加强与国际联合反避税信息中心（JITSIC组织）的联系，跟踪掌握国际反避税动态，重要案件获得国家税务总局的专项情报支持，2013年主动发出4份情报请求，获取关键性证据。及时了解国际避税的新动态和反避税的新做法，综合运用国际情报交换、境外政府网站查询信息，从香港注册处网站，延伸至新加坡、美国、英国等政府机构及国际知名证券交易所网站，拓展信息获取渠道。

启用国际税收管理信息系统，规范合同备案和税务证明出具，掌握非居民收入动态。全年为纳税人出具售付汇证明70份，通过管控对外支付，监控跨境税源。进一步拓宽非居民税收管征领域，加强对第三方信息的采集和利用，全年利用第三方信息对9户股权转让企业开展调查并依法调整，应补税款947.74万元；与地税局交换取得非居民企业营业税征收数据，将21户次企业的地税管征信息下发县（区）比对，征收税款219.69万元。规范协定待遇审批，核实非居民企业居民身份及运营管理实质，共3户次企业享受税收协定待遇，减免税款626.42万元。

【大企业税收管理】 全市确定35家大型企业为税务风险管理试点对象，通过风险辅导、纳税评估，移交反避税、稽查等形式，查补入库税款及滞纳金22463.55万元。荔城区国税局将某有机食品有限公司确立为大企业税收风险辅导企业，经“税收风险识别系统”事前案头审核、主管税务机关事中下户风险提示、纳税辅导，企业事后理解配合、自查，以柔性服务的方式实现补税5203万元，加收滞纳金276.73万元。做好烟草、工行税收风险管理评估，莆田市烟草公司辅导自查补缴税款440.32万元；工行莆田分行经风险分析、案头初审涉及税款212.77万元。

依托VICDP信息系统，完成全市9户国家税务总局定点、3户省国税局定点联系企业的日常数据管理维护，全市12户定点联系企业全年入库各项税款24.63亿元，占全市国税税收收入的31.95%，较2012年定点联系企业全年国税收入增长27.63%。其中：9户国家税务总局定点联系企业缴纳税款16.97亿元，较2012年增长50.32%，增值税8.55亿元，企业所得税6.95亿元，消费税1.47亿元，行业分布主要是通讯、电力、烟草、石化、建材；3户福建省国税局定点联系企业缴纳税款7.66亿元，较2012年下降4.35%，增值税2.73亿元，企业所得税2.54亿元，消费税2.39亿元，行业分布主要是啤酒、银行。

税收法治

【执法监督与执法督察】 分别于2013年6月、10月对2011—2013年度政策落实和税收执法方面的53项次内容开展督察，共发现各类问题19个；对3个县级国税局局长的任中经济责任审计工作；对税收执法管理信息系统疑点数据进行核查，共实地核查疑点数据566条，确认执法过错行为220个。对各类检查发现的问题一律进行责任追究，全年行政处理106人次，其中批评教育100人次，责令书面检查6人次，经济惩戒5615元。2013年，全市执法考核工作总量综合评分指数在全省排名第一，执法管理信息系统目标管理考评全省排名第一。

【税收执法信息化建设】 建立三个层次的预警信息跟踪处理体系：执法人员的自查自纠，一线执法人员基本上养成每天查看预警信息的习惯，以老带新，引导新录用、新任执法岗位人员时刻关注执法预警信息；莆田市各县（区）国税局法规系列专门岗位的跟踪提醒，发现未及时处理的预警信息，及时提醒责任单位、责任人员进行处理；莆田市国税局督察岗位的跟踪提醒，对于一些带有普遍性的、对政策理解偏差或监控系统缺陷造成的执法错误，通过内网专栏进行提示督办。2013年全市调整前执法正确率达到99.83%，衡量执法质量的“执法考核工作总量综合评分指数”达到0.9998，均列全省第一。

【执法过错追究】 通过设立目标管理考核的硬性指标，鼓励各基层单位挖掘计算机考核不到的执法过错线索，全年通过执法考核系统以及各种方式的人工追究，共追究执法过错责任444人次，其中：批评教育180人次，责令书面检查8人次，通报批评2人次，经济惩戒254人次，14030元。

【行政许可】 2013年5月15日，《国务院关于取消和下放一批行政审批项目等事项的决定》（国发〔2013〕19号）中，取消“印制有本单位名称发票”的行政许可项目。截至2013年年底，由莆田市国税局审批的行政许可项目，全部取消。县区国税局的行政许可项目也仅剩“增值税专用发票（增值税税控系统）最高开票限额审批”这一行政许可项目。

【法制宣传】 组织开展以“税收·发展·民生”为主题的第22个全国税收宣传月活动，共有10个项目：“传税法，扬仙作”系列税收宣传活动；“诚信白如纸，纳税我光荣”税收宣传进党政机关活动；在《特别关注》上制作专栏宣传税收法律法规和税务机关的良好形象；“靓影寄亲人·飞鸿宣税法”活动；“我为企业献一计”活动；成立纳税人权益保护中心；开办纳税人学校；“流动办税厅走进商品城”活动；“志愿者纳税辅导新办企业行”活动；“微信宣税法”活动，向纳税人发送税法微信；“税收工作体验日”活动。

纳税服务

【12366纳税服务热线】 落实12366纳税服务热线转办单全程管理、及时回复、限时办结机制，落实岗位责任制。2013年全市12366纳税服务热线共接收服务总量44个，其中：涉税检举40条，服务投诉2条，办税咨询2条，回复及时率和纳税人满意率均达100%，发挥12366纳税服务热线在维权方面的优势。

【门户网站】 通过莆田市国税局门户网站及时更新各单位最新的咨询投诉电话，做好拓展后的福建省国税局综合纳税服务平台“在线咨询”栏目的人员配置和授权工作，指定专人及时受理答复咨询。2013年全市综合服务平台共答疑解惑各类业务问题 1756个。

【税法宣传】 利用局长信箱、12366纳税服务热线、网站、税企邮箱、投诉信箱、召开纳税人座谈会、开展纳税人需求调查等方式畅通纳税人需求征集渠道，及时了解相应服务需求信息。发挥税务网站、12366纳税服务热线、短信平台、办税服务窗口以及新闻传媒的各自宣传优势，开展全方位信息宣传服务。通过税企QQ群、QQ邮箱、QQ微博、QQ空间、短信平台将相关的税收政策传达给纳税

▲2013年4月16日，莆田市荔城区国税局借力综治平安宣传活动大力开展税法宣传

人。成立纳税人学校，进行政策宣传和税收政策培训，将税收法规、办税提醒等制作税收电子简报发送给纳税人。

▲2013年3月22日，莆田市国税系统首家纳税人权益保护中心与纳税人学校在城厢区国税局成立

【纳税咨询辅导】 在办税服务厅设立咨询台，公布各单位的咨询电话，实时接受纳税人的业务咨询。指定专人跟踪综合服务平台和国家税务总局外网的纳税人咨询，做好回复并提醒各科室在承诺时间前给予解答。开设短信交流平台，充分利用QQ群、QQ空间、电子邮箱、微博公告功能进行在线互动交流。由税政、征管、退税、纳税服务等部门组成纳税咨询服务团队，印制咨询团队的服务联系卡，提供上门服务、电话服务、短信服务、QQ群服务，实时接受纳税人咨询，有针对性地为纳税人提供个性化的税收政策辅导和纳税服务。建立纳税咨询题库，分别从税收业务的8个方面列举833个问题，并制作成“纳税服务咨询库电子书”发送给纳税人，便于纳税人学习使用。

【办税大厅建设】 各县（区）国税局全部

▲2013年10月11日，莆田市国税局召开纳税人需求座谈会

配备自助办税终端设备，纳税人24小时均可办理纳税申报、认证、IC卡抄报税等涉税事项。开展星级办税厅评比，落实办税厅服务规范，组织编写办税服务厅业务操作指南，举办办税厅工作人员业务技能竞赛等举措，进一步规范窗口的业务操作，促进窗口服务水平的提高。

【个性化服务】 全面推广“涉税事项一次性告知信息系统”“纳税咨询题库”“场景化办税”PPT演示等项目。2013年11月起，扩大“免填单”服务范围，在纳税人办理29个审批事项的过程中提供“免填单”服务，在全市全面推行发票发售“一窗通办”模式，除发票代开、POS机划缴、车辆购置税征收外，实现“一窗通办”，纳税人到办税服务厅同时办理购买发票和其他涉税事项可一次性完成，不用二次排队。秀屿区国税局开发“一次性告知信息系统”软件，可根据纳税人办理或咨询涉税事项时提供材料完整性，给予书面“材料补齐补正告知书”，或直接通过手机短信发送给纳税人，方便直观了解所要办理涉税事项需要的材料，节省办税时间；城厢区国税局将各地市外网、福建省国税局和市国税局内外网、12366纳税服务热线以及本局纳税服务QQ咨询的8个方面833个热点难点问题，整理归集建立了“纳税咨询题库”，专人维护按月收集更新，并制作成“纳税服务咨询库电子书”发送给纳税人，便于纳税人学习使用；秀屿区国税局将税务登记等五大类44项常见涉税业务设计制作成PPT幻灯片演示电子书和场景流程演示Flash，投放于办税厅的触摸屏及自助办税区电脑，融入图像、文字、声音、动画等元素让纳税人简单明了各项业务的办理流程。

【投诉与反馈】 通过12366纳税服务热线平台，共处理涉税举报45起，处理对办税服务的投诉3起，均按照规定对税收违法行为进行处理，追究责任，纳税人满意率达到100%。

【涉税事项办理】 莆田市政府审批中心国税窗口2013年新办理税务登记证5583户，办理变更税务登记证2337户次。与七部门联合开展2013年全市外商投资企业联合年检，企业应通过年检的户数为701户，年检率达到78.17%。

▲2013年11月1日，莆田市国税局举办全市纳税服务礼仪培训班

税务稽查

【概况】 莆田市国税系统稽查查补税收收入15658万元，入库15420万元，入库率为98.48%。其中稽查机构实施检查35户，有问题户数35户，选案准确率为100%，结案35户，结案率为100%，查补总额7063万元，其中税款5040

万元，滞纳金315万元，罚款1708万元；稽查机构组织企业自查收入8595万元。按查补税款金额统计，查补税款100万元以下的24户，100万～500万元以下的8户，500万～1000万元以下的2户，1000万～5000万元以下的1户；按违法性质统计，偷税案件2户次，不进行纳税申报案件12户次，逃避追缴欠税案件10户次，编造虚假计税依据案件1件，其他案件10户次；按企业类型统计，内资企业30户，港澳台商投资企业2户，个体经营3户。

【专项检查】 重点对成品油批发零售企业，办理电子、家具、鞋服类等产品出口退（免）税企业，证券、基金公司，房地产、建筑安装业，承接出口货物业务的货代公司、报关公司（报关行），资本交易项目，“两率”异常户及其他纳税评估指标异常的增值税一般纳税人等行业开展税收专项检查。开展自查企业户数253户，自查有问题户数60户，自查税款6898.7万元，税款全部入库。其中：成品油批零企业自查补税17.12万元，办理电子、服装、家具类产品出口退（免）税企业自查补税438.97万元，房地产业、建筑安装业自查补税1909.29万元，其他各地自行开展检查项目自查补税4533.32万元。重点检查下户检查16户企业，已查结16户，有问题16户，共计查补税款3106.99万元，查补税款全部入库。其中：增值税1280.36万元，企业所得税1556.17万元，滞纳金81.74万元，罚款188.73万元。选案准确率为100%，结案率为100%，入库率为100%。

【大案要案】 稽查部门共查结11件100万元以上的大要案，其中涉及批发零售业6件，房地产业1件，废弃资源综合利用业1件，农副食品加工业1件，食品制造业1件，木材加工和木竹藤棕草制品业1件，查补税款3952.72万元，罚款391.93万元，滞纳金213.20万元，共计4557.85万元。

【案件协查】 共发出委托协查函件6件，13份增值税专用发票，涉及金额111.69万元，税额18.99万元，全部收到委托协查回函，其中2份发票回复结果为“正常”，11份发票回复结果为“无法核实”。收到受托协查函件63件，涉及增值税专用发票381份，涉及金额15062.56万元，税额2226.84万元，全部按时回复。回复为有问题发票15份，其中证实虚开增值税专用发票2份，税额0.71万元，1份企业无抵扣税款，另1份受票企业为注销企业。协查按时回复率为100%。共发出第三类案件发票142份，收到103份，回复率为72.5%，其中1份海关进口增值税缴款书回复为假票，企业已补缴税款4.61万元。

【案件举报】 全市共受理检举案件49件，其中转地税部门8件，转福州市国税局稽查局1件。应结案45件，已结案45件，结案率为100%，查补入库合计947.84万元，其中税款620.23万元，罚款230.07万元，滞纳金97.54万元，入库率为100%。

【稽查管理】 全市稽查人员77人（含城区国税局四分局从事稽查工作人员），其中男66人，女11人；党员56人，占72.73%；研究生学历1人，大学本（专）科学历76人，大学本（专）科以上学历占100%；35岁以下1人，35～45岁26人，45岁以上50人；拥有律师资格证书的1人；全市稽查机构配备汽车4辆，复印机6台，传真机4台，摄像机1架，照相机3架，扫描仪3台，计算机126台，其中便携式计算机44台。

信息化建设

【基础投入】 2013年全市国税系统共计投入69000元，购买网络设备14台；投入25800元购置PC服务器1台；投入379580元购置台式计算机130台；投入223040元购置38台便携式计算机；投入28650购置5台扫描仪；投入78300元购置59台打印机；投入1470元购置3台移动存储设备，并按照国家税务总局、福建省国税局统一部署安装桌面防护体系、入侵检测系统以及安全审计系统等。

【运行维护】 全市国税系统共提请后台数据维护207条，通过莆田市国税局审批并上报省国税局的70条维护请求，其中属于前台操作差错的42条占上报省国税局差错率的60%。其他的各项运行维护工作按照要求有条不紊地开展。

【软件开发】 组织开发《“营改增”管理信息系统》《税收风险识别系统》《工艺美术行业纳税人税收风险管理预警系统》《数据质量管理预审查》《纳税事项一次性告知信息系统》《审批事项免填单服务》《省局廉政网》等信息系统。其中《“营改增”管理信息系统》《税收风险识别系统》顺利通过全省软件评审验收。《“营改增”管理信息系统》《省国税局廉政网》在福建省国税系统推广使用。

【门户网站建设】 共主动公开政府信息184条，其中，通过国税门户网站主动公开政府信息143条，包括：工作计划1条、工作动态50条、行政许可14条、税务稽查16条、税收统计12条、队伍建设12条、人事管理7条、税务师管理2条、非许可审批1条、其他工作28条；通过市政府设在市档案中查阅中心公开的政府信息42条（其中有1条是国税门户网站和查阅中心重复主动公开）。

机构队伍

【机构设置】 莆田市国税局机关下设办公室、法规科、货物劳务科、所得税科、收入核算科、征管科、纳税服务科、财务科、人教科、监察室、国际科、出口退税科、机关党委办公室、离退休干部科、信息中心、服务中心、培训中心等17个部门，下辖仙游县国税局、荔城区国税局、城厢区国税局、涵江区国税局、秀屿区国税局、湄洲岛国税局和大企业税收管理局、市稽查局等2个直属单位。

【编制人员】 全市国税系统总编制623人，其中：行政编制554人，事业编制69人。截至2013年年底，全市国税系统实有人员631人，其中：公务员585人，事业干部12人，工人34人。大专以上学历595人，占总人数比例为94.29%。

表27　2013年莆田市国税局各单位编制情况

单　位	编制数	行政编制	事业编制
市国税局机关	100	70	30
仙游县国税局	127	122	5
荔城区国税局	91	86	5
城厢区国税局	70	65	5
涵江区国税局	96	91	5
秀屿区国税局	64	59	5
湄洲岛国税局	43	34	9
市国税稽查局	32	27	5
合　计	623	554	69

【班子建设】 全市国税系统处级领导干部中，有4人次参加国家税务总局举办的处级业务培训班、3人次参加省国税局在人民大学举办的领导力提升高级研修班，5人次参加省国税局举办的十八大学习班，2人次参加市国税局在北京大学举办的领导力提升培训班；县区国税局（含直属单位）班子有9人次参加省国税局组织的科（局）级更新知识培训，2人次参加国家税务总局举办的县（区）局长进修班学习，8人次参加市国税局在北京大学举办的领导力提升培训班。

【人员招录】 全市国税系统新招录1名军转干部、7名公务员。

【竞岗交流】 采取竞争性考察方式任用副科级领导职位15名（其中大副科6名、小副科9名），在莆田市国税局机关及直属单位考察选拔晋升副主任科员10名。对全市国税系统符合晋升条件的37位同志，经严格的审核和考察程序晋升为副主任科员。继续执行好《莆田市国家税务局关于深化干部人事改革　创新人事工作机制实施意见的通知》文件规定，对市国税局机关任副主任科员级别满10年以上的业务骨干以及男年龄满53周岁（女年龄满48周岁）担任同一层次领导职务累计满8年的县区国税局班子副职，经考核共提拔晋升主任科员3名，全系统对退休前一年及申请提前退休的干部，经考核共提拔晋升主任科员5名，副主任科员1名。选拔2名年轻优秀的小副科到县区国税局任班子副职，同时对市国税局稽查局、培训中心等重要部门的主要负责人以及2名县区班子副职进行调整和交流。

【教育培训】　共举办各类培训班14期，累计培训人员1030人次。

【老干部工作】　截至2013年年底，全市国税系统共有离退休人员104人，其中离休3人，“5·12”退休2人，退休人员99人，平均年龄72.06岁。莆田市国税局门球队（队员：姚元金、柯锦辉、林勋、戴曾勋、林丽卿）以8胜1负的成绩获全省国税系统第九届门球赛冠军，这是莆田市国税局门球队自2004年组队以来取得的最高荣誉。

【行风评议】　根据市政府通报，莆田市国税局以96.27分在全市30个重点评议对象中位列当年度政风行风评议工作第一名，且获得2013年免评一年资格。

【纪检监察】　2013年3月，莆田市国税局组织原创的《税收违法违纪行为处分规定》漫画作品有15幅被省国税局“廉政文化长廊”采用，以展板形式在省国税局办公大楼大厅展览。4月，国家税务总局《税务纪检监察简报》第二十五期发表“福建省莆田市国税局加强国税人员操办婚丧喜庆事宜监督管理”信息，向全国税务系统推介莆田市国税局管理举措。6月9日，市纪委《莆田纪检监察信息》增刊刊发了《市国税局着力构建立体化廉政风险防控体系》经验文章。7月，开展破解“熟人经济”“人情税”消极影响专项治理活动，经验做法在全省国税系统推广。

【廉政教育】　下发《关于切实加强2013年元旦春节元宵节期间廉洁自律工作的通知》，强调全系统上下“两节”期间务必增强廉洁自律意识，自觉抵制诱惑。2013年4月，与莆田市检察院、市地方税务局联合下发《关于进一步加强职务犯罪预防协调配合的意见》。5月，组织莆田市国税局机关及直属单位干部，前往福建省检察院警示教育示范基地参观学习。组织编印《税收违法违纪行为处分规定——漫画集》，以15类37种税收违法违纪行为为对象，通过形象直观、诙谐幽默的方式诠释了税收违法违纪行为，人手一册，并赠送福建省国税局及兄弟市国税局。8月，在莆田市直纪工委举办的原创廉政格言警句征集活动中，市国税局共选送87条格言警句，有2条获市直纪工委原创廉政格言警句征集评选三等奖，有5条获优秀奖。在福建省国税局廉政文化优秀作品征集中，市国税局共向省国税局推荐上报32件廉政文化作品（其中已参评7件，未参评25件），内容包括廉政屏保、廉政绘画、廉政漫画、廉政十字绣、廉政书法、廉政摄影、廉政课件、微视频等。

【制度建设】　印发《莆田市国家税务局2013年纪检监察工作要点》《莆田市国税系统2013年党风廉政建设责任分解意见》《税务系统领导班子和领导干部监督管理办法实施细则责任分解意见》，落实责任机制，细化“一岗双责”，抓好制度落实。定期进行党风政风廉情分析，按季度开展党风廉政建设分析会，并借助《壶兰监督》等载体加强对外廉情沟通制度。2013年11月30日，党组成员、纪检组长刘春朗做客《壶兰监督》直播间，现场接受主持人、网友、听众的咨询投诉，并就百姓关注、关心的税收热点话题接受社会访谈。开展会员卡专项清退活动，全市国税系统30人次纪检监察干部均递交了零持有会员卡报告。中秋、国庆节期间，开展清理清退红包礼金、购物卡等专项整治工作，全市国税系统634人次进行自查申报，递交零持有的报告。

【税务执法监察】 重点针对落实中央八项规定及国家税务总局实施办法、内控机制信息化建设推进、政务公开相关制度执行、信访举报件办理、税收执法监察子系统运行管理、内控促廉系统运行管理、国家税务总局信息化系统运行管理等情况开展监督检查工作。通过开展内外结合的执法监察和效能监察，全市国税系统共查找执法责任制执行方面存在的问题5类8项，全部按规定进行整改。全市通过效能检查和考勤考核扣绩效奖金6140元。通过执法监察及其子系统共发现疑点20个，监察立项20个，办结20个。通过内控促廉系统共发现风险疑点1196件，其中：事前预警328件，事中监控87件，事后核查任务781件。莆田市国税局对内控促廉系统运行管理情况共通报11次（福建省国税局通报6次），事中和事后风险事项核查率均达100%，名列或并列全省第一。

【案件查处】 共收到群众来信来访16件，比2012年的5件增加11件。其中：福建省国税局交办8件，莆田市纪委交办3件，仙游县纪委交办1件，涵江区纪委交办1件，涉及监察对象20人。初核16件，办结16件，给予适当处理纠正1件，转立案4件。从信访的内容及特点看，2013年全市国税系统纪检监察信访总量呈大幅上升趋势，主要反映违反廉洁自律行为和失职渎职违纪问题，16件中有10件反映干部为税不廉问题，占62.5%；16件中涉及副科级以上问题的8件，占50%；越级重复信访举报的占较大比重，有87.5%，匿名举报的占很大比重，有93.75%。全市国税系统全年共立案4件，给予行政警告处分1件，行政记过处分1件，行政记大过处分1件，行政撤职和党纪处分1件（双重处分），扣发绩效奖金54400元。

【扶贫帮困】 组织干部职工开展关爱老人、关爱农民工、关爱残疾人、关爱未成年人志愿服务活动，力所能及地为他们解决生活难题，给予心理抚慰，提供学习成长所需要的帮助和服务。开展无偿献血、春运志愿服务、扶贫助弱、生态文明建设等志愿服务活动，组织更多的干部职工参与到志愿服务活动中。2013年，全市国税系统各类捐款捐物达36万多元。

【文体活动】 组织传唱《福建国税之歌》，从全市国税系统抽调36人组建《福建国税之歌》合唱队，参加全省国税系统汇演比赛，获得三等奖。抓好莆田国税文化建设基地网站，通过网站全面反映全市国税系统文化动态，并做到及时更新、不断完善，持续为国税干部提供良好的精神食粮。

【文明创建】 2013年文明行业优质服务指数测评，莆田市国税系统以总分95分（实地考察95分、材料审核95分）的成绩在莆田市行政执法系统中和全省国税系统中均名列第一。李国清被授予“福建省五一劳动奖章”“全国税务系统先进工作者”，陈玉标被中共福建省委、省政府授予“福建省先进工作者”称号，刘重卿被评为“全市创先争优优秀共产党员”。全市国税系统6个单位通过“第十二届省级文明单位”初评，市国税局机关、仙游县国税局、荔城区国税局、涵江区国税局被莆田市委文明办通报表扬。城厢区国税局纳税服务科被授予“省级青年文明号”和“全国巾帼文明岗”称号，仙游县国税局纳税服务科获得“省级巾帼文明岗”称号。

【思想建设】 组织党员干部学习贯彻党的十八大、十八届一中、二中、三中全会和市第六次党代会、市委六届四次、五次、六次全会精神，组织学习《理性看齐心办——理论热点面对面2013》。开展“学党章，修党性，守党纪”学习教育活动，学习党的十八大新修订的党章，学习习近平总书记署名文章《认真学习党章、严格遵守党章》，学习基层党组织工作条例和福建省委实施办法、莆田市委实施意见，举办专题讲座，参加“全球通杯”学习党章短信知识竞答活动。开展党的群众路线教育实践活动前期“学习先行，边学边改”活动，研读《党的群众路线教育实践活动参考资料》。开展学习习近平总书记重要讲话精神活动，研读《学习习近平总书记重要讲话》，举办专题辅导讲座，开展“中国梦、我的梦”主题征文活动，参与共产党员网“共筑中国梦”学习交流活动。2013年12月，市国税局被莆田市直机关党工委评为十佳“书香机关”。

▲2013年2月25日，莆田市国税局开展春运志愿服务活动

【组织建设】 2013年7月24日，召开莆田市国税局机关第四次党员大会，审议通过第三届党委会工作报告，民主选举市国税局机关第四届党委会委员9人，刘春朗任党委书记，陈元潘任党委副书记。于“七一”期间开展优秀共产党员、优秀党务工作者评选活动，对市国税局机关表现突出的11位优秀共产党员和6位优秀党务工作者予以表彰。截至12月31日，市国税局机关党委下属的五个党支部共有党员139人，其中在职党员115人，占干部职工的85.19%；女党员31人，占党员总数22.30%。12月，市国税局被评为第六届（2010—2012年度）市直机关党建工作先进单位。

【党风建设】 组织党员干部学习中央关于改进工作作风，密切联系群众的八项规定和莆田市委落实中央八项规定的通知，传达学习福建省关于违反作风规定典型案例的通报。制定改进工作作风、厉行节约反对浪费、严控“三公”经费等相关具体工作措施，为广大干部职工起到示范带头作用。开展“四下基层”活动，深化“进百村入千企访万户”工作。党组成员带领业务骨干深入企业开展走访调研、座谈交流和政策辅导活动，了解企业困难，倾听企业的意见和建议。2013年7月，向结对挂钩的涵江区白沙镇东泉村提供重点工程项目建设赞助金5万元；11月，组织党员深入该村驻村蹲点，形成第一手民情民意调研材料，提出促进农村发展的意见和建议。抓好干部挂职的仙游县园庄镇东石村的帮扶工作，为该村提供村卫生所建设资金5万元、扶贫助困资金2万元。

【工青妇】 开展“劳动模范示范岗”活动，发挥劳动模范示范引领作用，调动干部干事创业热情。开展职工“五必访”，对机关干部职工的疾病和困难，派人走访慰问，传递组织温暖。为机关干部职工上缴“职工医疗互助金”，解决干部职工的后顾之忧。开展“一日助”活动，莆田市国税局机关和直属单位135位干部职工为“一日助”捐款9410元。2013年12

月，市国税局机关工会通过复查验收，被福建省总工会确认保持“省模范职工之家”称号。市国税局机关妇女委员会组织女税工开展家庭美德宣传、“母亲健康1+1”捐助、结对帮扶贫困女学生等活动。市国税局机关妇委会于3月进行换届选举，10月，市国税局机关妇委会被福建省妇联评为“第二批省级妇女之家”示范点。市国税局机关青工委组织机关团员青年深入企业开展税收宣传、政策辅导服务，参与市国税局机关的“门前三包”、春运服务、关爱福利院儿童和孤寡老人等文明志愿服务活动。李国清被评为“市直机关十大杰出青年”，蒋洁被评为“市直机关优秀团干”，陈剑锋被评为“市直机关优秀共青团员”。

▲2013年9月6日，莆田市国税局巾帼志愿者开展“迎中秋送关爱”关爱留守儿童活动

▲莆田市国税局机关妇委会、青工委联合开展六一儿童节“关爱孤儿”志愿服务活动

行政后勤

【财务监督】 结合经济责任审计，对荔城区国税局、仙游县国税局、城厢区国税局、秀屿区国税局及湄洲岛国税局共5个单位的预算管理、财务收支、专项经费管理使用、基本建设管理、政府采购、固定资产管理、以前年度审计发现问题整改落实情况等方面进行审计。发挥以查促管的作用，进一步规范系统财务管理工作。2013年度共审计出管理不规范问题44个，管理不规范资金43.70万元，进一步规范各单位的财务核算，杜绝“小金库”问题的发生。

【基本建设】 全市国税系统基建投资1229.81万元，其中：荔城区国税局综合业务用房基建项目投资476.92万元，土建工程已竣工验收，二次装修已基本完工，预计2014年年初竣工交付使用；城厢区国税局综合业务办公用房基建项目投资443.77万元，土建工程已基本完工，二次装修已基本完工，预计2014年年初竣工交付使用；仙游县国税局鲤城分局综合业务用房基建项目投资309.12万元，土建工程已基本完工，准备进入二次装修施工，预计2014年年底竣工交付使用。

【政府采购】 全市各级政府

采购部门先后组织大、小项目采购90批次，采购金额2885.63万元，节约资金88.40万元，资金节约率为2.97%；其中莆田市国税局机关采购12批次，采购197.26万元，节约资金29.36万元，资金节约率为12.96%。

【财产管理】 全面盘查所有出租出借的资产，对资产的处置和出租出借严格按规定程序报批，加强资产的处置和出租出借管理，防止国有资产的流失。全市国税系统2013年度共上缴国有资产处置及出租出借收入125.54万元，确保全系统国有资产收入收缴工作按时按量完成。共处置固定资产115.57万元，购置固定资产106.48万元（不含电脑、打印机等电子类固定资产）。

（供稿：张明焕／核稿：黄亮明）

南平市国家税务局

经济概况

2013年，南平市全年实现地区生产总值1105.82亿元，增长11.2%。第一产业增加值257亿元，增长5%；第二产业增加值481.13亿元，增长15%；第三产业增加值367.69亿元，增长9.5%。三次产业结构为23.2∶43.5∶33.3。规模以上工业增加值354.72亿元，增长14.5%；实现利润59.27亿元，增长8.2%。社会消费品零售总额400.23亿元，增长15.5%。城镇居民人均可支配收入24318万元，增长9.4%。出口15.32亿美元，下降9.1%。实际利用外资（可比口径）3.53亿美元，下降36.9%。完成全社会固定资产投资1214.45亿元，增长35.1%。全市财政总收入106.67亿元，增长15.9%，税收收入占财政收入的比重为40.31%；财政支出177.67亿元，增长35.5%。

税收概况

【税收完成情况】 全市国税系统累计完成各项税收收入431319万元，同比增收30917万元，增长7.72%，完成福建省国税局下达计划的100.2%。其中，税收直接收入396219万元，同比增收30817万元，增长8.43%；免抵调库收入35100万元，同比增收100万元，增长0.29%。办理出口退税45000万元，同比减少5000万元，下降10%。根据南平市统计局提供的2013年南平市GDP初步核算数（GDP现价增长10.9%），测算2013年全市国税税收弹性系数为0.71（详见表28）。

表28　　2013年南平市国税局税收收入完成情况

单位：万元

项　目	税收收入	同比增加	同比增长（%）
税收收入	431319	30917	7.72
一、直接收入	396219	30817	8.43
1. 消费税	13953	1079	8.38
2. 增值税	236046	19756	9.13
3. 车辆购置税	30913	3061	10.99
4. 企业所得税	115293	6942	6.41
5. 个人利息所得税	15	–21	–58.83
二、免抵调库	35100	100	0.29

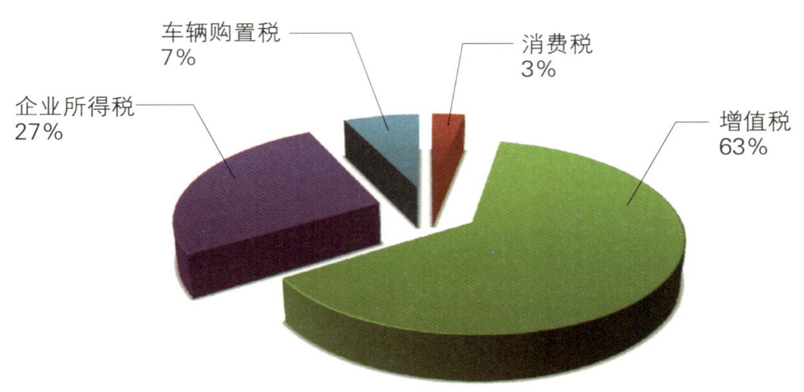

图21　2013年南平市国税局税收收入分税种比重

市本级累计完成各项税收收入140476万元（其中营业税改征增值税收入1985万元），同比增收15873万元，增长12.74%，完成年计划的100.07%。其中，税收直接收入128540万元，同比增收18268万元，增长16.57%；免抵调库收入11935万元，同比减少2395万元，下降16.71%。市本级地方级收入38144万元，同比增加6120万元，增长19.1%。

【南平市与全省税收比较】 近年来南平税收占全省税收比重逐年下降（详见表29）。

【各征收单位税收计划执行情况】 建阳市国税局、浦城县国税局未完成全年税收收入任务（详见表30）。

【区域税收分布】 各县（市、区）税收收入呈现5个梯队。其中，南平市辖区（延平区国税局、开发区国税局征收）和邵武市处于第一梯队，集中了南平全市60.56%的税收，同比提高1.44个百分点，税收增收贡献率达到79.29%，同比提高13.73个百分点（详见表31）。

表29 南平市国税局税收与全省国税税收比较

年　度	南平市（亿元）		福建省（亿元）		税收增长率与全省差距（%）	南平税收占全省比重（%）
	国税税收	增长（%）	国税税收	增长（%）		
2009	27.32	6.2	915	11.7	−5.5	2.99
2010	30.57	11.9	1088	18.9	−7.0	2.81
2011	35.25	15.3	1293	18.8	−3.5	2.73
2012	40.04	13.6	1477	14.3	−0.7	2.71
2013	43.13	7.7	1638	10.9	−3.2	2.63
五年平均增长（%）		10.9		14.9	−4.0	

表30 南平市国税局各征收单位税收计划执行情况

单位：万元

单　位	延平区国税局	开发区国税局	邵武市国税局	建瓯市国税局	建阳市国税局	顺昌县国税局	武夷山市国税局	浦城县国税局	政和县国税局	光泽县国税局	松溪县国税局
税收（万元）	107118	98242	55870	40038	35820	15553	24359	21143	13755	10390	9031
同比增收（万元）	10615	10640	3320	5887	2319	−9602	2698	−900	2747	2030	1162
增长率（%）	11	12.15	6.32	17.24	6.92	−38.17	12.46	−4.08	24.96	24.28	14.77

表31 2013年南平市国税局税收区域分布情况表

单位：亿元

年税款总量	单　位	入库税款	去年同期	同比增量	同比增长（%）	占全市国税比重（%）	税收增收贡献率（%）
5亿元以上	延平、开发区、邵武	26.12	23.67	2.45	10.35	60.56	79.29
3亿～4亿元	建瓯、建阳	7.59	6.77	0.82	12.11	17.60	26.54
2亿～3亿元	武夷山、浦城	4.55	4.37	0.18	4.12	10.55	5.83
1亿～2亿元	顺昌、政和、光泽	3.97	4.45	−0.48	−10.79	9.20	−15.53
1亿元以下	松溪	0.9	0.79	0.11	13.92	2.09	3.56

【行业税收结构】 全市14个行业入库税收直接收入在5000万元以上，全年共计入库税收直接收入307336万元，占全市税收直接收入的77.57%。从税收增长持续性看，6个行业近5年年平均增长超过15%，特别是道路运输业、货币金融服务、酒饮料和精制茶制造业和食品制造业4个行业年平均增长超过20%（详见表32）。

【税种结构】 2010年以来，南平市征税的税种格局基本稳定。详见南平市税种结构近5年变化情况：

【重点税源】 全市年纳税100万元以上的重点企业408户，户数同比增长8.51%，入库税款同比增长9.24%，税款占全市税收比重同比提高0.58个百分点，100万元以上的企业增收贡献率为79.55%。年税款1亿元以上企业2户，为福建省烟草公司南平分公司、南平南孚电池有限公司。其中，南平南孚电池有限公司为2013年全省纳税百强企业（详见表34）。

表32　　2013年南平市入库税收直接收入5000万元以上行业情况

单位：万元

行业	2013年税收	2012年税收	增收额	增收率（%）	五年平均增长率（%）	占全市收入比重（%）
商业	86856	78440	8416	10.73	15.02	21.92
电力、热力生产和供应业	45921	39466	6455	16.36	10.22	11.59
电气机械和器材制造业	43750	35452	8298	23.41	8.40	11.04
房地产业	24692	24450	242	0.99	13.12	6.23
木材加工和木、竹、藤、棕、草制品业	19030	18464	567	3.07	1.81	4.80
货币金融服务	18696	19295	-599	-3.11	43.32	4.72
化学原料和化学制品制造业	17264	20378	-3114	-15.28	-2.97	4.36
酒、饮料和精制茶制造业	9128	7977	1150	14.42	26.21	2.30
有色金属冶炼和压延加工业	8397	6884	1513	21.99	4.16	2.12
道路运输业	8172	1236	6936	561.30	143.67	2.06
非金属矿物制品业	7904	14592	-6688	-45.83	2.70	1.99
食品制造业	6289	8013	-1724	-21.52	20.95	1.59
纺织业	5644	6088	-444	-7.29	6.49	1.42
非金属矿采选业	5593	6561	-968	-14.76	17.09	1.41
合　计	307336	287295	20041	6.98	11.26	77.57

表33　南平市税种结构近5年变化情况

年度	"两税"（增值税、消费税）			所得税		
	总额（亿元）	占总收入比重（%）	同比增长（%）	总额（亿元）	占总收入比重（%）	同比增长（%）
2009	19.15	70.1	6.21	6.29	23	-1.41
2010	19.8	64.79	3.39	8.32	27.2	32.27
2011	21.02	65.16	6.16	9.66	27.39	16.11
2012	26.42	65.98	9.04	10.84	27.07	12.22
2013	28.51	66.1	7.91	11.53	26.73	6.37
五年情况	114.9	65.17	9.6	46.64	26.45	12.56

表34　2013年南平市纳税100万元以上企业税收直接收入情况

项目	户数（户）		入库税款				税款占全市比重（%）	
年税款总量	2013年	2012年	2013年（亿元）	2012年（亿元）	同比增长（%）	增收贡献率（%）	2013年	2012年
100万~500万元	304	276	6.5	5.98	8.7	16.88	16.41	16.37
500万~1000万元	45	45	3.24	3.14	3.18	3.25	8.18	8.59
1000万~5000万元	54	49	9.87	9.17	7.63	22.73	24.92	25.1
5000万元以上	5	6	9.36	8.23	13.73	36.69	23.64	22.52
合　计	408	376	28.97	26.52	9.24	79.55	73.16	72.58

【税收产业分布】　近5年全市三次产业税收结构较为稳定。第二产业税收占比趋势下降，但仍占主导地位（详见表35）。

【各经济成分税收结构】　股份公司、私营企业、外资企业税收占全市税收总额比重较大，个体经济税收比重逐年上升（详见表36）。

表35　近5年南平市产业结构与税收比重

年度	2009年			2010年			2011年			2012年			2013年		
产业	一产	二产	三产	一产	二产	三产	一产	二产	三产	一产	二产	三产	一产	二产	三产
GDP比重（%）	22.5	40.2	37.3	21.9	41.9	36.2	23.8	42.7	33.5	23.5	42.8	33.7	23.2	43.5	33.3
税款比重（%）	0.2	64.2	35.6	0.2	57.1	42.7	0.2	59.1	40.7	0.3	59.3	40.4	0.3	57.2	42.5

表36　　各类型经济税源占年度总税收比重

单位：%

年度	国有企业	集体企业	联营企业	股份公司	私营企业	外资企业	个体经营
2009	11.04	2.45	0.41	21.83	23.14	33.66	7.48
2010	13.69	1.91	0.49	21.84	21.00	33.11	7.96
2011	12.85	2.26	0.42	27.69	22.37	26.77	7.64
2012	13.20	4.05	0.59	29.43	23.36	20.00	9.30
2013	14.08	3.78	0.34	30.13	22.16	18.98	10.52

税收法治

【依法行政】　在全市组织开展依法行政示范单位创建工作，制定实行创建工作机制，对各县（市、区）国税局工作开展情况进行跟踪督导。学习贯彻《行政强制法》等法律法规，防范税收执法性随意问题的发生。推进税收执法内控机制建设，探索税收执法方式创新。组织综合税收政策调研，对全市国税系统税收规范性文件的制定进行管理。开展"六五"税收普法工作，根据要求组织税收政策执行情况反馈工作。与南平市法院建立行政审判与行政执法互动机制。推进法规业务能力建设，举办全市国税系统税收法制业务知识培训，组织全市法规业务人员参加福建省内审协会举办的内审资格证书业务培训。

【重案审理】　贯彻重大税务案件审理工作规程，执行重大案件审理制度，结合执法督察组织开展执法案卷评查工作，推进证据制度建设。市、县两级国税局法规部门全年共审理重大税务案件32件，重案审理率达35.56%。其中，维持初审意见 25件，改变调查部门拟处理意见7件，向公安机关移送涉税案件10件。执行福建省税务行政处罚裁量权基准和适用规则，开展纳税人权益保障工作。

【税收执法责任制】　贯彻国家税务总局、福建省国税局推行税收执法责任制规定，研究修订《南平市国税系统税收执法责任制考核评议及责任追究办法实施细则》。推行每月定期通报制度，根据制度实施奖惩，进行执法过错责任追究，依托执法考核系统实施预警监控，开展申辩调整和防范纠错工作，防范执法过错行为的发生。明确单位和个人的执法责任，对于出现的执法过错实施问责和过错追究工作。全市国税系统全年共追究过错责任206人（次），其中：批评教育92 人（次），责令书面检查2人（次），通报批评10人（次），实施经济惩戒102 人（次），处罚金额1.01万元。2013年全省税收执法管理信息系统考核，南平市国税局调整后执法准确率累计为99.95%，位居全省设区市国税局并列第一名。

【执法督察】　组织对3个县（市）国税局开展年度税收执法督察和执法监察以及领导干部经济责任审计，纠正执法中存在的问题101 户（次），补征或追缴税款及滞纳金247.2元，向被督察单位提出工作建议12项，被查单位制定整改措施17项，对发现的问题进行责任追究21人（次），逐一下发整改意见。组织核查国家税务总局、福建省国税局和南平市国税局提取下发的执法疑点数据18类疑点项共1583条，核查确认过错469条，落实整改469条，通过核查补税及加收滞纳金80.3万元。

【复议应诉】 贯彻国家税务总局税务行政复议规则，建立行政复议与调解结合机制，促进法律效果、政治效果与社会效果的统一。开展税收法律救济工作，保障纳税人合法权益。全市国税系统累计办理税务行政复议申请2件，全年保持零行政诉讼。

征收管理

【组织实施】 制定实施《全市深化税收征管改革试点工作实施意见》《南平市国税局及县级局征管改革涉及相关机构职责调整方案》。2013年11月1日，全市税收征管改革按照福建省国税局批复方案全面运行到位。

【服务优化】 11个县（市、区）国税局全面统一实行涉税事项“统一受理、内部流转、限时办结、窗口出件、信息共享”的“一站式”办税服务模式，即办事项当场办结，非即办事项按规程内部流转，限时办结。推行“全职能窗口”服务机制，将办税服务厅各单一职能的窗口变为“一窗通办”的综合服务窗口，解决纳税人办税“多头跑”的问题；按照“马上就办、办就办好”的要求，即办事项由76项增加到103项，开发“缺件备忘服务”系统（被省局评定为全省推广使用软件），提供“先办后补”服务，取消103项涉税审批事项，简化涉税审批流转环节，解决纳税人办税“要求快”的问题，全年累计实行缺件备忘登记约378户次，完成审批流程345户次，占总数的90%以上；开发应用“一次性告知”系统，落实首问责任制，解决纳税人办税“重复跑”的问题。

【管理方式转变】 转变“分户到人”的税源管理方式，对纳税人按“行业+规模+特定业务”进行分级分类管理，将相同、相近、相联的行业纳税人由同一税源管理分局进行管理。各县（市、区）国税局按照税源专业化管理要求，实现基层分局机构、职责、人员三到位。

【税收风险管理】 对税收风险实行差异化和递进式管理，对不同等级的税收风险由不同的部门进行应对。制定推行《南平市国家税务局税收风险管理操作指引》，组建市、县两级税收风险分析监控中心，统一负责税收风险识别、分析、排序、推送、应对、跟踪和评价的归口管理。搭建税收风险分析监控管理平台，开发发票信息与申报数据自动比对软件，完善木胶合板、中密度纤维板和其他木制品制造等7个子行业的行业模型。

【信息管税】 推进第三方涉税信息交换工作，通过南平市政府第三方涉税数据交换平台取得工商、国土、地税、医保、人行等部门的涉税信息数据。开发“数据质量查询系统”，搭建“全国发票查询网站”，研发使用“纳税信用等级评定系统”，并被福建省国税局评定为全省推广使用软件。

【纳税评估】 规范纳税评估工作流程，加大行业模型应用。对纳税评估工作进行单项目标考核，推进税收风险识别与应对工作衔接。全市纳税评估入库税款12993万元，同比增长40.2%，占全市全年税收收入的3.25%。

【大企业管理】 开展大企业税收风险评估，全市全年共完成税收风险评估45户，补税6967.32万元。按照企业自查、风险评估和初审、税务审计、总结反馈等工作流程，按时完成福建省烟草公司南平市公司、中国工商银行股份有限公司南平分行等2户企业税收风险管理工作，补缴税款573.78万元。落实《国家税务总局关于做好中国石油化工集团公司税收风险管理后续工作的通知》（税总发〔2013〕100号）和《省局关于中石化集团在闽企业税收复核工作方案》，结合福建省国税局下发的税收风险点，对中国石油化工股份有限公司福建南平石油分公司2008—2010年度可能存在的税收风险进行复核，指导和帮助企业建立健全税务风险内控体系。

各税管理

【增值税管理】 以税收风险管理为导向，按月开展增值税收入异常品目的分析，按季开展纺织服装、残疾人就业企业增值税退税情况分析，防范虚开增值税专用发票违法行为和税收执法风险。开展对固定资产进项税额抵扣的专项评估，全市开展评估40户，累计补税和进项税额转出3670.36万元，占评估对象已抵扣固定资产进项税额6.12%。开展防范虚开增值税专用发票和打击骗税专项评估，遏制虚开增值税专用发票违法犯罪苗头。全市开展评估157户，经评估未发现问题74户，一般性违规企业68户，高风险企业11户移送稽查部门进一步查处，评估查补税款878.27万元。

【“营改增”试点】 跟踪全市交通运输业和部分现代服务业营业税改征增值税情况，开展“营改增”政策宣传及效应分析，防范“营改增”税收风险。部署开展广播影视服务业营业税改征增值税工作，2013年8月1日前完成全市44户广播影视业纳税人的登记、认定及发票发售等改征前期工作。8月1日试点纳税人开出发票，9月完成试点纳税人申报受理与税款入库，广播影视服务业纳税人的改征与申报工作完成。开展铁路运输和邮政业“营改增”前期准备工作，制定实施方案和倒计时工作表，明确各项任务完成的时限、责任单位和责任人。截至2013年年底，全市纳入“营改增”试点纳税人2437户。其中，交通运输业499户，现代服务业1938户。经认定为增值税一般纳税人386户，小规模纳税人2051户。开展“营改增”试点企业的文化事业建设费征收工作，全市提供广告服务的达标单位和个人文化事业建设费登记272户，缴纳税费357.88万元。

【发票管理】 实施增值税专用发票存根联采集率、增值税专用发票核查按期完成率、增值税失控率考核。落实国家税务总局关于逾期增值税扣税凭证抵扣工作，受理4户企业逾期认证抵扣申请，涉及发票35份，税款345.15万元。开展已认证失控发票异常信息核查，全年共核查异常发票信息41份，补税34.82万元。推行海关缴款书“先比对后抵扣”办法，全年共有610份海关缴款书申请稽核比对，涉及税款4232.02万元。

【消费税管理】 按月开展消费税税源分析，对消费税重点税源进行分析监控。开展卷烟消费税价格信息采集工作。开展对较大的白酒企业的消费税计税价格的核定调整工作。

【车辆购置税管理】 开展全市车辆购置税征收单位的自查和南平市国税局组织人员抽查工作。全市抽调76人，分为24个检查组，分阶段分重点开展实施。全市自查征收单位10个，自查面为100%，抽查征收单位4个，抽查面40%，检查档案6037份。完成车辆购置税完税证明换版工作，顺利实施车辆购置税征管系统升级。

【企业所得税管理】 截至2013年12月31日，全市共有企业所得税征管户数14155户。其中查账征收户12007户，占总户数的84.83%，核定征收户2148户，占总户数的

15.17%，核定征收户同比下降15.35%。

实行“三降一突破”的目标管理和清单式管理。开展对所得税申报宣传和汇算清缴的辅导及评估，亏损申报率下降2.66个百分点；对零申报户进行通报、核实、评估，零申报率下降12.4个百分点；督促核定征收企业建账建制，核定征收率下降17.56个百分点；利用企业注销清算、政府土地收储和资产重组及资产拍卖等相关信息加强管征，股权转让、土地使用权转让征收所得税入库5446万元。

推进跨地区经营建筑企业管理，将全市在建的高铁、高速公路等重点项目纳入代征范围。全市高铁、高速公路等重点建设项目代征税款1909万元，同比增收750万元，增长64.71%。

开展企业所得税风险预警应对，利用企业所得税风险预警信息管理系统，筛选税源流失风险，全市评估企业238户，补缴税款6901万元，同比增长20.44%。

【出口退（免）税管理】 截至2013年年底，全市出口企业249户（其中：生产型出口企业210户，外贸型出口企业39户），申报出口货物 117819万美元，同比增加5755万美元，增长5.13%。落实出口退（免）税政策，累计办理出口退（免）税80100万元，同比减少4900万元，下降5.76 %，其中：办理出口退税45000万元，同比减少5000万元，下降11.11%；办理免抵调库35100万元，同比增加100万元，增长0.28%。

开展出口退税政策宣传辅导，建立“一对一”政策帮扶工作机制，对出口退税重点企业实施“一对一”政策帮扶工作。重新筛选上报6户企业作为省局出口退税重点企业“一对一”帮扶对象，确定36户企业作为本市出口退税重点企业“一对一”帮扶对象。

探索征退税衔接机制，从2013年11月1日起在全市实施生产型出口企业出口退税审核与征收管理归口一个分局专业化管理，实行征退税一体化管理的办法。

持续开展税收函调工作，全市累计发出调查函37份，涉及计税金额17143.64万元，涉及退税额2363.36万元，收回函件33份，回函有问题3份，涉及退税额1873.16万元，对函调回函有问题的，均作暂缓退税。

【国际税收管理】 对国际税收管理工作实施单项目标考核，调动各单位工作积极性。全市全年共入库非居民企业所得税1037.69万元，同比增长61.08%；征收非居民企业增值税246.49万元。

开展反避税调查及基础工作。结合2012年度企业所得税汇算督促居民企业及时关联申报，根据企业的年度关联申报资料和企业所得税申报信息、出口退税数据、开具对外支付《税务证明》信息、原材料采购销货方信息、销售产品客户信息以及CTAIS内部信息等，对企业的申报质量进行分析核实。

落实《非居民享受税收协定待遇管理办法（试行）》，全年审查非居民申请享受税收协定申报的有关材料，执行协定优惠审批程序，全市审批非居民享受税收协定待遇1户（减免税款261.96万元）。

纳税服务

【服务发展】 全市国税累计为各类企业兑现落实增值税转型抵扣税款、出口退免、资源综合利用、残疾人安置、下岗再就业等税收优惠退、免、抵税款12.88亿元，占全年国税税收收入的29.86%。其中：兑现落实增值税转型抵扣税款26080万元，出口退税45056万元，免抵调库35100万元，企业所得税各项税收优惠15325万元，资源综合利用退增值税5279万元，落实残疾人安置退税1688万元。

【税收宣传】 以“税收·发展·民生”为主题，组织第22个全国税收宣传月活动，全市国税系统组织宣传月活动近100项，其中2个项目被福建省国税局评为“税收宣传月优秀创新项目”。向社会各界发放宣传读本，开展《福建省税收保障办法》宣传工作。全年通过宣传栏、公告栏公开发布最新税收政策和相关征管信息297条次；通过媒体发布税收政策104条次；下户宣传辅导63次。更新和完善一年一度的“纳税服务一单通”，开展纳税服务指引。

【纳税咨询辅导】 全市全年共接收12366纳税服务热线转办工单31件（其中商家未开发票投诉26件，政策咨询5件），及时性和完整性均为100%，没有收到诉求人不满意反馈。全市全年累计受理各类纳税咨询10618次。其中，咨询台咨询4759次，电话咨询3520次，QQ群咨询1806次，南平国税门户网站咨询116次，下户咨询63次，其他咨询（微博、微信等）373次，及时性和完整性均达100%，无纳税人不满意反馈。以“营改增”“小企业会计准则”“企业所得税汇算清缴”等相关重点工作为主题，开展纳税辅导。

【纳税人权益保护】 设立涉税咨询岗和维权中心，提供税法咨询、政策解读、办税指引，让纳税人通过正规渠道解决涉税争议，运用和解、调解手段化解税收争议。全年共受理纳税人诉求11件，办结率为100%。

税务稽查

【概况】 全市稽查人员108人，其中南平市国税局稽查局30人，县（市、区）国税局稽查局合计78人。稽查人员占全市国税人员的比例为10.76%。2013年，全市共检查纳税人98户，查补税款6685万元，查补入库税款占全市工商税收收入总额（不含免抵退税和车辆购置税）的1.52 %，同比增长70%。全市选案准确率为100%，结案率为88%，税款入库率为83%。

【专项检查】 突出重点开展税收专项检查工作。全市累计选案69户，其中成品油批发、零售企业8户，办理电子、家具、服装类产品等出口退（免）税企业15户，以农产品为原料的生产加工企业13户，房地产企业12户，茶叶生产及销售企业7户，其他行业14户。重点查处相关服装、木器 、食品、药品企业利用农产品收购发票虚抵进项税款行为。通过统一选案、强化培训、阳光检查、及时督导等措施，全年共查补各项税收收入3581万元。

【大案要案查处】 与南平市公安局经侦部门联合开展打击虚开增值税专用发票、骗取出口退税专项行动，全市共选案15户，发现有问题疑点8户，移送公安机关2户，刑拘1人，查补税款933.69万元。开展大要案查处，查处了涉及国家税务总局督办的“8·22”虚开增值税专用发票案的属于南平的2户企业，涉及虚开增值税专用发票65份，税额108万元及骗取出口退税额2261万元。对福建省国税局督办的南山（福建）炭业有限公司虚开农产品收购发票，做出补缴增值税499万元处理，该案已移送司法机关，法定代表人被逮捕。查处国家税务总局清分下达的“4·08”系列虚开增值税专用发票案和“8·27”行动涉及南平市的6户企业。全市全年共查结百万元大要案件10起，查补税款、罚款合计4479万元。全年全市查处发票违法企业120户，完成任务109%，查出非法发票1751份，查处税滞罚款合计822.12万元。移送公安机关4起，实行曝光警示案件2起。

【案件协查】 开展金税协查工作，全年通过协查系统共发出委托协查45户次，发票份数1224份，金额9982.12 万元，税额1694.95万元；受托协查68户次，受托协查发票673份，金额9014.31万元，税额1532.15万元，协查回复率为100%。通过纸质协查共发出委托协查16起，涉及增值税专用发票46份，金额557.43万元，税额67.32万元。收到回函，查无问题。协查委托累计回复率为100%。受托协查5起，均按时回复。受托协查有问题发票1份，补税罚款1.51万元，全部入库。

【检举受理】 落实《税务违法行为检举管理办法》，全市共受理、登记检举案件41件，查处检举案件31件，结案23件，查补税款386.09万元，滞纳金65.10万元，罚款70.93万元，补税、滞纳金、罚款合计522.12万元，入库491.40万元，入库率为93.90%。

机构队伍

【党的建设】 开展机关党建基础管理，推进党员发展工作。南平市国税局机关党委对2位预备期满党员进行转正考核。坚持按季组织党组中心组和党支部的理论学习。在市国税局办公网页开设“机关党建——网上党课”学习专栏，供党员干部自学。制定实施《“1263”机关党建工作机制实施方案》，南平市国税局被南平市直机关党工委确定为“1263”机关党建工作机制、党务公开工作示范点，并在6月召开的南平市“1263”机关党建工作机制建设推进会上作了工作经验交流。在建党92周年之际，南平电视台《天天看南平》新闻栏目对南平市国税局着力加强干部队伍建设、服务发展大局工作作了专题报道。组织开展党建工作调研，南平市国税局调研文章《运用新兴媒体提高机关党建工作科学化水平的实践与思考》获南平市党建调研文章三等奖。

【机构与人员】 南平市国税局按照行政区划设置，是主管南平市国家税收工作的行政机构，实行垂直领导管理体制，为正处级全职能局。下辖南平市高新技术产业开发区国税局、延平区国税局、邵武市国税局、建瓯市国税局、建阳市国税局、武夷山市国税局、顺昌县国税局、浦城县国税局、光泽县国税局、松溪县国税局和政和县国税局等11个正科级全职能局。其中：松溪、政和两县国税、地税机构未分设。全市系统共设有40个副科级基层税务分局。市国税局机关内设机构12个，级别为正科级，分别为：办公室、政策法规科、货物和劳务税科、所得税科、收入核算科、纳税服务科（纳税服务中心）、征收管理科、财务管理科、人事教育科、监察室、大企业和国际税务管理科、进出口税收管理科；另设机关党委办公室、离退休干部科、税收风险分析监控中心，级别为正科级；市国税局直属机构1个，即稽查局，级别为副处级；市国税局事业单位3个：信息中心、机关服务中心，级别为正科级；福建省国家税务局南平培训中心，级别为副处级。

截至2013年12月31日，南平市国税系统在编干部职工1015人，其中：公务员957人，事业干部11人，职工47人，平均年龄46岁。其中女干部职工290人，中共党员717人，大专以上学历981人（其中博士研究生1人，硕士研究生及本科、硕士学位12人）。全市国税系统共有离退休人员282人（其中：离休9人，退休273人），各类临时人员343人。

【人员招录及调配】 全市国税系统根据福建省国税局招录计划共招录公务员12人，干部职工调动10人，其中：调出9人，调入1人。办理干部职工退休19人。

【人事管理】 健全激发干部队伍活力组织机构和工作机制，规划年度工作方案，实

施了干部谈心、意见收集、思想研讨、排忧解困、弘扬先进、鼓励学习、短片宣传、竞赛活动、人才培养和简政放权等十项措施。深化人事制度改革，简政放权。南平市国税局采取考察任用方式，任命2名正科级干部。实现基层干部选拔与培养、管理与使用的相对统一，各县（市、区）国税局共有34名干部晋升中层正职领导。

【队伍建设】 广泛开展推荐好书、阅读好书、撰写心得、交流体会、朗诵比赛等多种形式的读书求知活动，举办各类专题培训13期800余人次，营造良好的学习氛围。加强对干部职工的人文关怀。开通局长信箱，进行问卷调查，开展“说说心里话”谈心活动，广泛征求意见建议。组织开展机关内务竞赛、兴趣小组活动等各类积极有益的活动，提升队伍凝聚力。为干部职工排忧解难，走访慰问“离、退、病、困”和有特殊情况的干部职工，全年通过重大灾病救助基金对21位在职及离退休干部发放救助金23.68万元。

【离退休干部工作】 组织开展离退休干部职工座谈会，通报税收工作情况，征求工作意见和建议，了解离退休干部职工的生活情况。适时走访、慰问病、困离退休干部职工，帮助解决实际困难。节假日对离退休干部职工进行看望慰问。2013年11月，南平市国税局分别在松溪、政和两地组织开展老干片区活动，全市国税系统71名离退休干部职工参加了活动。

【文明创建】 推动思想道德建设和精神文明建设。开展“为您喝彩”活动，全年共对15个身边的先进典型（包括个人和集体）进行宣传弘扬。举办以“榜样的力量”“孝老爱亲”“国税正能量”等为主题的多场道德讲堂活动，组织开展文化作品创作和文化楼道建设，营造国税文化氛围。在全省《福建国税之歌》汇演竞赛中，南平市局代表队荣获第一。在2013年行业优质指数测评工作中，南平市国税局以满分取得南平市第一名、全省国税系统

▲2013年7月24日，南平市国税局局长王良辉（左排左一）在“说说心里话”谈心活动中与基层分局干部谈心

（应田丰摄）

▲2013年10月9日，南平市国税局在福建国税之歌汇演中荣获第一名

（郑敏莉提供）

▲2013年11月26日，南平市国税局举办全市国税系统“激发活力 弘扬正气 提升素质”演讲比赛

（郑敏莉摄）

并列第一的佳绩。南平市局政风行风建设在行政执法类部门中继续名列前茅。一年来，全市国税系统涌现出各类先进集体51个、先进个人224人。

【党风廉政建设】 推进惩防体系建设，全市国税系统自上而下签订了廉政责任书。实行苗头性问题预警和上下联动机制，每半年召开党风廉政建设分析会，对一些重大的、关系全局的苗头隐患问题实行市县两级合力妥善处置，对重点人员及时做好教育谈心疏导工作。

正式上线运行“内控促廉管理信息系统”，定期通报系统运行情况，形成以明确责任为基础、权力制衡为核心、流程控制为主线、完善制度为根本、公开透明为保障、信息化建设为支撑的内控机制。开展执法监察，做好信访举报和案件线索初核工作，全年共收到并办理完成信访件9件。

开展“两节”期间廉政专题教育，结合年度考核对县级国税局领导班子开展集体廉政谈话，开展预防职务犯罪教育工作，与检察院召开预防职务犯罪联席会议，税检双方联合举办以职务犯罪预防为主题的演讲比赛。选派选手参加全省国税系统“为民 务实 清廉”主题演讲比赛并获二等奖。更新维护南平市国税局廉政文化网，在全市国税系统组织廉政文化作品评选，举办书法、摄影等文化作品展并编印成册。开展《税收违法违纪行为处分规定》学习教育，组成宣讲团在全市国税系统范围内开展巡讲。

【行风效能建设】 重新调整南平市国税局民主评议政风行风工作领导小组，制订下发实施意见和实施方案。南平市国税局重新聘请5位行风监督员。2013年4月1日，南平市国税局局长王良辉参加南平市政风行风热线直播节目，回答具体问题26个。全市国税系统开展“开门纳谏”活动。组织特邀监察员开展明察暗访活动，收集意见建议9条，针对问题逐条填列一事一整改情况表，逐件下发给各相关单位和部门，逐一研究整改措施，做到件件有着落、件件有回音。在南平市行政执法类民主评议政风行风考评中，南平市国税局名列第七名。

【服务社会】 落实南平市第四轮挂钩帮扶、互动互联工作，制定实施《南平市国税局第四轮挂钩帮扶、互动联动工作实施方案》，组织到市国税局挂点的武夷山后山村开展调研和帮扶工作，全年帮扶武夷山后山村金额共计2万元。发动招募志愿者113位，全年组织开展交通督导、税收咨询、“母亲健康1+1”公益募捐、无偿献血、结对帮扶等各类志愿服务活动140人（次）。开展关爱社会活动，与进贤社区3户特困户结为帮扶对子，全年发放帮扶款9000元。

行政后勤

【工作目标管理】 以“建机制、强领导、抓重点”为思路，将目标管理作为做好各项工作的指挥棒、推动各项工作上台阶的管理方法，列入年度四项重点工作之一加以推进。制定具体的考核奖励办法，将获得“优秀”作为全市国税系统目标，促进各单位朝目标奋斗。按月分析通报各单位各项目工作开展情况，实施督查督办和工作问效。制定了针对县（市、区）国税局主要领导的考核办法，细化和明确工作职责。突出工作重点。根据南平实际，对纳税评估、稽查、非居民税收等工作进行单项考核管理，促进重点工作的开展。2013年，南平市国税系统工作目标管理考核在全省评比中取得了历史性的突破。全市国税系统有10个县（市、区）国税局被评为良好及以上等次。其中，南平市国税局、光泽县国税局、政和县国税局、开发区国税局、松溪县国税局等5个单位被评为优秀等次，占全省优秀单位总数的21%。光泽县国税局和政和县国税局和开发区国税局进入全省县（市、区）国税局排名前10名，分别取得全省第一、第三和第七名的成绩。

【安全稳定】 落实安全责任制，下发节假日、中央重要会议期间安全保卫和维稳等有关事项的通知，对节假日安全情况实行零报告制度。抓好公务用车安全管理，落实公务用车使用审批、登记制度和节假日车辆管理制度。执行机要文件保密制度，全年没有发生差错和丢失、泄密事故。落实信访工作责任制，全年共受理来电来访等信访件10件，信访办结率为100%。开展平安国税建设，消防、保卫、安全等均实现“零”事故，市局机关连续七年被南平市委、市政府评为“平安建设先进单位”。

【内部审计】 完成邵武市国税局、松溪县国税局和政和县国税局等3个单位的领导干部经济责任审计。审计查出主要问题95个，提出建议14条。

【资产管理】 推进固定资产制度建设，建立固定资产使用明细表管理制度及细化变动人员资产的收回制度。完成公务用车更新、处置及专项治理工作。全市国税系统2013年年末共有车辆编制138辆，其中公务用车13辆，执法执勤用车125辆。

【基建管理】 完成邵武市国税局综合业务用房项目财务决算及交付工作，总投资2941.32万元。完成光泽县国税局综合业务楼征地及办理相关手续工作。完成南平市国税局购置停车位项目决算及交付工作。

【政府采购】 全市国税系统全年安排采购计划420.1万元，采购计划占采购预算43.9%。实施采购批次87次，采购金额350.52万元，节约资金69.58万元，资金节约率为16.56%，计划执行率为100%。

（供稿：林　歆／核稿：王良辉）

龙岩市国家税务局

经济概况

2013年，龙岩市实现地区生产总值1479.9亿元，按可比价格计算比上年增长11.2%。全市财政总收入249.14亿元，同比增长5%，其中，地方级财政收入117.21亿元，增长15.5%。全年财政总支出199.26亿元，增长23.2%。全年年末金融机构本外币各项存款余额1272.91亿元，比2012年年末增长15.4%；金融机构本外币各项贷款余额1182.97亿元，增长12%。第一产业增加值177.81亿元，增长4.4%；第二产业增加值796.04亿元，增长14.5%；第三产业增加值506.05亿元，增长7.8%。人均地区生产总值57472元，比2012年增长10.8%。三次产业比例由上年的11.9：55.4：32.7调整为12：53.8：34.2。外贸进出口总额325816万美元，比2012年下降6.6%。其中：出口211768万美元，增长0.4%；进口114049万美元，下降17.3%。新批外商直接投资项目17个，新签合同金额17964万美元，比2012年下降34.9%；按验资口径统计的实际利用外商直接投资21500万美元，增长8%。固定资产投资1298.87亿元，比2012年增长29.8%，其中，固定资产投资（不含农户）30.3%，农户投资增长10.5%。在500万元以上固定资产投资中，第一产业投资增长74.5%，第二产业投资增长36.2%，其中工业投资增长36.1%，第三产业投资增长22.7%。城镇居民人均可支配收入26281元，比2012年增长10.6%，扣除价格因素实际增长8.2%；农民人均生活消费支出7425元，增长8.6%；城镇居民人均消费性支出18915元，增长7.2%。农民人均纯收入10578元，增长12.6%，扣除价格因素实际增长9.9%。

税收概况

【领导批示】 4月22日，龙岩市市长张兆民作出批示："请继秋阅处，今年市政府将更多精力用在抓工业上。"7月1日，龙岩市市长张兆民、常务副市长张天洲分别在市国税局报送的《关于加强煤炭行业税收管征的报告》上作出批示。市长张兆民批示："同一行业、不同县（市、区）税款差距明显偏大，从新罗

28.6元/吨到漳平76.5元/吨，近2倍多，有失公允，此次统一并适时交流调整，有利于行业的公正，有利于监管，要加大宣传，请把好事办好。”常务副市长张天洲批示：“拟支持市国税局意见。每年的第二季度、第四季度由市国税局牵头召开核实煤炭行业最低开票计税价格，以便全市产煤县（区）相对均衡管征。”

【税收收入】 按福建省国税局口径计算，2013年，全市国税总收入142.49亿元，同比减收5.18亿元，下降3.51%，完成福建省国税局下达调整后的年度考核计划142亿元的100.35%，全年超收0.49亿元。总收入中，进入龙岩市财政盘子130.48亿元，减收5.76亿元，下降4.2%。其中：市财盘子地方级收入19.05亿元，同比减收0.58亿元，下降2.97%。市中心城区（新罗区、龙岩经济技术开发区）国税收入总量达114.45亿元，占全市总收入的80.32%，同比提高3.22%；各县（市）国税局收入达28.04亿元，占全市总收入的19.68%，同比下降3.22%；全年办理免抵调库2.09亿元；全年海关代征税收3.1亿元，增长110.59%；办理出口退（免）税8.56亿元，下降25.22%。

【重点税源分布】 国税收入在1000万元以上重点企业户数88家，比上年增加4户，主要分布在卷烟、煤炭、水泥、电力、机械、金属矿和金融等行业，累计实现国税收入118.29亿元，占全市国税收入总额的83%。税源结构中重点税源稳固并向发散型变化，对卷烟、煤炭等少数税源大户的依赖度逐年降低。

表37 2013年龙岩市国税局主要税源情况

单位：万元

项　目	累　计		
	税额	比上年同期增减	
		税额	增减率（%）
税收收入合计	1424951	-51788	-3.51
一、国内增值税	556412	-50463	-8.32
其中：卷烟	139328	-2093	-1.48
电力	57585	8464	17.23
煤炭	76071	-43500	-36.38
商业	69449	-6991	-9.15
纺织服装皮革	22167	-7895	-26.26
化工产品	14284	-378	-2.58
水泥	24585	-4591	-15.74
非金属矿采选业	7585	-125	-1.62
黑色金属矿采选及冶炼业	21435	122	0.57

续表

项　目	累　计		
	税额	比上年同期增减	
		税额	增减率（%）
有色金属业采选及冶炼业	29549	14697	98.96
机械设备制造业	40815	-3151	-7.17
二、国内消费税	642435	-3752	-0.58
其中：卷烟	642169	-518	-0.08
酒	50	-31	-38.27
三、企业所得税	180652	220	0.12
其中：市财盘子所得税收入	106002	-3412	-3.12
四、个人利息税	19	-23	-54.76
五、车辆购置税	45433	2230	5.16
免抵调库	20900	-11598	-35.69

表38　　2013年龙岩市国税局入库税款分析

单位：万元

单　位	直接收入	其中：一般申报	比重（%）	纳税评估	比重（%）	稽查查补	比重（%）	企业自查补税	比重（%）
全省合计	9361171	8962547	95.74	215248	2.3	119157	1.27	64219	0.69
龙岩市	550061	524059	95.27	14389	2.62	8410	1.53	3203	0.58
市辖区	297920	286278	96.09	8097	2.72	1942	0.65	1603	0.54
永定县	73223	68973	94.19	1747	2.39	2448	3.34	55	0.08
上杭县	43273	41253	95.33	947	2.19	966	2.23	106	0.25
长汀县	40322	37253	92.39	1100	2.73	1212	3.01	757	1.88
漳平市	40166	38456	95.74	719	1.79	648	1.61	343	0.85
武平县	33998	31972	94.04	1350	3.97	666	1.96	10	0.03
连城县	21158	19873	93.93	429	2.03	527	2.49	328	1.55

注：1. 本表直接收入不含车辆购置税。
2. 全省直接收入不含龙岩烟厂；龙岩市、市辖区局直接收入不含龙岩烟厂。

【税源分析】 增值税收入55.64亿元，减收5.05亿元，下降8.32%；消费税收入64.24亿元，减收0.38亿元，下降0.58%；企业所得税收入18.07亿元，增收220万元，增长0.12%；个人所得税收入19万元，减收23万元，下降54.76%；车辆购置税收入4.54亿元，增收0.22亿元，增长5.16%。卷烟税收（指工业）80.8亿元，同比增收0.3亿元，增长0.4%；非烟税收61.7亿元，同比减收5.5亿元，下降8.2%。全市8个征收单位，从增幅看，上杭县国税局同比增长24.2%，连城县国税局同比增长8.8%，新罗区、龙岩经济技术开发区、武平县国税局略有增长，永定县、漳平市、长汀县国税局受主要税源减收影响，分别以38.9%、21.2%、15.8%较大幅度减收，其中：新罗区国税局收入104.24亿元，增收0.47亿元，增长0.45%；永定县国税局收入7.56亿元，减收4.8亿元，下降38.86%；上杭县国税局收入4.95亿元，增收0.96亿元，增长24.16%；武平县国税局收入3.68亿元，增收277万元，增长0.76%；长汀县国税局收入4.8亿元，减收0.9亿元，下降15.83%；连城县国税局收入2.47亿元，增收0.2亿元，增长8.79%；漳平市国税局收入4.57亿元，减收1.23亿元，下降21.16%；龙岩经济技术开发区国税局收入10.21亿元，增收979万元，增长0.97%。

【税收进度特点】 2013年受经济减速影响，税收完成142亿元，同比下降3.5%。1月以-3.2%开局，2月下拉至-9.1%，6月以-10.1%探底，7月又反弹至小减幅-2.9%，后几个月则持续企稳，全年税收局面大为改观。

【税收征管】 面对全市经济转缓、税源滑坡的经济税收形势，龙岩市国税局印发《加强税收征管的意见》，实施所得税行业利润率预警值管理等十项管征措施，推出《企业股权转让管征现状及对策》等管征方案，达到预期目标，其中：不含卷烟税及车辆购置税，全市共评估入库税款1.4亿元，占比2.6%，高于全省平均水平0.3个百分点。稽查查补入库税款8410万元，占比1.5%，居全省第三。通过向征管努力要税收，扭转税收急速下挫态势，非烟税收从一季度的-28.7%，控制到全年度的-8.2%，上扬20.5个百分点。

【减税免税】 办理减免类退税1.3亿元，高新技术企业、残疾人就业企业等征前减免2.6亿元，固定资产进项抵扣8.8亿元。“营改增”工作落实到位。“营改增”户数增加，税负下降，仅交通运输服务业由208户发展到516户，同比减少2379万元，减税效果明显，刺激三产经济发展。

征收管理

【征管概况】 全市税务登记户数48135户，其中：企业15627户，个体工商户32508户，增值税一般纳税人5745户。全市纳税申报户数（不含未达起征点户）190163户次，其中：增值税178095户次，企业所得税9648户次，消费税682户次，共申报税款总额84.44亿元。

【征管改革】 借鉴泉州等地经验，形成既符合福建省国税局思路，又具有龙岩山区特色的《龙岩市国税局深化税收征管改革方案》，2013年4月23日报福建省国税局。8月8日福建省国税局批复，11月1日起在全市运行税收征管新模式。全市实行按“行业（规模）+区域+特定税收业务”的分类管理，合理配置机构、人员数量，市、县两级国税局均成立税收风险管理领导小组和税收风险分析监控中心。县（市、区）国税局按四大体系设置机构，即纳税服务机构、税源管理机构、税务稽查机构、后勤保障机构，实行业务流程扁平化和科室实体化模式。12月底，各县（市、区）

国税局税收征管新模式均通过福建省国税局考核、验收。

【税收征管年活动】 2013年年初，龙岩市国税局党组将2013年确定为“加强税收征管年”，提出加强所得税管理、加强商业税收管理、开展固定资产进项抵扣清查、加强非居民税收管理等十项措施，以及加强收入分析、强化纳税评估、提高稽查威慑力、深化人事制度改革、加大督查督办力度等十项保障办法。市国税局坚持在面上统筹和点上突破，分步实施相关征管措施。

【行业模型建立】 累计建立45个行业评估模型，其中覆盖全市行业模型有39个。已建模型涵盖全市国税管辖的23个行业大类、41个行业小类、75个行业子类，可纳入模型监控的企业户数为1393户，模型有效监控企业户数为1244户，占全市企业及个体一般纳税人总户数14864户的8.37%。模型有效监控企业入库税额95.64亿元，占全市企业及个体一般纳税人入库税额的77.36%。

【第三方信息交换平台】 联合龙岩市地税局向市政府呈报《关于加强涉税信息保障工作的报告》，请求市政府协调各部门搭建信息交换平台，涉及30个行政管理部门和公用企事业单位50余类信息。由市政府办牵头召开30个部门参加的协调会，达成“尽快建立涉税信息交换机制的共识” 。从市工商管理局获取“营改增”现代服务业企业信息共3966条，获取2008—2013年3月股权变更登记信息共2523条，从市电业局获取2009—2013年4月水泥混凝土企业用电信息23条。

【纳税评估】 以煤炭、大商超、房地产、汽车零售4S店、企业股权转让、商品混凝土、财政性返还（补贴）资金、民营医院及学校等8大行业专项整治为抓手，以纳税评估为手段，开展风险评估。本年共对1360户企业开展风险评估，累计补税入库1.44亿元，同比增长11.63%，占同期非烟税收2.59%。

各税管理

【增值税管理】 新认定增值税一般纳税人880户，截至年底全市增值税一般纳税人户数达6109户。开展防范虚开增值税专用发票和打击骗税专项评估工作，查补税款1524.6万元，加收滞纳金66.9万元，核减企业亏损262万元。开展固定资产进项税额抵扣专项评估工作，查补增值税1405.52万元，进项税额转出2617.07万元，加收滞纳金229.78万元。抓好大型综合超市（大卖场）增值税管理，评估查补增值税1350万元，核增应纳税所得额453万元。加强海关缴款书进项税额抵扣管理，2013年7月1日起，海关进口增值税专用缴款书实行“先比对后抵扣”管理办法。加强农产品增值税管理，开展农产品进项税额核定扣除测算工作。加强煤炭行业税收管征。促成龙岩市政府印发《关于规范煤炭行业增值税征收管理的通知》，10月1日起在全市实行。通过提高代征标准、定期核定最低开票价格等措施，遏制煤炭税收流失。

办理享受资源综合利用增值税“即征即退”企业11户，应退税款5072.13万元，已退税款3557.71万元；办理促进残疾人就业增值税“即征即退”企业48户，应退税款3828.91万元，已退税款3607.26万元；享受增值税“先征后退”政策1户，税额4447.32万元；落实暂免征收部分小微企业增值税和营业税优惠政策，涉及优惠企业5940户，8—12月免征增值税454.55万元；落实农产品流通环节免征增值税企业21户，减轻纳税人税负613.48万元；落实农业产品和农业生产资料享受征前减免优惠政策，涉及优惠企业362户，全年实现征前减免增值税税款4.06亿元。

2013年8月1日，广播影视服务业成功纳入“营改增”试点行业，首份增值税发票顺利开出；9月，首个申报期纳税申报成功。截至12月底，共登记“营改增”纳税人2700户，其中交通运输业492户，现代服务业2208户（含广播影视服务业28户）。本年，全市共入库“营改增”税款12021.71万元，其中：交通运输业入库税款4856.39万元，现代服务业入库税款7165.32万元（含广播影视服务业入库税款16.05万元）。

【消费税管理】 加强消费税规范性文件清理。清理自1993年以来国务院、财政部、国家税务总局下发的所有涉及消费税的法规、规章、规范性文件以及管理性规定的有关文件，共清理文件39份。做好2012年度烟、酒、汽车摩托车、成品油消费税涉税信息采集工作，准确收集相关数据，规范录入消费税涉税信息采集系统。

【车辆购置税管理】 2013年5月，新版车辆购置税完税证明开始启用。7—9月，龙岩市国税局组织开展2010—2012年度车购税专项检查工作。共查阅档案5942份，涉及档案类型包括申报征收、减（免）税、退税、补建档案、车价备案等内容。入库车辆购置税税款45433万元，同比增收2230万元，增长5.16%。

【企业所得税管理】 国税管征企业所得税纳税人9765户，其中：查账征收企业8900户，比上年7535户增加1365户，增长18.12%；核定征收企业865户，比上年717户增加148户，增长20.64%。全市入库企业所得税税款18.20亿元，同比增收0.13亿元，增长0.13%，占全市国税税收总收入的12.76%。以新罗区国税局、龙岩经济技术开发国税局为重点，加强所得税调研和指导，带动全市所得税工作开展。新罗区国税局、龙岩经济技术开发国税局共入库企业所得税税款12.27亿元，占全市所得税入库税款的67.74%。将上年入库所得税税款500万元以上的50户企业列为重点税源分类管理对象，适时监控分析其企业所得税缴纳情况，重点监控企业全年共入库企业所得税税款13.57亿元，占入库税额的75%。

本年应参加汇算清缴企业9765户，实际参加汇算清缴9755户，汇算面99.9%。汇算清缴纳税调整增加所得额30.08亿元，纳税调整减少所得额29.10亿元，实际应纳所得税额16.88亿元，实际已预缴所得税额15.98亿元，补缴所得税税额0.91亿元。

依托企业所得税风险预警信息管理系统，对长亏不倒、税负异常、管理薄弱的行业或企业开展专项评估检查，共补缴企业所得税税款11307.25万元，加收滞纳金171.22万元，罚款8.35万元，补缴其他税款253.94万元，移送稽查部门22户。印发《关于实行行业利润率预警值管理的通知》，对符合条件的企业实行行业利润率预警值管理，全市企业所得税预警值管理应执行户数8382户，占管户数93%；执行不到位525户，占应执行户6.3%。实行预警值管理累计入库企业所得税4.98亿元，同比增加2.07亿元。

全市663户企业享受企业所得税优惠政策，优惠面6.79%。减免所得税税额9143.92万元，抵免所得税额1325.75万元，减免所得额3.67亿元，加计扣除额4136.68万元，减计收入8920.74万元，免税收入5.43亿元。

【出口退税管理】 办理出口退（免）税8.59亿元（其中：办理出口退税6.5亿元，办理免抵调库2.09亿元），与上年相比减少2.86亿元，下降24.98%（其中：出口退税减少1.7亿元，下降20.73%；免抵调库减少1.16亿元，下降35.69%）。接收68户外贸企业申报1011批次，审核应退税额4.43亿元；基层县级退税部门接收152户生产企业申报1666户次，审核应退税额1.93亿元、免抵税额2.17亿元；统一办理出口退税40批次、6.5亿元；办理免抵税额调库8批次、2.09亿元。简化、规范出口退税审核程序，兑现限时办税服务承诺制，对无疑点退税款15个工作日办结；2013年11月1日，重启“出口退税远程预申报”系统，提高出口企业退税申报效率；提高出口货物函调的针对性和回函的及时性，加快出口退税审核审批速度；落实“马上就办、办就办好”，即办事项当场办结，助推外贸企业发展。

【国际税收管理】 入库非居民企业所得税税款1604.05万元，各县（市、区）国税局均有非居民企业税收收入。本市共有158户企业对2012年度的关联交易情况进行申报，其中：境外有关联交易企业5户，关联交易总金额为16亿元，9户企业按要求做好同期资料准备。加强非居民企业所得税源泉扣缴工作，落实扣缴登记和合同备案制度，辅导扣缴义务人及时准确扣缴应纳税款，建立管理台账和管理档案，追缴漏税。加强对非居民企业股权转让调查审计。加强部门协作，通过第三方获取非居民企业股权转让信息，核查全市非居民企业股权转让情况，共调查11户股权转让企业，征收股权转让非居民企业所得税530万元。

【大企业税收管理】 以风险管理为导向，对大企业提供专业化管理和个性化服务，解决大企业涉税诉求，帮助大企业建立健全内部控制机制，防范和控制大企业税收风险，提高大企业纳税遵从度。各县（市、区）国税局税政部门指派一名干部负责定点联系企业税收管理，各管理分局配备税务管理员具体负责对各定点联系企业内控机制调查、涉税诉求收集与解决，针对企业生产经营特点，对大企业实施个性化服务。选择76户重点企业开展税收风险管理，实施风险分析和风险应对，发现风险点80个，制定针对性措施111条，查补税款10459.9万元，滞纳金309.25万元。本市共有国家税务总局定点联系企业14户、省国税局定点联系企业1户，涉及烟草、电力、通信、石油、天然气、水泥等行业，共征收税款 85.97亿元（其中：增值税17.22亿元，消费税64.17亿元，企业所得税4.48亿元，其他税种0.1亿元），占全市国税税收收入的60.32%，同比增收0.55亿元，增长0.64%。

税收法治

【规范行政审批】 修订《税务行政审批规程》，规范文件管理，清理257份税收规范性文件；印发《关于调整重大税务案件审理程序的补充通知》；对案件复杂，意见分歧大的涉税案件，在审理环节组织纳税人公开听证审理，组织召开4次听证会议，听取当事人意见，维护纳税人合法权益，促进案件审理公平、公正、依法开展，审理重大案件25户，占稽查案件87户的28.74%，其中：维持原处理意见21户，改变原处理意见4户。

【税收执法督察】 组织开展税收执法督察工作，纠正执法不规范问题35项54户次，追补各税101.07万元，督促清理旧欠税款210万元，加收滞纳金15.14万元。

【税收执法考核】 本年全市执法正确率为99.93%，居全省第四名。为树立依法行政典型，发挥典型示范作用，选定永定县国家税务局、长汀县国家税务局为本年市依法行政示范创建单位，经福建省国税局考核、验收评为依法行政示范达标单位。

【税务案件行政诉讼】 原告江岩平诉被告龙岩市国税局不履行法院协助执行义务的行政行为违法附带行政赔偿一案，2013年6月14日，向龙岩市中级人民法院提起行政诉讼。7月22日，市国税局党组成员、纪检组长林敏出庭应诉。12月，市中级人民法院作出维持龙岩市新罗区人民法院驳回原告起诉裁定。

【法制宣传】 2013年4月，筹划以“税收·发展·民生”为主题的第22个全国税收宣传月系列活动。编导的《红土税徽沐春风》“三句半”节目，在毛泽东才溪乡调查纪念馆等红色景点巡回演出。在上杭县才溪镇组织开展的“送税法、办实事、助发展”活动，上杭县国税局开展的“三月三”税法宣传进畲乡活动，长汀县国税局开展的“税收带来汀州美”税收宣传骑行活动，新罗区国税局开展的“助力新区发展，国税服务同行”宣传活动，武平县国税局开展的“纳税人税法知识竞赛”活动，被省国税局评为“福建省国税系统2013年税收宣传优秀创新项目”。利用12366纳税服务热线、门户网站、纳税服务平台、税企QQ群等平台，开展新税收政策法规宣传，拓展宣传深度和广度。利用报纸、网站、手机短信、QQ群等载体，宣传《福建省税收保障办法》，让纳税人了解相关条例，提升宣传实效。

纳税服务

【纳税服务平台建设】 完善提醒服务、延时服务、预约服务制度，督导各县（市、区）国税局制定《办税服务厅主任值班制度》《领导定期巡查制度》《轮休作息制度》《心理疏导预案》等制度，形成以制度管人、按制度办事的工作格局。由龙岩市国税局副局长廖进平带队，组织相关科室负责人赴漳州市国税局，学习、借鉴多项服务功能于一体的中心城区办税服务厅设置、运行情况，以及整合市区纳税服务平台的做法，探索在龙岩市区设置中心城区办税服务厅的可行性。抓好福建省国税局12366纳税服务热线转办投诉、咨询问题落实，共办理上级转来的工单21件。

【纳税咨询服务】 在各县（市、区）国税局门户网站设立“纳税服务平台”栏目，方便社会公众和税务人员参阅，确保纳税人咨询

▲上杭县国税局坚持深入税户“零距离”征求意见建议，“面对面”开展税收政策宣传，“实打实”解决涉税问题，有效解决服务纳税人“最后一公里”问题

（上杭县国税局提供）

的涉税问题得到及时、准确、同一口径答复。共受理纳税人电话咨询8000多次，龙岩市国税局门户网站共接受各类涉税咨询52条，确保纳税人各类涉税咨询均得到及时、准确答复。

【试行“纳税人免填单服务管理系统”】 2013年6月1日，在新罗区国税局办税服务厅启用“纳税人免填单服务管理系统”。该系统涉及税务登记、发票购买、纳税申报等6大类105项涉税事项，基本涵盖纳税人在办税服务厅办理所需要各类涉税事项。纳税人根据不同业务类型，可分别享受“免单”“免填单”和“简化填单”等3种类型服务。在新罗区国税局试运行“免填单”系统，待总结经验后在全市推广使用。

税务稽查

【概况】 通过强化稽查工作绩效考核、分解稽查查补收入任务等措施，促进稽查工作任务完成，抓好稽查查补收入占税收收入不低于1.1%目标任务等考核指标落实，直接查补税收收入8410万元（其中：税款7326万元，滞纳金582万元，罚款502万元），占当年税收总收入的1.53%。查补入库税收收入7605万元，占总收入的1.38%，入库率为94.44%，超额完成稽查查补收入任务。稽查机构实施检查106户，有问题户数106户，全市稽查选案准确率为100%，结案96户，结案率为90.57.%。

移送公安机关案件64件（立案查处64件），逮捕犯罪嫌疑人2人。按查补税款金额统计，查补税款100万元以下的88户，100万~500万元以下的7户，1000万~5000万元以下的1户；按违法性质统计，偷税案件22户，发票违法案件24户，其他案件50户；按企业类型统计，内资企业76户，港澳台商投资企业7户，外商投资企业1户，个体经营11户，其他1户。

【专项检查】 开展对成品油批发零售企业、房地产及建筑安装业、矿产品、办理电子、服装和家具类产品出口退（免）税企业等8个行业税收专项检查工作。全市开展自查企业户数257户，自查有问题企业数十户，自查补税金额127.94万元，其中：办理电子、服装、家具类产品出口退（免）税企业11.8万元，资本交易项目30.89万元，房地产业及

▲龙岩市经济技术开发区国税局干部开展上门服务，了解企业经营情况，帮助企业解决在经营中遇到的困难

（龙岩市国税局提供）

建安企业75.07万元。各地自行开展检查项目0.18万元，区域税收专项整治10万元，入库率100%；下户重点检查87户（其中有问题企业68户），查结66户，累计查补收入6252.15万元（其中：税款5450.82万元，罚款566.6万元，滞纳金234.73万元），选案准确率为78.16%，结案率为75.86%，入库率为98.56%。

确定成品油批发零售企业，房地产及建筑安装业，矿产品，办理电子、服装和家具类产品出口退（免）税企业等8个行业的重点检查对象共66户企业，开展税收专项检查和区域税收专项整治。

【大案要案查处】 全市国税稽查部门查结8件100万元以上大要案，其中：涉及房地产行业专案1件，水泥行业专案1件，其他6件，查补税款3658.88万元，罚款338.68万元，滞纳金102万元，共计4099.56万元。

【“8·22”税案龙岩案区专项行动】 “8·22”案件是国家税务总局挂牌督办案件，该案主要是企业虚开增值税专用发票骗取出口退税行为。截至2013年12月底，已立案检查90件（虚开案件89件，骗税案件1件），其中：生产企业89户，外贸企业1户。移送公安部门56件（已立案56件）；全力追缴涉案企业已申报抵扣进项税款和罚款，现已挽回税款损失2097万元；已办理刑拘上网24人，申报边控16人，办理刑拘4人，取保候审5人。

【案件协查】 发出委托协查函件90份，有疑问增值税专用发票2335份，涉及金额24085.13万元，税额4093.36万元。收到委托协查回函发票2332份，其中：回复“正常”1905份，“有问题”176份，“无法核实”251份。通过协查系统收到受托协查函件81份，涉及增值税专用发票578份，涉及金额5234.44万元、税额889.21万元，已全部按时回复。其中：正常发票254份，有问题发票39份，无法核实103份，查补税款131.51万元，罚款14.05万元，滞纳金9.08万元，按时回复率为100%。

【案件举报】 受理检举案件29件，其中查处29件，应结案24件，已结案24件，查补合计 156.92万元（税款 98.27万元，罚款 38.52万元，滞纳金 20.13万元）。

【稽查管理与配备】 继续实行中心城区一级稽查管理新模式，龙岩市国税局所在的城区国税局稽查职能，由市国税局稽查局统一履行。全市稽查人员85人，其中：男72人，女13人；党员66人，占76.67%；大学本、专科以上学历81人，占94%；35岁以下10人，35～45岁13人，45岁以上62人；拥有注册会计师资格1人。全市稽查机构配备汽车10辆，复印机7台，传真机2台，照相机5架，扫描仪2台，计算机125台（其中便携式计算机53台）。

信息化建设

【计算机硬件配备】 全市投入212.66万元用于信息化运行配备，其中：购置台式计算机16台，便携式计算机54台，路由器2台。

【软件开发与推广应用】 2013年3月，福建省国税局确定“内控促廉管理信息系统”先期在龙岩市国税局试点运行，市国税局抽调两名技术人员赴福建省国税局参与内控促廉系统的基础数据库搭建工作。在试点推行中，配合省国税局做好角色配置、权限分配等初始化及操作应用培训工作。5月，试运行纳税人“免填单”服务管理系统，该系统涉及税务登记、发票购买、纳税申报等6大类105项涉税事项，基本囊括纳税人在办税服务厅办理所需要的各类涉税事项。不仅解决纳税人填表难、往返多等问题，还可降低窗口人员工作压力和执法风险，实现服务效率和工作质量双赢效果。9月，配合福建省国税局安装、调试和试运行

“福建国税廉政文化教育平台系统”，根据运行情况，项目多次调整结构和界面，网站可观性，操作体验功能增强。12月，系统在全省其他地（市）国税局同步上线试运行。11月1日，正式运行“税务综合办公信息系统”。改版市国税局内网主页，网页界面设计在保障整体感的前提下，根据读者阅读习惯，以色彩、线条、图片等要素将导航条、各功能区以及内容区进行分隔。改版界面索引页，以单位形象识别系统为设计基准，兼顾易用性与导引性原则，体现单位整体形象特征，并实现系统管理员后台管理与身份验证、内容管理（包括文字、图片、视频等）。利用RTX腾讯通系统，建立起内网通信、邮件中心，方便给同事或领导发送电子邮件，消除传统信函效率低、成本高的弊端，并支持群发。研发多媒体“考勤显示系统”“请销假管理系统”，在人脸考勤系统基础上，将请销假管理、临时外出管理等功能整合到市国税局机关主页，统一采用内网会员系统账号、密码，做到网上请销假报批，实现电子信息化管理。12月，安装调试“食堂管理系统”，实现网上订餐登记、菜单发布等功能。

【系统运行维护】 共提请后台数据维护431条，通过龙岩市国税局审批并上报福建省国税局维护240条，省国税局运维小组处理213条；通过CTAIS数据质量监控系统提示处理问题数据930条，其中一般问题904条，占处理问题总数的97.2%。

机构队伍

【成立永丰、龙雁、古蛟新区税务分局】 根据福建省国税局批复的深化税收征管改革方案，2013年11月1日，永丰、龙雁和古蛟新区等3个全职能税务分局成立。永定县国税局永丰新区分局（即：永定县国税局税源管理六科）担负坎市、培丰、高陂和虎岗等4个乡镇的税收管征任务。新罗区国税局龙雁新区分局（即新罗区国税局税源管理七科）担负雁石、白沙、万安、岩山和苏坂等5个乡镇的税收管征任务。上杭县国税局古蛟新区（即上杭县国税局税源管理六科）担负古田、蛟洋、溪口和步云等4个乡镇的税收征管任务。永丰、龙雁和

▲新罗区国税局干部深入企业开展纳税评估，了解掌握企业生产经营情况

（童小岑摄）

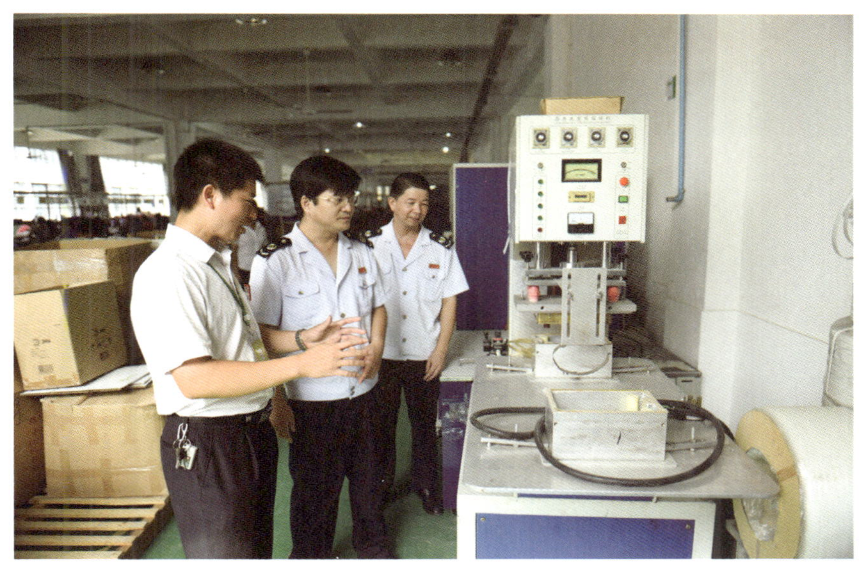

▲永定县国税局干部深入企业开展调研

（曾雪峰摄）

▶永定县国税局干部深入走访重点税源企业，了解企业生产经营状况，开展税源调查，把牢组织收入主动权

（永定县国税局提供）

古蛟新区等3个新区税务分局相应设置办税服务大厅、收入核算组、税源管理组、纳税评估组。办税服务大厅具有办理税务登记、发票发售、发票开具、税控装置发行发售和税收征管等职能。

【队伍现状】 全市国税系统干部平均年龄45.5岁，全市系统35岁以下91人，占总人数的10.1%。全市国税系统取得律师、注册会计师、注册税务师14人次，已取得或在读研究生学历、学位的有14人。全省国税系统有“三师”资质的341人，研究生以上学历、学位284人。

表39　　龙岩市国税系统机构编制情况

单位	编制数	行政编制	事业编制
龙岩市国税局机关	110	80	30
龙岩市国税局稽查局	25	21	4
新罗区国税局	170	164	6
龙岩经济技术开发区国税局	53	44	9
永定县国税局	104	99	5
上杭县国税局	100	95	5
武平县国税局	83	78	5
长汀县国税局	90	85	5
连城县国税局	88	83	5
漳平市国税局	105	100	5
合　计	928	849	79

表40　　龙岩市国税系统干部职工学历结构一览表

学历	本科以上		专　科		中　专		高中以下		总数
结构	人数	占总数比（%）	人数	占总数比（%）	人数	占总数比（%）	人数	占总数比（%）	
	480	53.45	360	40.09	30	3.34	28	3.12	898

表41　　龙岩市国税系统干部职务结构一览表

级别	县处级		正科级		副科级		科　员		总数
结构	人数	占总数比（%）	人数	占总数比（%）	人数	占总数比（%）	人数	占总数比（%）	
	10	1.17	33	3.86	278	32.55	533	62.41	854

表42　　龙岩市国税系统干部职工年龄结构一览表

年龄	30岁以下		31～40岁		41～50岁		51岁以上		总数
结构	人数	占总数比（%）	人数	占总数比（%）	人数	占总数比（%）	人数	占总数比（%）	
	60	6.68	114	12.69	557	62.02	167	18.60	898

【人员招录】　制订年度全市国税系统招录公务员计划，全市国税系统新招收14名公务员。接收军队转业干部1人（事业编制）。

【竞岗交流】　龙岩市国税局党组制定《深化干部人事制度改革　创新人事工作机制的实施意见》，对今后一个时期全市国税系统的人事工作作出总体安排。落实福建省国税局人事督导意见，对全市8位县（市、区）国税局局长实行轮岗交流，使之符合有关任职届期、年限及回避等规定。对全市20位正科长级、21位副科长级领导干部进行轮岗。按照“不唯票、不唯分、不唯年龄”要求，采取竞争性选拔方式，选拔6名正科级领导干部、15名副科级领导干部和19名县（市、区）国税局分局（科、室）长，优化各级领导班子结构。落实省国税局党组〔2007〕12号会议纪要精神，提任1名主任科员、78名副主任科员。

【党风廉政责任制】　结合公务员年度考核，开展述职述廉、廉政提醒谈话活动，落实“一岗两责”。按干部管理权限组织填写《廉政承诺书》《廉政承诺书践诺情况报告表》，并收集、整理、上报和归档。开展家庭助廉倡议，向全市系统干部家属发送《致全市国税系统干部职工家属的一封信》，通报国税工作情况，希望家属们当好家庭廉政“宣传员”和“监督员”。转发《关于全国税务系统贯彻落实中央纪委文件精神坚决刹住中秋国庆期间公款送礼等不正之风的通知》，把刹住节日期间公款送礼等不正之风，作为党的群众路线教育实践活动正风肃纪的重要内容，严肃查处违反规定的不正之风。节日期间，全系统没有发现违反廉政规定的不廉行为，没有收到干部违法违纪的投诉举报。龙岩市国税局党组书记、局长黄培强与市国税局班子成员及各县（市、区）国税局局长签订《2013年度党风廉政建设责任书》，市国税局领导班子成员与分管科（室）负责人签订《党风廉政建设责任书》，形成一级抓一级、层层抓落实的格局。制订印发《关于龙岩市国税系统2013年党风廉政建设任务责任分解的通知》，分解2013年党风廉政建设工作任务，明确责任领导、牵头责任单位、责任单位。召开党风廉政分析会议，2013年1月，党风廉政分析会主题为：学习贯彻《税收违法违纪行为处分规定》，结合实际，对照自查，防控风险。上半年，党风廉政分析会的主题为：学习贯彻《税务系统领导班子和领导干部监督管理办法》及实施细则，规范领导班子和领导干部从政行为，形成用制度规范决策、按制度办事、靠制度管人机制，推进反腐倡廉建设开展。各单位根据主题，结合实际，层层召开廉政分析会。各单位查找问题，分析原因，探讨措施，发挥预警、引导、防范和纠正作用。

【廉政教育】　举办预防职务犯罪知识专题讲座，组织龙岩市国税局机关干部到警示教育基地观看腐败案件典型案例图片展，以及服刑人员现身说法的纪录片，通过以案释法使干部接受教育。组织干部观看《蜕变与悔悟》廉政教育专题片，教育干部职工远离职务犯罪。贯彻国家税务总局《税务系统领导班子和领导干部监督管理办法》及其实施细则。按福建省国税局要求，在上杭县国税局古田税务分局筹建“福建省国税系统红色廉政文化教育基地”，从历史、现实和未来“三维”入手，突出红色税收历史，挖掘闽西红色税收廉政建设文化内涵，呈现廉政文化主题，提炼其对做好国税工作的意义，并借助声、光、电等现代传媒技术，展示红色税收起源和闽西廉政文化历史渊源。

▲漳平市国税局干部在“红四军出击闽中纪念馆”重温入党誓词，接受红色革命传统教育

（黄河摄）

【廉政制度建设】 2013年4月1日，“内控促廉管理信息系统”在全省国税系统首家上线运行。各单位各部门对产生的预警信息，通报有关人员处理，对系统产生的监控核查任务，认真核查，并完成核查报告。本市各级纪检监察部门做好系统的运行维护工作，对产生的核查任务及时提醒，并监督责任部门处理。收集系统运行过程中存在的问题、建议，向省国税局反馈，按月通报系统运行情况，确保系统正常运行。

【执法监察】 落实《2013年税务系统执法监察和效能监察工作要点》《2013年减轻企业负担纠风专项治理工作实施方案》，围绕自查内容，制定自查方案，明确责任部门，抓住关键环节，按时完成工作任务。以自查为契机，梳理税收优惠政策执行情况，对自查发现问题及时纠正；对工作漏洞针对性解决；对执行中的困难如实向福建省国税局反映，确保各项税收优惠政策落实到位。

【惩防体系建设】 开展《建立健全惩治和预防腐败体系2013—2017年工作规划》的落实检查。结合班子述职述廉活动，组织检查组到各县（市、区）国税局，开展惩防体系建设工作检查，通过查阅资料，逐条逐项开展检查。严肃查办信访案件。落实案件线索集体排查、“一案双查”等制度，加大调查核实力度，加大对重要信访件和重大案件的直查和跟踪督办。加大对落实中央八项规定的监督力度。

【政风行风评议】 通过召开民主评议政风行风“面对面”评议大会、税企座谈会，采取问卷调查、现场测评等形式，查找政风行风存在的问题。本年，龙岩市国税局民主评议政风行风工作，获全市行政执法类综合考评第二名，获2014年民主评议政风行风“免评单位”。上杭县国税局、武平县国税局、漳平市国税局、永定县国税局、长汀县国税局和新罗区国税局民主评议政风行风考评均在当地获第一名。

【教育培训】 围绕提升学习力，采取“走出去、请进来”等形式，举办进出口、纳税服务等8期培训班，组织全市国税系统基层分局长（科长、主任）分2期（每期10天）到江苏省税务学校参加更新知识培训学习，提升中层干部综合素质。组织全市国税系统综合业务知识考试，共有543名干部职工参加闭卷考试，取得预期效果。通报表彰武平县国税局、漳平市国税局和龙岩市国税局稽查局等3个优秀单位和取得优异成绩的51名优秀个人，并拨专款予以奖励。通过集中学习、实战演练、闭卷考试，营造“比学赶超”学习氛围。

【文体活动】 2013年10月9日晚，在全省国税系统《福建国税之歌》汇演比赛中，龙岩市国税局获三等奖。10月16日，在福建省国税局举办的福建省国税系统“为民　务实　清廉”主题演讲比赛中，市国税局选手郑荔获三等奖。

【“联乡挂村帮户”活动】 响应中共龙岩市委倡议开展“联乡挂村帮户”活动，组织各基层党组织和党员干部深入经济发展薄弱和组织建设薄弱的“双薄弱”村，开展结对挂钩帮扶活动。是年，市国税局向挂钩帮扶的永定县古竹乡古竹村、坪洋村和陂子角村拨付扶贫资金各10万元，协调解决帮扶资金105.6万元；看望、慰问结对挂钩13户贫困家庭和3位二女结扎妇；参与社区“金秋扶贫助学”志愿服务活动，与3位农民工子女结对子，为其购买书包、书籍等学习用品。

【思想教育】 龙岩市国税局机关开展“道德讲堂”活动，举办“中国梦·人民的梦”专题讲座，邀请市委讲师团团长谢少才副教授讲授“筑梦中国”相关知识，市国税局机关百名干部职工参加听讲。配合福建省国税局

▲上杭县国税局干部在“古田会议”旧址重温红色税收精神

（上杭县国税局提供）

党组在上杭县古田镇、才溪镇开展党的群众路线教育实践活动，重温古田会议精神、才溪乡调查精神，接受红色革命传统教育。

【老干部活动】 配合福建省国税局在上杭县召开全省国税系统离退休干部党支部书记暨省局、设区市国税局老局长座谈会。福建省国税局党组成员、副局长刘孟全出席会议并讲话。期间，老干部们参观才溪乡调查纪念馆，观看“中央苏区群众路线图片展”，瞻仰“古田会议”旧址群。组织本市七位国税离退休干部参加省国税局在永安市举行的全省国税系统第九届离退休干部门球赛。

行政后勤

【政务信息】 围绕税收中心工作，关注社会“热点”“难点”选题，精深加工，报送有价值的政务信息，发挥政务信息宣传和参谋作用，提升政务信息质量，信息工作成效和影响日趋明显。本年，向福建省、龙岩市国税局（含市委、市政府）报送各类政务信息395条，其中：《小额贷款公司发展过程中遇到的问题及相关建议》被福建省国税局评为2014年优秀调研信息，《市国税局反映机械制造业生产企业面临困难亟需帮扶》的调研信息，获龙岩市市长张兆民批示。市国税局办公室获“2013年度全市党委信息工作先进单位”称号；傅林清、童小岑、马春桥、林邦航被福建省国税局评为政务信息先进个人。

【财务监督】 对龙岩经济技术开发区国税局、连城县国税局2个单位，开展领导干部离任经济责任审计。未发现违规违纪行为，未发现任何形式设立的“小金库”。

【政府采购】 全市采购预算资金148.92万元，实际采购金额126.16万元，全市采购节约资金22.75万元，节约率为15.28%。其中：2013年市国税局机关采购预算资金6万元，实际采购金额4.99万元，机关节约资金1.01万元，节约率为17%。

【固定资产管理】 全市上缴国有资产处置收入6.7万元（其中：龙岩市国税局机关1.87万元）；上缴国有资产出租出借收入249.68万元（其中：龙岩市国税局机关69万元）。

【后勤管理】 落实综合业务办公楼值班制度、门卫管理制度、综合业务办公大楼消防安全管理制度，确保综合业务办公大楼安全平安。落实中央八项规定、《党政机关厉行节约反对浪费条例》《党政机关国内公务接待管理规定》等文件精神，本着“勤俭节约、实事求是、积极主动、周到热情”原则，实行“统一标准、归口管理、对口接待”办法，为各级领导和来宾提供服务。规范政府采购工作，建设节约型机关。龙岩市国税局机关再次被龙岩市委、市政府评为2013年度“平安单位”。

（供稿：傅林清／核稿：黄培强）

宁德市国家税务局

经济概况

2013年，宁德市实现地区生产总值1238.72亿元，比2012年增长12.6%。分产业看，第一产业增加值223.65亿元，增长5.8%；第二产业增加值627.59亿元，增长18.1%；第三产业增加值387.48亿元，增长7.9%。人均地区生产总值43617元，比2012年增长12.4%。第一产业增加值占地区生产总值的比重为18.1%；第二产业增加值比重为50.6%；第三产业增加值比重为31.3%。

居民消费价格全年比2012年上涨2.2%，其中，食品价格上涨4.1%。工业生产者出厂价格下降0.8%，农产品生产价格上涨3.7%。

2013年公共财政总收入（不含基金收入）125.79亿元，比2012年增长20.4%，其中，地方公共财政收入88.69亿元，增长25.6%；财政支出181.98亿元，增长28.3%。全市国税税收收入45.68亿元，增长8.9%；全市地税系统组织各项收入89.26亿元，增长27.3%，其中税收收入67.39亿元，增长27.8%。

2013年全部工业增加值514.64亿元，比2012年增长17.5%。规模以上工业增加值增长19.0%，增幅连续9年居全省各设区市首位。在规模以上工业中，国有及国有控股企业增长16.2%，集体企业下降8.5%，股份制企业增长18.4%，外商及港澳台投资企业增长24.9%；轻工业增长23.2%，重工业增长17.0%。全市规模以上工业企业达1207家，其中产值超亿元企业506家，比2012年增加106家。

税收概况

【总体收入情况】 2013年，全市国税部门组织税收收入45.68亿元，占福建省国税局年初考核计划的101.3%，同比增收3.74亿元，增长8.9%。其中：税收直接收入完成42.05亿元，同比增收3.81亿元，增长10%；办理免抵调库3.63亿元，同比减收700万元，下降1.9%。此外，海关代征进口税收7亿元，同比减收7.19亿元，下降50.7%。办理出口退（免）税17.13亿元，同比增加0.93亿元，增长5.7%，其中：办理直接出口退税13.5亿元，同比增加1亿元，增长8.0%。办理企业先征后退增值税973万元。

表43　　2013年宁德市国税局各项税收完成情况

单位：万元

项　目	年度计划	累计完成数			
		税额	占年度计划（%）	比上年同期增、减	
				税额	增减率（%）
税收总收入	606000	526782.1	86.9	-34516.1	-6.1
1. 国税组织税收收入	451000	456793.6	101.3	37415.5	8.9
中央级	331000	330225.5	99.8	21588.3	7.0
地方级	120000	126566.5	105.5	15825.6	14.3
2. 海关代征税收收入	155000	69988.5	45.2	-71931.6	-50.7
3. 出口退税	-185000	-171300.0	92.6	-9300.0	5.7
其中：出口退增值税	-150000	-135000.0	90.0	-10000.0	8.0
出口退消费税					
免抵调减增值税	-35000	-36300.0	103.7	700.0	-1.9
4. 其他收入合计	300	927.0	309.0	743.5	405.2

表44　　2013年宁德市国税局税收分税种完成情况

单位：万元

项　目	年度计划	累计完成数			
		税额	占年度计划（%）	比上年同期增、减	
				税额	增减率（%）
税收收入合计	451000	456793.6	101.3	37415.5	8.9
1. 增值税	299000	293418.2	98.1	18274.5	6.6
其中：（1）增值税直接收入	264000	257118.2	97.4	18974.5	8.0
（2）免抵调增增值税	35000	36300.0	103.7	-700.0	-1.9
附："营改增"增值税	5000	6966.5	139.3	6484.8	1346.2
2. 消费税	15000	15208.2	101.4	1055.8	7.5
3. 企业所得税	110000	119921.2	109.0	15842.6	15.2
其中：（1）内资企业	95000	111335.7	117.2	17625.2	18.8
（2）外资企业	15000	8585.5	57.2	-1782.6	-17.2
4. 利息所得个人所得税		5.0		-9.3	-65.0
5. 车辆购置税	27000	28241.0	104.6	2251.9	8.7

【收入特点】 税收收入总体呈现上升发展态势，但月份间增幅波动较大。1—4季度，分别入库税款9.86亿元、13.05亿元、10.2亿元、12.57亿元，税收增幅呈现逐季上升态势，分别为-2.4%、6.9%、15.2%、16.7%。虽然季度收入趋势向好，但各月税收增幅波动较大，1—12月税收收入增幅分别为：19.2%、-10.7%、-16.8%、12.8%、5.3%、4.2%、7.7%、24.7%、17.0%、2.9%、26.9%、23%。

各县级国税局收入发展不平衡，增幅普遍偏低，六成征收单位未完成年度计划。从增减情况看，全市10个征收单位均有不同程度增收，但各单位发展不平衡，增幅差异较大，最大的蕉城区国税局和周宁县国税局达19.9个百分点。10个征收单位中，蕉城区国税局、屏南县国税局和福鼎市国税局等3个单位增幅超过20%，分别增长22.1%、20.5%、20.3%；其余7个单位增幅仅为个位数。从完成任务情况看，仅蕉城区国税局、福鼎市国税局、屏南县国税局和柘荣县国税局等4个征收单位完成年度计划，分别完成年度计划的115%、111.9%、110.2%和103.3%。

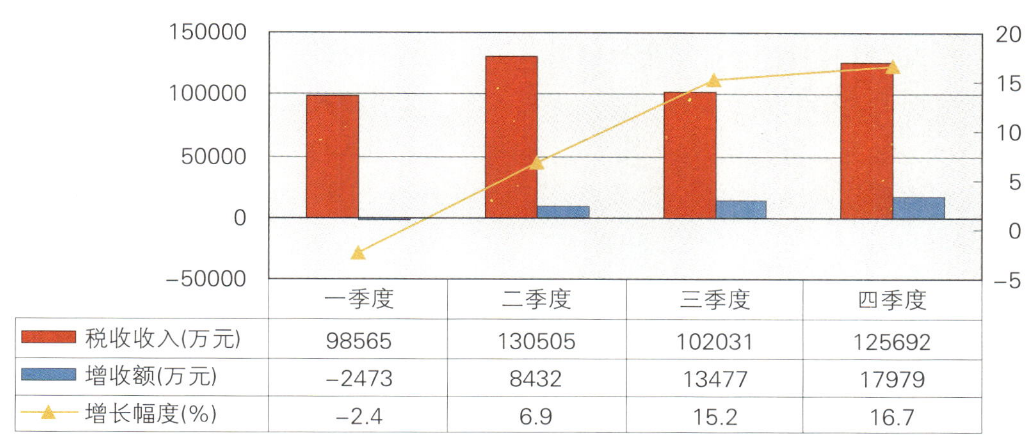

	一季度	二季度	三季度	四季度
税收收入(万元)	98565	130505	102031	125692
增收额(万元)	-2473	8432	13477	17979
增长幅度(%)	-2.4	6.9	15.2	16.7

图22　2013年宁德市国税局分季度税收收入情况

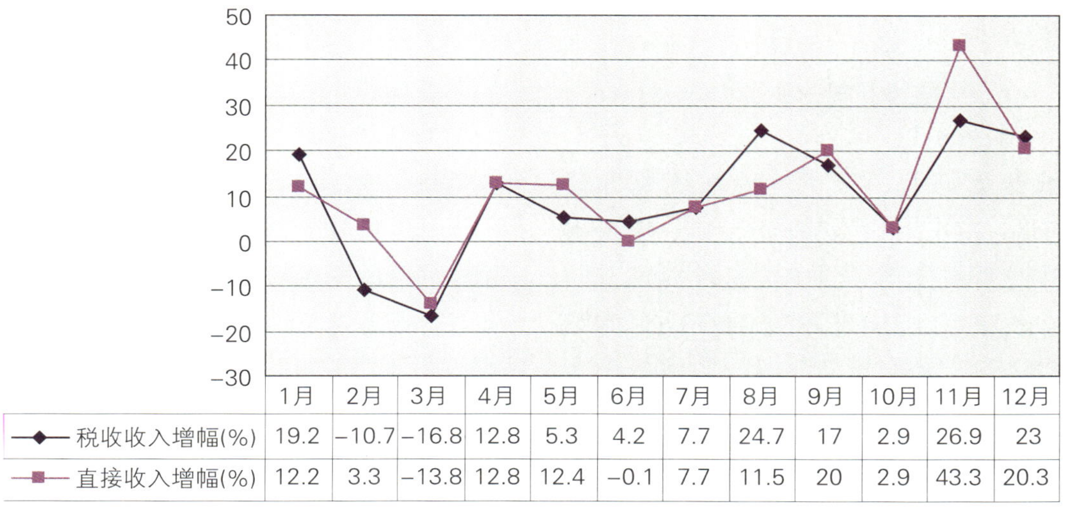

	1月	2月	3月	4月	5月	6月	7月	8月	9月	10月	11月	12月
税收收入增幅(%)	19.2	-10.7	-16.8	12.8	5.3	4.2	7.7	24.7	17	2.9	26.9	23
直接收入增幅(%)	12.2	3.3	-13.8	12.8	12.4	-0.1	7.7	11.5	20	2.9	43.3	20.3

图23　2013年宁德市国税局各月税收增长情况

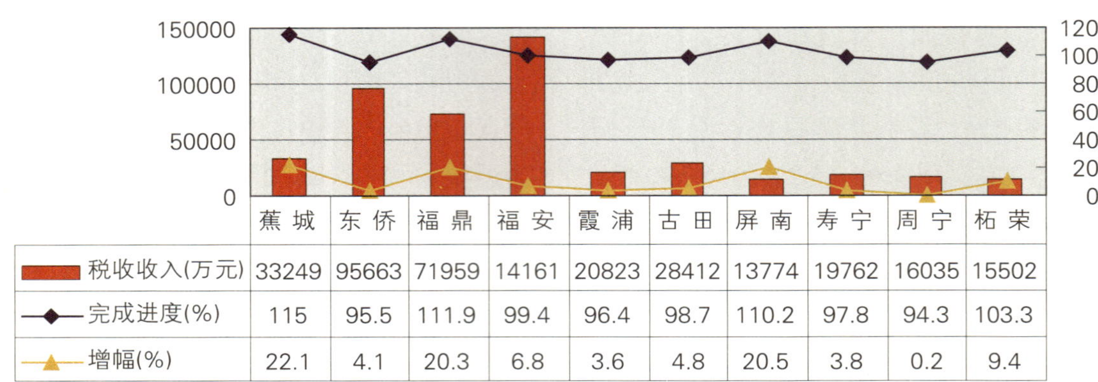

	蕉 城	东 侨	福 鼎	福 安	霞 浦	古 田	屏 南	寿 宁	周 宁	柘 荣
税收收入(万元)	33249	95663	71959	14161	20823	28412	13774	19762	16035	15502
完成进度(%)	115	95.5	111.9	99.4	96.4	98.7	110.2	97.8	94.3	103.3
增幅(%)	22.1	4.1	20.3	6.8	3.6	4.8	20.5	3.8	0.2	9.4

图24　2013年宁德市各县市区国税税收收入完成情况

各税种全面增长，主体税种增收贡献较大。2013年，作为主体税种的增值税虽然增幅回落较大，但增收贡献率仍为各税种首位，全年增值税入库29.34亿元，同比增收1.83亿元，增长6.6%，增幅比上年回落了14.3个百分点，增收贡献率为48.8%，其中，增值税直接收入25.71亿元，同比增收1.9亿元，增长8%，增幅比上年回落了7.9个百分点。企业所得税入库11.99亿元，同比增收1.58亿元，增长15.2%，增幅居各税种之首，增收贡献率次于增值税，达42.3%。消费税和车辆购置税分别入库1.52亿元和2.82亿元，分别增长7.5%和8.5%。

征收管理

【税务登记】 全市国税系统税务登记户数51801户，同比增加10002户，增长率为23.93%；其中，企业纳税人23714户，同比增加4663户，增长率为24.48%；个体纳税人28087户，同比增加5339户，增长率为23.47%，增值税一般纳税人6855户。

【纳税申报】 全市已申报494170户次，应申报497395户次，申报率为99.35%。其中，企业已申报242884户次，应申报244979户次，申报率为99.14%；个体已申报251286户次，应申报252416户次，申报率为99.55%。

【税款入库】 全市已入库税款490892.91万元，应入库税款492951.83万元，入库率为99.58%。其中，企业已入库税款457789.04万元，应入库税款459808.51万元，入库率为99.56%；个体已入库税款33103.87万元，应入库税款33143.32万元，入库率为99.88%。

【个体私营经济税收】 个体私营经济纳税人共28087户，其中，起征点以上户数2030户。个体入库税款8236.92万元，其中，个体双定户入库税款3501.06万元。

【征管改革】 全市全面推行税源专业化管理工作，实现四到位，即机构调整到位、人员调整到位、业务运转到位、CTAIS岗位调整到位的基础上，宁德市国税局做好征管改革后续衔接工作，分管领导多次带队赴县级国税局组织开展税收征管改革情况调研，研究解决改革中遇到的困难与问题，明确税源专业化管理后各部门各岗位的职责权限，加快新旧征管方式的磨合，实现平稳转换，确保征管工作高效运转。

【税收风险管理】 一是在风险识别上，由宁德市国税局统一引入电力、医保、散装办等部门的第三方信息，对已建立的商品混凝土、建筑用石加工、制冰、石板材、造纸、铸造、医药零售等行业的风险特征进行行业识别，市国税局筛选出电费收入占申报收入异常的疑点数据、开票收入大幅超过申报收入、医保刷卡收入占申报收入比异常的疑点数据共599条分九期进行下达，取得了较好的成效。二是在风险推送上，制定《宁德市国家税务局关于纳税评估案源推送税务稽查有关问题的通知》，进一步明晰风险任务推送工作，规范纳税评估与税务稽查的衔接，推进税源专业化管理。三是在风险应对上，全年共下达（含县级局自行下达）1077户企业进行纳税评估，已结案923户，加上上年下达今年结案的111户，共计结案1034户。全市纳税评估查补入库税款（含滞纳金）10605万元，评估查补税款占全市入库税款（不含车购税）的2.7%。其中，福安市国税局入库评估税款数全市第一，为2815.11万元；霞浦县国税局评估税款占总收入比例全市第一，为10.3%；福安市国税局评估人员人均入库税款全市第一，为82.8万元。四是在风险评价上，在全省率先拟定《纳税评估绩效考核办法》，统一设计纳税评估质量分析表，对基层局纳税评估的质量进行把关，并根据评估成效丰富和优化行业纳税评估模型，提升纳税评估水平。

【CTAIS2.0系统维护】 全年共计处理各县（市、区）国税局操作错误运维单482笔，上报省局后台处理402笔，有效地清理了CTAIS2.0系统中的垃圾数据，保障了CTAIS2.0系统的正常运转。

【普通发票管理】 一是稳步推行网络发票，已开通VPDN的纳税人为7738户（2013年新增2785户），实际开票6496户（2013年新增实际开票2198户）。全年共开具网络发票1900326份，实际开票金额为2328430.36万元；二是完成7户自印发票企业软件改造工作，通过数据测试后进行网络开票的基础上，在福建省国税局的协调下，逐步开展对汇总缴纳且自行开发开票软件企业的网络发票管理系统推广工作。已有2户汇总缴纳自印企业纳入网络发票管理系统；三是加强衔头发票验旧管理。要求各单位在加强所辖自印企业衔头发票的纸质验旧基础上，重点抓好自印发票的电子验旧信息管理，实行按季电子验旧。

【制定行业配套管征办法】 针对风险管理中发现的问题，研究制定行业配套管征办法，先后出台商品混凝土、新型环保砖、制冰、建筑用石等行业管征公告（试行），税收征管质量进一步提高。加大业务创新，在风险控制工作中制定《宁德市纳税评估绩效考核办法》，提升纳税评估水平，在日常征管中挖掘税收增长点，探索跨地区经营建筑企业税收风险管理办法。

各税管理

【“营改增”】 2013年6月底，地税部门移交的117户广播影视业纳税人，117户中经确认属于广播影视服务业的37户，属于原“1+6”行业的24户，不属于“营改增”试点范围的37户，无法联系的19户。37户广播影视服务业纳税人在2013年7月底前，已全部办理税务登记和税种登记，19户办理了普通票种登记、发售普通发票14户。8月，组织各单位对7户存在税务管理风险（货运发票和差额征税风险点）的“营改增”企业进行了专项评估，通过近一个月评估，共发现6户企业存在一般性违规行为，共补缴税款237.20万元，滞纳金3.71万元，进项税额转出3.35万元。9月2日9时18分，福建广电网络集团股份有限公司古田分公司（税务登记号：350922595977397）一般纳税人增值税申报成功，标志着宁德市广播影视服务业营业税改征增值税试点工作取得成功。

【预警值管理】 2013年年初，明确提出增值税税负达到预警值以上的企业户数在第二季度末要占到80%以上、所得税税负达到预警值以上的企业户数在第三季度末要占到60%以上，对未达标的征收单位，督促采取有效措施加以改进。全市共有5533户一般纳税人增值税实际税负达到或超过行业预警指标，达标率为81.5%，累计补缴税款1.56亿元；共有1588户纳税人补申报企业所得税，补缴税款达5636万元，预警值达标率考核管理全面落实到位。

【专项评估行动】 2013年6月，开始为期3个半月的防范虚开增值税专用发票和打击出口骗税专项评估行动，到9月15日全面结束。共有164户列入专项评估行动范围企业（福建省国税局选取151户、宁德市国税局选取11户、县国税局选取2户），完成了158户企业专项评估，完成率96.34%；6户企业未完成专项评估任务，占3.66%。158户企业39户未发现问题，117户存在一般性违规，2户涉嫌高风险并移送稽查部门处理；共查补税款（含部分滞纳金）2220.9万元，转出进项税额146.15万元，调增应纳税所得额1956.05万元。此外，还开展一般纳税人开票数与申报数比对异常排查工作，排查204户纳税人，补缴税款1620.4万元。

【金税工程制度建设】 一是建立防伪税控系统技术服务单位服务制度，要求技术服务单位开展温馨服务、走访服务，切实提高服务质量，2013年服务单位服务质量有了明显提高；二是建立了防伪税控开票子系统软盘零报税审批管理制度，规范软盘零报税管理；三是建立了防伪税控系统认证失控发票抵扣核查管理制度，规范了认证失控票抵扣审核管理。

【发票管理】 2013年4月，对专用发票库存量较大的企业进行清查。经过清查核实，全市调整增值税专用发票（四联版）领购数量、限额的企业共1410户，缴销和调减增值税专用发票（四联版）16731份；调整增值税专用发票（七联版）领购数量、限额的企业共21户，缴销和调减增值税专用发票（四联版）1592份。清理发票比例分别达到75.18%和97.61%。8月30日，部署一般纳税人认证失控票进项抵扣清理整改工作，要求各单位对2013年以前共计188份认证失控票进项抵扣管理制度开展全面清查。截至9月30日，全面完成188份认证失控票进项抵扣清查工作，188份发票，制度执行到位的发票仅57份；制度执行不到位的发票131份（其中注销、走逃企业28份）。经清理整改，有108份发票已移交稽查部门协查，补缴增值税与滞纳金626793.1元；暂做进项转出金额530641.25元。

【企业所得税管理】 企业所得税收入首次突破10亿元，共入库企业所得税 11.99亿元，比上年同期增收1.58亿元，同比增长15%。加强企业所得税风险预警管理，2013年4月19日，下发全市企业所得税收入利润率指标达到预警值的户数面达60%以上的考核要求。全市共有9个县完成市国税局的考核指标，全年实现补申报户数 1588户，补缴企业所得税 5636.22万元。

做好企业所得税汇算清缴工作，2012年度全市企业所得税登记户15824户，开业户数15312户，应参加汇算清缴户数15078户，不参加汇算清缴户数746户，实际参加汇算清缴14817户，汇算面98.27%，汇算清缴期间纳税调整增加额20.40亿元，纳税调整减少额14.32亿元；实际应纳所得税额合计8.46亿元，预缴8.04亿元，汇算清缴期间补缴税款4147.25万元。加强企业所得税重点税源管理，专项布置对房地产企业符合完工条件未结算的企业进行全面清算和纳税评估，全年结算28户房地产企业，补税入库2137.85万元，另81户企业正在结算中；主动与当地政府、发改委、高速办、财政、地税、建设等部门沟通联系，开展建安企业及项目部企业所得税的专项检查，对该类企业及项目部全年共组织入库企业所得税516.40万元。

【反避税工作】 结合企业所得税年度汇算清缴工作，促进关联关系企业及时申报与认定。全市申报对外关联关系企业 11户，关联交易额23.47亿元。同时，加强关联企业间业务往来转让定价税收管理的工作，针对宁德新能源科技有限公司与关联公司之间购销往来的业务，要求企业及时到主管税务机关进行同期资料的备案，并组织人员对其关联企业间业务往来价格进行资料收集以及综合经济分析，以此加强关联企业间业务往来转让定价的税收管理工作。

【非居民企业税收管理】 加强重点税源监管，对宁德核电等大型项目，督促其非居民企业及时登记申报。2013年，新增23份宁德核电购销及劳务合同的备案，缴纳非居民企业税收48.91万元。创新思路，促进非居民企业股权转让工作纵深发展。利用“收益法”对宁德市泰格动力机械公司涉及非居民企业股权转让的价格进行评估，组织人员与扣缴义务人商谈，对转让价格中的数据进行确定。加大非居民企业股权转让的调查力度。要求各县（市、区）国税局联系当地外经贸等部门，获取非居民企业股权转让的信息资料，定期于每月5日以前上报非居民企业股权转让信息，为非居民企业股权转让工作奠定良好基础。从日常管理中紧抓源头控管这一关键环节，全面掌握居民企业对外支付信息和非居民税源，着力做好非居民税收申报登记、源泉扣缴、对外支付税务证明管理等工作。2013年，全市共开具对外支付证明25份，1户次企业享受税收协定待遇，减免税款20.71万元。

【大企业税收管理】 2013年4月，宁德市国家税务局与福建宁德核电有限公司签订《税收遵从协议》，约定加强合作，共同防范税务风险。针对国家税务总局、福建省国税局定点联系企业在宁德市的102户成员单位，加强日常纳税辅导及税收监控等工作。国家税务总局定点联系企业成员单位入库税款共计7.16亿元，其中增值税5.08亿元，消费税1.37亿元，企业所得税0.71亿元。对中国烟草总公司、中国工商银行股份有限公司和中国大唐集团公司等3家国家税务总局定点联系企业在宁德市的所有成员企业开展税收风险管理工作，完成企业税收风险自查、税务机关风险评估和初审两个阶段。通过这两阶段，福建大唐国际宁德发电有限责任公司自查需补缴税费396.6万元，其中增值税157.51万元，滞纳金67.66万元，调增企业所得税应纳税所得额680.92万元。福建省烟草公司宁德市公司自查应补税287.1万元，其中增值税16.1万元，企业所得税135.4万元。

【进出口税收管理】 全市出口企业退税申报416户，累计申报出口销售20.28亿元美元，同比增长20.2%。共办理出口退税18批次，合计办退13.5亿元，同比增长8%，其中，生产企业办退11.7亿元，同比增长11.4%，外贸企业办退1.8亿元，同比下降8.6%，外贸企业中省外供货比例达到22.3%。优化出口退税服务，落实“一对一”帮扶政策，在政策辅导、加快退税审核办理进度等方面扶持企业发展，通过进一步简化和规范出口退税审核程序，2013年列入帮扶的企业出口销售12.48亿美元，占全市出口的61.54%，较上年同期增长26.88%，产生应退税额8.17亿元，免抵额2.04亿元，分别同比增长18.45%和40.16%。加强生产企业退税管理，制定行业税负预警值，对每户生产企业运用模拟税负及应退税比重衡量办退标准，实现风险识别和应对常态化。2012—2013年11月，全市生产型出口企业总体税负为3.59%，相比2012年的3.35%提高0.24个百分点。加强外贸企业退税管理，将农产品和纺织品服装、箱包、陶粒制品等省外敏感供货作为退（免）税管理工作的重点。外贸企业共发函70份，主要针对皮革、鞋帽、箱包、木制品、服装等敏感类及税务总局所列的特别关注出口商品和特别关注出口企业进行了发函调查，涉及增值税专用发票431份，进项税额0.08亿元。外贸发函涉及出口企业32户、供货企业69户，截至12月底，共收到复函59份。对于部分小规模企业出口异常情况，督促此类出口企业办理退（免）税资格认定及免税申报或开具代理出口货物证明手续。对逾期不申报免税或不开具证明的，提请征税管理部门按规定征收相关税款；情节严重的，要提交稽查部门立案。全年异常小规模外贸企业申报共9户，电子申报汇总出口额2.6亿美元。

税收法治

【依法行政创建】 选取东侨区国税局、古田县国税局为试点单位，加强督促指导，推进全市国税系统的依法行政工作。

【规范性文件管理】 宁德市国税局共制定税收规范性文件2份，按要求报备福建省国税局。下半年，对1994年税制改革以后至2013年9月30日前制发的、现行有效的税收规范性文件进行清理，向社会公告全文已失效或废止的税收规范性文件14件，部分条款失效或废止的税收规范性文件2件，现行有效的税收规范性文件16件 。

【重大税务案件审理】 实施一级稽查，县级国税局仅审理历史疑留案件，重大税务案件审理数比往年有所减少。全年，全市国税机关共审结税务案件88件，通过重大税务案件审理6件，重案审理率为6.82%，其中维持初审意见2件，发回复查3件，改变调查部门拟处理意见1件。

【规范行政裁量权】 执行《福建省税务行政处罚裁量权基准适用规则》和《福建省税务行政处罚裁量权基准》。全年，共作出涉税行为处罚8230笔，比上年同期的5116笔增长61%，入库罚款336.73万元，比上年同期的157.93万元增长113.2%，有效规范税务行政裁量权。

【执法督察】 布置开展全市年度税收执法督察和专项税收优惠政策制定及执行情况的自查工作；对柘荣县国税局、福安市国税局、古田县国税局展重点税收执法督察；对东侨区国税局、霞浦县国税局、古田县国税局、屏南县国税局开展车辆购置税专项执法督察；对古田县局原任局长卓主胜进行离任经济责任审计。通过督察发现违规税收执法行为127个，涉及少缴税款148.6万元。

【疑点数据核查】 全年共核查疑点信息1437条，核查面100%，核查确认过错问题647条，查补税款及加收滞纳金35.61万元，增值税进项税额转出8.08万元。

【税收执法责任制】 依托执法管理信息系统，加强预警监控、防范纠错、执法考核和责任追究，提高税收执法准确率。全市申辩调整前执法准确率为99.3%，申辩调整后的执法准确率达99.73%，综合评比指数为0.9992。加大执法过错追究工作力度。全年全市国税系统共对339人（次）进行执法过错责任追究，其中：批评教育48人（次），责令书面检查10人（次），通报批评6人（次），对275人（次）实施了经济惩戒，处罚金额11380元。

纳税服务

【办税服务厅建设】 各县（市、区）国税局在宁德市国税局、福建省国税局标准化检查验收通过的基础上，继续推进办税服务厅规范化建设，完善办税服务及管理制度、完善设施，从软、硬件两方面加强办税服务厅规范化建设，为纳税人营造“环境整洁优美、功能实用齐全、办税简便快捷、服务优质高效、管理统一规范”的办税场所。东侨区国税局、福鼎市国税局、霞浦县国税局和屏南县国税局等国税局办税服务大厅在自助区新增POS机，并配备扫描仪、打印机，更新叫号机系统和增加叫号滚屏显示，新增大屏幕液晶电视等，减轻大厅的压力和方便纳税人。

▲2014年12月4日，宁德市国税局开展全国首个国家宪法日暨全国法制宣传日主题宣传活动

（梁轶摄）

【创新服务方式】 对税务登记、认定管理、发票管理、证明管理、税收优惠管理和纳税申报等六大类共105项涉税业务实行“免单”和“免填单”服务，规范表单填写，解决纳税人“填表难、填表烦”问题，为纳税人提供绿色服务。福鼎市国税局和东侨区国税局相继推出24 小时自助办税终端服务，实现纳税人自主IC卡报税、发票认证、专票发售、纳税申报等功能，减少大厅压力。蕉城区国税局、福安市国税局、霞浦县国税局和柘荣县国税局推行“双屏显示”，实现“零距离、全透明”的一站式阳光办税。

【纳税人权益保护】 各县（市、区）国税局成立办税服务厅突发事件应急领导小组。按照“积极预防、全程服务、分级处理、注重实效、及时报告”的突发事件处理原则，规范应急处理流程，及时化解办税服务厅矛盾，维护纳税人合法权益。

宁德市国税局成立纳税人维权服务中心领导小组。根据国家税务总局《纳税服务投诉管理办法（试行）》精神，市国税局于2013年6月下发《宁德市国家税务局纳税人维权服务管理办法（试行）》，统一在各县（市、区）国税局设立纳税人维权服务中心，并在各办税服务厅设置“维权服务岗”，受理、调查、处理、反馈纳税人维权事项，维护纳税人的合法权益。

依据《福建省国家税务局涉税业务工作规程》，由各县（市、区）国税局结合实际工作情况，规范制作涉税事项一次性告知单、签收单，明确一次性告知职责、内容、形式和要求，纳税人可一目了然。

【12366纳税服务热线】 依托福建省国税局12366纳税服务热线，全市接收处理省国税局下派12366纳税服务热线工单131笔，涉及权益保护的127件，办税服务的2件，纳税咨询的2件。及时办结率及满意率均达到100%，解

决纳税人涉税投诉事项，化解争议。

【纳税服务之星】　下发《宁德市国家税务局关于印发〈宁德市国税系统纳税服务之星考评办法（试行）〉的通知》，规定每个年度在全系统开展一次纳税服务之星评选活动，通报表彰14名“2012年度全市国税系统纳税服务之星”。

税务稽查

【概况】　全市共查补入库4732万元，占工商税收收入的1.21%，超省局目标管理考核1.1%的要求；同比增收1225万元，增长34.9%。

【税收专项检查】　根据国家税务总局和福建省国税局布置的指令性检查项目和指导性检查项目，立足本地实际，对出口退（免）税、房地产、农产品加工、超市等行业进行检查。共检查企业户数76户，有问题75户，查结55户，查补税款3166万元，滞纳金250万元，罚款54万元；自查企业户数6户，有问题6户，查补税款583万元。

【打击发票违法犯罪活动】　将打击发票违法犯罪与日常检查工作相结合，联系公安机关、地税、卫生等部门，互通情报信息，对国家税务总局统一部署的六大行业和金融、保险行业开展重点检查。共检查企业113户，查处违法企业113户，涉及发票2060份，涉及金额5731.72万元，查补税款277.12万元，加收滞纳金30.73万元，罚款30.56万元。

【税收违法行为举报】　共查处举报案件（含省国税局转办）12件，已结案5件，查补入库税款、滞纳金、罚款等794.6万元。

【案件协查工作】　关注协查系统运行情况，严把委托协查回复关和受托协查回函关，按期回复率100%；分析协查案源线索，及时延伸检查，加大对利用发票偷逃税款纳税人的处罚力度。全市协查系统收到属于有疑问的受托协查38起，受托户次55次，发票249份，金额2602.85万元，税额435.93万元；累计按期回复发票212份，属于正常发票201份，有问题发票10份，无法核实发票1份，累计按期回复率为100%。收到属于已确定虚开的受托协查1起，受托户次2次，受托协查发票5份，金额144.71万元，税额24.6万元。

【制度建设】　印发《税务稽查统一选案工作制度（试行）》《税务稽查集中审理工作制度（试行）》《稽查案件进展报告制度（试行）》等三项制度，明晰市、县两级稽查选案、检查、审理等部门的职责，规范执法自由裁量权，统一执法尺度，推进一级稽查改革。

机构队伍

【机构设置】　截至2013年12月31日，宁德市国税局机关设置13个内设科室、1个直属单位（稽查局）、3个事业单位（培训中心、机关服务中心、信息中心），下辖蕉城区国税局、东侨区国税局、福安市国税局、福鼎市国税局、霞浦县国税局、古田县国税局、屏南县国税局、寿宁县国税局、周宁县国税局、柘荣县国税局10个县（市、区）国家税务局。所辖10个县（市、区）国家税务局共设置92个内设科室、10个直属单位、10个事业单位、32个税务分局和2个税务所。

【编制人员】　全市国税系统共有行政编制926个（含国地税未分设县地税行政编制147个），事业编制105个（含国地税未分设县地税事业编制12个）。全市正式干部职工955人，其中公务员902人，事业干部10人，工人43人。其中，大学本科以上学历488人，大专学历398人，中专学历15人，高中学历47

人，初中以下学历7人。年龄结构为：30周岁以下62人，31～35岁59人，36～40岁125人，41～45岁177人，46～50岁341人，51～54岁145人，55岁以上46人。在政治面貌上，中共党员684人，民主党派3人，无党派或群众268人。新招录公务员13人，系统内调入1人，系统外调入6人，系统内调出5人，退休5人，提前退休3人，辞职1人，开除1人，病故1人。

【领导班子建设】 下发《中共宁德市国家税务局党组关于进一步加强基层领导班子建设的意见》，从学习教育、履行职责、监督制约、维护团结、改进作风等方面提出明确要求，努力提高领导班子治税理政能力。坚持民主集中制，严格民主生活会制度，落实党组议事规则。加强领导干部的监督管理，对寿宁县国税局班子进行巡视，发现并整改有关问题。选拔9名副科级以上领导干部，并从中选派3名中青年干部充实县级国税局班子。全年提拔主任科员、副主任科员共44名。

【干部队伍管理】 探索创新人才引进方式，首次从周宁、屏南、寿宁、柘荣等地方公务员中选调引进8位公务员；加大教育培训力度，共组织42期培训班，821人次参加培训。开展“四下基层，四解四促”活动，宁德市国税局主要领导与各基层单位干部谈心交流，聆听心声，答疑解惑，解决问题。做好离退休老干部管理服务工作。加大对困难干部的帮扶力度，把申请大病、灾害等困难补助的条件标准从3万元降低到1万元并提高补助比例，切实解决干部的实际困难。

【党建和文明创建工作】 扎实推进党建工作，组织学习党的十八大精神，开展创先争优活动，推进党的先进性和纯洁性建设。在全市国税系统深入组织开展“道德讲堂”活动。深化文明创建、国税文化建设，发挥工、青、妇、团等群体组织的作用，先后开展文明餐桌、网络文明传播、创卫大扫除、交通劝导等社会公益活动，组织开展登山、郊游等文体活动，传唱《福建国税之歌》，参加全省国税系统大合唱比赛获第二名。开展扶贫帮困工作，为挂点村蕉城区霍童镇外表村提供资金4.8万元，用于该村自来水工程建设；坚持开展“阳光助学”“义务献血”“慈善捐款”“学雷锋志愿者”等活动。

【党风廉政建设】 从强化监督意识入手，以有效解决“两张皮”问题为着力点，把握关键环节，推进党风廉政建设责任制的落实。一是召开全市党风廉政建设工作会议，签订党风廉政建设责任书。二是制定《税务系统领导班子和领导干部监督管理办法实施细则责任分解意见》，分解细化年度各项任务。三是落实党风廉政建设分析会制度。四是加强“两节”期间廉洁自律工作。五是坚持领导干部廉政谈话制度，防患于未然。六是加强基层领导班子建设。

【两权监督】 强化信息化监督管理力度，通过税收执法管理系统监察立项32项全部办结。调动法规、监察、征管、税政、财务等部门力量，对全市10个基层单位开展执法检查、执法监察和效能监察专项检查工作，责任追究339人次，发现纠正税收违规执法行为127起。完成了古田县国税局领导干部离任经济责任审计并提出建议。

完成促廉信息管理系统的师资培训、软件安装测试、系统初始化和应用操作培训等相关工作。截至2013年12月31日，宁德市国税系统共产生风险事件1647件，其中事前预警事件514件；事中监控事件99件；事后核查任务1034件。

下发《关于进一步深化内控机制建设的意见》，要求全市国税系统各单位在原有内控机制建设的基础上，根据现有部门职能、岗位职责、法定权限和工作流程，继续完善内控机制建设，重新梳理权力事项，排查廉政风险，编制权力事项内控流程图，制定风险防范措施和完善制度建设，实现对风险管理的动态校正。

【作风纪律】 强化机关作风建设，主要做法：一是开展检查监督，不定期开展明察暗访，加强对贯彻中央八项规定的监督检查，对发现问题及时进行处理。二是各科室自查自纠、整改提高，加强考勤签到，坚决杜绝庸懒浮散，上班迟到、早退、脱岗串岗、上网炒股玩游戏，开会迟到早退、缺会、替会、溜会及“吃拿卡”、刁难服务对象等现象。三是开通热线电话，让群众充分享有知情权，直接参与监督，确保政务公开的真实性，同时完善效能投诉件限时办结制度，严格落实效能责任追究制度。四是进一步完善以出勤考评和工作任务考评及廉洁勤政考评为主要内容的机关绩效考评工作，把机关绩效考评结果作为单位、个人年度评先评优、奖金发放和干部使用的重要依据，以强化机关管理。五是修订完善公务接待和公车管理等有关办法，加强财务管理，厉行勤俭节约，全市国税系统“三公”经费同比下降7.8%。

针对福建省纪委两次通报的违反中央八项规定和省委实施办法的典型问题，全市国税系统通过局务会、干部会议等形式对省纪委通报精神进行层层传达，做到每一位干部职工领会精神实质。通报的警示教育，有效杜绝全市国税系统干部松懈麻痹思想，提升干部的作风纪律。

2013年6月，根据驻税务总局纪检组关于在全国纪检监察系统开展会员卡专项清退活动的精神，全市国税纪检监察干部认真自查；11月，根据宁德市委、市政府通知精神，开展全市国税系统会员卡专项清退工作。目前未发现持有相关会员卡问题，做到“清退对象100%覆盖，100%作出零持有报告”。

下发《宁德市国税系统工作人员效能问责暂行规定》。规定对法律、法规、规章和市局及各县（市、区）局党组的决策部署贯彻执行

▲2014年5月9日，宁德市国税局组织召开2011—2013年度宁德市国税系统“双先”表彰暨“身边人、身边事”先进事迹首场巡回报告会

（梁轶摄）

不力，失职渎职、决策失误，情节较轻，工作敷衍塞责、推诿扯皮、效率低下，工作作风粗暴和服务态度恶劣等9个方面34种情形进行问责，并注重结果运用，从严责任追究。

▲2014年6月26日，宁德市国税局举办宁德市国税系统“自律与他律”主题辩论赛

（林清摄）

【廉政文化】 一是开展廉政文化建设“五个一”活动。建设一个廉政教育基地，印制一本宣廉画册，巩固一个内控机制，形成一个促廉系统，完善一套廉政档案。二是举办全市国税系统“为民 务实 清廉”主题演讲比赛。2013年9月25日，全市国税系统11名选手通过列举事例，畅谈心得等形式，弘扬争先进、守清廉、做典范的良好风尚，倡导“风清气正、崇廉尚廉”的氛围。三是多元化开展反腐倡廉宣传教育。古田县国税局开展征集廉政格言警句活动；寿宁县国税局与当地纪委进行廉政文化作品交流；柘荣县国税局在办公大楼设立廉政文化走廊。四是推进楼宇廉政文化建设。宁德市国税局办公大楼共设置28块文化展板，让干部职工在不知不觉间接受廉政文化熏陶。

【政风行风建设】 在全市各级政府组织的民主评议政风行风活动中，全市国税系统10个参评的县（市、区）国税局，有6个单位获得前三名或免评单位。结合税收宣传月宣传活动，有针对性地选择不同规模的纳税人221户进行调查，共发出问卷221份，收到210份，问卷调查内容涵盖纳税申报、办税厅服务、涉税资料报送、审批事项办理、涉税处罚、纳税评估等方面，收集纳税人的意见和建议，以促进管理的完善、执法的规范。制定《宁德市国家税务局纳税人维权服务管理办法（试行）》，在各县级国税局设立纳税人维权中心，并在办税服务厅设置“维权服务岗”，畅通投诉受理渠道，维护纳税人合法权益。

【信访与案件查处】 办理群众来信来访和省国税局下转信访举报件10件，自办及督促指导全系统初核1件，了结1件，查办案件1起1人，结案1件1人，给予党纪留用察看和政纪撤职处分。

【培训工作】 全市国税系统干部共参加各级举办培训班42期，821人次参加培训。

行政后勤

【落实中央八项规定】 加强对贯彻中央八项规定的监督检查，修订完善公务接待和公车管理等有关办法，厉行勤俭节约，全市国税系统“三公”经费同比下降7.8%。拟定政府采购管理办法，规范操作流程，提高资金使用效率。开展“三清三查三审”工作，自查自纠，开展“会员卡专项清退”，切实做到“零持有、零报告”。

【财务管理】 加强制度建设，夯实依法理财的制度基础。对机关财务管理的各个环节，包括公务接待、会议培训、公车使用、政府采购、国有资产管理等方面的相关规定和办法，进行了一系列的修订和补充。深化收支两条线改革，加大预算执行力度，及时监控和分析预算执行进度，采取措施层层落实预算执行责任制，2013年全市国税系统各项中央财政拨款的执行情况相比往年有进一步提升，基本支出预算执行率均达到序时进度要求，项目支出除基建和三代经费外，其余各项经费年度执行率均接近或达到100%。政府采购程序和行为逐步规范，批量集中采购工作稳步推进，政府采购政策功能有效落实。从严从紧编制审核预算，控制和降低行政运行成本。坚持厉行节约，优化支出结构，保证重点支出需要，进一步压缩水、电、油费等一般性支出，“三公”经费支出预算实现“零增长”。加强内控建设，落实“两权”监督制约机制，结合财务收支活动规律，全面排查风险点，有针对性地制定风险防控措施。加强与内审、监察等部门之间的协作配合，共同防控财务风险。加强财务管理目标考核，推动财务管理工作规范化。

【内部行政管理】 拟定机关工作规则，规范内部行政管理。加强目标管理考核，加大督查督办工作力度，全年共下发督办8件，确保重要工作部署落实到位。推广税务综合办公信息系统，提高机关运转效率。与政风行风建设相结合，进一步加大效能问责力度，制定下发《宁德市国税系统工作人员效能问责暂行规定》，对九个方面34种情形进行全面问责，促进机关效能和作风的转变。

【综治平安建设】 开展综治平安创建、社会管理创新工作，全年开展四次安全大检查并通报情况，构建“平安国税”。推行政务公开和办税公开，做好信访和矛盾排查工作，全年共接收到信访件5件，均妥善解决。强化网络舆情管理，不断提高舆情管理应对水平。落实节假日值班制度，制定《宁德市国税局机关值班制度》，提高突发事件处置能力，维护和谐稳定。

（供稿：谢正伟／核稿：翁　浩）

统计资料

2014

福建国税年鉴

福建省国家税务局厅级干部名单

姓　名	职　　务	备　注
	省国税局领导班子	
臧耀民	党组书记、局长	
陈　滨	巡视员	2013年3月退休
连开光	巡视员	2013年7月前任副局长
刘孟全	党组成员、副局长	
邱大南	党组成员、副局长	2013年7月调入
于海春	党组成员、副局长	2013年11月调任国家税务总局
曾光辉	党组成员、纪检组长	
雷致青	党组成员、副局长	
陈慕斌	党组成员、总会计师	
	其他厅级干部	
张金水	福建省政协委员、省政协常委、省政协、经济委副主任	2013年10月退休
苏祖华	副巡视员	2013年6月退休
郑新光	副巡视员	2013年5月退休
刘少波	副巡视员	2013年5月退休
包逸生	副巡视员	
李新发	副巡视员	

福建省国家税务局机关处级干部名单

单 位	职 务	名 单
办公室	主 任	林茂椿
	副主任	郑玲秀、黄 翎、廖燕庆
	副调研员	魏林春
政策和法规处	处 长	陈 荣
	副处长	杨 林
	副调研员	金文景、李 钟
货物和劳务税处	处 长	李增源
	副处长	邱鹏亮、庄建顺
所得税处	处 长	林太桂
	副处长	朱春发、刘先熙
收入规划核算处	副处长	王合作、苏守国、翁锦晖
纳税服务处	处 长	阮诗雄
	调研员	姜 苏、陈国新
	副处长	潘玉玲
征管和科技发展处	处 长	林国镜
	副处长	李国良、何荔春
	副调研员	林少校、余 萍
财务管理处	处 长	周元福
	调研员	陈振福（2013年10月退休）、 王敏奇（副处长、采购中心主任）
	副处长	王大华
督察内审处	处 长	陈义端
	副处长	林惠麟、林兴旺
	副调研员	陈轲
人事处	处 长	魏润水
	副处长	倪秉莲、王志荣
巡视办	副主任	林 娟
	副调研员	黄月明

续表

单位	职务	名单
教育处	处长	张道金
	副处长	郭晓岚
	副调研员	林茂理
监察室	主任	李晖
	副主任	刘隆贵、邱红卫
	副调研员	卓仕阳、李雄
大企业税收管理处	处长	陈霖
	调研员	董昌芳
国际税务管理处	处长	吴桀云
	副处长	郑萍
	副调研员	邱清安
进出口税收管理处	处长	林孟奇
	副处长	宋启英、黄钢
	副调研员	潘奋农
机关党办	主任	张森强
	副主任	孙园
离退休干部处	处长	吴纯寿
稽查局	局长	张梦桂
	副局长	梁建华、林家云、聂霞
	副调研员	蔡春、孙建榕、高锦芬、游在雄、林国清
信息中心	主任	方新加
	副主任	安辉、王烈、郑立
机关服务中心	主任	陈文雄
	调研员	刘安平
	副主任	张健、林辉龙
	副调研员	李卫进
税收科学研究所	所长	顾志珊
注册税务师管理中心	主任	朱文翀
	调研员	陈久铭
福建省税务干部学校	校长	林知国
	副校长	冯明

福建省国家税务局机关处级以下干部职工名单

姓　名	部　　门	职　　务	备 注
叶　明	办公室	主任科员	
李　滨	办公室	主任科员	
叶生成	办公室	主任科员	
吴　雷	办公室	主任科员	
张叶霖	办公室	主任科员	
兰延灼	办公室	主任科员	
黄小燕	办公室	主任科员	
王丽平	办公室	副主任科员	
林佳睿	办公室	副主任科员	
陶　然	办公室	副主任科员	
倪周锦	政策法规处	主任科员	
郭秀琼	政策法规处	主任科员	
陈　泓	政策法规处	副主任科员	
林　玲	货物和劳务税处	主任科员	
陈世明	货物和劳务税处	主任科员	
孟立文	货物和劳务税处	主任科员	
郑梦思	货物和劳务税处	副主任科员	
徐洪涛	货物和劳务税处	见习期公务员	
黄黎娟	所得税处	主任科员	
高芝琴	所得税处	主任科员	
黄　泓	所得税处	主任科员	
杨　强	所得税处	主任科员	
詹　冰	所得税处	主任科员	
黄小丽	所得税处	副主任科员	
李　红	收入规划核算处	主任科员	

续表

姓　名	部　　门	职　　务	备　注
施　希	收入规划核算处	主任科员	
郑兴俊	收入规划核算处	主任科员	
林　雪	收入规划核算处	主任科员	
薛东晖	收入规划核算处	副主任科员	
李煌雁	收入规划核算处	副主任科员	
江俊强	纳税服务处	主任科员	
黄胜荣	纳税服务处	主任科员	
陈　默	纳税服务处	主任科员	
吴红萍	纳税服务处	主任科员	
刘伟太	纳税服务处	主任科员	
丁　莹	纳税服务处	主任科员	
郦　峰	征管和科级发展处	主任科员	
邓宗善	征管和科级发展处	主任科员	
黄德兴	征管和科级发展处	主任科员	
黄身应	征管和科级发展处	主任科员	
张伟文	征管和科级发展处	主任科员	
连惠阳	征管和科级发展处	主任科员	
刘　斌	征管和科级发展处	主任科员	
杨　妹	征管和科级发展处	副主任科员	
林本强	征管和科级发展处	副主任科员	
何祥琮	财务管理处	主任科员	
何　毅	财务管理处	主任科员	
林柳枝	财务管理处	主任科员	
黄显良	财务管理处	主任科员	
林　东	财务管理处	主任科员	
汤晓珍	财务管理处	主任科员	
王正阳	财务管理处	主任科员	

续表

姓　名	部　　门	职　　务	备　注
柯文林	财务管理处	副主任科员	
陈佳佳	财务管理处	见习期公务员	
唐祝钦	督察内审处	主任科员	
郑忠武	督察内审处	主任科员	
肖颖琦	督察内审处	主任科员	
刘孟雄	人事处	主任科员	
曹　泳	人事处	主任科员	
赵斯仪	人事处	主任科员	
林　昀	人事处	主任科员	
康培阳	人事处	副主任科员	
温笑露	人事处	副主任科员	
于建寅	巡视办	主任科员	
林宗绥	巡视办	主任科员	
郑旭田	教育处	主任科员	
伍智利	教育处	主任科员	
李叶华	教育处	主任科员	
廖海敢	监察室	主任科员	
王力萍	监察室	主任科员	
程晓君	监察室	副主任科员	
吴　勇	大企业税收管理处	主任科员	
郭金荣	大企业税收管理处	主任科员	
王丽华	大企业税收管理处	主任科员	
陈建钦	大企业税收管理处	主任科员	
林桂华	大企业税收管理处	主任科员	
李孟军	国际税收管理处	主任科员	
潘晓耿	国际税收管理处	主任科员	
卢兆福	国际税收管理处	主任科员	

续表

姓　名	部　　门	职　　务	备　注
严安琪	国际税收管理处	副主任科员	
邹丽俐	国际税收管理处	副主任科员	
王碧娟	进出口税收管理处	主任科员	
杨雄富	进出口税收管理处	主任科员	
童远烽	进出口税收管理处	主任科员	
陈效武	进出口税收管理处	主任科员	
沈燕琴	进出口税收管理处	主任科员	
刘　琨	进出口税收管理处	副主任科员	
吴旭琳	进出口税收管理处	见习期公务员	
赖秀良	党办	主任科员	
陈　佳	党办	副主任科员	
林宜好	离退休干部处	主任科员	
林小鹇	离退休干部处	主任科员	
林晓明	稽查局	主任科员	
董琰胜	稽查局	主任科员	
苏翔天	稽查局	主任科员	
陈秋林	稽查局	主任科员	
陈　伟	稽查局	主任科员	
吴建业	稽查局	主任科员	
高正忠	稽查局	主任科员	
倪适雨	稽查局	主任科员	
范作雄	稽查局	主任科员	
盛乐玲	稽查局	主任科员	
李荔彤	稽查局	主任科员	
卢周玮	稽查局	主任科员	
蔡燕青	稽查局	副主任科员	
白　芸	稽查局	副主任科员	

续表

姓　名	部　　门	职　　务	备　注
梁　凡	稽查局	见习期公务员	
张忠民	信息中心	主任科员	
杨　榕	信息中心	主任科员	
蔡明强	信息中心	主任科员	
潘　锐	信息中心	主任科员	
谢小雄	信息中心	主任科员	
杨晓娟	信息中心	主任科员	
陈　宁	信息中心	主任科员	
周　强	信息中心	主任科员	
魏智健	信息中心	主任科员	
黄　征	信息中心	主任科员	
柯小青	信息中心	主任科员	
张朝军	信息中心	主任科员	
李王伟	信息中心	主任科员	
鄢　宁	信息中心	主任科员	
林文雅	信息中心	主任科员	
严丽星	信息中心	主任科员	
潘晓晖	信息中心	副主任科员	
钟玉斌	信息中心	副主任科员	
魏冬生	信息中心	副主任科员	
刘炜炜	信息中心	副主任科员	
叶一帆	信息中心	副主任科员	
何文辉	机关服务中心	主任科员	
刘清华	机关服务中心	主任科员	
林俊勇	机关服务中心	主任科员	

续表

姓 名	部 门	职 务	备 注
龚小利	机关服务中心	主任科员	
叶志锋	机关服务中心	主任科员	
许细俤	机关服务中心	主任科员	
郭金萍	机关服务中心	主任科员	
郭金玉	机关服务中心	主任科员	
储向荣	机关服务中心	主任科员	
周 晖	机关服务中心	主任科员	
孙桂喜	机关服务中心	主任科员	
郑泽开	机关服务中心	主任科员	
陈宗斌	机关服务中心	主任科员	
陈水官	机关服务中心	职工	
王国权	机关服务中心	职工	
赖秀源	机关服务中心	职工	
张 皓	机关服务中心	职工	
杨东海	机关服务中心	职工	
王秀琴	税收科学研究所	主任科员	
吴 强	税收科学研究所	主任科员	
林建立	税收科学研究所	主任科员	
杨美珍	税收科学研究所	副主任科员	
姜莉芳	注册税务师管理中心	主任科员	2013年6月退休
高 玮	福建省税务干部学校	主任科员	
王 晨	福建省税务干部学校	主任科员	
吴国顺	福建省税务干部学校	主任科员	
魏彼同	福建省税务干部学校	主任科员	
蔡先强	福建省税务干部学校	副主任科员	

福建省各设区市国家税务局、平潭综合实验区国家税务局领导班子名单

姓　名	性别	单位名称	职　　务
郑元芳	男	福州市国家税务局	党组书记、局　长
季台禹	男	福州市国家税务局	党组成员、副局长
朱义顺	男	福州市国家税务局	党组成员、副局长
叶守光	男	福州市国家税务局	党组成员、副局长
陈丽萍	女	福州市国家税务局	党组成员、纪检组长
卓　勇	男	福州市国家税务局	党组成员、副局长
张孔院	男	福州市国家税务局	党组成员、总会计师
李建乐	男	福州市国家税务局	党组成员、总经济师
黄亮明	男	莆田市国家税务局	党组书记、局　长
张青山	男	莆田市国家税务局	党组成员、副局长
陈国珍	男	莆田市国家税务局	党组成员、副局长
林庆森	男	莆田市国家税务局	党组成员、副局长
崔建兴	男	莆田市国家税务局	党组成员、副局长
林玉成	男	莆田市国家税务局	党组成员、副局长
刘春朗	男	莆田市国家税务局	党组成员、纪检组长
林　滇	男	泉州市国家税务局	党组书记、局　长
朱国彬	男	泉州市国家税务局	党组成员、副局长
施维天	男	泉州市国家税务局	党组成员、副局长
王　彬	男	泉州市国家税务局	党组成员、副局长

续表

姓 名	性别	单位名称	职　务
何卫东	男	泉州市国家税务局	党组成员、纪检组长
黄育文	男	泉州市国家税务局	党组成员、总经济师
王庆福	男	泉州市国家税务局	党组成员、总会计师
沈家骏	男	漳州市国家税务局	党组书记、局　长
傅　雄	男	漳州市国家税务局	党组成员、副局长
陈汉堤	男	漳州市国家税务局	党组成员、副局长
林绍君	男	漳州市国家税务局	党组成员、副局长
王跃进	男	漳州市国家税务局	党组成员、纪检组长
林镇权	男	漳州市国家税务局	党组成员、总经济师
黄培强	男	龙岩市国家税务局	党组书记、局　长
廖进平	男	龙岩市国家税务局	党组成员、副局长
黄锋玫	男	龙岩市国家税务局	党组成员、副局长
王汉洪	男	龙岩市国家税务局	党组成员、副局长
林　敏	男	龙岩市国家税务局	党组成员、纪检组长
黄富龄	男	龙岩市国家税务局	党组成员、总经济师
林锡明	男	三明市国家税务局	党组书记、局　长
林秉俊	男	三明市国家税务局	党组成员、副局长
陈占考	男	三明市国家税务局	党组成员、副局长
吕永明	男	三明市国家税务局	党组成员、副局长
廖尧天	男	三明市国家税务局	党组成员、副局长
吴剑锋	男	三明市国家税务局	党组成员、纪检组长
邱清安	男	三明市国家税务局	党组成员、副局长（挂职）
王良辉	男	南平市国家税务局	党组书记、局　长

续表

姓　名	性别	单位名称	职　　务
黄永明	男	南平市国家税务局	党组成员、副局长
吴永生	男	南平市国家税务局	党组成员、纪检组长
肖　文	男	南平市国家税务局	党组成员、副局长
季建国	男	南平市国家税务局	党组成员、副局长
吴　俊	男	南平市国家税务局	党组成员、总经济师
林少校	男	南平市国家税务局	党组成员、副局长（挂职）
翁　浩	男	宁德市国家税务局	党组书记、局　长
陈祖铭	男	宁德市国家税务局	调研员（2013年5月前任党组成员、副局长）
钱自国	男	宁德市国家税务局	党组成员、副局长
黄　辉	男	宁德市国家税务局	党组成员、副局长
杨润生	男	宁德市国家税务局	党组成员、纪检组长
黄子文	男	宁德市国家税务局	党组成员、总会计师
蔡翠芳	女	宁德市国家税务局	党组成员、总经济师
卓仕阳	男	宁德市国家税务局	党组成员、副局长（挂职）
苏　虎	男	平潭综合实验区国家税务局	党组书记、局　长
陈向东	男	平潭综合实验区国家税务局	党组成员、副局长
柯家雄	男	平潭综合实验区国家税务局	党组成员、副局长
王辰乐	男	平潭综合实验区国家税务局	党组成员、副局长
黄辉煌	男	平潭综合实验区国家税务局	党组成员、纪检组长
潘奋农	男	平潭综合实验区国家税务局	党组成员、副局长（挂职）

福建省各设区市国家税务局直属机构、县（市、区）国家税务局局长名单

单　　位	职　务	姓　名
福建省福州市国家税务局稽查局	局长	张　耕
福建省福州市国家税务局大企业税收管理局	局长	
福建省福州高新技术产业开发区国家税务局	党组书记、局长	谢贤昇
福建省福州市鼓楼区国家税务局	党组书记、局长	黄兆琼
福建省福州市台江区国家税务局	党组书记、局长	林华俤
福建省福州市仓山区国家税务局	党组书记、局长	刘宜楷
福建省福州市晋安区国家税务局	党组成员、局长	温长奕
福建省福州经济技术开发区国家税务局	党组书记、局长	徐孝坤
福建省福州市琅岐经济区国家税务局	党组书记、局长	陈恭义
福建省福清市国家税务局	党组书记、局长	郑永开
福建省长乐市国家税务局	党组书记、局长	黄建锋
福建省闽侯县国家税务局	党组书记、局长	郭爱莲
福建省闽清县国家税务局	党组书记、局长	张乃鹏
福建省连江县国家税务局	党组书记、局长	
福建省罗源县国家税务局	党组书记、局长	
福建省永泰县国家税务局	党组书记、局长	黄游兴
福建省漳州市国家税务局稽查局	局长	陈文章
福建省漳州市国家税务局大企业税收管理局	局长	贾国光
福建省漳州市国家税务局纳税服务中心	主任	曾群山
福建省招商局漳州开发区国家税务局	党组书记、局长	赖建昌
福建省漳州台商投资区国家税务局	党组书记、局长	何连辉
福建省漳州市芗城区国家税务局	党组书记、局长	叶剑华
福建省漳州市龙文区国家税务局	党组书记、局长	孙镇南

续表

单　　位	职　务	姓　名
福建省龙海市国家税务局	党组书记、局长	兰义福
福建省漳浦县国家税务局	党组书记、局长	黄黎明
福建省云霄县国家税务局	党组书记、局长	何少将
福建省东山县国家税务局	党组书记、局长	朱春木
福建省诏安县国家税务局	党组书记、局长	
福建省南靖县国家税务局	党组书记、局长	黄江峰
福建省平和县国家税务局	党组书记、局长	黄原发
福建省长泰县国家税务局	党组书记、局长	林鸿强
福建省华安县国家税务局	党组书记、局长	
福建省泉州市国家税务局稽查局	局长	林保成
福建省泉州市国家税务局大企业税收管理局	局长	李幼农
福建省泉州市鲤城区国家税务局	党组书记、局长	陆苏英
福建省泉州市丰泽区国家税务局	党组书记、局长	肖云南
福建省泉州市洛江区国家税务局	党组书记、局长	苏庆辉
福建省泉州市泉港区国家税务局	党组书记、局长	陈春林
福建省泉州经济技术开发区国家税务局	党组书记、局长	王森林
福建省晋江市国家税务局	党组书记、局长	王庆福
福建省南安市国家税务局	党组书记、局长	陈秀凤
福建省石狮市国家税务局	党组书记、局长	谢铭峰
福建省惠安县国家税务局	党组书记、局长	吴亚龙
福建省安溪县国家税务局	党组书记 局长	黄雅莉
福建省永春县国家税务局	党组书记、局长	郑少达
福建省德化县国家税务局	党组书记、局长	黄炳昌
福建省莆田市国家税务局稽查局	局长	吴志彬
福建省莆田市国家税务局大企业税收管理局	局长	任金表

续表

单　位	职　务	姓　名
福建省莆田市城厢区国家税务局	党组书记、局长	黄玉贤
福建省莆田市涵江区国家税务局	党组书记、局长	刘　勇
福建省莆田市荔城区国家税务局	党组书记、局长	陈振煌
福建省仙游县国家税务局	党组书记、局长	黄文善
福建省国家税务局秀屿区国家税务局	党组书记、局长	陈玉标
福建省龙岩市国家税务局稽查局	局长	阮广茂
福建省龙岩市新罗区国家税务局	党组书记、局长	黄庆民
福建省龙岩经济技术开发区国家税务局	党组书记、局长	王良发
福建省永定县国家税务局	党组书记、局长	邱伟煌
福建省上杭县国家税务局	党组书记、局长	朱希贤
福建省武平县国家税务局	党组书记、局长	陈木仁
福建省漳平市国家税务局	党组书记、局长	黄京容
福建省连城县国家税务局	党组书记、局长	曾宪强
福建省长汀县国家税务局	党组书记、局长	周荣广
福建省三明市国家税务局稽查局	局长	郑礼广
福建省三明市梅列区国家税务局	党组书记、局长	王　真
福建省三明市三元区国家税务局	党组书记、局长	詹长乐
福建省永安市国家税务局	党组书记、局长	管连汉
福建省宁化县国家税务局	党组书记、局长	李金斌
福建省大田县国家税务局	党组书记、局长	黄显福
福建省清流县国家税务局	党组书记、局长	廖福潮
福建省明溪县国家税务局	党组书记、局长	庄志宏
福建省尤溪县国家税务局	党组书记、局长	余忠友
福建省沙县国家税务局	党组书记、局长	罗土根
福建省将乐县国家税务局	党组书记、局长	罗朝昶

续表

单　　位	职　务	姓　名
福建省泰宁县国家税务局	党组书记、局长	陈文昌
福建省建宁县国家税务局	党组书记、局长	罗朝焰
福建省南平市国家税务局稽查局	局长	林庆国
福建省南平市高新技术产业开发区国家税务局	党组书记、局长	
福建省南平市延平区国家税务局	党组书记、局长	陈永顺
福建省邵武市国家税务局	党组书记、局长	
福建省建阳市国家税务局	党组书记、局长	
福建省建瓯市国家税务局	党组书记、局长	赖培泉
福建省武夷山市国家税务局	党组书记、局长	池良凯
福建省顺昌县国家税务局	党组书记、局长	吴星华
福建省浦城县国家税务局	党组书记、局长	张福先
福建省光泽县国家税务局	党组书记、局长	
福建省松溪县国家税务局	党组书记、局长	王荣耀
福建省政和县国家税务局	党组书记、局长	黄小明
福建省宁德市国家税务局稽查局	局长	阮思文
福建省宁德市蕉城区国家税务局	党组书记、局长	林　健
福建省宁德市闽东华侨经济开发区国家税务局	党组书记、局长	王振堂
福建省福鼎市国家税务局	党组书记、局长	刘伟雄
福建省福安市国家税务局	党组书记、局长	赵永生
福建省霞浦县国家税务局	党组书记、局长	孙建丁
福建省古田县国家税务局	党组书记、局长	
福建省屏南县国家税务局	党组书记、局长	罗重峰
福建省寿宁县国家税务局	党组书记、局长	林锦平
福建省周宁县国家税务局	党组书记、局长	周建峰
福建省柘荣县国家税务局	党组书记、局长	杨常青

福建省国税系统机构设置情况统计

项　目		编号	合计	省局	地(市)局	地(市)区局	县(市)局
总　计		1	1415	21	140	369	885
局机关		2	97	1	8	29	59
局机关内设行政机构		3	786	14	97	208	467
直属机构	合　计	4	237	1	11	49	176
	稽查局	5	75	1	9	7	58
	直属税务分局	6	162		2	42	118
	车辆购置税征收管理分局	7					
	其他直属机构	8					
派出机构	合　计	9	237			72	165
	税务分局	10	236			72	164
	其中：设在开发区	11	8			7	1
	税务所	12	1				1
事业单位	合　计	13	58	5	24	11	18
	信息中心	14	38	1	8	11	18
	机关服务中心	15	9	1	8		
	注册税务师管理中心	16	1	1			
	税务干部学校（培训中心）	17	9	1	8		
	税收科学研究所	18	1	1			

福建省国税系统人员

项目		编号	总计	女	少数民族	学历						学位	
						研究生	大学本科	大学专科	中专	高中技校职高	初中以下	博士	硕士
总计		1	11728	3633	126	210	5465	3710	601	1202	540	8	277
正式职工合计		2	8923	2282	113	209	5184	2967	173	305	85	8	276
干部	小计	3	8558	2247	111	209	5089	2835	154	238	33	8	276
	公务员	4	8454	2206	109	209	4996	2825	154	237	33	8	274
	事业干部	5	104	41	2		93	10		1			2
正式工人		6	365	35	2		95	132	19	67	52		
临时工	小计	7	2805	1351	13	1	281	743	428	897	455		1
	临时助征员	8											
	临时工	9	2805	1351	13	1	281	743	428	897	455		1

基本情况统计

政治情况				年龄										人员分布			
共产党员	共青团员	民主党派	无党派或群众	30岁以下	31至35岁	36至40岁	41至45岁	46至50岁	51至54岁	女	55至59岁	女	60岁以上	局机关	直属机构	派出机构	事业单位
6634	305	39	4750	1441	835	1642	2157	3652	1276	265	707	4	18	4743	1970	1741	3274
6375	107	39	2402	612	453	1069	1686	3327	1172	240	604			4743	1970	1741	469
6210	106	39	2203	606	375	1006	1651	3252	1129	240	539			4743	1970	1741	104
6142	97	39	2176	562	355	982	1642	3247	1127	240	539			4743	1970	1741	
68	9		27	44	20	24	9	5	2								104
165	1		199	6	78	63	35	75	43		65						365
259	198		2348	829	382	573	471	325	104	25	103	4	18				2805
259	198		2348	829	382	573	471	325	104	25	103	4	18				2805

福建省国税系统处级

序号	姓 名	任命职务	免去职务
1	林茂椿	福建省国家税务局办公室主任	宁德市国家税务局党组书记、局长
2	翁　浩	宁德市国家税务局党组书记、局长	福建省国家税务局巡视工作办公室主任
3	张　健	福建省国家税务局机关服务中心副主任	南平市国家税务局总会计师
4	林知国	福建省税务干部学校副校长（调研员、主持工作）	福建省国家税务局办公室副主任（调研员）
5	陈　荣	福建省国家税务局政策法规处处长	福建省税务干部学校校长
6	黄　翎	福建省国家税务局办公室副主任	福建省国家税务局机关服务中心副主任
7	倪秉莲	福建省国家税务局人事处副处长	福建省国家税务局办公室副主任
8	林　娟	福建省国家税务局巡视工作办公室副主任	福建省国家税务局人事处副处长
9	陈红蘋	漳州市国家税务局副调研员	
10	黄兆琼	福州市国家税务局副调研员	
11	黄显福	三明市国家税务局稽查局局长	
12	廖燕庆	福建省国家税务局办公室副主任	
13	黄　钢	福建省国家税务局货物和劳务税处副处长	
14	刘先熙	福建省国家税务局所得税处副处长	
15	翁锦晖	福建省国家税务局收入规划核算处副处长	
16	潘玉玲	福建省国家税务局纳税服务处副处长	
17	何荔春	福建省国家税务局征管和科技发展处副处长	
18	刘隆贵	福建省国家税务局监察室副主任	
19	孙　园	福建省国家税务局机关党委办公室副主任	
20	聂　霞	福建省国家税务局稽查局副局长	
21	林家云	福建省国家税务局稽查局副局长	福建省国家税务局稽查局副处级纪检员
22	连开光	福建省国家税务局巡视员	福建省国家税务局党组成员、副局长
23	包逸生	福建省国家税务局副巡视员	
24	邱大南	福建省国家税务局党组成员、副局长	

以上干部任免情况

任免时间	任免文件
2013年1月31日	闽国税党组发〔2013〕7号，闽国税任〔2013〕3号，闽国税任〔2013〕7号
2013年1月31日	闽国税党组发〔2013〕7号，闽国税任〔2013〕3号，闽国税任〔2013〕7号
2013年1月31日	闽国税任〔2013〕5号，闽国税任〔2013〕6号
2013年1月31日	闽国税任〔2013〕6号
2013年1月31日	闽国税任〔2013〕7号
2013年1月31日	闽国税任〔2013〕7号
2013年1月31日	闽国税任〔2013〕7号
2013年1月31日	闽国税任〔2013〕7号
2013年3月4日	闽国税任〔2013〕11号
2013年5月2日	闽国税任〔2013〕25号
2013年5月16日	闽国税任〔2013〕30号
2013年5月28日	闽国税任〔2013〕36号
2013年5月28日	闽国税任〔2013〕36号
2013年5月28日	闽国税任〔2013〕36号
2013年5月28日	闽国税任〔2013〕36号
2013年5月28日	闽国税任〔2013〕36号
2013年5月28日	闽国税任〔2013〕36号
2013年5月28日	闽国税任〔2013〕36号
2013年5月28日	闽国税任〔2013〕36号
2013年5月28日	闽国税任〔2013〕36号
2013年5月28日	闽国税任〔2013〕37号
2013年7月3日	税总党组发〔2013〕97号，税总任〔2013〕225号
2013年7月3日	税总任〔2013〕226号
2013年7月10日	税总党组发〔2013〕95号，税总任〔2013〕223号

序号	姓 名	任命职务	免去职务
25	雷致青	福建省国家税务局副局长	福建省国家税务局总经济师
26	林太桂	福建省国家税务局所得税处处长	漳州市国家税务局党组书记、局长
27	沈家骏	漳州市国家税务局党组书记、局长	福建省国家税务局所得税处处长
28	季建国	南平市国家税务局党组成员、副局长	南平市国家税务局稽查局局长
29	曾丽华	莆田市国家税务局副调研员	
30	杜炳高	龙岩市国家税务局副调研员	
31	孟长垒	三明市国家税务局副调研员	三明市国家税务局人事教育科科长
32	陈登武	三明市国家税务局副调研员	梅列区国家税务局党组书记、局长
33	李新发	福建省国家税务局副巡视员	
34	苏　虎	平潭综合实验区国家税务局党组书记、局长	
35	陈向东	平潭综合实验区国家税务局党组成员、副局长	
36	柯家雄	平潭综合实验区国家税务局党组成员、副局长	
37	王辰乐	平潭综合实验区国家税务局党组成员、副局长	
38	杨新春	三明市国家税务局副调研员	
39	黄辉煌	平潭综合实验区国家税务局党组成员、纪检组长	
40	林增辉	平潭综合实验区国家税务局稽查局局长	
41	陈义端	福建省国家税务局督察内审处处长	福建省国家税务局督察内审处调研员（副处长）
42	吴纯寿	福建省国家税务局离退休干部处处长	福建省国家税务局离退休干部处调研员
43	林知国	福建省税务干部学校校长	福建省税务干部学校副校长（调研员、主持工作）
44	邱鹏亮	福建省国家税务局货物和劳务税处副处长	泉州市国家税务局党组成员、副局长
45	黄　钢	福建省国家税务局进出口税收管理处副处长	福建省国家税务局货物和劳务税处副处长
46	邱红卫	福建省国家税务局监察室副主任	
47	林辉龙	福建省国家税务局机关服务中心副主任	
48	李　雄	福建省国家税务局监察室副调研员	
49	王　彬	泉州市国家税务局党组成员、副局长	福建省国家税务局进出口税收管理处副处长
50	何卫东	泉州市国家税务局党组成员、纪检组长	福建省国家税务局监察室副主任

续表

任免时间	任免文件
2013年7月10日	税总任〔2013〕223号
2013年7月10日	闽国税党组发〔2013〕32号，闽国税任〔2013〕38号
2013年7月10日	闽国税党组发〔2013〕32号，闽国税任〔2013〕38号
2013年9月13日	闽国税党组发〔2013〕44号、闽国税任〔2013〕63号
2013年9月13日	闽国税任〔2013〕53号
2013年9月13日	闽国税任〔2013〕57号
2013年9月13日	闽国税任〔2013〕58号
2013年9月13日	闽国税任〔2013〕58号
2013年9月30日	税总任〔2013〕250号
2013年11月15日	闽国税党组发〔2013〕61号，闽国税任〔2013〕68号
2013年11月15日	闽国税党组发〔2013〕61号，闽国税任〔2013〕68号
2013年11月15日	闽国税党组发〔2013〕61号，闽国税任〔2013〕68号
2013年11月15日	闽国税党组发〔2013〕61号，闽国税任〔2013〕68号
2013年11月15日	闽国税任〔2013〕80号
2013年11月15日	闽国税党组发〔2013〕61号
2013年11月15日	闽国税任〔2013〕68号
2013年11月28日	闽国税任〔2013〕76号
2013年11月28日	闽国税任〔2013〕76号
2013年11月28日	闽国税任〔2013〕76号
2013年11月28日	闽国税党组发〔2013〕55号，闽国税任〔2013〕73号，闽国税任〔2013〕74号
2013年11月28日	闽国税任〔2013〕74号
2013年11月28日	闽国税任〔2013〕75号
2013年11月28日	闽国税任〔2013〕75号
2013年11月28日	闽国税任〔2014〕5号
2013年11月28日	闽国税党组发〔2013〕55号，闽国税任〔2013〕73号，闽国税任〔2013〕74号
2013年11月28日	闽国税党组发〔2013〕55号，闽国税任〔2013〕74号

福建省国税系统获省部级表彰情况

表彰时间	被表彰单位或个人	授予荣誉称号
2013年4月	福州市台江区国家税务局办公室副主任谢志杰	福建省先进工作者
2013年4月	建宁县国家税务局局长罗土根	福建省先进工作者
2013年4月	莆田市秀屿区国家税务局局长陈玉标	福建省先进工作者
2013年4月	寿宁县国家税务局局长林锦平	福建省先进工作者
2013年2月	福鼎市国家税务局局长刘伟雄	全国税务系统先进工作者
2013年2月	莆田市国家税务局主任科员李国清	全国税务系统先进工作者
2013年2月	福建省国家税务局征管科技处	全国税务系统先进集体
2013年2月	晋江市国家税务局	全国税务系统先进集体
2013年2月	闽侯县国家税务局	全国税务系统先进集体
2013年2月	上杭县国家税务局古田税务分局	全国青年文明号
2013年4月	莆田市城厢区国家税务局纳税服务科	全国巾帼文明岗

福建省国家税务局机关年度考核立功嘉奖名单

姓　名	授予单位	奖　项
雷致青	国家税务总局	嘉奖
林茂椿	福建省国家税务局	三等功
李　晖	福建省国家税务局	三等功
王合作	福建省国家税务局	三等功
李　雄	福建省国家税务局	三等功
汤晓珍	福建省国家税务局	三等功
卢兆福	福建省国家税务局	三等功
倪适雨	福建省国家税务局	三等功
陈　荣	福建省国家税务局	嘉奖
李增源	福建省国家税务局	嘉奖
阮诗雄	福建省国家税务局	嘉奖
林国镜	福建省国家税务局	嘉奖
张梦桂	福建省国家税务局	嘉奖
朱春发	福建省国家税务局	嘉奖
何荔春	福建省国家税务局	嘉奖
林惠麟	福建省国家税务局	嘉奖
倪秉莲	福建省国家税务局	嘉奖
林　娟	福建省国家税务局	嘉奖
宋启英	福建省国家税务局	嘉奖
王　烈	福建省国家税务局	嘉奖
王志荣	福建省国家税务局	嘉奖
蔡　春	福建省国家税务局	嘉奖
吴　雷	福建省国家税务局	嘉奖
张叶霖	福建省国家税务局	嘉奖
陈　泓	福建省国家税务局	嘉奖

续表

姓　名	授予单位	奖　项
孟立文	福建省国家税务局	嘉奖
高芝琴	福建省国家税务局	嘉奖
郑兴俊	福建省国家税务局	嘉奖
刘伟太	福建省国家税务局	嘉奖
黄德兴	福建省国家税务局	嘉奖
黄身应	福建省国家税务局	嘉奖
林柳枝	福建省国家税务局	嘉奖
唐祝钦	福建省国家税务局	嘉奖
康培阳	福建省国家税务局	嘉奖
林宗绥	福建省国家税务局	嘉奖
郑旭田	福建省国家税务局	嘉奖
廖海敢	福建省国家税务局	嘉奖
郭金荣	福建省国家税务局	嘉奖
杨雄富	福建省国家税务局	嘉奖
卢周玮	福建省国家税务局	嘉奖
蔡燕青	福建省国家税务局	嘉奖
叶一帆	福建省国家税务局	嘉奖
潘晓晖	福建省国家税务局	嘉奖
周　强	福建省国家税务局	嘉奖
魏冬生	福建省国家税务局	嘉奖
郭金萍	福建省国家税务局	嘉奖
叶志锋	福建省国家税务局	嘉奖
刘清华	福建省国家税务局	嘉奖
杨美珍	福建省国家税务局	嘉奖
蔡先强	福建省国家税务局	嘉奖
张　皓	福建省国家税务局	嘉奖

福建省国税系统专项立功嘉奖（个人）名单

姓名	所在单位	授予单位	专项工作	奖项
严　静	福州市国家税务局	福建省国家税务局	税务稽查案件	三等功
郑春景	福州市国家税务局	福建省国家税务局	税务稽查案件	三等功
吴忠东	福州市国家税务局	福建省国家税务局	税务稽查案件	三等功
李润萱	福州市国家税务局	福建省国家税务局	税务稽查案件	三等功
陈　平	漳州市国家税务局	福建省国家税务局	税务稽查案件	三等功
蔡志华	漳州市国家税务局	福建省国家税务局	税务稽查案件	三等功
咸丽萍	泉州市国家税务局	福建省国家税务局	税务稽查案件	三等功
宋　军	莆田市国家税务局	福建省国家税务局	税务稽查案件	三等功
吴金海	莆田市国家税务局	福建省国家税务局	税务稽查案件	三等功
肖　勇	三明市国家税务局	福建省国家税务局	税务稽查案件	三等功
雷秀月	南平市国家税务局	福建省国家税务局	税务稽查案件	三等功
白　芸	福建省国家税务局	福建省国家税务局	税务稽查案件	嘉奖
郑达峰	福州市国家税务局	福建省国家税务局	税务稽查案件	嘉奖
苏煊东	福州市国家税务局	福建省国家税务局	税务稽查案件	嘉奖
洪鼎奇	福州市国家税务局	福建省国家税务局	税务稽查案件	嘉奖
林　辉	福州市国家税务局	福建省国家税务局	税务稽查案件	嘉奖
陈玢羽	福州市国家税务局	福建省国家税务局	税务稽查案件	嘉奖
周祥瑞	福州市国家税务局	福建省国家税务局	税务稽查案件	嘉奖
戴龙玲	福州市国家税务局	福建省国家税务局	税务稽查案件	嘉奖
苏炎通	漳州市国家税务局	福建省国家税务局	税务稽查案件	嘉奖
陈　捷	漳州市国家税务局	福建省国家税务局	税务稽查案件	嘉奖
郭新宇	泉州市国家税务局	福建省国家税务局	税务稽查案件	嘉奖
吴加雄	莆田市国家税务局	福建省国家税务局	税务稽查案件	嘉奖
梁隆兵	龙岩市国家税务局	福建省国家税务局	税务稽查案件	嘉奖
陈高斌	三明市国家税务局	福建省国家税务局	税务稽查案件	嘉奖

续表

姓名	所在单位	授予单位	专项工作	奖项
姜　斌	三明市国家税务局	福建省国家税务局	税务稽查案件	嘉奖
范兴德	南平市国家税务局	福建省国家税务局	税务稽查案件	嘉奖
郑　萍	福建省国家税务局	福建省国家税务局	反避税及非居民税收案件	三等功
严安琪	福建省国家税务局	福建省国家税务局	反避税及非居民税收案件	三等功
郑素萍	福州市国家税务局	福建省国家税务局	反避税及非居民税收案件	三等功
林　清	泉州市国家税务局	福建省国家税务局	反避税及非居民税收案件	三等功
李国清	莆田市国家税务局	福建省国家税务局	反避税及非居民税收案件	三等功
谢春华	南平市国家税务局	福建省国家税务局	反避税及非居民税收案件	三等功
林　凌	福州市国家税务局	福建省国家税务局	反避税及非居民税收案件	嘉奖
朱华永	福州市国家税务局	福建省国家税务局	反避税及非居民税收案件	嘉奖
陈金灵	福州市国家税务局	福建省国家税务局	反避税及非居民税收案件	嘉奖
庄松峰	泉州市国家税务局	福建省国家税务局	反避税及非居民税收案件	嘉奖
许春珍	莆田市国家税务局	福建省国家税务局	反避税及非居民税收案件	嘉奖
宋继昌	莆田市国家税务局	福建省国家税务局	反避税及非居民税收案件	嘉奖
陈剑锋	莆田市国家税务局	福建省国家税务局	反避税及非居民税收案件	嘉奖
吴春泉	莆田市国家税务局	福建省国家税务局	反避税及非居民税收案件	嘉奖
郑兴俊	福建省国家税务局	福建省国家税务局	“营改增”试点工作	三等功
黄身应	福建省国家税务局	福建省国家税务局	“营改增”试点工作	三等功
郑　立	福建省国家税务局	福建省国家税务局	“营改增”试点工作	三等功
庄建顺	福建省国家税务局	福建省国家税务局	“营改增”试点工作	三等功
陈祝平	福州市国家税务局	福建省国家税务局	“营改增”试点工作	三等功
陈文胜	漳州市国家税务局	福建省国家税务局	“营改增”试点工作	三等功
王林鹏	泉州市国家税务局	福建省国家税务局	“营改增”试点工作	三等功
黄文远	莆田市国家税务局	福建省国家税务局	“营改增”试点工作	三等功
黄　钢	福建省国家税务局	福建省国家税务局	“营改增”试点工作	嘉奖
陈世明	福建省国家税务局	福建省国家税务局	“营改增”试点工作	嘉奖
叶生成	福建省国家税务局	福建省国家税务局	“营改增”试点工作	嘉奖

续表

姓名	所在单位	授予单位	专项工作	奖项
吴红萍	福建省国家税务局	福建省国家税务局	“营改增”试点工作	嘉奖
胡　柳	福州市国家税务局	福建省国家税务局	“营改增”试点工作	嘉奖
陈　瑜	福州市国家税务局	福建省国家税务局	“营改增”试点工作	嘉奖
吴俊明	漳州市国家税务局	福建省国家税务局	“营改增”试点工作	嘉奖
黄　健	漳州市国家税务局	福建省国家税务局	“营改增”试点工作	嘉奖
蔡晋辉	泉州市国家税务局	福建省国家税务局	“营改增”试点工作	嘉奖
庄贵阳	泉州市国家税务局	福建省国家税务局	“营改增”试点工作	嘉奖
周建聪	莆田市国家税务局	福建省国家税务局	“营改增”试点工作	嘉奖
曾理锋	莆田市国家税务局	福建省国家税务局	“营改增”试点工作	嘉奖
张金煌	龙岩市国家税务局	福建省国家税务局	“营改增”试点工作	嘉奖
钟贵盛	龙岩市国家税务局	福建省国家税务局	“营改增”试点工作	嘉奖
王克宁	三明市国家税务局	福建省国家税务局	“营改增”试点工作	嘉奖
苏晖旭	三明市国家税务局	福建省国家税务局	“营改增”试点工作	嘉奖
谢华峰	南平市国家税务局	福建省国家税务局	“营改增”试点工作	嘉奖
陈　勇	南平市国家税务局	福建省国家税务局	“营改增”试点工作	嘉奖
华海峰	宁德市国家税务局	福建省国家税务局	“营改增”试点工作	嘉奖
曾　颐	宁德市国家税务局	福建省国家税务局	“营改增”试点工作	嘉奖
黄德兴	福建省国家税务局	福建省国家税务局	税收征管改革	三等功
潘玉玲	福建省国家税务局	福建省国家税务局	税收征管改革	三等功
毛峻杰	福州市国家税务局	福建省国家税务局	税收征管改革	三等功
曾志航	漳州市国家税务局	福建省国家税务局	税收征管改革	三等功
黄育文	泉州市国家税务局	福建省国家税务局	税收征管改革	三等功
谢征宇	莆田市国家税务局	福建省国家税务局	税收征管改革	三等功
黄加柏	龙岩市国家税务局	福建省国家税务局	税收征管改革	三等功
罗朝焰	三明市国家税务局	福建省国家税务局	税收征管改革	三等功
吴少敏	南平市国家税务局	福建省国家税务局	税收征管改革	三等功
林菁宇	宁德市国家税务局	福建省国家税务局	税收征管改革	三等功

续表

姓名	所在单位	授予单位	专项工作	奖项
周　强	福建省国家税务局	福建省国家税务局	税收征管改革	嘉奖
杨　妹	福建省国家税务局	福建省国家税务局	税收征管改革	嘉奖
康逢华	福州市国家税务局	福建省国家税务局	税收征管改革	嘉奖
张怀禹	福州市国家税务局	福建省国家税务局	税收征管改革	嘉奖
黄原发	漳州市国家税务局	福建省国家税务局	税收征管改革	嘉奖
钱国辉	漳州市国家税务局	福建省国家税务局	税收征管改革	嘉奖
陈芳顺	泉州市国家税务局	福建省国家税务局	税收征管改革	嘉奖
庄稼仁	泉州市国家税务局	福建省国家税务局	税收征管改革	嘉奖
林金火木	泉州市国家税务局	福建省国家税务局	税收征管改革	嘉奖
林文富	莆田市国家税务局	福建省国家税务局	税收征管改革	嘉奖
黄德成	莆田市国家税务局	福建省国家税务局	税收征管改革	嘉奖
陈　龙	龙岩市国家税务局	福建省国家税务局	税收征管改革	嘉奖
肖御烨	龙岩市国家税务局	福建省国家税务局	税收征管改革	嘉奖
庄用勤	三明市国家税务局	福建省国家税务局	税收征管改革	嘉奖
廖毓昌	三明市国家税务局	福建省国家税务局	税收征管改革	嘉奖
黄文聪	南平市国家税务局	福建省国家税务局	税收征管改革	嘉奖
李光华	南平市国家税务局	福建省国家税务局	税收征管改革	嘉奖
吕　梁	宁德市国家税务局	福建省国家税务局	税收征管改革	嘉奖
罗来锋	宁德市国家税务局	福建省国家税务局	税收征管改革	嘉奖
何卫东	福建省国家税务局	福建省国家税务局	内控促廉管理信息系统建设、推广和运行	三等功
陈永回	宁德市国家税务局	福建省国家税务局	内控促廉管理信息系统建设、推广和运行	三等功
方新加	福建省国家税务局	福建省国家税务局	内控促廉管理信息系统建设、推广和运行	嘉奖
廖海敢	福建省国家税务局	福建省国家税务局	内控促廉管理信息系统建设、推广和运行	嘉奖
王力萍	福建省国家税务局	福建省国家税务局	内控促廉管理信息系统建设、推广和运行	嘉奖

续表

姓名	所在单位	授予单位	专项工作	奖项
李　菁	福州市国家税务局	福建省国家税务局	内控促廉管理信息系统建设、推广和运行	嘉奖
周建敏	福州市国家税务局	福建省国家税务局	内控促廉管理信息系统建设、推广和运行	嘉奖
庄丽云	漳州市国家税务局	福建省国家税务局	内控促廉管理信息系统建设、推广和运行	嘉奖
刘木盛	漳州市国家税务局	福建省国家税务局	内控促廉管理信息系统建设、推广和运行	嘉奖
周苏明	漳州市国家税务局	福建省国家税务局	内控促廉管理信息系统建设、推广和运行	嘉奖
何成刚	泉州市国家税务局	福建省国家税务局	内控促廉管理信息系统建设、推广和运行	嘉奖
赵志民	泉州市国家税务局	福建省国家税务局	内控促廉管理信息系统建设、推广和运行	嘉奖
谢福岩	泉州市国家税务局	福建省国家税务局	内控促廉管理信息系统建设、推广和运行	嘉奖
吴华蓉	泉州市国家税务局	福建省国家税务局	内控促廉管理信息系统建设、推广和运行	嘉奖
刘春朗	莆田市国家税务局	福建省国家税务局	内控促廉管理信息系统建设、推广和运行	嘉奖
张玉琴	莆田市国家税务局	福建省国家税务局	内控促廉管理信息系统建设、推广和运行	嘉奖
唐金全	莆田市国家税务局	福建省国家税务局	内控促廉管理信息系统建设、推广和运行	嘉奖
林　敏	龙岩市国家税务局	福建省国家税务局	内控促廉管理信息系统建设、推广和运行	嘉奖
钟文渊	龙岩市国家税务局	福建省国家税务局	内控促廉管理信息系统建设、推广和运行	嘉奖
李志强	龙岩市国家税务局	福建省国家税务局	内控促廉管理信息系统建设、推广和运行	嘉奖
吴剑锋	三明市国家税务局	福建省国家税务局	内控促廉管理信息系统建设、推广和运行	嘉奖
廖丽萍	三明市国家税务局	福建省国家税务局	内控促廉管理信息系统建设、推广和运行	嘉奖

续表

姓名	所在单位	授予单位	专项工作	奖项
武林仙	三明市国家税务局	福建省国家税务局	内控促廉管理信息系统建设、推广和运行	嘉奖
陈学群	三明市国家税务局	福建省国家税务局	内控促廉管理信息系统建设、推广和运行	嘉奖
许　斌	南平市国家税务局	福建省国家税务局	内控促廉管理信息系统建设、推广和运行	嘉奖
张桂玲	南平市国家税务局	福建省国家税务局	内控促廉管理信息系统建设、推广和运行	嘉奖
林　星	宁德市国家税务局	福建省国家税务局	内控促廉管理信息系统建设、推广和运行	嘉奖
肖建文	宁德市国家税务局	福建省国家税务局	内控促廉管理信息系统建设、推广和运行	嘉奖
杨　榕	福建省国家税务局	福建省国家税务局	廉政文化教育平台建设	三等功
林　敏	龙岩市国家税务局	福建省国家税务局	廉政文化教育平台建设	三等功
程晓君	福建省国家税务局	福建省国家税务局	廉政文化教育平台建设	嘉奖
李　滨	福建省国家税务局	福建省国家税务局	廉政文化教育平台建设	嘉奖
张文连	南平市国家税务局	福建省国家税务局	廉政文化教育平台建设	嘉奖
陶　然	福建省国家税务局	福建省国家税务局	税务综合办公信息系统推广	三等功
林文雅	福建省国家税务局	福建省国家税务局	税务综合办公信息系统推广	三等功
谢能雨	福州市国家税务局	福建省国家税务局	税务综合办公信息系统推广	嘉奖
林艺敏	漳州市国家税务局	福建省国家税务局	税务综合办公信息系统推广	嘉奖
黄静瑜	泉州市国家税务局	福建省国家税务局	税务综合办公信息系统推广	嘉奖
张明焕	莆田市国家税务局	福建省国家税务局	税务综合办公信息系统推广	嘉奖
倪晓勇	龙岩市国家税务局	福建省国家税务局	税务综合办公信息系统推广	嘉奖
廖秀琴	三明市国家税务局	福建省国家税务局	税务综合办公信息系统推广	嘉奖
梁　芬	南平市国家税务局	福建省国家税务局	税务综合办公信息系统推广	嘉奖
林　清	宁德市国家税务局	福建省国家税务局	税务综合办公信息系统推广	嘉奖
郦　峰	福建省国家税务局	福建省国家税务局	业务管理创新	三等功
黄　刚	福州市国家税务局	福建省国家税务局	业务管理创新	三等功
庄丽云	漳州市国家税务局	福建省国家税务局	业务管理创新	三等功

续表

姓名	所在单位	授予单位	专项工作	奖项
陈哲峰	泉州市国家税务局	福建省国家税务局	业务管理创新	三等功
严绍泽	莆田市国家税务局	福建省国家税务局	业务管理创新	三等功
廖晓艳	龙岩市国家税务局	福建省国家税务局	业务管理创新	三等功
廖世镇	三明市国家税务局	福建省国家税务局	业务管理创新	三等功
赵　强	南平市国家税务局	福建省国家税务局	业务管理创新	三等功
张统相	宁德市国家税务局	福建省国家税务局	业务管理创新	三等功
黄　敏	福州市国家税务局	福建省国家税务局	业务管理创新	嘉奖
吴勇军	漳州市国家税务局	福建省国家税务局	业务管理创新	嘉奖
杨德胜	泉州市国家税务局	福建省国家税务局	业务管理创新	嘉奖
陈庆红	莆田市国家税务局	福建省国家税务局	业务管理创新	嘉奖
谢昌明	龙岩市国家税务局	福建省国家税务局	业务管理创新	嘉奖
陈建英	三明市国家税务局	福建省国家税务局	业务管理创新	嘉奖
吴　兵	南平市国家税务局	福建省国家税务局	业务管理创新	嘉奖
杨士良	宁德市国家税务局	福建省国家税务局	业务管理创新	嘉奖
张　勇	福州市国家税务局	福建省国家税务局	开发“‘营改增’管理信息系统”	三等功
林　辉	莆田市国家税务局	福建省国家税务局	开发“‘营改增’管理信息系统”	三等功
曾理锋	莆田市国家税务局	福建省国家税务局	开发“‘营改增’管理信息系统”	三等功
苏守国	福建省国家税务局	福建省国家税务局	开发“‘营改增’管理信息系统”	嘉奖
李煌雁	福建省国家税务局	福建省国家税务局	开发“‘营改增’管理信息系统”	嘉奖
孟立文	福建省国家税务局	福建省国家税务局	开发“‘营改增’管理信息系统”	嘉奖
杨晓娟	福建省国家税务局	福建省国家税务局	开发“‘营改增’管理信息系统”	嘉奖
叶一帆	福建省国家税务局	福建省国家税务局	开发“‘营改增’管理信息系统”	嘉奖
吴春英	福建省国家税务局	福建省国家税务局	开发“‘营改增’管理信息系统”	嘉奖
崔建兴	莆田市国家税务局	福建省国家税务局	开发“‘营改增’管理信息系统”	嘉奖
汤淑华	莆田市国家税务局	福建省国家税务局	开发“‘营改增’管理信息系统”	嘉奖
黄杯甫	莆田市国家税务局	福建省国家税务局	开发“‘营改增’管理信息系统”	嘉奖
王　嫔	南平市国家税务局	福建省国家税务局	开发“‘营改增’管理信息系统”	嘉奖
吴国顺	福建省国家税务局	福建省国家税务局	左海大厦经营管理、后勤保障	嘉奖
蔡先强	福建省国家税务局	福建省国家税务局	左海大厦经营管理、后勤保障	嘉奖

福建省国税系统专项立功嘉奖（集体）名单

被授予单位	授予单位	专项工作	奖项
福州市鼓楼区国家税务局	福建省国家税务局	税收征管改革项目	嘉奖
漳州市国家税务局征管科技科	福建省国家税务局	税收征管改革项目	嘉奖
惠安县国家税务局	福建省国家税务局	税收征管改革项目	嘉奖
莆田市涵江区国家税务局	福建省国家税务局	税收征管改革项目	嘉奖
龙岩市国家税务局征管科技科	福建省国家税务局	税收征管改革项目	嘉奖
三明市国家税务局征管科技科	福建省国家税务局	税收征管改革项目	嘉奖
光泽县国家税务局	福建省国家税务局	税收征管改革项目	嘉奖
宁德市国家税务局征管科技科	福建省国家税务局	税收征管改革项目	嘉奖
莆田市国家税务局监察室	福建省国家税务局	内控促廉管理信息系统建设、推广和运行	嘉奖
龙岩市国家税务局监察室	福建省国家税务局	内控促廉管理信息系统建设、推广和运行	嘉奖
三明市国家税务局监察室	福建省国家税务局	内控促廉管理信息系统建设、推广和运行	嘉奖
福州市国家税务局办公室	福建省国家税务局	税务综合办公信息系统推广	嘉奖
宁德市国家税务局信息中心	福建省国家税务局	税务综合办公信息系统推广	嘉奖
福州市国家税务局纳税服务处	福建省国家税务局	业务管理创新	嘉奖
漳州市国家税务局信息中心	福建省国家税务局	业务管理创新	嘉奖
晋江市国家税务局	福建省国家税务局	业务管理创新	嘉奖
仙游县国家税务局	福建省国家税务局	业务管理创新	嘉奖
龙岩市新罗区国家税务局	福建省国家税务局	业务管理创新	嘉奖
沙县国家税务局	福建省国家税务局	业务管理创新	嘉奖
南平市国家税务局纳税服务科	福建省国家税务局	业务管理创新	嘉奖
宁德市东侨区国家税务局	福建省国家税务局	业务管理创新	嘉奖
福建省国家税务局收入规划核算处	福建省国家税务局	开发“‘营改增’管理信息系统”	嘉奖
莆田市国家税务局信息中心	福建省国家税务局	开发“‘营改增’管理信息系统”	嘉奖

福建省各设区市国家税务局领导班子成员年度考核立功嘉奖名单

姓　名	授予单位	奖　项
林　滇	福建省国家税务局	三等功
郑元芳	福建省国家税务局	嘉奖
朱义顺	福建省国家税务局	嘉奖
林绍君	福建省国家税务局	嘉奖
王跃进	福建省国家税务局	嘉奖
邱鹏亮	福建省国家税务局	嘉奖
黄亮明	福建省国家税务局	嘉奖
刘春朗	福建省国家税务局	嘉奖
黄培强	福建省国家税务局	嘉奖
林　敏	福建省国家税务局	嘉奖
吴剑锋	福建省国家税务局	嘉奖
邱清安	福建省国家税务局	嘉奖
黄永明	福建省国家税务局	嘉奖
林辉龙	福建省国家税务局	嘉奖
杨润生	福建省国家税务局	嘉奖
黄子文	福建省国家税务局	嘉奖

福建省国税系统税收收入分税种

单　　位	一、税收收入（不含海关代征）	国内增值税	国内消费税
全省合计	16381910	8308101	1925420
厦门市合计	4139563	2145338	513145
直属税务分局	1293140	387687	487365
思明区	556592	322467	4993
湖里区	430261	305243	1024
火炬区	415179	239286	
象屿保税区	43894	26170	
集美区	424221	306738	8445
海沧区	394543	260536	7877
同安区	250182	193351	3044
翔安区	140177	103859	398
车购税分局	191373		
进出口税收管理处			
福州市合计	3901215	1480635	107937
台江区	1416962	154133	1486
直属分局	371938	110642	134
鼓楼区	436322	190987	2783
福清市	263170	155489	155
闽侯县	309934	159172	65494
晋安区	241916	130083	34189
进出口税收管理处			
长乐市	199976	144663	17
开发区	236460	142326	270

分征收单位统计（2013年）

单位：万元

企业所得税	个人所得税	车辆购置税	二、海关代征	三、出口退税
5325243	368	822778	4678525	-6516952
1288982	54	192044	2027873	-3141246
418034	54			
229132				
123994				
175893				
17724				
109038				
126130				
53116		671		
35920				
		191373		
			2027873	-3141246
2093638	107	218898	773502	-1124000
1074712	19	186612		-11600
261163			47331	-95503
242523	30			-9712
89833	17	17677	311210	-185048
77968	6	7293		-67657
77627	16			-10221
				-540148
51798	4	3494		-30170
93862	3		414961	-102447

单　　位	一、税收收入（不含海关代征）	国内增值税	国内消费税
仓山区	170111	123043	325
闽清县	67333	47673	2
连江县	73176	50697	2916
罗源县	48549	37983	113
永泰县	22539	15475	13
平潭县	36862	14349	41
琅岐经济区	5965	3920	
三明市合计	551809	394775	14349
梅列区	202114	133445	10933
永安市	87677	68685	19
尤溪县	40709	31319	19
三元区	35596	27443	3282
沙县	36169	23406	63
大田县	40901	33697	18
将乐县	26674	21275	7
清流县	20928	16055	2
宁化县	21851	11259	3
泰宁县	12740	9738	1
明溪县	14126	10035	2
建宁县	12324	8418	
进出口税收管理科			
泉州市合计	3677599	2117673	535911
晋江市	1032286	721081	364
泉港区	700470	189501	485399
丰泽区	512575	202508	44708

续表

企业所得税	个人所得税	车辆购置税	二、海关代征	三、出口退税
46743				-51149
19299	2	358		-6949
19106	6	451		-9562
9875		579		-1510
6093	2	956		-1762
20993	1	1478		-560
2045				
111086	13	31586	85526	-68197
34999	2	22735		-16411
15966	2	3005		-4573
8551	1	819		-2467
4870	1		85526	-6563
11838	1	861		-3107
5463	2	1721		-918
5172	1	219		-741
4287		584		-1202
10073	1	515		-52
2591		410		-1860
3676	1	412		-443
3600	1	305		-246
				-29614
846710	107	177198	1233245	-1135000
271980	18	38843	0	-72900
22657	1	2912	0	-400
172558	25	92776	1182450	-27250

单　　位	一、税收收入（不含海关代征）	国内增值税	国内消费税
南安市	333794	264409	254
石狮市	271973	169357	140
惠安县	197515	127533	3980
鲤城区	165074	123851	776
开发区	155373	98483	25
安溪县	136737	90069	37
永春县	66539	48310	205
洛江区	54199	40127	9
德化县	51063	42443	14
进出口税收管理科			
宁德市合计	456795	293418	15209
蕉城区	33250	21842	24
东侨区	95663	37732	14606
福鼎市	71959	53855	495
福安市	141616	98703	21
霞浦县	20823	14398	10
古田县	28412	20615	16
屏南县	13774	10606	32
寿宁县	19761	12824	1
周宁县	16035	10286	1
柘荣县	15502	12557	3
漳州市合计	1027919	643245	43616
芗城区	231230	124147	29128
进出口税收管理科			
龙文区	54556	35782	2104

续表

企业所得税	个人所得税	车辆购置税	二、海关代征	三、出口退税
66647	25	2459	0	-32250
97261	7	5208	50795	-23250
63014	10	2978	0	-23000
40444	3	0	0	-32700
36663	0	20202	0	-34050
42048	9	4574	0	-12400
13110	5	4909	0	-11800
13805	1	257	0	-18300
6523	3	2080	0	-6700
				-840000
119922	5	28241	69988	-171300
11384				-7860
24221		19104	69988	-137864
15245	2	2362		-3535
39370	1	3521		-15523
5364		1051		-1757
7181	2	598		-3415
2740		396		-900
6417		519		-356
5512		236		
2488		454		-90
291507	27	49524	312481	-519501
77947	8	0	187475	-15316
				-340000
16669	1	0	0	-9860

单　　位	一、税收收入（不含海关代征）	国内增值税	国内消费税
龙海市	132427	87938	2112
漳浦县	86507	57875	8878
云霄县	23969	17850	10
诏安县	28059	21414	28
东山县	69211	54157	0
平和县	24133	16865	5
南靖县	38124	29550	13
长泰县	84665	66243	13
华安县	27604	19835	36
招商局漳州开发区	49231	21015	1
金峰开发区	51105	22963	1274
台商投资区	93749	67612	14
市局纳税服务科	33350		
南平市合计	431320	271147	13954
延平区	107120	69129	12243
开发区	98242	52265	1
邵武市	55870	40311	256
建阳市	35821	22377	244
顺昌县	15553	11602	8
建瓯市	40038	26381	1021
浦城县	21143	14803	37
武夷山市	24358	13788	28
光泽县	10390	6574	56
松溪县	9031	6077	1
政和县	13754	7840	58

续表

企业所得税	个人所得税	车辆购置税	二、海关代征	三、出口退税
41850	5	522	0	-5521
18709	3	1042	0	-19309
5633	1	475	0	-5710
6078	2	537	0	-13778
14668	1	385	125006	-34917
6472	2	789	0	-804
7976	2	583	0	-7904
17862	1	546	0	-22471
7528	1	204	0	-223
28215	0	0	0	-14472
15777	0	11091	0	-13323
26123	0	0	0	-15893
		33350		
115292	15	30911	7755	-80100
25744	4	0		-48519
31763	0	14213	6817	-11962
12872	3	2428		-2834
9722	1	3477		-3346
3127	1	815		-814
9479	2	3155		-2400
4267	2	2034		-6001
7454	1	3087	938	-1711
3574	1	185		-756
2422	0	531		-505
4869	0	987		-1252

单　　位	一、税收收入（不含海关代征）	国内增值税	国内消费税
莆田市合计	770740	405458	38864
荔城区	180731	77485	49
仙游县	91861	58365	27
城厢区	69464	39386	94
秀屿区	176676	95239	0
湄洲岛	81612	34838	14757
涵江区	170396	100145	23937
进出口税收管理科			
龙岩市合计	1424951	556412	642435
新罗区	1042421	309998	642313
永定县	75646	59263	43
上杭县	49484	38239	55
武平县	36769	23596	5
长汀县	48017	28955	10
连城县	24722	14271	1
漳平市	45766	33340	8
经济技术开发区	102126	48750	0
进出口税收管理科	0	0	0

续表

企业所得税	个人所得税	车辆购置税	二、海关代征	三、出口退税
277454	21	48943	137123	-192000
58663	0	44534		-15200
29610	6	3853		-5000
29984	0	0		-1800
81188	0	249		
32002	15	0	137123	
46007	0	307		-26000
				-144000
180652	19	45433	31032	-85608
90101	9	0	31032	-2730
14585	2	1753	0	-668
8500	2	2688	0	-3523
11351	2	1815	0	-954
16059	1	2992	0	-4704
8923	1	1526	0	-2036
10346	2	2070	0	-3527
20787	0	32589	0	-2466
0	0	0	0	-65000

福建省国税系统税收收入分税种分入库级次统计（2013年）

单位：万元

项　目	合　计	中央级	地方级
一、税收收入合计	21060435	16938636	4121799
1. 增值税收入	12955582	10598640	2356942
（1）国内增值税	8308101	5951159	2356942
（2）进口货物增值税	4647481	4647481	
2. 消费税收入	1956464	1956464	
国内消费税	1925420	1925420	
进口消费品消费税	31044	31044	
3. 企业所得税	5325243	3560531	1764712
4. 个人所得税	368	223	145
5. 车辆购置税	822778	822778	
二、出口退税合计	–6516952	–6516952	
1. 出口货物退增值税	–5120250	–5120250	
2. 免、抵调减增值税	–1395912	–1395912	
3. 改征增值税出口退税	–716	–716	
其中：免抵调减改征增值税	–334	–334	
4. 出口消费品退消费税	–74	–74	

福建省国税系统分税种分项目减免税统计（2013年）

单位：万元

项　目	合　计		高新技术企业	残疾人就业	其他减免
		涉外企业			
税收减免税合计	555020	310677	260723	26388	267909
1. 增值税	152572	35710	47765	26388	78419
其中：改征增值税	3492	17			3492
2. 消费税	28666	25764			28666
3. 企业所得税	346677	249152	212958		133719
4. 车辆购置税	27105	51			27105

福建省国税系统税收收入分税种分企业类型统计（2013年）

单位：万元

项目		税收收入合计	1. 增值税收入	2. 消费税收入	3. 企业所得税	4. 个人所得税	5. 车辆购置税
合计		21060435	12955582	1956464	5325243	368	822778
内资企业	小计	11153323	6377186	1320004	3297520		158613
	国有企业	2601102	1467635	836159	277967		19341
	集体企业	219553	172119	563	46201		670
	股份合作企业	113342	9151	407	103443		341
	联营企业	8456	6842		719		895
	股份公司	6202552	3250387	480155	2433500		38510
	私营企业	1880936	1428921	2710	420650		28655
	其他企业	127382	42131	10	15040		70201
港澳台投资企业		4124365	2974503	76185	1072998		679
外商投资企业		4965817	3451193	559378	954725		521
个体经营		816930	152700	897		368	662965

福建省国税系统税收收入分税种分行业统计（2013年）

单位：万元

序号	项　目	合计	其中：税收收入（不含海关代征）	国内增值税	国内消费税	企业所得税	个人所得税	车辆购置税	海关代征
1	合计	21060435	16381910	8308101	1925420	5325243	368	822778	4678525
2	一、第一产业	12598	12598	6243		4056		2299	
3	二、第二产业	13496103	10026176	6305274	1724194	1977633		19075	3469927
4	（一）采矿业	307958	241918	223495		17834		589	66040
5	1. 煤炭开采和洗选业	116121	116121	114836		1181		104	
6	2. 石油和天然气开采业	171	171			0		171	
7	3. 黑色金属矿采选业	105266	39226	37295		1871		60	66040
8	4. 有色金属矿采选业	47518	47518	36008		11453		57	
9	5. 非金属矿采选业	37972	37972	34604		3291		77	
10	6. 其他采矿业	910	910	752		38		120	
11	（二）制造业	11941017	8537130	5208275	1724194	1591818		12843	3403887
12	1. 农副食品加工业	159844	159844	127140		32117		587	
13	2. 食品制造业	173610	173610	132880		39795		935	
14	3. 酒、饮料和精制茶制造业	260691	260691	150693	55156	54576		266	
15	4. 烟草制品业	1402122	1402122	242935	1091058	68009		120	
16	5. 纺织业	234039	234039	189099		44261		679	
17	6. 纺织服装、服饰业	623967	617175	468731		147611		833	6792
18	7. 皮革、毛皮、羽毛及其制品和制鞋业	675746	675746	520613		154699		434	
19	8. 木材加工和木竹藤棕草制品业	71813	71813	58074	14	13504		221	
20	9. 家具制造业	81280	81280	65731		15156		393	
21	10. 造纸和纸制品业	198446	197736	142553		54381		802	710
22	11. 印刷和记录媒介复制业	50754	50754	39152		11093		509	

续表

序号	项　目	合计	其中：税收收入（不含海关代征）	国内增值税	国内消费税	企业所得税	个人所得税	车辆购置税	海关代征
23	12. 文教、工美、体育和娱乐用品制造业	121786	121786	93915		27596		275	
24	13. 石油加工、炼焦和核燃料加工业	641218	641198	146227	494539	398		34	20
25	其中：成品油	638016	637996	143457	494515	22		2	20
26	14. 化学原料和化学制品制造业	195045	195045	146358	43	47755		889	
27	15. 医药制造业	67417	67417	53662		13262		493	
28	16. 化学纤维制造业	62080	62080	45254		16630		196	
29	17. 橡胶和塑料制品业	349182	349157	227863	11830	109256		208	25
30	18. 非金属矿物制品业	528687	528687	432751		95473		463	
31	19. 黑色金属冶炼和压延加工业	135081	135081	124759		10291		31	
32	20. 有色金属冶炼和压延加工业	102125	102122	67945		34151		26	3
33	21. 金属制品业	210986	210986	159766		50917		303	
34	22. 通用设备制造业	349260	227588	186989		40351		248	121672
35	23. 专用设备制造业	322040	169336	135927		33310		99	152704
36	24. 汽车制造业	504686	383014	251151	71028	60099		736	121672
37	25. 铁路、船舶、航空航天和其他运输设备制造业	387816	144472	130992	534	12836		110	243344
38	26. 电气机械和器材制造业	558440	436768	307561		129072		135	121672
39	27. 计算机、通信和其他电子设备制造业	623714	623714	379729		243776		209	
40	28. 仪表仪器制造业	42217	42217	33202		8859		156	
41	29. 其他制造业	2806925	171652	146623	–8	22584		2453	2635273
42	（三）电力、热力、燃气及水的生产和供应业	1123043	1123043	867833		253944		1266	

续表

序号	项　　目	合计	其中：税收收入（不含海关代征）	国内增值税	国内消费税	企业所得税	个人所得税	车辆购置税	海关代征
43	1. 电力、热力生产和供应业	986214	986214	798854		186835		525	
44	2. 燃气生产和供应业	108453	108453	45778		62557		118	
45	3. 水的生产和供应业	28376	28376	23201		4552		623	
46	（四）建筑业	124085	124085	5671		114037		4377	
47	1. 房屋建筑业	42607	42607	176		41037		1394	
48	2. 土木工程建筑业	19742	19742	881		17801		1060	
49	3. 建筑安装业	21545	21545	2407		18535		603	
50	4. 建筑装饰和其他建筑业	40191	40191	2207		36664		1320	
51	三、第三产业	7551734	6343136	1996584	201226	3343554	368	801404	1208598
52	（一）批发和零售业	3000503	2332811	1584542	201226	536245		10798	667692
53	1. 批发业	2467579	1799887	1159154	186643	449029		5061	667692
54	2. 零售业	532924	532924	425388	14583	87216		5737	
55	（二）交通运输、仓储和邮政业	289861	289861	164977		95494		29390	
56	1. 交通运输业	272737	272737	157070		88364		27303	
57	2. 仓储业	15831	15831	7483		6659		1689	
58	3. 邮政业	1293	1293	424		471		398	
59	（三）住宿和餐饮业	23662	23662	456		20350		2856	
60	1. 住宿业	11218	11218	213		10259		746	
61	2. 餐饮业	12444	12444	243		10091		2110	
62	（四）信息传输、软件和信息技术服务业	280334	280334	45489		219481		15364	
63	1. 电信、广播电视和卫星传输服务业	189436	189436	2029		187126		281	
64	2. 互联网和相关服务	2125	2125	245		307		1573	
65	3. 软件和信息技术服务业	88773	88773	43215		32048		13510	
66	（五）金融业	1620959	1620959	9194		1605024		6741	

续表

序号	项 目	合计	其中：税收收入（不含海关代征）	国内增值税	国内消费税	企业所得税	个人所得税	车辆购置税	海关代征
67	1. 货币金融服务	1487694	1487694	8236		1478405		1053	
68	2. 资本市场服务	36220	36220	132		34201		1887	
69	3. 保险业	31000	31000	10		28674		2316	
70	4. 其他金融业	66045	66045	816		63744		1485	
71	（六）房地产业	709778	709778	1643		703402		4733	
72	（七）租赁和商务服务业	93645	93645	57947		33320		2378	
73	1. 租赁业	12788	12788	5840		6127		821	
74	2. 商务服务业	80857	80857	52107		27193		1557	
75	（八）科学研究和技术服务业	64733	64733	45361		17550		1822	
76	（九）居民服务、修理和其他服务业	79189	79189	29795		46808		2586	
77	（十）教育	11199	11199	284		8121		2794	
78	（十一）卫生和社会工作	2126	2126	4		577		1545	
79	（十二）文化、体育和娱乐业	20179	20179	14517		4551		1111	
80	（十三）公共管理、社会保障和社会组织	133498	7554	1552		120		5882	125944
81	（十四）其他行业	1222068	807106	40823		52511	368	713404	414962

福建省国税系统分税种分地区减免税统计（2013年）

单位：万元

地区	税收减免合计	1. 增值税	其中：改征增值税	2. 消费税	3. 企业所得税	4. 车辆购置税
合计	555020	152572	3492	28666	346677	27105
厦门	178773	15476	252	594	158238	4465
小计	376247	137096	3240	28072	188439	22640
福州	118789	58966	2816	36	47812	11975
三明	15689	9493	3	0	5462	734
南平	22884	18276	27	1026	2021	1561
宁德	11001	1463	11	0	8495	1043
莆田	20488	7226	2	4974	5516	2772
泉州	109283	15624	377	0	90708	2951
漳州	52059	10034	3	22036	19787	202
龙岩	26054	16014	1	0	8638	1402

福建省纳税百强企业名单（2013年）

排名	企业名称	排名	企业名称
1	兴业银行股份有限公司	25	厦门正新橡胶工业有限公司
2	龙岩烟草工业有限责任公司	26	厦门银鹭食品集团有限公司
3	福建联合石油化工有限公司	27	东南(福建)汽车工业有限公司
4	中国烟草总公司福建省公司(含所辖单位)	28	国家开发银行股份有限公司福建省分行
5	厦门烟草工业有限责任公司	29	厦门海投房地产有限公司
6	国网福建省电力有限公司	30	兴业国际信托有限公司
7	中国移动通信集团福建有限公司	31	福建三钢闽光股份有限公司
8	紫金矿业集团股份有限公司	32	华能国际电力股份有限公司福州电厂
9	中国工商银行股份有限公司福建省分行	33	福建中烟工业有限责任公司
10	中国建设银行股份有限公司福建省分行	34	厦门ABB低压电器设备有限公司
11	中国农业银行股份有限公司福建省分行	35	罗源湾滨海新城置业有限责任公司
12	中国银行股份有限公司福建省分行	36	戴尔（厦门）有限公司
13	福建欢乐天地置业有限责任公司	37	乔丹体育股份有限公司
14	融侨集团股份有限公司	38	裕景兴业（厦门）有限公司
15	中海福建天然气有限责任公司	39	宸鸿科技（厦门）有限公司
16	中石化森美（福建）石油有限公司	40	福建世茂置业有限公司
17	戴尔（中国）有限公司	41	厦门正新海燕轮胎有限公司
18	华阳电业有限公司	42	福建海峡银行股份有限公司
19	百威英博雪津啤酒有限公司	43	名城地产（福建）有限公司
20	厦门湖里万达广场投资有限公司	44	中国人民财产保险股份有限公司福建省分公司
21	中国电信股份有限公司福建分公司	45	华福证券有限责任公司
22	厦门航空有限公司	46	厦门新景地集团有限公司
23	福建奔驰汽车工业有限公司	47	中国建设银行股份有限公司厦门市分行
24	福州万达广场投资有限公司	48	泉州银行股份有限公司

续表

排名	企业名称	排名	企业名称
49	中信银行股份有限公司福州分行	75	中国农业银行股份有限公司厦门市分行
50	世纪宝姿服装（厦门）有限公司	76	中海福建燃气发电有限公司
51	厦门经济特区房地产开发集团有限公司	77	福建鼎信实业有限公司
52	中建海峡建设发展有限公司	78	招商局漳州开发区有限公司
53	厦门ABB开关有限公司	79	永定县煤炭发展总公司
54	厦门国际银行	80	利郎（中国）有限公司
55	中国平安财产保险股份有限公司福建分公司	81	中国光大银行股份有限公司福州分行
56	泉州东海开发有限公司	82	福州泰禾新世界房地产开发有限公司
57	厦门华夏国际电力发展有限公司	83	福清万达广场有限公司
58	中国民生银行股份有限公司福州分行	84	福建恒安集团有限公司
59	福建水口发电集团有限公司	85	富贵鸟股份有限公司
60	宁德万达广场有限公司	86	达芙妮投资（集团）有限公司
61	福建省龙岩市新罗煤炭工业有限公司	87	厦门建发股份有限公司
62	招商银行股份有限公司福州分行	88	厦门兆裕房地产开发有限公司
63	安踏体育用品集团有限公司	89	厦门市杏林建设开发公司
64	兴业证券股份有限公司	90	厦门雅瑞光学有限公司
65	福建世欧投资发展有限公司	91	厦门富铭九天湖置业有限公司
66	福建大唐国际宁德发电有限责任公司	92	福建世茂新里程投资发展有限公司
67	欣贺股份有限公司	93	国电福州发电有限公司
68	九牧王股份有限公司	94	中国联合网络通信有限公司福建省分公司
69	联想移动通信科技有限公司	95	中国人民财产保险股份有限公司厦门市分公司
70	中国工商银行股份有限公司厦门市分行	96	福建省永安煤业有限责任公司
71	福建南平南孚电池有限公司	97	厦门万特福房地产开发有限公司
72	福建恒安集团厦门商贸有限公司	98	国电泉州热电有限公司
73	福建佳通轮胎有限公司	99	福州中鼎投资有限公司
74	泉州世茂新领域置业有限公司	100	福建晋江天然气发电有限公司